Günter Amesberger

Persönlichkeitsentwicklung durch Outdoor-Aktivitäten?

Untersuchung zur Persönlichkeitsentwicklung und Realitätsbewältigung bei sozial Benachteiligten

W0181021

AFRA
VERLAG

Die Deutsche Bibliothek – CIP-Einheitsaufnahme

Amesberger, Günter:
Persönlichkeitsentwicklung durch Outdoor-
Aktivitäten? Untersuchung zur Persönlichkeitsent-
wicklung und Realitätsbewältigung bei sozial
Benachteiligten / Günter Amesberger ; 4. unv.
Aufl. - Butzbach-Griedel : AFRA-Verl., 2003
ISBN 3-923217-57-9

4. Aufl. 2003
Alle Rechte Afra Verlag

ISBN 3-923217-57-9

Inhaltsverzeichnis

Vorwort

Mit der vorliegenden Buchpublikation möchte ich das Projekt "Sport für soziale Randgruppen. Untersuchung der Persönlichkeitsentwicklung und Realitätsbewältigung durch Outdoor-Aktivitäten" einer breiteren Öffentlichkeit vor- und zur Diskussion stellen.

Es handelt sich um ein Projekt, das in Zusammenarbeit des Instituts für Sportwissenschaften der Universität Wien und der Bewährungshilfe Wien durchgeführt wurde.

Auch wenn viele Mitarbeiter des Projekts und ich schon lange an diesem Vorhaben arbeiten - die ersten Vorarbeiten begannen bereits 1987 -, ist eine derartige Arbeit doch nie wirklich abgeschlossen. Durch die umfassende Diskussion der Thematik tun sich immer neue Fragen auf.

Da nun aber das Projekt im engeren Sinn, nämlich die Durchführung und Evaluierung von Outdoor-Aktivitäten mit Probanden der Bewährungshilfe und Studenten des Instituts für Sportwissenschaften abgeschlossen ist, will ich mit diesem Buch 'über den Stand der Dinge' berichten und so unsere Erfahrungen und Meinungen zur Diskussion stellen. Dies hat mehrere Gründe:

Im österreichischen Raum ist die Auseinandersetzung mit der Thematik Outdoor-Aktivitäten, Erlebnispädagogik, etc. wenig etabliert. Auch die Möglichkeiten und Grenzen des Einsatzes von Bewegung - der Begriff Sport scheint uns in diesem Zusammenhang ungeeignet - in der Sozialarbeit finden nur punktuell Aufmerksamkeit. Dies ist sowohl zeitlich als auch räumlich zu verstehen. Daher soll diese Publikation auch zu weiteren Aktivitäten anregen.

Für KollegInnen aus dem deutschsprachigen Raum mag es von Interesse sein, etwas über den österreichischen Stand zu erfahren.

Ein Anliegen des Buches ist es auch, vermehrt Theorie-Praxisbrücken zu schlagen, aber auch die Grenzen dieses Vorhabens aufzuzeigen:

Die begleitende Evaluation der Outdoor-Aktivitäten geht von dem Axiom aus, daß reflektierte Praxis zur Theoriebildung und zur verbesserten praktischen Handlungsfähigkeit beiträgt.

Wunschvorstellungen über erhoffte Wirkungen von Konzepten sollen kritisch geprüft werden und von allgemeinen (Ziel)Ebenen auf konkrete inhaltliche Perspektiven des 'Machbaren' geführt werden. Diesem 'Rationalisierungsprozeß' soll aber auch die immense Bedeutung von Phantasie und Kreativität in so schwierigen Arbeitsfeldern gegenübergestellt werden, wo die Grenzen traditioneller wissenschaftlicher Bearbeitbarkeit längst überschritten sind.

Vernetzung ist ein Schlagwort der Zeit. Konkretisiert wird dies selten. An unserem Unterfangen konnten wir auch feststellen, wie spannend, schwierig, verunsichernd, herausfordernd und oft auch atemberaubend Vernetzungen wie diese sein können: Probanden, Studenten, Bewährungshelfer, Bergführer, Sportwissenschafter, Institutionen wie Bewährungshilfe, Institut für Sportwissenschaften, ...

1

EIN 'DANKE' AN ALLE MITARBEITERINNEN UND TEILNEHMERINNEN:

Ein Projekt dieser Art lebt von und durch seine MitarbeiterInnen. Die Zusammensetzung dieses Projektteams brachte eine Vielfalt an Impulsen, Ideen und Handlungskompetenzen.

> Ich danke allen MitarbeiterInnen, all jenen Personen und Institutionen, die sich für dieses Projekt eingesetzt haben sowie den TeilnehmerInnen für ihre Unterstützung im Rahmen der Evaluation.

Im folgenden möchte ich das gesamte Projektteam vorstellen:

Projektleitung:
Univ.Prof. Dr. Raimund SOBOTKA (Projektleiter)
Univ.Ass. Dr. Günter AMESBERGER (Sachbearbeiter)

Forschungsstipendium:
Mag. Radim TOBRMAN

Wissenschaftliche Begleiter:
Mag. Radim TOBRMAN
Dr. Elisabeth FÖRSTER (erster Durchführungsabschnitt)
Mag. Eva-Maria KREHAN (zweiter Durchführungsabschnitt)

Bergführer:
Dr. Bernhard KLUGER (teilweise auch wiss. Begleiter)
Mag. Anton RAPPERSBERGER
Mag. Karl SCHÖRGHUBER (teilweise auch wiss. Begleiter)
Walter SIEBERT

Leitung der Geschäftsstelle Wien der Bewährungshilfe:
Dr. Olga SCHAENDLINGER
Mag. Anni HAIDAR

Bewährungshelfer (diplomierte SozialarbeiterInnen):
Elisabeth KARNER
Hannelore MORITZ
Alfred WAGNER
Mag. Walter EICHMANN[1]

---

[1] *Da die Bewährungshilfe keine 4. Person für das Projekt zur Verfügung stellen konnte, übernahm Mag. EICHMANN für die zweite Durchführungsphase diese Aufgabe aus persönlichem Interesse ehrenamtlich (!), wofür wir an dieser Stelle herzlichst danken!*

Externe Supervisoren:
Dr. Gerhard STUMM, Psychotherapeut (erster Durchführungsabschnitt)
Dr. Nancy LION, Psychotherapeutin (zweiter Durchführungsabschnitt)
Brigitte AMESBERGER, Psychotherapeutin (Studentensupervision)

Schreibkraft:
Mag. Gerhild PALME

Großteam:
Das Großteam besteht aus Projektleiter, Sachbearbeiter, Bergführer und Bewährungshelfer, teilweise unter externer Supervision.

Kleinteams: Team A; Team B
Für die konkrete Durchführung der Aktivitäten wurden zwei Kleinteams gebildet bestehend aus:
2 Bewährungshelfern
2 Bergführern
1 wissenschaftlichen Begleiter.

FÖRDERUNGEN:

Die Vielfalt an Personengruppen, Ideen und Initiativen im Rahmen des Projekts drückt sich auch in dessen vielfältiger Förderung aus. Wir danken an dieser Stelle allen Personen, die zur finanziellen Durchführbarkeit des Projekts - oft auch mit großem persönlichen Engagement - beigetragen haben.

Das Projekt wurde finanziert von:
Bundesministerium für Wissenschaft und Forschung,
Jubiläumsfond der Nationalbank,
Bundesministerium für Justiz

Die Vorphase des Projekts wurde finanziell unterstützt von:
Firma Polybau, Österreichisches Kuratorium für alpine Sicherheit, Verband Alpiner Vereine Österreichs, Verband der Österreichischen Berg- und Schiführer, Verband der Leibeserzieher Österreichs, Caritas.

Wegweiser durch das Buch

Kapitel 1: Ausgangspunkte, Wege und Ziele

Das erste Kapitel einleitend wird über die Entstehungsgeschichte des Projekts berichtet, die letztlich in einem Professionalisierungsanspruch gegenüber bereits vorhandenen Aktivitäten begründet ist (Kap. 1.1). Das Konzept Outdoor-Aktivitäten wird an konkrete Kriterien (naturnahe, 'neuer sozialer Raum', Gruppe, Selbsterfahrungsorientiertheit, ...) und Voraussetzungen (Kompetenz der Trainer) gebunden (Kap. 1.2).

In einem weiteren Abschnitt wird die Relevanz des Themas diskutiert. Dabei stehen einerseits inhaltliche Aspekte, die Sozialarbeit betreffend, andererseits forschungsethische Gesichtspunkte im Vordergrund (Kap. 1.3). Anschließend werden die Fragestellungen des Projekts vorgestellt (Kap. 1.4), wobei zwischen praktischen Anliegen (z.B.: Verbesserung der Realitätsbewältigung, Erarbeitung von effektiven Durchführungsmethoden, ...) und theoriebezogenen Zielen (Konfrontation und Weiterentwicklung theoretischer Modelle zur Erklärung der Wirkung von Outdoor-Konzepten) unterschieden wird. Ein Überblick über den zeitlichen Ablauf des Projekts gibt Kap. 1.5, daran schließen sich einige persönliche Anmerkungen zum Ablauf des Projekts (Kap. 1.6), womit auch aufgetretene Schwierigkeiten angegesprochen werden.

Da wir die Methodologiediskussion den Ergebnissen nachgereiht haben (Kap. 7), wird auf grundlegende, insbesondere auch das Menschenbild betreffende Aspekte des eigenen Evaluationsverständnisses sowie auf die Art und Weise der Ergebnisaufbereitung bereits an dieser Stelle eingegangen (Kap. 1.7). Die zentrale Aussage ist, daß benachteiligte Personengruppen mit 'traditionellen Forschungsmethoden' nicht angemessen erfaßt und begriffen werden können.

Kapitel 2: Theoretische Grundlagen von Outdoor-Konzepten

Das Ziel der Ausführungen in diesem Kapitel ist es, theoretische Grundlagen von Konzepten im Bereich Outdoor zu diskutieren und die theoretischen Grundlagen des eigenen Ansatzes klarzulegen.

Zunächst werden knapp Methoden zur 'Nachbetreuung' von Strafgefangenen skizziert (Kap. 2.1), um den eigenen Ansatz in den entsprechenden Gesamtzusammenhang zu stellen und als ergänzende Alternative / Wahlmöglichkeit zu anderen Nachbetreuungsmethoden einzuordnen.

Daran schließt sich eine kritische Abhandlung zur Bedeutung von Bewegungs- und Sportkonzepten in sozialen Brennpunkten (Kap.2.2), in dem im wesentlichen der theoretischen Linie der Marburger Beiträge gefolgt wird.

Kap. 2.3 stellt die traditionellen Ansätze von Erlebnispädagogik und von Outward Bound mit dem Ziel zur Diskussion, Bewährtes und Problematisches zu differenzieren.

Im nächsten Schritt (Kap. 2.4) werden dann wesentliche theoretische Grundlagen zur Beschreibung und Erklärung der Wirkung von Outdoor-Konzepten diskutiert: Es gibt weder eine geschlossene Theorie über die Wirkung von "Outdoor-Konzep-

4

ten" *auf die Persönlichkeit(sentwicklung), noch einheitliche Interventionsmethoden. Am nächsten kommen die Ansätze einander im Bereich der Ziele, was aber nicht zuletzt durch deren Allgemeinheit begründet ist (Kap. 2.5).*
Die Theorievielfalt spiegelt sich bei den Methoden zu 'Outdoor-experience', 'Outward Bound', 'Experiential Learning', 'Outdoor-Aktivitäten' etc. wider.
Eine knappe Darstellung beispielhafter empirischer Untersuchungen wird im Kap. 2.7 referiert.
Im abschließenden Kap. 2.8 wird auf konzeptionelle Besonderheiten des eigenen Ansatzes zu Outdoor-Aktivitäten eingegangen, wobei es nicht in unserer Absicht liegt, etwas 'Neues zu erfinden'. Vielmehr geht es um die seriöse Anwendung geeigneter Verfahren für eine spezifische Aufgabenstellung. Diese theoretischen Grundlagen werden an der Praxiserfahrung im Rahmen des eigenen Projekts reflektiert.

Kapitel 3: Outdoor-Aktivitäten: Konzeption, Durchführung und Evaluation des Programms

Am Beginn des Kapitels werden die Ziele des Programms Outdoor-Aktivitäten und der Programmevaluation präzisiert.
Unter stark praktischem Bezug erfolgt eine Auseinandersetzung mit Zielen, Inhalten und Methoden von Outdoor-Aktivitäten. Ziel ist die Unterstützung und Verbesserung von organisatorischen und strukturellen Maßnahmen. Weiters wird auf konkrete Instruktions- und Leiterprobleme eingegangen. Vor- und Nachteile unterschiedlicher Durchführungsmodalitäten werden diskutiert und konkrete Programmelemente und Programmabläufe exemplarisch dargestellt.
Wichtige Aspekte der Team-Supervision werden am Ende des Kapitels zusammengefaßt.

Kapitel 4: Das Sicherheitskonzept bei Outdoor-Aktivitäten

Da ein wesentliches Gegenargument zu derartigen Aktivitäten die Gefährdung der Teilnehmer und des Teams ist, wird in diesem Kapitel auf das doch sehr umfassende und - für österreichische Verhältnisse - neuartige Sicherheitskonzept eingegangen, auf das im Rahmen der Aktivitäten größter Wert gelegt wurde.
In diesem Kapitel wird - soweit es überhaupt trennbar ist - in einem ersten Teil auf personale, psycho-soziale Aspekte und in einem weiteren auf die körperliche Sicherheit eingegangen.
Das Thema Sicherheit ist mehr als ein Sachthema. Es geht - besonders in diesem Tätigkeitsfeld - um Leben und Tod, es geht auch um Macht und damit um archaische Verhaltensmuster und Urängste.
Ausgehend von der Problematik derzeitigen Sicherheitsdenkens im alpinen Bereich wird versucht, ein Sicherheitssystem zu entwickeln, das unter anderem durch folgende Faktoren gekennzeichnet ist: ein hohes Maß an Kontrolle von Risi-

kofaktoren (Checklisten, systematische Erfassung von kritischen Ereignissen / Beinaheunfällen, ...) und an Strukturiertheit. Weitere zentrale Diskussionspunkte betreffen die Redundanz des Sicherheitssystems bei lebenswichtigen Sicherungsmaßnahmen und die im Verlauf der Aktivitäten wachsende Übernahme der Verantwortung durch die Gruppe. Dies betrifft insbesondere Risiko- und Gefahrenwahrnehmung sowie die Fähigkeit, adäquate Maßnahmen zu setzen (z.B. Stop-Regel).

Kapitel 5: Gruppenprozesse bei Outoor-Aktivitäten

Im Rahmen dieser Analyse wird eine generalisierte Darstellung typischer Gruppenprozesse im Rahmen der Projektaktivitäten gegeben. Die Ergebnisdarstellung beruht im wesentlichen auf den Beobachtungsverfahren und den daraus abgeleiteten Gruppenprozessen.

Während wir im Rahmen der Einzelfallanalyse auch intensiv Theorie verarbeitet haben, verfolgen wir mit der Analyse des Gruppenprozesses primär pragmatische Anliegen. Auf diese Aspekte ausführlich einzugehen, hat für uns mehrere Gründe:

(1) Die Gruppe besteht aus unterschiedlichen Untergruppen (Team, Probanden und Studenten). Eine wesentliche Frage, die die Evaluation zu klären hat, ist daher, welche Bedeutung das Zusammenkommen unterschiedlicher sozialer Gruppen bei Outdoor-Aktivitäten hat: Ist es für die beiden Gruppen (Probanden und Studenten) möglich, voneinander zu lernen? Führt die Teilnahme von zu unterschiedlichen Personengruppen zu einer Überforderung der Teams und/- oder der Teilnehmer? Wie entwickelt sich die Beziehung der Untergruppen, welche Rollen und Normen werden aufgestellt, verändert, ... ? etc.

(2) Die Prozeßanalyse soll dem Praktiker eine Reihe von Hinweisen darüber liefern, 'was ihn im Rahmen derartiger Aktivitäten erwartet'. Das heißt, es soll insbesondere auch auf auftretende Schwierigkeiten und Probleme im Gruppenprozeß eingegangen werden.

(3) Nicht zuletzt ist auch die typische gruppendynamische Phasenstruktur nachzuvollziehen. Entsprechend erfolgt die Darstellung auch chronologisch in der Reihenfolge und Struktur der Phaseneinteilung in Kap. 3.

Kapitel 6: Einzelfallanalysen: Wie sich Teilnehmer in und nach Outdoor-Aktivitäten entwickeln

In diesem Kapitel wird eine Generalisierung der Ergebnisse der Einzelfallanalysen vorgenommen, um so die Wirkung des Programms auf die Persönlichkeitsentwicklung der Teilnehmer zu prüfen.

Einer Diskussion der Bereiche Biographie (Kap. 6.1), Selbstkonzept (Kap. 6.2) und soziale Interaktion (Kap. 6.3) folgen exemplarische Beispiele zur gegenwärtigen Lebenssituation von Probanden unter der Perspektive der Auswirkungen der Projektaktivitäten (Kap. 6.4).

Schließlich wird im Kap. 6.5 eine Quantifizierung der qualitativen Analyse vorgenommen, um so einen raschen Überblick über die durch die Outdoor-Aktivitäten bewirkten Veränderungen einzelner Persönlichkeitsmerkmale zu geben.

Kapitel 7: Methodologie: Wie wir zu den Aussagen und Ergebnissen kamen.

Bereits im Kap. 1.7 wurde auf grundlegende Aspekte der Evaluation eingegangen. In diesem Kapitel soll nun eine differenzierte Diskussion der eingesetzten Erhebungs- und Auswerteverfahren zu den Kapiteln 3 bis 6 folgen. Dieses Kapitel wurde nachgestellt, weil der Leser - insbesondere bei einer praxisorientierten Fragestellung - zumeist an den Ergebnissen eher interessiert ist als an der zugrundeliegenden Methodologie. Das bedeutet jedoch keineswegs, daß wir diesem Bereich geringere Bedeutung beimessen.

Kapitel 8: Konsequenzen: Thesen, Chancen und Illusionen

Im abschließenden Kapitel werden wesentliche Ergebnisse und Aussagen sowie Perspektiven thesenartig referiert.

ZUR SCHREIBWEISE

Aus Gründen der Lesbarkeit wird im Text bei Nennung von Personen(gruppen) zumeist auf die sprachliche Differenzierung/Splittung weiblich/männlich verzichtet. Wenn nicht explizit darauf hingewiesen wird, werden grundsätzlich beide Geschlechter angesprochen.

Wir haben den ersten Zwischenbericht zum Projekt in zweigeschlechtlicher Schreibweise verfaßt, was diesen aber an einigen Stellen schlecht lesbar machte, weshalb wir wieder zu dieser Schreibweise zurückgekehrt sind.

Abkürzungen für die Phasen des Projekts:

ta: . . . . *Vorbereitungsphase: Zeitdauer der ersten drei Bereitungsabende.*
tb1: . . . . . . *1. Hauptphase: Zeitdauer der ersten Outdoor-Aktivitäten incl. Bereitungsabende.*
tb2: . . . . . . *2. Hauptphase: Blockphase.*
tc: . . . . *Transferphase: Nachbereitungsphase.*

7

Kennzeichnung von TeilnehmerInnen:

Wir haben bewußt keine Namen, auch nicht fiktive, eingesetzt, um jede Art von Assoziationen zu Realpersonen zu vermeiden.

p . . . . Proband
s . . . . Student
t . . . . Teammitglied
A . . . . Team A
B . . . . Team B
89 . . . . Erster Durchführungsabschnitt (1989)
90 . . . . Zweiter Durchführungsabschnitt (1990)
w . . . . weiblich

Zwei Beispiele:
13pw.A89 . . . . Teilnehmerin Nummer 13, weibliche Probandin aus dem ersten Durchführungs-
                       abschnitt, Team A.
15s.B90 . . . . Teilnehmer Nummer 15, Student aus dem zweiten Durchführungsabschnitt,
                       Team B.

Transskriptionsregeln für die Interviews

Schrift . . . . nur Kleinschrift, Aussagen des Interviewers *kursiv und eingerückt*
Klammer () . . . . Anmerkungen/Reaktionsbeschreibungen z.B.: lacht, weint, ...
Punkte:
1 Punkt (.) . . . . 5 Sekunden Pause
2 Punkte (..) . . . . . . 10 Sekunden Pause
3 Punkte (...) . . . . . 15 Sekunden Pause
4 Punkte (....) . . . . . mehr als 15 Sekunden Pause
Zeichensetzung . . . Die Zeichensetzung folgt nicht unbedingt den Regeln der Interpunktion, sondern
                     versucht, die Sprechweise des Erzählenden darzustellen. Eine stockende, über-
                     legende Sprechweise wird z.B. mit Punkten unterbrochen, auch wenn der Satz
                     nach grammatischen Regeln noch nicht zu Ende ist.
?? . . . . Steht für unverständliche Textstellen
??? . . . . Steht für Stellen, wo von der Tonbandaufnahme her etwas fehlt (z.B. durch
                     Wechseln der Tonbandkassette)
Übersetzung . . . . . Soweit als möglich werden die Originalausdrücke wiedergegeben. Bei schwierig
                     zu verstehenden Worten wird in eckiger Klammer [] eine "Übersetzung" / ein
                     "schriftsprachlicher Ausdruck" beigefügt.

Zitate aus Interviews (immer im Zusammenhang mit Teilnehmerangaben):
1 . . . . 1. Interview
2 . . . . 2. Seite
71 . . . . 71. Zeile
z.B.: (1/2,71)

Zitate aus Protokollen
18 . . . . 18. Protokoll
3 . . . . 3. Seite
z.B.: (18,3)

1. Ausgangspunkte, Wege und Ziele

1.1 Die 'Vorgeschichte' des Projekts

Mitarbeiter des Vereins für Bewährungshilfe und soziale Arbeit der Geschäftsstelle Wien, führten unter der Leitung von Alfred Wagner mit Probanden[1] Skitouren durch. Die ersten Erfahrungen mit diesen Aktivitäten wurden sehr positiv bewertet und in einem kleinen Bericht niedergelegt, der bei der Bewährungshilfe aufliegt. Das Justizministerium, dem der Verein für Bewährungshilfe und Sozialarbeit zugeteilt ist, untersagte die weitere Durchführung aus Sicherheitsgründen, da diesbezüglich auch negative Erfahrungen vorlagen. Gleichzeitig wurde die Zusage gegeben, daß man grundsätzlich bereit wäre, mit alpinen Fachleuten derartige Programme zuzulassen.

In dieser Situation trat die Bewährungshilfe an Univ. Prof. Dr. Raimund Sobotka vom Institut für Sportwissenschaften heran. Die umfangreichen Vorbesprechungen führten zu der Entscheidung, ein wissenschaftliches Projekt durchzuführen, in dessen Rahmen der Einsatz von Outdoor-Aktivitäten im Hinblick auf deren Relevanz für die Sozialarbeit geprüft werden sollte.

1.2 Outdoor-Aktivitäten - zu einer ersten Begriffsklärung

Es sei vorweg angemerkt, daß wir intensiv bemüht waren, einen deutschsprachigen Begriff für diese Art von Aktivitäten zu finden, jedoch trotz mehrerer Anläufe zu keinem befriedigenden Resultat kamen.

> Unter *Outdoor-Aktivitäten* verstehen wir *bewegungs- und sportbezogene Aktivitäten in einer möglichst wenig beeinträchtigten Natur*[2]. Diese Aktivitäten finden in einem sozial und räumlich anderen - für die Teilnehmer herausfordernden, anregenden, aber auch ungewöhnlichen - Bereich statt, in einem Bereich, der für die Teilnehmer im wesentlichen neu ist, das heißt, sie werden aus ihrem sozialen Umfeld 'herausgeholt'.

Folgende weitere Aspekte sind für Outdoor-Aktivitäten fundamental:

---

[1] Probanden sind Personen, die nach dem Absitzen einer Haftstrafe auf Bewährung frei sind und einen Bewährungshelfer zugeteilt bekommen. Es kann sich auch um Personen handeln, die nur auf Bewährung verurteilt wurden und dazu einen Bewährungshelfer beigestellt bekommen oder selbst einen Bewährungshelfer - freiwillig, zur Unterstützung in einer schwierigen Situation - wünschen.

[2] An dieser Stelle soll keine differenzierte Diskussion dieses Begriffes geführt werden (vgl. Schörghuber, 1992 und Kap. 2.8.7).

* Es werden Aufgaben gestellt, die von der Gruppe in *Kooperation* zu bewältigen sind.
* Die Gruppe bleibt stets zusammen und führt nur Aktivitäten durch, die *für alle zumutbar* sind.
* Es gibt auch *Aufgabenstellungen, die an die Einzelperson gerichtet*, aber im Rahmen der Gruppe zu lösen sind, wobei diese unterstützende Funktion hat.
* Die Gruppe ist im Laufe der Aktivitäten *zunehmend auf ihre eigenen Fähigkeiten* angewiesen. Gleichermaßen wird die Unterstützung seitens der Leiter abgebaut.
* Outdoor-Aktivitäten sind nicht als Selbstzweck, sondern *als Chance (Medium, Metapher) zur Auseinandersetzung mit sich und der Gruppe* zu verstehen.
* Für diese Auseinandersetzung werden *systematisch* (konsequent) Methoden der Sozialarbeit und/oder der Psychotherapie eingesetzt. Es wird also die Wirkung von Aufgaben, Natur und Gruppe nicht dem Zufall überlassen, sondern gezielt unterstützt.

Die **Palette der Outdoor-Aktivitäten orientiert sich an der Qualifikation der Gruppenleiter** und umfaßt insbesondere:
Bergsteigen, Sportklettern, Eisklettern, Skilaufen, Skibergsteigen, Wandern, "Backpacking", Expeditionen, Höhlenforschen, Paragleiten, Drachenfliegen, Kajakfahren, Rafting, Segelturns, Ropes Courses, u.ä.
Die **Palette der Aufarbeitungsmethoden orientiert sich an der Ausbildung der Trainer** und umfaßt insbesondere:
Themenzentrierte Interaktion, Bioenergetische Analyse, Gestalttherapie, Neurolingustisches Programmieren, Gruppendynamik, Systemische Therapie, u.ä.

1.3 Relevanz - oder warum gerade dieses Thema?

Unter der Perspektive der Bedeutsamkeit/Wichtigkeit ist
(a) die grundlegende Frage zu stellen, ob *Outdoor-Aktivitäten eine sinnvolle Ergänzung für die sonst zumeist einzelfallorientierte Sozialarbeit im Rahmen der Bewährungshilfe* darstellen.
(b) In einem weiteren Blickwinkel gilt es, auch Aussagen zur *Wirkungs- und Einsatzbreite* von Outdoor-Aktivitäten zu machen.
(c) Schließlich ist es für das Institut für Sportwissenschaften nicht unerheblich, zu prüfen, unter welchen Bedingungen dieser Bereich ein geeignetes *Berufsfeld für Absolventen des Studienzweiges Sportwissenschaften* sein könnte.
(d) Eine wissenschaftliche Diskussion des Konzepts Outdoor-Aktivitäten ist auch aus der Sicht bedeutsam, daß es sich einerseits um ein wenig etabliertes Gebiet handelt und andererseits unter den Deckmänteln Sport, 'Psycho', Na-

tur, Überlebenstraining, etc. auch eine Reihe unseriöser und teils auch gefährlicher Angebote gemacht werden.

Wenn Forschungsmittel, Personal und damit Forschungskapazität nur in sehr bescheidenem Ausmaß zur Verfügung stehen, scheint es uns moralisch erforderlich, die Entscheidung für genau dieses Projekt knapp zu begründen (vgl. auch Kap. 1.4):

Es wurde als wichtige, soziale Aufgabe der Sportwissenschaften erachtet, mit diesem Vorhaben gerade in einem vernachläßigten Bereich - dem Bereich 'sozialer Brennpunkte' (vgl. Becker, 1989) und sozialer Randgruppen - Initiativen zu setzen.

Der vorliegende Bericht stellt daher den Versuch dar, das vorhandene Wissen, die theoretischen Grundlagen und praktischen Erfahrungen zur Wirkung von Methoden der Erlebnispädagogik, des Outward Bound Konzeptes und des Einsatzes von Bewegung/Sport in Situationen, die durch die Kriterien Natur und Gruppe grundgelegt sind, im Hinblick auf deren Beitrag zur Persönlichkeitsentwicklung kritisch zu durchleuchten. Auf dieser Grundlage wird der eigene Ansatz zu Outdoor-Aktivitäten entwickelt, der der spezifisch österreichischen Situation anzupassen war.

Die *Motivation für die Arbeit* an diesem Projekt kommt aus dem Glauben an die Wirksamkeit engagierter Arbeit im angesprochenen Kontext, dem Glauben an die Selbstverwirklichungstendenz des Menschen und der Hoffnung, mit diesem Projekt einen Impuls zur Belebung der (auch) bewegungs- und sportbezogenen Arbeit mit 'vergessenen Bereichen' sowie der Reform des Strafvollzuges in Österreich zu setzen.

Es seien an dieser Stelle auch nochmals die 'Aufgaben des Projekts'im Sinne der Einreichung referiert:

1.4 Was sollte erreicht werden?

Die Realisierung des vorliegenden Projekts verfolgt das zentrale Ziel, *sozial benachteiligte Gruppen (Probanden) durch Outdoor-Aktivitäten in der Lebensbewältigung zu unterstützen und neue Lebensperspektiven aufzuzeigen.*
In den wenigsten Fällen unterstützt die sportwissenschaftliche Forschung und Förderung des Sports sozial Benachteiligte. Mit der Überzeugung, daß spezielle Outdoor-Aktivitäten für sozial Benachteiligte ein Beitrag zur Humanisierung der Gesellschaft sein können, ist das vorliegende Projekt auch ein kleines Gegengewicht zur Grundtendenz der allgemeinen Sportförderung, einseitig den Leistungssport und günstigenfalls noch den Breitensport zu unterstützen.

1.4.1 Praxisbezogene Anliegen und Ziele

Das zentrale Anliegen des Projekts liegt darin, Personen, die Schwierigkeiten in der Realitätsbewältigung haben und dadurch mit dem Gesetz in Konflikt geraten sind, mit gezielten Methoden zu unterstützen.

Dies bedeutet für das konkrete Projekt eine Kombination von Sozialarbeit und sportpsychologischer Arbeit im Bereich Outdoor-Aktivitäten (zur Begrifflichkeit vgl. Kap. 1.2). Diese können bei entsprechend systematisch geplantem Einsatz die Thematisierung und Bearbeitung wesentlicher Probleme für sozial benachteiligte Personen unterstützen.

Während dieses Thema in Europa über längere Zeit kaum aufgegriffen wurde, liegen aus dem amerikanischen Raum langfristige und umfangreiche Erfahrungen vor.

In jüngerer Zeit häufen sich auch im deutschsprachigen Raum Publikationen über 'Outward Bound' und Erlebnispädagogik, sodaß bereits zwei Literaturrecherchen zu diesem Themekomplex publiziert wurden (Bauer, 1987; Jagenlauf/ Bress, 1989).

Den relativ umfangreichen Erfahrungen auch mit unterschiedlichsten Zielgruppen (schwer Erziehbare, Strafgefangene, Jugendliche, Manager etc.) steht die bisher mangelnde wissenschaftliche Überprüfung der Wirkung von derartigen Aktivitäten gegenüber (vgl. Kap. 2.).

In Österreich wird dieser Aktivitätsbereich bisher kaum genutzt, um Randgruppen zu 'elementaren, primären Erlebnissen' in naturnahen Situationen zu verhelfen. Vor diesem Hintergrund lassen sich für das Projekt nachfolgende Ziele formulieren:

1.4.2 Theoriebezogene Ziele des Projekts

In allgemeiner Sicht bietet das Projekt die Möglichkeit, die Bedeutung des Sports (in diesem Fall von Outdoor-Aktivitäten) für die Entwicklung der Persönlichkeit zu untersuchen. Von diesem Ansatz können neue Impulse zur Überwindung der Stagnation in diesem Theoriebereich erwartet werden. Für das vorliegende Projekt können folgende Ziele genannt werden:

(1) Entwicklung eines handlungstheoretischen Modells, auf dessen Grundlage die Wirkung von Outdoor-Aktivitäten begründet werden soll, sowie dessen Evaluation im Rahmen der Realisierung des Projekts.

(2) Neue Impulse für den Sozialisationsaspekt von Sport und Bewegung sowie für die Arbeit in der Bewährungshilfe und in anderen Bereichen (Arbeit mit Randgruppen). Damit wird ein Bereich sportwissenschaftlicher Verantwortlichkeit gegenüber der Gesellschaft abgedeckt, der bisher sehr vernachlässigt wurde.

(3) Es wird von der Hypothese ausgegangen, daß die Persönlichkeitsentwicklung der Teilnehmer durch Outdoor-Aktivitäten gefördert werden kann (zur Begründung sieh weiter unten 'theoretischer Hintergrund'). Die Teilnehmer sollen fähig werden, sich in einer Gruppe zu organisieren und lernen, durch systematische Auseinandersetzung mit sich, der Gruppe und den 'natürlichen Anforderungen' mit äußeren Widerständen umzugehen. Insbesondere sollen folgende Fähigkeiten angesprochen und entwickelt werden:

* Erfahren der eigenen Effektivität in der Bewältigung von Problemsituationen ('self-efficacy'),
* Erwerb sozialer Kompetenz,
* Auseinandersetzung mit dem eigenen Lebensstil und
* Übertragung des Erlernten auf die Alltagssituation.

Für die Studierenden, die an dem Projekt teilgenommen haben, kommen folgende Ziele hinzu:

* Möglichkeiten, die gemachten Erfahrungen und Erkenntnisse in andere Arbeits- und Berufsfelder zu übertragen.
* Transferieren der gemachten Erfahrungen in das eigene Anleiten zu Bewegung und Sport.

(4) Evaluation der Wirkung der beschriebenen *spezifischen* Bewegungs- und Sportangebote für die Lebensbewältigung und die Entwicklung der Persönlichkeit.

(5) Das Projekt soll zu klaren Aussagen (Hinweisen) führen, auf welche Weise und unter welchen Rahmenbedingungen Outdoor-Aktivitäten betrieben werden sollen, damit positive Auswirkungen auf die Persönlichkeit der Teilnehmer erwartet werden können. Insbesondere soll untersucht werden, wie durch weitere Auseinandersetzung mit in Outdoor-Situationen erworbenen Fähigkeiten ein Transfer in die Alltagssituation der Teilnehmer möglich ist.

(6) Zusätzlich soll die Bedeutung organisatorischer, institutioneller und personeller Rahmenbedingungen für die Durchführung von Outdoor-Aktivitäten geprüft werden.

1.5 Grober zeitlicher Ablauf des Projekts

(1) In einer ersten Phase wurden amerikanische Experten des Outward Bound Konzepts (Bill Daniels & Eva Daniels,[1] USA) aufgesucht und detailliert zu dem Vorhaben interviewt. Dies war deshalb sehr ergiebig, da beide über reiche

---

[1] Beiden sei hier herzlichst für ihre zuvorkommende Unterstützung und Information gedankt.

13

Erfahrung in der Anwendung von Outward Bound Methoden mit Strafgefangenen verfügen.

(2) Die theoretisch-wissenschaftliche Arbeit begann mit einem gründlichen Literaturstudium von bisher verwendeten Methoden zur Persönlichkeitsentwicklung mit besonderer Berücksichtigung der Resozialisierung durch Erlebnispädagogik, Outward Bound, ... Eine gekürzte, überarbeitete und ergänzte Dokumentation dieser Theoriearbeit findet sich im Kapitel 2.

(3) Die wesentlichen Aspekte aus diesen Arbeiten über Persönlichkeitsentwicklung und Abenteuerpädagogik wurden mit Hilfe einer Matrix erfaßt, systematisiert und analysiert (vgl. Sobotka/Amesberger 1991 Anhang, Kap. 8.4).

(4) Bei der Analyse der bisher publizierten Konzepte im Hinblick auf theoretische Grundlagen wird deutlich, daß diese wenig expliziert sind. Damit muß auch der Aufarbeitung der theoretischen Defizite besondere Aufmerksamkeit geschenkt werden.

(5) Durch die Unterstützung von einer Reihe von Institutionen und Privatpersonen - für die wir an dieser Stelle herzlich danken - konnte ein Ausbildungslehrgang für die Mitarbeiter an dem Projekt initiiert werden, den der schon genannte Outward Bound Experte Bill Daniels leitete.

(6) Nun wurde das Projektkonzept eingereicht und vom Wissenschaftsministerium sowie vom Jubiläumsfond der Nationalbank als Forschungsauftrag bewilligt, sodaß sich eine gemeinsame Finanzierung des Projekts ergab. Zusätzlich wurde vom Wissenschaftsministerium auch ein Forschungsstipendium zur Verfügung gestellt.

(7) In Zusammenarbeit mit den 'initiativen Kräften' der Bewährungshilfe, die unter der Leitung von Alfred Wagner, wie schon erwähnt, praktische Erfahrung mit der Durchführung von Kursen mit Probanden im alpinen Gelände gesammelt hatten, wurde ein für die geplanten Lehrgänge zugeschnittenes Methodenkonzept ausgearbeitet, das im wesentlichen auf einem handlungstheoretischen Ansatz einerseits und dem Methoden-Repertoire von Outdoor-Aktivitäten und NLP (Neurolinguistisches Programmieren) in kombiniertem Einsatz andererseits begründet ist. Für den ersten Durchführungsplan war es notwendig, aus der Literatur stammende Angaben, das Methodenkonzept und die organisatorischen Rahmenbedingungen integrativ zu verarbeiten. Zu den Rahmenbedingungen zählten: Vorgaben der Bewährungshilfe, die den Bewährungshelfern zur Verfügung stehenden Methoden, Bedingungen des Instituts für Sportwissenschaften und Erkenntnisse aus den Erfahrungen über Bergführen.

(8) Die vorgenommenen konkreten Aktivitäten wurden in zwei Durchführungsabschnitten realisiert. Aufgrund der Erfahrungen aus dem ersten Abschnitt wurde der zweite systematisch überarbeitet.

(9) Beide Durchführungsabschnitte wurden wissenschaftlich evaluiert.

(10) Abschließend wurden Konzepte und Kriterien für die Durchführung von Outdoor-Aktivitäten entwickelt und Qualifikations- und Ausbildungskriterien für Leiter präzisiert.

1.6 Persönliche Anmerkungen zur Projektdurchführung

(1) Es ist ein herausforderndes Vorhaben, wenn sich Personen unterschiedlicher Arbeitsbereiche (Bewährungshelfer, Bergführer, Sportwissenschaftler) zusammenfinden, um gemeinsam ein Projekt anzugehen. Wenn das Ziel des Unterfangens dann noch mit schwierigen Personen (Probanden der Bewährungshilfe) in schwierigen Situationen (Herausforderungen der Bergwelt) zu tun hat, und in diesem Bereich Teams effizient und sicher handeln müssen, wird die gestellte Herausforderung deutlich.

(2) Das hohe Interesse vieler Personen und Institutionen an dem Thema ließ uns dieses Projekt mit viel Optimismus beginnen. Wir mußten aber im Verlauf der Durchführung viele unerwartete Rückschläge hinnehmen und waren zu einem dadurch verursachten, unerwartet hohen, insbesondere organisatorischen und koordinativen, Aufwand gezwungen. Damit sind Probleme angesprochen, die sich sowohl auf die Koordination mit der Bewährungshilfe in ihrer derzeitigen angespannten Personalsituation beziehen als auch auf persönliche und sachliche Schwierigkeiten in der Zusammenarbeit von Bergführern, Sozialarbeitern und wissenschaftlichen Begleitern. In diesem Zusammenhang erwies sich die Supervision als unerläßliches Instrument, die Teams handlungsfähig zu machen.
Nicht zuletzt stellte die Probandenrekrutierung sowie deren kontinuierliches Mittun ein unerwartet großes Problem im Projekt dar, das viel unvorhergesehenen und unbemerkten Zeitaufwand verursachte.

(3) Wie sehr dieses Projekt seine Mitarbeiter in Anspruch nahm, zeigte sich auch daran, daß praktisch jeder Mitarbeiter in der einen oder anderen Situation bis an die Grenze seiner physischen und/oder psychischen Leistungsfähigkeit gefordert wurde. An dieser Stelle sei nochmals allen Mitarbeitern für ihren Einsatz gedankt.

(4) Trotz all der Schwierigkeiten konnte das Projekt im Sinne der Eingaben durchgeführt werden.

(5) Trotz oder sogar wegen all der unerwarteten Aufwendungen und Belastungen sind wir letztendlich froh, dieses Projekt durchgeführt zu haben:
Es bleibt die faszinierende und effiziente, konkrete Arbeit in diesem Bereich: Für uns steht - wenn auch mit einigen wichtigen Einschränkungen - außer Zweifel, daß Probanden und Studenten bei den Aktivitäten und ihren Reflexionen wesentliche, bedeutsame Erfahrungen für ihr Leben gesammelt haben und sich noch langfristig damit auseinander setzen werden.
Uns ist klar, daß die institutionellen Rahmenbedingungen seitens der Bewährungshilfe schwierig sind und eine Fortsetzung der Aktivitäten derzeit mehr als fraglich ist.

(6) Inzwischen sind wir - als Institut für Sportwissenschaften - Ansprechpartner für andere, in diesem Bereich tätige Personengruppen geworden. Auch ist das Konzept in der Ausbildung der Leibeserzieher und Sportwissenschafter mit einer

rege besuchten Lehrveranstaltung verankert. Weiters ist eine erste Tagung
'Plattform Outdoor-Aktivitäten: Chancen und Perspektiven' in diesem Frühjahr
(1992) mit 50 Teilnehmern abgehalten worden (Amesberger u.a. 1992).
(7) Durch dieses Projekt stehen nun zwölf Fachleute mit hinreichender Erfahrung für diesen Tätigkeitsbereich zur Verfügung, deren Potential weiterhin in
unterschiedlichste Bereiche (Benachteiligte, Schulen, Wirtschaft) einfließen.
Im Schlußkapitel ('Zusammengefaßte Ergebnisse und Konsequenzen aus diesem
Projekt') werden wir auf mögliche weitere Wege ausführlicher eingehen.

1.7 Ziele der wissenschaftlichen Begleitung - Evaluation

An dieser Stelle soll nur knapp auf das Selbstverständnis von Evaluation im
Rahmen dieses Projekts eingegangen werden. Die differenzierte methodische
Vorgangsweise ist für den wissenschaftsmethodisch interessierten Leser in Kap.
7 zusammengefaßt.

1.7.1 Zum Verständnis von Evaluation im eigenen Ansatz: Wissenschaftlichkeit als Beitrag zur Handlungsoptimierung

Evaluation bedeutet Bewertung im Sinne von Auswertung und Interpretation
von Informationen über Handlungen. Evaluation hat damit das Ziel, das Handeln zu bewerten, zu legitimieren, über es zu entscheiden, es zu verbessern und
beinhaltet insbesondere das

"Messen von Wirkungen unterschiedlicher Interventionen oder von Aktions-
programmen, z.B. in Psychotherapie, Schulen oder anderen Institutionen."
(Dorsch, 1982, 195)

Entsprechend hat die wissenschaftliche Begleitung und Evaluation des Projekts
die Aufgabe, zur Handlungsoptimierung im Sinne angewandter Forschung beizutragen (vgl. Sonnenschein, 1987). In diesem Verständnis versucht das Buch
ein umfassendes und differenziertes Konzept zur Durchführung von Outdoor-
Aktivitäten als Ergebnis der Evaluation vorzustellen, in dem auch die jeweils
zu erwartenden Wirkungsrichtungen beschrieben werden.
Neben der Program Impact Evaluation (Überprüfung der Programmauswirkun-
gen) ist in der vorliegenden Studie auch der Complience Evaluation, der Pro-
grammannahme durch die Teilnehmer, besondere Aufmerksamkeit geschenkt
worden (vgl. insbesondere das Kap. 5 'Programmanalyse').

Auch wenn uns die *theoretischen Grundlagen* ein großes Anliegen sind, so kann es nicht Ziel eines praxis- und handlungsorientierten Projekts sein, nachzudenken, in welches 'Kästchen' der wissenschaftlichen Systematik das jeweilige Phänomen paßt. Wichtiger ist das Ziel, zumindest ein wenig zur Verbesserung realer Bedingungen beigetragen zu haben (vgl. Wottawa & Thierau, 1990, S.5). Ziel der vorliegenden Evaluation ist daher, Entscheidungshilfen zur Handlungsoptimierung zu geben.

Durch die prinzipielle Offenheit der Systeme (Mensch, Gruppe, Gesellschaft) ist aber eine kausal stringente Evaluierung von Maßnahmen nicht zu erreichen. Daraus folgt:

* Evaluation hat stets bedingte, vorläufige, eingeschränkte Bedeutung.
* Zur naturwissenschaftlichen (empirischen) Perspektive muß eine wertende hinzutreten.

Als Konsequenz wird vorgeschlagen, daß die Ergebnisse von Maßnahmen durch den Auftraggeber zu bewerten sind (vgl. Wottawa & Thierau, 1990, S.15). In diesem Sinn *liefert auch der vorliegende Bericht nur Grundlagen für Entscheidungen.*

So wie Evaluation an sich nicht Bestandteil von Wissenschaft ist (vgl. Wottawa & Thierau, 1990, S.17) gilt auch für den vorliegenden Bericht: Es entsprechen zwar die verwendeten Methoden (quantitative und qualitative Methoden der Humanwissenschaften) sowie das zugrundegelegte Design, das grundsätzlich einer Vor- Nach-Untersuchung mit zwei Versuchsgruppen entspricht, einem wissenschaftlichen Ansatz. Dennoch ist das Praxisfeld der Sozialarbeit derart komplex, daß von exakter Wissenschaftlichkeit in einem engeren Sinn nicht ausgegangen werden kann und auch quasi-experimentelle Bedingungen im strengen Sinn nicht gehalten werden können. Realität ist eben nicht vollständig meßbar. Daher haben auch die folgenden Überlegungen für die Evaluation besondere Bedeutung:

Evaluation kann unter zwei unterschiedlichen Paradigmen gesehen werden:

a) Evaluation als quantitative Überprüfung der Wirkung unterschiedlicher Maßnahmen im Sinne von Labor- bzw. Feldexperimenten. Mit strenger Bedingungskontrolle und bestimmten abhängigen und unabhängigen Variablen. Ziel ist die Bestimmung allgemeiner Gesetzmäßigkeiten in der Wirkung unterschiedlicher Interventionen. Wie oben bereits angemerkt, ist das vorgegebene Evaluationsfeld dazu viel zu komplex.

b) Evaluation als Reflexion und kritische Bewertung einer Maßnahme auf der Grundlage von Beobachtungen in Form eines begleitenden Prozesses sowie im Sinne eines Mit- und sich Hineinlebens in ein Geschehen.

Leithäuser & Volmberg (1977) bezeichnen diesen Aspekt (b) als "hermeneutisches Feld I". Unter diesem subjektiven Paradigma wird Wissenschaftlichkeit im (anschließenden) Interpretationsprozeß dadurch erreicht, daß bezüglich der Interpretationskriterien Nachvollziehbarkeit gegeben sein muß, Einigkeit über Sinn- und Bedeutungsstrukturen (durch verschiedene Auswerter / Interpreten) zu erzielen ist, und Konsens über die Stimmigkeit der Interpretation erreicht werden muß. Mit dem Forschungsparadigma der qualitativen und damit sinn-

und wertorientierten Erhebung ist auch eine andere Ergebnisdarstellung gegeben: Es kann nicht auf allgemeingültige Effekte geschlossen werden, wie zum Beispiel: Die Kriminalitätsrate sinkt um so und soviel Prozent; die Resozialisierungsquote beträgt diesen oder jenen Wert; die Kosten-Nutzenrechnung sieht wie folgt aus; etc.

In diesem Sinne können 'nur' humanistisch orientierte Wert- und Sinnzuschreibungen bezüglich der Maßnahmen gemacht werden. Als *Konsequenz* dieser Überlegungen ist die Entscheidung, ob die Öffentlichkeit, die Gesellschaft, die Rechtsträger in derartige Konzepte investieren wollen oder nicht, als Wertentscheidung zu sehen.

Grundsätzlich sind beide Paradigmen (a, b) als Gegensätze mit unterschiedlicher Wissenschaftstheorie, unterschiedlichem Menschenbild und unterschiedlicher politischer Intention verstanden (vgl. Klein, 1986). Jüngst werden aber immer mehr Querverbindungen zwischen den Forschungsmethoden angestrebt und einseitige 'Allmachtszuschreibungen' abgelehnt.

Im folgenden sollen noch grundlegende Gedanken zum eigenen Forschungs- und Evaluationskonzept angestellt werden. Eine ausführliche Beschreibung der Methodologie der Evaluation findet sich im Kapitel 7.

1.7.2 Forschungsparadigma, mehr als ein Lippenbekenntnis: Zur Veränderung des Forschungsdesigns im eigenen Ansatz

Im vorliegenden Ansatz sind wir zunächst (d. h. für den ersten Durchführungsabschnitt - siehe Kap. 6) von einem kombinierten, qualitative und quantitative Daten verbindenden Ansatz ausgegangen. Wir mußten aber feststellen, daß der Einsatz von Fragebögen/Tests zwar den wissenschaftsmethodischen Ansprüchen gerecht wird, nicht aber den befragten Probanden, die sich durch die Fragebögen - man könnte fast sagen - 'bedroht' fühlten.

Wir haben daher aus forschungsethischen Gründen und im Sinne des Paradigmas des 'handelnd Forschens' (Kaminski, 1983), in dem die Teilnehmer (Probanden/Studenten) als gleichwertige und gleichberechtigte Subjekte der Forschung gesehen werden, im zweiten Durchführungsabschnitt auf die Anwendung der Fragebogen/ Tests verzichtet. Dies fiel uns zugegebenermaßen aus der Sicht der Forscher mit dem Ziel, möglichst umfassende und vielseitige Informationen zu erhalten, nicht leicht! Dennoch halten wir diese Entscheidung für - im Sinne des Forschungsparadigmas - stringent und damit unumgänglich.

Andorff nennt auf der Grundlage traditioneller wissenschaftstheoretischer Konzepte folgende Kriterien für die Evaluation von Segelturns mit sogenannten 'Schwererziehbaren':

"(1) Für den Sozialisationsprozeß relevante Faktoren sollten für die Untersuchung ausgewählt werden. Hierdurch wird die Bewertung einer erzieherischen Maßnahme erst sinnvoll.
(2) Es sollte überprüft werden, inwieweit mögliche Veränderungen auch nach der Maßnahme Bestand haben. Erst vor dem Hintergrund eines positiven Langzeiteffekts sollte eine positive Bewertung der Maßnahme vorgenommen werden.
(3) Es sollte eine Relativierung der Ergebnisse durch eine Vergleichsgruppe angestellt werden. Nur eine in diesem Sinne vergleichende Studie kann eine Maßnahme (als) effektiv bewerten, ...
(4) Zur Messung der Variablen sollten objektive und subjektive Verfahren herangezogen werden, um so ein möglichst umfassendes Bild von jedem/der Probanden/In zu erhalten.
(5) Die subjektiven Daten können m.E. nur bei konstanter Anwesenheit des Versuchsleiters an Bord ausreichend interpretiert werden, da häufig detaillierte Kenntnisse des Bordalltages erforderlich sind.
(6) Die Ausschöpfung verschiedener Datenquellen ist anzustreben, ... Dies soll eine möglichst umfassende und objektive Bewertung des Projekts ermöglichen.
(7) Eine Evaluation sollte auf das Gesamtprojekt bezogen sein, nicht auf willkürlich gesetzte Einheiten; im anderen Fall ist mit einer Verzerrung der Ergebnisse zu rechnen." (Andorff, 1986, S.23 f)

Bei dieser Darstellungsweise wird ein objektiver Wissenschaftsanspruch deutlich. Es ist zwar wichtig, deutlich zu machen, daß systematische und damit wissenschaftliche Kriterien so weit als möglich beachtet werden sollen. Dies wird auch im vorliegenden Ansatz angestrebt, allerdings besteht nicht der Glaube an eine 'verzerrungsfreie Darstellung':
Wir meinen aufgrund unserer Projekterfahrung, daß es zwar möglich ist, ein wissenschaftlich recht sauberes Design zu planen, daß aber die Alltagsrealität sozialer Randgruppen eine ebenso saubere Durchführung verhindert. Zum Beispiel ist es für Probanden oft schwierig, Termine für Interviews einzuhalten. Auch ist die Fluktuation von Teilnehmern mit der kontinuierlichen Evaluation kaum zu vereinbaren etc.
Damit wird auch deutlich, daß diese *Abweichungen vom Forschungsdesign selbst zum untersuchungswerten Phänomen werden müssen:*

> Benachteiligte Personengruppen sind nicht im Selbstverständnis von Mittelschichtvereinbarungen zu erfassen. Man wird ihnen nur dann gerecht, wenn man sich 'radikal' in ihre Lebenswelt einläßt.

Bei dieser Diskrepanz zwischen forschungsmethodischem Anspruch und zu erforschender sozialer Wirklichkeit scheint es uns unmöglich und Gegenstandsinadäquat, den Anspruch auf ein empirisch einwandfreies und insbesondere

auch durchzuhaltendes Design zu stellen. Vielmehr soll die Wirkung des Programms in den unter dem Kap. 1.7.3 'Ziele der Evaluation' angeführten Aspekten überprüft werden. Um dies zu erreichen, findet man *folgende Forschungsbedingungen vor:*
Auf Grund der spezifischen Situation der Outdoor-Aktivitäten ist es der wissenschaftlichen Begleitperson möglich, über längere Zeiträume (insgesamt ca. 3 Wochen) gemeinsam mit den Teilnehmern zu leben, oft auf engem Raum und unter extremen Bedingungen, was mit tiefgreifenden Erfahrungen verbunden ist.
Obwohl die Teilnehmer nicht in ihrem typischen (meist städtischen) Lebensraum handeln - aus dem sie ja als wesentliche Intention des Konzepts 'herausgerissen' werden - , müssen sie dennoch den 'Alltagsstreß' (Kochen, Hygiene, Freuden u. Probleme des Zusammenlebens,...) auch in der veränderten Lebenswelt (Berge) bewältigen. In diesem Handlungsfeld werden individuelle Bewältigungsstrategien und Gewohnheitsmuster, insbesondere auch in ihrer unmittelbaren Wirkung, deutlich. Häufig kommen diese für die Teilnehmer nahezu unkontrollierbar zum Ausdruck/Ausbruch. Diese Phänomene sind größtenteils nur in qualitativen Erhebungen und Analysen zu beschreiben und zu verstehen (phänomenologisches Paradigma; vgl. Husserl, 1962) und nur bedingt zu erklären (naturwissenschaftliches Paradigma).

1.7.3 Ethisch-moralische Verantwortung

Sieht man die beratende Funktion eines Evaluationsvorganges, so übernimmt man als Wissenschaftler zwar nicht legistische, aber moralische Verantwortung. Was bedeutet dies für das vorliegende Projekt und die grundlegende Frage, ob Outdoor-Aktivitäten in der Sozialarbeit eingesetzt werden sollen?

Kritisch statt beschönigend:
Uns ist nicht daran gelegen, in diesem Bericht eine harmonisierende Darstellung des Projektverlaufes zu geben. Im Gegenteil, wir meinen, mit einer kritisch-skeptischen Position der Aufgabe von wissenschaftlicher Evaluation eher gerecht zu werden.

> *Es gilt, banalen Klischees bezüglich der Wirkung von Sport, Gruppe, Natur entgegenzuwirken* und auf die Bedeutung einer genauen, minutiösen Planung von Outdoor-Aktivitäten hinzuweisen sowie mögliche Wirkungen zu konkretisieren und zu relativieren und so teilweise formulierten Allmachtsansprüchen derartiger Konzepte entgegenzuwirken.

Es ist dem grundsätzlichen 'Ja' zum Einsatz derartiger Aktivitäten eine Reihe von Voraussetzungen und kritischer Relativierungen/Bedingungen für die tatsächliche Durchführung hinzuzufügen, und dies ist vor eine uneingeschränkte

'Erfolgsmeldung' zu stellen. Im Sinne moderner Ethik kommt einerseits der 'Übelminimierung', andererseits dem Bedenken möglicher Konsequenzen zweiter oder höherer Ordnung besondere Bedeutung zu.

Betrachtet man die Realisierung des Vorhabens etwas genauer, so wird auch deutlich, daß mit der Beauftragung zur Evaluation eine (teilweise auch deklarierte) Verantwortungsdelegation von den Auftraggebern des Projekts an die Projektleitung stattgefunden hat, was auch eine Reihe negativer Konsequenzen nach sich zog.

1.7.4 Konkrete Ziele der Evaluation im Überblick

Mittels der erhobenen Daten sollen Fragen zu folgenden drei Schwerpunktbereichen beantwortet werden können:

(1) Programmanalyse
Mit dieser Analyse soll die Frage beantwortet werden, welche Programmelemente in den Outdoor-Aktivitäten enthalten sein sollen, um den gegeben institutionellen und personellen Bedingungen gerecht zu werden.
Das Ergebnis beinhaltet eine Art geprüfte Checkliste, die Hinweise auf alle wichtigen, uns berücksichtigenswert erscheinenden Fakten liefert.

(2) Analyse des Gruppenprozesses
Im Unterschied zur Programmanalyse soll in der Analyse des Gruppenprozesses aufgezeigt werden, welche charakteristischen Prozesse im Verlauf derartiger Aktivitäten zu beobachten sind, welche Interventionsmaßnahmen sich seitens des Teams als bedeutsam erwiesen haben, welche Hinweise und Tips damit weitergegeben werden können, um besser vorbereitet in derartige Aktivitäten einzusteigen.
Auch wird auf die Wechselwirkung der beiden Personengruppen (Probanden/-Studenten) eingegangen.

(3) Einzelfallanalyse
Im Rahmen der Einzelfallanalyse soll die Wirkung des Programms auf die Teilnehmer erfaßt werden:
Auf der Grundlage der Biographien der Teilnehmer sollen generelle und spezifische Wirkungen des Programms auf Selbstkonzept, Kommunikationsfähigkeit und Befindlichkeit sowie auf die gegenwärtige Lebenssituation geprüft werden.
Um die Anonymität zu gewährleisten, werden lediglich zur gegenwärtigen Lebenssituation Einzelfälle diskutiert, durch die der Leser einen Eindruck bekommt, wie diese Maßnahmen im individuellen Zusammenhang zu sehen sind.
Schließlich wird in einer Gegenüberstellung von Studenten und Probanden auch auf differentielle Wirkungen des Konzeps bei unterschiedlichen Bezugsgruppen hingewiesen.

21

2. Theoretische Grundlagen von Outdoor-Konzepten

Das Ziel der Ausführungen in diesem Kapitel ist es, theoretische Grundlagen von Konzepten im Bereich Outdoor zu diskutieren und erste Verbindungslinien zum eigenen Ansatz herzustellen.

2.1 Methoden zur (Nach)Betreuung von Strafgefangenen

Im folgenden soll knapp skizziert werden, welche Methoden bisher in der Nachbetreuung von Strafgefangenen eingesetzt wurden. Allgemein wird festgestellt, daß therapeutischer Erfolg von Intelligenzhöhe, Krankheitseinsicht und Leidensdruck abhängt. Kritisch wird von Schneider (1981, S. 906) angemerkt, daß die Mehrzahl von Strafgefangenen keine Krankheitseinsicht haben, Psychotherapie könne daher eher dazu dienen, beim Strafgefangenen eine Rechtfertigung für seine Kriminalität zu erzeugen und damit den Weg zu einem neuerlichen Rückfall eröffnen. Aus diesem Grunde wird insbesondere das psychoanalytische Behandlungskonzept abgelehnt. Häufig wird Resozialisierung mit Prinzipien wie Sicherheit und Ordnung zu erreichen versucht, statt Maßnahmen zu treffen, die dem Aufbau von (Handlungs-)Kompetenzen dienen. Die Ursachen hierfür liegen häufig in den (institutionellen) Rahmenbedingungen (z.B. Funktion von Aufsehern).

Schneider (1981) hat mehrere Vorgangsweisen referiert, die hier kurz zusammengefaßt und ergänzt werden:

Die **therapeutische Gemeinschaft** (vgl. Fenton, Raimer & Wilmer, 1967) versucht, Autonomie und Selbstachtung der Strafgefangenen zu unterstützen. Nicht nur das Personal, sondern auch die Strafgefangenen selbst tragen Verantwortung für ihre Behandlung. Die Insassen haben sich mit den Zielen der Anstalt, ihrer Veränderung, ihren Erfolgen und Mißerfolgen zu identifizieren. Die Entwicklung einer therapeutischen Gemeinschaft zeigt die große Bedeutung der Rolle und Rollenbeziehungen. Damit folgt dieses Konzept den Grundannahmen der humanistischen Psychologie: Selbstständigkeit und Eigenverantwortung, Selbstwertgefühl sowie Aufhebung von hierarchischen Kommunikationsstrukturen werden gefördert, beziehungsweise zu fördern versucht. Konzepte von Großgruppensitzungen sollen das Umgehen mit größeren sozialen Gebilden ermöglichen. Aktivitäten in Kleingruppen sollen den familientherapeutischen Kontext ersetzen.

Die **Realitätstherapie** geht davon aus, daß Klienten die Realität ablehnen beziehungsweise nicht wahrnehmen können. (Zur Realitätstherapie vgl. Rachin, 1975; Bassin, 1976; Glasser, 1972). Im Rahmen der Therapie wird nicht nach

Entschuldigungen für die Ignoranz der Realität gesucht, sondern es werden die Klienten mit der Gegenwart und Zukunft konfrontiert. Die zwei wesentlichen Erfordernisse der Realitätstherapie sind aktive und passive Zuwendungsfähigkeit und Wertschätzung. Als zusätzliche Dimension ist die Verantwortlichkeit zu sehen, die als Fähigkeit definiert wird, "die eigenen Bedürfnisse in einer Weise zu erfüllen, die andere nicht daran hindert, ihren Bedürfnissen nachzukommen." (Schneider, 1981, S. 908) In ihrer ausgesprochen realitäts- und zukunftsorientierten Vorgangsweise stellt die Realitätstherapie eine Alternative zur Psychoanalyse dar. Die zum Einsatz dieser Methode vorliegenden Ergebnisse können aber auch nur 'Einzelerfolge' berichten.

Hier ist grundsätzlich anzumerken, daß es unseres Erachtens *fragwürdig ist, die Qualität von Konzepten (ausschließlich) an deren 'Erfolgsquote' zu messen.*

Das Prinzip der **Gruppentherapie** liegt darin, Änderungen der Gruppe und ihrer Mitglieder wahrzunehmen. Gruppeninteraktionen und "die Überzeugungskraft des Selbstbetroffenen" führen zu einer Stärkung des Selbstbewußtseins und der Selbstkritik der Gruppenmitglieder (vgl. Stephenson & Scarpitti, 1974). Das Prinzip kann als weitgehend bekannt vorausgesetzt werden. Daher werden an dieser Stelle nur Erfahrungen in der Nachbetreuung Delinquenter referiert. Im Rahmen von Experimenten (Vodopivec, 1974) wurde versucht, Verantwortlichkeit, Eigeninitiative, Aktivität und Kreativität der Teilnehmer zu erhöhen. Die Jugendlichen sollten lernen, ihre Gefühle und Meinungen frei auszudrücken. Es zeigte sich, daß das Behandlungspersonal große Probleme mit der Vorgangsweise hatte. Häufig wurden die Forscher als Theoretiker abqualifiziert, Kritik am Behandlungspersonal von Seiten jugendlicher Insassen wurde abgewehrt. Jede zusätzliche Art von Weiterbildung und Beratung durch die kriminologischen Forscher wurde entschieden zurückgewiesen. Dennoch vollzog sich in der Anstalt ein Wandel von einem repressiven zu einem permissiven Führungsstil. Es konnten Konfliktsituationen angesprochen und gelöst werden (Vodopivec, 1974). Die in diesem Zusammenhang gemachten Erfahrungen zeigen deutlich, daß weder Ressourcen noch Personal zur Verfügung stehen, Jugendliche so lang zu betreuen, bis Sozialisations- und Verhaltensdefizite in dem Maße aufgearbeitet werden, daß Rückfälle mit höherer Wahrscheinlichkeit verhindert werden könnten.

Weitere Erfahrungen in ähnlicher Richtung liegen mit der Methode der Verhaltensmodifikation (vgl. Cohen & Filipczak, 1971) und der transaktionalen Analyse nach Berne (vgl. Nicholson, 1975; Frazier, 1972) vor.

Sozialtherapeutische Maßnahmen betreffen Personen mit schweren Persönlichkeitsstörungen, Rückfälligkeit und ungünstiger Kriminalprognose, sodaß davon ausgegangen werden kann, daß besondere soziale und sozialtherapeutische Hilfe erforderlich ist. Auf die Probleme der Zuordnung zu diesen Kriterien soll nicht eingegangen werden. Dennoch finden sich in der Darstellung wesentliche Hinweise:

"... die chronischen Kriminellen leiden an ihrer Selbstachtung. Die meisten haben sich aufgegeben. Ihr Wunsch nach sozialer Anerkennung war niemals erfolgreich. Gleichwohl streben sie immer noch ein wenig danach, sozial akzeptiert zu werden." (Stürup, 1968, in: Schneider, 1981, S. 914; vgl. auch die Ergebnisse in Kap. 6.2)

Der Rechtsbrecher lebt mit der Grundhypothese, daß man keinem Menschen vertrauen könne, daß es das höchste Ziel in dieser Welt sei, die eigenen Bedürfnisse sofort zu befriedigen - nicht aus Egoismus oder Schlechtigkeit, sondern aus einer vitalen Angst heraus, die durch Erfahrungen entstand, die seine Existenz wesentlich bedroht hatten. Die Behandlung wird mit einer Person-, Familien- und Sozialanamnese begonnen. Die Erfahrungen aus diesem Konzept mit "Psychosepatienten" zeigen, daß es wichtig ist, intensive Interventionen im Sinn einer psychologischen Behandlung zu Beginn einer kriminellen Karriere, also im Kinder- und Jugendbereich, zu starten. Hingegen scheinen spätere Sozialisierungsversuche als kaum erfolgversprechend. Wie sich an einem später zu berichtenden Spezialfall im Rahmen des eigenen Projekts zeigt, gelten diese Aussagen nicht generell.

Modelle der Behandlung in Freiheit

"Behandlung in Freiheit wird die Normalreaktion auf Kriminalität in der Zukunft werden." (Schneider, 1981, S. 919)

Dieses Konzept wird weltweit forciert und soll insbesondere im Kindes- und Jugenalter ansetzen. In diesem Sinne wäre auch zu erwarten, daß neue und vielfältigere Konzepte für die Bewährungshilfe von besonderer Bedeutung sind und entsprechende Unterstützung erfahren. Wie sich am Verlauf des eigenen Projekts zeigt, sind die tatsächlich für diesen Bereich zur Verfügung stehenden Mitteln und Methoden, also allgemein die Ressourcen, als deutlich zu gering einzustufen. Im Rahmen dieser Konzeption werden sowohl offene Betreuung, Gemeinschaftsbehandlungsprojekte, (Um)Schulungsprojekte, Gruppenwohnheime, Pflegefamilien sowie Wiedergutmachungsprojekte in Zusammenhang mit der Versöhnung mit den Opfern verstanden.

Betrachtet man Vor- und Nachteile der freien und geschlossenen Strafanstalten, so zeigt sich, daß geschlossene Anstalten kleinere kriminelle Delikte 'überbewerten' und so kriminelle Karrieren eher fördern. Sie vernachlässigen soziale Faktoren der Delinquenz und sehen den Kriminellen als "pathologische Persönlichkeit". Umgekehrt wird - wie bereits gesagt - das sozialpathologische Phänomen ignoriert. Gegen die Behandlung in Freiheit wird insbesondere mit dem Schutz der Bevölkerung sowie gefangenenpolitischen Maßnahmen argumentiert.

2.2 Bewegung/Sport und Sozialarbeit

In diesem Kapitel soll kritisch diskutiert werden, ob und inwiefern Bewegung und Sport geeignete Maßnahmen sein können, defizitäre Sozialisationsbedingungen zu überwinden oder zumindest zu lindern. Dabei wird besonders auf die Konzepte des Vereins zur Förderung bewegungs- und sportorientierter Jugendarbeit zurückgegriffen und mit österreichischen Verhältnissen und dem eigenen Projekt in Beziehung gesetzt.

Der Einsatz von Sport in der Sozialarbeit ist keineswegs neu, wenn auch teilweise kaum berücksichtigt. Zumeist werden Programme mit solchen Sportarten bevorzugt, die entweder hohe Attraktivität für die Jugendlichen besitzen oder beträchtliches soziales Image aufweisen (vgl. Schirk & Koch, 1988). Nicht zu unterschätzen sind auch die persönlichen Vorlieben der jeweiligen Entscheidungsträger. In diesem Sinn dient Bewegung/Sport zumeist als Erleichterung von Kontaktaufnahme, als Anziehungspunkt und damit auch der Motivation zur Teilnahme an 'wichtigeren' Aktivitäten.

Dem Einsatz 'attraktiver' Sportarten stehen die mangelnden stukturellen Voraussetzungen in der Umgebung dieser Gruppen gegenüber. Sozialarbeit ist damit, wenn sie traditionelle Sportarten einsetzt, an hohe Mobilität gebunden, was wiederum zu beträchtlichen Problemen führt.

Es stellt sich die Frage, welche Funktion 'naturnahe' Bewegungs- und Sportformen (Outdoor-Aktivitäten) im Rahmen der Sozialarbeit übernehmen können. Autoren wie Becker scheinen die Problematik auf den Punkt zu bringen:

"Zu glauben, Sozialarbeit mit Sport und Bewegung könne irgend ein gesellschaftliches Problem entsorgen, das nicht durch Sport erzeugt wurde, ist mehr als blauäugig. Sicher kann Sport und bewegungsbezogene Sozialarbeit ebensowenig wie andere staatliche Interventionsagenturen strukturell bedingte Konflikte lösen. Sie kann lediglich in sozialhygienischer Absicht vorhandene Bedürfnisse befriedigen, oder als 'abweichend' bezeichnete Verhaltensweisen bearbeiten." (Becker, 1989, S. 189)

Nimmt man - wie wir - diese Aussage ernst, so ist die soziale Situation genauer zu beleuchten:

Im folgenden werden Probanden der Bewährungshilfe den "sozialen Randgruppen" zugeordnet. Sie stehen im Sinne von Becker (1989) in einem sozialen Brennpunkt.

Faßt man die Straße bzw. das Wohnumfeld als einen zentralen Sozialisationsort des Heranwachsens auf (Baake, 1979; Zinnecker, 1979), dann existieren in einer dermaßen "durchökonomisierten" monotonen Raumstruktur geringe Lernmöglichkeiten, um z.B. körperliche Fähigkeiten spielerisch zu fördern und sie zu entfalten. Wie man den Interviews unseres Klientels entnehmen kann, sind viele von ihnen zwar an Bewegung interessiert, jedoch leiden sie alle an einem massiven Defizit, was tatsächliche sportliche Betätigung anbelangt. Die *bewegungsbezogene Deprivation* wird auch an folgender Aussage deutlich.

"Wohngebiete, die sich durch derartige, hier nur angedeutete Merkmalsprofile beschreiben lassen, weisen unter ihren häufig arbeitslosen, jugendlichen Bewohnern erhöhte Raten 'abweichenden' Verhaltens auf (siehe unter anderem Vaskovics, 1982), die sich einerseits in offensiven Formen wie vermehrtem Schuleschwänzen, oder Bereitschaft zu körperlichen Gewalttätigkeiten und Vandalismus und gesteigerten Kriminalitätsraten äußern, oder andererseits in defensiven, zum Teil eskarpistischen Formen ihren Niederschlag finden, wie geringer Planungsbereitschaft und Frustrationstoleranz, gesteigertem Videokonsum, resignativer Gleichgültigkeit, Beziehungsreduktionen, d.h. Verlust an Außenkontakten, zunehmendem Bedürfnis nach Suchtmitteln." (Becker & Schirp, 1986, S.3)

Diese Form der Anpassung wird häufig als abweichend/krankhaft/auffällig etc. beschrieben, da die belastenden Umweltbedingungen ignoriert oder nicht ernst genug genommen werden, die in einer monotonen und relativ desolaten Umwelt entstehen "müssen". (Becker & Schirp, 1986, S.4) Damit kommen wir zu einem zentralen Punkt bewegungsbezogener Ansätze:

> Die erlebte Monotonie und Frustrationen führen zu dem Bedürfnis nach Spannungserlebnis, für deren Bewältigung keine angemessenen Handlungs(spiel)räume und Handlungskompetenzen zur Verfügung stehen.

Es tauchen verschiedenste Fantasieinhalte auf, jedoch sind die Handlungsmöglichkeiten und auch die Handlungskompetenzen derart eingeschränkt, daß die Fantasien häufig mit Drogenkonsum zu erreichen versucht werden. (Hier sind Drogen im weitesten Sinn gemeint, als Mittel, nicht erreichbare Fantasieerlebnisse einzulösen.) Was "aus bürgerlicher Sicht" als sinnloses, selbst- und sozialzerstörerisches Verhalten etikettiert wird, gewinnt unter identitäts- und biographielogischen Gesichtspunkten (vgl. dazu auch die Biographien der Probanden in Kap. 6.1) eine zusätzliche und wichtige Bedeutungsdimension.

In diesem Zusammenhang signalisieren Alkohol- und Zigarettenkonsum, körperliche Auseinandersetzungen, Eigentumsdelikte, Faszination von Aktion-Videos usw. eine Risikobereitschaft, mit den gängigen Normen in Konflikt zu geraten. Risikoverhalten wird auch durch die Ziele, Anerkennung und Status in der sozialen Gruppe zu erlangen und Identität zu finden motiviert.

"Das Ziel von Risikoverhalten besteht nicht nur darin, in der konkreten Situation Konflikte auszuagieren, sondern auch durch diese Kompensation wieder die physischen und psychischen Fähigkeiten herzustellen, solchen Situationen erneut gegenübertreten zu können. Indem der Konfliktbearbeitung auf Grund der subjektiv interpretierten Chancenlosigkeit aus dem Weg gegangen wird, d.h. indem die Konfliktbearbeitung begründet verweigert wird und statt dessen eine alternative Verhaltensweise gewählt wird, bleibt Risikoverhalten als Ausdruck der sozialen und individuellen Handlungsfähigkeit zunächst einmal akzeptabel. ... Es kann neben der kompensatorischen Funktion von Risikoverhalten auch seine soziale und funktionale Bedeutung betont werden, die soziologisch gesprochen darin besteht, Parsens "third cultifikation", welche auf Grund der sozialstrukturellen Lebensbedingungen in weiter Ferne liegen, wenigstens aktuell teilweise vorwegzunehmen, ohne daß ihre gesellschaftsstrukturierende Bedeutung in Frage gestellt wird." (Wenzel, 1986, S. 93)

In der jüngst von Koch (1989) veröffentlichten Studie wird deutlich, wie sich die Sozialisationsbedingungen der Jugendlichen sozialer Brennpunkte in den letzten Jahren erschwert haben:

> "Zur eigenen Standortbestimmung müssen die Gruppen sich im sozialen Prozeß der Realitätsaneignung eine Identität erstreiten. Besonders für sozial benachteiligte Jugendliche fallen dabei Identitätsfindungsprozesse über schulische Erfolgserlebnisse und symbolisch-diskursive Techniken weitgehend aus." (Koch, 1989, S.27)

Die eingeschränkten Räumlichkeiten, die ihnen noch zur Verfügung stehen, sind öffentlich und zumeist relativ streng kontrolliert.

> "Die älteren Jugendlichen ..., 'entkoppelt' von Berufsperspektiven, eingesperrt in der viel zu freien Zeit, die hohe Eigenstrukturierung erfordert, aber nie gelernt werden konnte, versuchen 'Territorialität' als Kontroll- und Kompetenzsystem zu benutzen." (Koch, 1989, S. 29)

Damit wird deutlich, wo bewegungs- und sportbezogene Programme ansetzen können.
Becker (1988) führt drei Punkte für die inhaltliche Gestaltung eines auf sozialtherapeutischen Gesichtspunkten beruhenden Bewegungsprogramms an:

(1) Orientierung am didaktischen Prinzip "Denken und Machen".

Damit wird im wesentlichen auf die bereits bei Dewey (1937) grundgelegte Konzeption des 'learning by doing' zurückgegriffen, das übrigens auch in der amerikanischen Theorie der 'Outdoor-Education' eine entscheidende Rolle spielt. Viele Outdoor-Konzepte wurzeln in der Reformpädagogik und versuchen, den Mißstand der einseitigen Schulung der kognitiven Kompetenzen im Regelschulsystem zu überwinden. Diesem Regelschulsystem wird ja zugleich Mitschuld an der sozialen Randstellung vieler Personen gegeben. Von dieser Kritik ausgehend werden folgende Annahmen der Frankfurter Arbeitsgruppe (1982) aufgenommen:

- daß soziale Realität als veränderbar anzusehen ist;
- daß Innovationen immer auf Erfahrungen in Handlungszusammenhängen basieren;
- daß Individuen bei aller Fremdbestimmung und Verschulung grundsätzlich zu autonomem Handeln fähig sind;
- daß Lehrende und Lernende gemeinsam handeln sollen.

(2) Orientierung an Bewegungsstrukturen, die die Erfahrung von Abenteuer und Risikoerlebnissen ermöglichen.

Stimmt man der obigen 'Sozialisationsdiagnose' zu und anerkennt damit 'auffälliges Verhalten' zumindest zu einem Teil als in der Unmöglichkeit legaler Risikosituationen begründet, dann gilt es, zu diesen neue Zugänge zu eröffnen.

(3) Orientierungen an Bewegungstraditionen und Formen, die eine Spielintegration der Mädchen ermöglichen.

In diesem Zusammenhang ist anzumerken, daß auch wir in den Aktivitäten gemischtgeschlechtliche Gruppen hatten, womit ein wesentlicher Problembereich der Probanden mit in das Projekt hereingenommen wurde (vgl. insbesondere die Analyse des Gruppenprozesses in Kap. 5).

Abenteuerlust und Risikobereitschaft wird auch als *funktionales Äquivalent zum Drogenkonsum* (Kastner & Silbereisen in: Nöcker & König, o.J.; Schleske, 1977) interpretiert:
'Abenteuerlust' wird in diesem Ansatz als ein Syndrom jugendeigener Orientierung angesehen. Sie steht in Beziehung zu dem Grundbedürfnis der Jugendlichen, aus der Welt der alten Ordnung auszubrechen, die gegenwärtigen Werte und Normen in Frage zu stellen und die festen Orte der kindlichen Rollensicherheit preiszugeben.
Unter dieser Perspektive lassen sich auch Protest- und Oppositionshaltungen und ihre radikalen Formen wie Jugendkriminalität oder Drogenkonsum dem Bedürfnis nach Wagnis und Abenteuer zuordnen. (Schleske, 1977, S.17)
Jugendliche Grenzerkundungen und -überschreitungen erweisen sich als ein Mittel zur Selbstfindung und Selbstentdeckung und gehören zur Suche nach personaler Identität, die sich außerhalb der Familie und in einer Vielzahl neuer Situationen darstellen muß. Entsprechend sollen wachstumsfördernde Inhalte, die eine Entwicklung auf emotionaler, sozialer, kognitiver und motorischer Ebene ermöglichen, die einseitige Konsumorientierung ersetzen ("funktionale Äquivalente" zum Drogengebrauch).
(Zur Problematik des Arrangements von Risikosituationen in Bewegungsprogrammen vgl. Kap. 4.1 und 4.2.)

2.2.1 Herausforderungen als Metapher für Krisen

In vielen Interventionskonzepten wird davon ausgegangen, daß es das Ziel sein sollte, Probleme zu verhindern, obwohl dies häufig nicht möglich ist (vgl. Kritik am homöostatischen Balancemodell menschlichen Funktionierens: Danish & D'Augelli, 1990, S.158f). In diesem Sinn werden kritische Ereignisse als von außen herangetragene oder etwa durch Delinquenz verursachte Interpunktionen und Störungen bezeichnet, die es zu überwinden gilt, um auf einer stetigen Linie fortzufahren. Im alternativen Modell menschlicher Entwicklung sind zwei Grundannahmen bedeutsam.

(1) Verhalten entwickelt sich kontinuierlich und ist einem kontinuierlichen Wandel unterworfen, der die gesamte Lebenszeit umfaßt.
(2) Krisen dürfen nicht per Definition als pathologisch und problematisch gesehen werden.

Mit Riegel (1975, S.100) finden sich Parallelbegriffe zum Begriff Krise wie Entwicklungssprünge, kritische Wendepunkte oder existenzielle Herausforderungen. In diesem Sinn sind Herausforderungen im Rahmen eines Projekts als Metaphern auch für Krisen zu sehen. Entsprechend sind Krisen notwendig, um bedeutsame Veränderungen herbeizuführen, wenn es zu Erstarrungen gekommen ist.

> Ein wesentliches Ziel der Persönlichkeitsentwicklung und Realitätsbewältigung durch Outdoor-Aktivitäten liegt in der Fähigkeit zur Krisenbewältigung.

Im Rahmen von Outdoor-Aktivitäten werden daher Situationen arrangiert, die kleine, mit hoher Wahrscheinlichkeit bewältigbare Krisen auslösen. An der Art und Weise der Bewältigung kann die Entwicklungsfähigkeit abgeschätzt und durch die Entwicklung neuer Bewältigungsmethoden auch unterstützt werden. Danish & D'Augelli schlagen in diesem Zusammenhang vor, eine neue Konzeption, nämlich die der "Optimierung menschlicher Entwicklung" einzuführen. Es wird daher ein Interventionsmodell für Entwicklungsverläufe vorgeschlagen, das folgende Merkmale besitzt:

(1) Orientierung an Entwicklungsförderung
(2) Zentrale Betonung von Lebensereignissen
(3) Betonung der individuelleren Erfahrungen mit vielen kritischen Lebensereignissen als Möglichkeit zum Aufbau von Kompetenz
(4) Betonung des Aufbaus von sozialen Stützsystemen (vgl. Danish & D'Augelli, 1990, S. 167f).

Wesentliche Parallelen dieses Konzeptes finden sich bereits im Ansatz der Bedürfnistheorie Maslows (1975), in dem ebenfalls die Homöostase lediglich als Zwischenstadium vor neuen Bedürfnissen und damit verbundenen Aufgaben gesehen wird. Vergleiche dazu auch Frankl (1974): Der Mensch ist nicht darauf aus, Spannung (und damit Risiko) zu vermeiden, im Gegenteil, er sucht sie. Da er im Moment zu wenig findet, schafft er sich diese.

Auf die mangelnde Bewältigung von kritischen Lebensereignissen und den daraus resultierenden Krisen wird in Kap. 6.1 eingegangen.

2.3 Grundlagen der Erlebnispädagogik und von Outward Bound

2.3.1 Erlebnispädagogik nach Kurt Hahn

Das erlebnispädagogische Konzept des Reformpädagogen und Gründers der Kurzschulen Kurt Hahn (1886-1974) ist heute noch Grundlage der weltweiten Outward Bound-Bewegung (vgl. Jagenlauf & Breß, 1989). Dies wird auch an einem kritischen Artikel von James (in: Kraft & Sakofs, o.J., S.39ff) deutlich. 'Outward Bound' ist ein weltweit geschütztes Warenzeichen mit einer Organisation, die alle fünf Kontinente umspannt. Es soll an dieser Stelle aber nicht auf die nationalen Unterschiede der Outward Bound Schulen der ganzen Welt eingegangen werden. Dazu liegt umfassende Literatur vor (siehe Literaturverzeichnis).

Auch für uns steht außer Zweifel, daß Kurt Hahn grundlegende Gedanken zum und vor allem auch praktische Erfahrungen mit dem Einsatz von 'Outdoor-Aktivitäten' und deren pädagogischer Relevanz entwickelt hat. Dennoch sind wesentliche Kritikpunkte anzubringen (siehe unten). Daher werden vorerst nur die wichtigsten Grundgedanken des Ansatzes skizziert, um anschließend auf Kritikpunkte und Abgrenzungsprobleme einzugehen.

Hahns Pädagogik erhebt keinen Anspruch auf Originalität, sondern fließt aus verschiedenen Geistesströmungen und pädagogischen Erkenntnissen zusammen. Schwarz (1968) nennt drei historische Quellen der Erlebnispädagogik:

* Die sittliche Erziehung des Menschen nach Platon: Seine Philosophie und die in der "Politeia" entwickelte Erziehungslehre sind Anstoß und Grundlage von Hahns pädagogischem Wirken.

* Das Modell der pädagogischen Provinz (Goethe, Lietz, Pestalozzi, Plato): Die Idee einer Erziehung in bestimmten abgegrenzten Zentren hat ihre Vorbilder in Platons Akademie in Athen, in Pestalozzis Erziehungsanstalten, in der von Goethe in "Wilhelm Meister" entwickelten idealen Erziehungsstätte sowie in den Landerziehungsheimen von Hermann Lietz und finden sich auch später

noch in literarischen Werken wie beispielsweise in Hesses Glasperlenspiel. Diese Provinzen haben als gemeinsames Merkmal den Grundgedanken einer vorbildlichen Lebensgemeinschaft zwischen Erziehern und Zöglingen, die unter Fernhaltung negativer äußerer Einflüsse die Familienerziehung in den entscheidenden Entwicklungsjahren ausklammert und in der Verbindung von manuell-praktischer Ausbildung mit geistig-künstlerischer Betätigung die harmonische Persönlichkeitsentwicklung im Auge hat.

Das Besondere an Hahns Schulen ist ihre Öffnung gegenüber der Umwelt und ihre Reaktion auf die Not der erzieherischen Wirklichkeit zur Heilung derselben.

* Das "moralische Äquivalent des Krieges" in der Erziehung nach William James und Bertrand Russel: Während James schwierige und niedrige Dienstleistungen für die Gemeinschaft und Russel Abenteuer auf den Bergen, in der Wüste oder in der Luft als Äquivalent für die Entladung jugendlicher Kräfte vorschlagen, verbindet Hahn beide Ansätze in seiner "Erlebnistherapie" mit der zentralen Bedeutung des Rettungsdienstes.

Bereits hier ist anzumerken, daß *auf die Sozialisationsbedingungen, die die 'Entladung der jugendlichen Kräfte' notwendig machen, nicht eingegangen wird* (vgl. dazu Kap. 2.2), vielmehr meint er in einer Art *'Vermeidungsstrategie'* (zur Problematik dieser vgl. Kap. 2.2.1) dem 'Guten im Kind' zum Durchbruch verhelfen zu können. Hoch zu schätzen ist die konsequente Ausrichtung der Erziehung am einzigen Ziel (!) der Sittlichkeit, in der Hahn (1958, S.9) die Fähigkeit sieht, aus Achtung vor dem Sittengesetz zu handeln. In Berufung auf Kant sieht auch er die Vernunft als oberste Instanz sittlichen Handelns.

Damit ist auch noch knapp Kritik an dem Aspekt seines Menschenbildes anzubringen, der eine - in der Tradition des christlichen Gedankenguts stehende - *Spaltung von Vernunft und Emotionalität* anstrebt. Gerade die von ihm initiierten Aktivitäten hätten ja ein Beitrag zu diesem, für eine positive gesellschaftliche Entwicklung so wichtigen Brückenschlag (Körper-Emotion-Vernunft) leisten können. Bei Hahn aber soll das praktische Tun, etwa der Rettungsdienst, unter Umgehung der Emotionalität direkt die sittliche Vernunft ansprechen. Diese Konzeption ist aus heutiger Sicht nicht zu halten. Gleiches gilt für seine fast naiv und *idealtypisch vermuteten Transferwirkungen:*

> "Es solle weder einseitig Gymnastik betrieben werden, was zur 'Rauhigkeit' führe, noch einseitig Musik betrieben werden, was zur 'Weichlichkeit' führe, sondern durch die richtige Integration sollten Besonnenheit und Tapferkeit bewirkt werden." (vgl. Schwarz, 1986, S.19)

Mit einem breit angelegten Erziehungsprogramm versucht Hahn die in vielfachen Formen auftretenden *"Verfallserscheinungen"* der Jugend grundlegend zu bekämpfen (vgl. Schwarz, 1968; Weber & Ziegenspeck, 1983, 45ff):

Mangelerscheinung	Ursache	Therapievorschlag
Mangel an körperlicher Leistungsfähigkeit	Automatisierung, Technisierung, Massenverkehr mit Passivität, Verlust des Körpergefühls	körperliches Training (Bergsteigen, Segeln), Sport in unverfälschter Natur
Mangel an Initiative	Kommunikationsmittel, Arbeitsstrukturen, wenig Möglichkeiten im geistigen/körperlichen Bereich tätig zu sein (Zuschauerkrankheit)	Expeditionen, mehrtägige, mehrwöchige Unternehmungen in elementarer Natur u.a.
Mangel an Sorgfalt	Konsumorientiertheit, Quantitatives Erlebenwollen, Oberflächlichkeit	Projekt, themenbezogene Aktivitäten mit forschendem Anspruch
Mangel an menschlicher Anteilnahme	Desensibilisierung emotionaler Vorgänge durch Reizüberflutung, "Privatisierungs"-Tendenz, Unfähigkeit zu emotionaler Interaktion und tiefem Erleben	Rettungsdienst, Bergrettung, Küstenwache, Feuerwehr, soziale Hilfeleistung

Diese Argumentation wird auch heute noch gerne und weitgehend *unkritisch* aufgenommen (vgl. aber Weber & Ziegenspeck, 1983, S.240, wo der Begriff 'Verfallserscheinung' abgelehnt wird und von einem 'menschlichen Grundproblem', Gleichgültigkeit u. ä. zu überwinden, ausgegangen wird). Denn bekanntlich 'verfällt' die Jugend seit Platon und so beliebt entsprechende Aussagen sind, so wenig sind sie empirisch belegt (belegbar). Zur Überwindung dieser wenig fruchtbringenden monokausalen Denkweise, die Schuld liege bei der Jugend, hat das Systemdenken wesentlich beigetragen (vgl. Kap. 2.8.4). Auch James (in: Kraft & Sakofs, o.J. S. 41) kritisiert die Umfunktionierung des Lernraumes 'Berge' in ein Klassenzimmer, in dem gegen den moralischen Verfall der Gesellschaft anzukämpfen versucht wird.

Erziehung zur Verantwortung soll bei Hahn einer "Massenproduktion gleichgerichteter Lebensanschauungen und der Bereitschaft zur Unterwürfigkeit gegenüber der öffentlichen Meinung" entgegenwirken und Unabhängigkeitssinn und staatsbürgerliche Verantwortung des Individuums fördern.

Nach Hahn kann Erziehung zur Verantwortung nicht durch theoretische Instruktion, sondern nur über die Erfahrung und Bewährung elementarer Verantwortung im Horizont der jeweiligen Möglichkeiten des jungen Menschen geleistet werden. Die Erlebnispädagogik bietet entsprechende Möglichkeiten, den vollen Ernstcharakter von Verantwortung zu erfahren.

Dennoch waren seine Gedanken von einem *gerade der Lebenswelt sozial benachteiligter Gruppen nicht entsprechenden 'platonischen' Harmonie-Verständnis* getragen.

Um eine Multiplikation seiner pädagogischen Erkenntnisse zu erzielen und die Erlebnistherapie der Öffentlichkeit bewußt zu machen, entwickelte Hahn die Idee des Outward Bound mit folgender Symbolik:

Jugendliche sollten wie ein zum Auslaufen gerüstetes Schiff für die Fahrt ins Leben vorbereitet werden.
Aus Experimenten und unvollständigen Zwischenstufen hat Hahn die geschlossene Form der Kurzschulen entwickelt, ohne vorgefertigte Theorie, allein durch ständiges Wechselspiel von Idee und Realität.

2.3.2 Begriffsbestimmung von Erlebnispädagogik und Outward Bound

Grundsätzlich ist Erlebnispädagogik ein Überbegriff von Outward Bound. Der Begriff und das Konzept 'Erlebnispädagogik' ist keineswegs etabliert: So findet man diesen kaum in Lehrbüchern der systematischen Pädagogik (vgl. Dickopp, 1983; Lassahn, 1982; Klafki, u.a. 1975) oder - was wohl noch mehr verwundert - der Sportpädagogik und -didaktik (vgl. Gößing, 1988; Meinberg, 1983). In der sportwissenschaftlichen Literatur bezieht man sich in diesem Zusammenhang zumeist auf Schleske (1977). Für die vorliegende Arbeit ist lediglich jener Bereich von Erlebnispädagogik von besonderer Bedeutung, der sich mit den Konzepten Outward Bound und Outdoor-Aktivitäten weitgehend deckt, wobei in der entsprechenden Literatur die Begriffe 'Erlebnispädagogik' und 'Outward Bound' häufig synonym verwendet werden. Folgende Definitionen versuchen, den Outward Bound-Prozeß theoretisch zu erfassen:

"Der erlebnispädagogische Ansatz sozialen Lernens geht davon aus, daß Erziehungs- und Bildungsprozesse wesentlich über Medien und Auseinandersetzungsformen ablaufen, die affektiv besetzt werden. Es wird dabei versucht, die gewonnenen Erlebnisse in gemeinsamer Reflexion bewußt zu machen, damit sie verhaltenswirksam bzw. zu verhaltensanleitenden Erfahrungen verarbeitet werden können." (Seegers, 1982, S.45)

"Erlebnispädagogik ist die Wechselwirkung von vertieft aufgenommenen Ereignissen und deren Reflexion, wobei die Chance groß ist, daß künftige Entscheidungen, aber auch Handeln und Verhalten generell durch Eigenerfahrung und Modellernen an Gruppenmitgliedern oder Situationen geprägt und davon beeinflußt werden". (Nickolai, Quensel & Rieder, 1982; S.68)

Nach beiden Definitionen sind es drei Merkmale, die die Erlebnispädagogik besonders kennzeichnen:

* das prägende Erlebnis (Natur-, Gruppen-, Ich-Erlebnis)
* das soziale Lernen (Lernen aus der Erfahrung und Lernen aus dem Gruppenprozeß)
* der Transfer (Bezug zur back-home Situation)

Dabei ist die Trennung zwischen kognitivem (Thema), emotionalem (Ich) und sozialem (Gruppe) Lernen aufgehoben. Der Teilnehmer wird ganzheitlich erfaßt, indem alle drei Bereiche in einem interaktionellen Ansatz integriert sind (vgl. auch das Konzept der Themenzentrierten Interaktion nach Cohn, 1979, 1981). Dieses Verständnis fußt auf einer pädagogischen Form der Gruppenarbeit, die die individuelle und soziale Reifung der Gruppenmitglieder besonders durch die Sensibilisierung für emotionale Vorgänge in Verbindung mit der Förderung der Kooperationsfähigkeit und des Miteinander-Umgehens beabsichtigt. Außerdem bestimmt die innere Teilnahme des Lernenden das Ausmaß des Lernerfolgs. Hahn formulierte diesen Unterschied so: "Where you are passiv, you forget, where you are activ, you remember" (nach: Schwarz, 1968, S.44). Auch hier war die Sicht Deweys bereits viel differenzierter: Er sah in Abgrenzung zur geisteswissenschaftlichen Pädagogik einerseits und zur reinen amerikanischen Arbeitsschule andererseits "learning by doing"

"... als einen mühsamen Prozeß der 'persönlichen Bildung' des Lernenden. Dieser Entdeckungsprozeß ist tätig-geistiger Natur: "Only by starting with crude material and subjecting it to purposeful handling will he gain the intelligence embodied in finish material". (Dewey, 1937, S.217 zit. nach Koch, 1989, S.35)

Dabei ist nicht die Dauer, sondern die Stärke eines Erlebnisses und der Einsatz des Handelnden für das spätere Leben bedeutend. Die erwartete Transferwirkung hängt also wesentlich vom affektiven Gehalt der Erlebnisse ab. Dewey relativiert auch die Bedeutung des Lernens und des Transfers:

"Ich glaube, daß Erziehung als Vorgang des Lebens und nicht als eine Vorbereitung auf künftiges Leben anzusehen ist ... lernen (?) sicherlich, aber zunächst einmal leben und dann lernen durch und in Beziehung auf dieses Leben." (Dewey zit. nach Apel, 1974, S.116; S.120)

Das Naturszenario der Erlebnispädagogik wird dabei als 'Garant für einen hohen affektiv-emotionalen Gehalt' angesehen, weil es im Gegensatz zu Indoor-Aktivitäten den ganzen Menschen 'im Handeln' herausfordert (vgl. Koch, 1989). Natürlich ist dem entgegenzuhalten, daß auch 'indoor' immer nur der 'ganze Mensch' handelnd tätig werden kann. Es steht aber auch für uns außer Zweifel, daß (weitgehend) naturbelassene Umgebungen den Menschen bei vergleichbaren Tätigkeiten (etwa einem 'Vertrauensfall'/'trust fall' vgl. Kap. 3.5 und Kap. 4) tiefer bewegen und berühren können und zusätzliche Erlebnisqualitäten anregen können.

2.3.3 Outward Bound in Deutschland

Aus 'österreichischer Sicht' ist es natürlich von besonderem Interesse, einen Blick auf die Outward Bound-Szene Deutschlands zu werfen. Da zu dieser umfassende Literatur aufliegt werden hier nur Aspekte referiert, die für den unmittelbaren Projektbezug von Bedeutug sind.
In den Grundansätzen bezieht man sich nach wie vor auf Kurt Hahn und dessen pädagogische Begründung des Outward Bound-Konzeptes.

"'Outward Bound'-Kurse basieren auf der Überzeugung, daß die Individualität eines Menschen in einer einzigartigen Kombination aus persönlichen Fähigkeiten, Erkenntnissen und Werten begründet ist, die durch Konfrontation mit realen und eindrucksvollen Erfahrungen sowie hohe Anforderung stellenden, praktischen Aufgaben entwickelt und herauskristallisiert werden können. Derartige Erfahrungen und Aufgaben stehen bei allen 'Outward Bound'-Kursen im Mittelpunkt." (Putnam, 1986, S.4)

Persönlichkeitsentwicklung wird als Folge praktischer Erfahrung im Umgang mit realistischen Situationen oder Problemen gesehen. Über die theoretischen Hintergründe der behaupteten Wirkungen erfährt man wenig.
Putnam weist aber auf die individuelle Wahrnehmung von Wirklichkeit hin. Der aktiven Verarbeitung durch die Person und der Eingliederung in ihr jeweiliges Gesamtbild, "das sie/er von der Welt und sich selbst hat" (Putnam, 1986, S.8), sei besondere Bedeutung beizumessen, wobei keine Angaben über die mögliche Art und Weise der Unterstützung des Teilnehmers durch den Instruktor bei diesem Vorgang gemacht werden. Persönlichkeitsentwicklung wird einerseits als sukzessiver Weg dargestellt, in dem eine schrittweise kontinuierliche Erweiterung des Wissenshorizonts und des Erfahrungshorizonts entsteht. Andererseits wird auch von radikalen Umbrüchen, von Veränderungen qualitativer oder transformativer Natur gesprochen, die zu grundlegenden Umgestaltungen der Personen führen. Diese Wirkung wird durch die hohe Intensität und den daraus resultierenden Störungen des inneren Gleichgewichtes, die zur Neuorientierung des persönlichen Bezugsrahmens führen, begründet. Der Reflexionszyklus wird einfach, ohne wesentlichen theoretischen Hintergrund dargestellt: Konkrete Erfahrung führt zu Beobachtung und Reflexion, diese zur begrifflichen Erfassung der Erfahrung und Verallgemeinerung, worauf sich überprüfende Auswirkungen der Konzeptionen in neuen Situationen anschließen, die wieder den Kreis der konkreten Erfahrung schließen (vgl. Putnam, 1986, S.10). Zur näheren Begründung des theoretischen Hintergrundes wird angemerkt (Breß, 1987, S.43): Zentrale Begriffe einer Theorie sind individuelle und soziale Handlungskompetenz. Die wichtigsten individuellen Komponenten sind das selbstständige Treffen von Entscheidungen, die damit verbundene Übernahme von Verantwortung sowie die Fähigkeit zu antizipieren. Es wird grundsätzlich angenommen, daß sich die unmittelbaren Erfahrungen in der Aktivität als generalisierte Erfahrungen im Selbst niederschlagen. Dabei werden die 'harten Lebensbedingungen'

als psychische Stressoren betrachtet, die zu 'Zündstoff' für Konflikte und deren Bearbeitung Anlaß geben.

"Gerade diese Extremsituationen mit ihren relativ hohen psychischen und physischen Belastungen, sowie das gleichzeitige Eingebundensein in eine Gruppe, deren Teilnehmer ebenfalls 'leiden', aber auch in der Not helfen können und das abschließende Gefühl, eine Gefahr gemeistert, oder körperliche Belastungen überstanden zu haben, machen das 'Geheimnisvolle' von Outward Bound aus." (Breß, 1986, S.46).

Outward Bound gibt viele Hinweise zum *Naturbewußtsein*, die von hohem praktischen Wert sind. Hingegen wird auch hier kein theoretisches Konzept angeboten, wie die Wirkung von 'Natur' auf die Person tatsächlich zu denken ist. Die Unterschiede zwischen amerikanischen und deutschsprachigen Outward Bound-Konzepten werden von Breß folgendermaßen beschrieben: Das amerikanische Konzept ist wesentlich mehr an die theoretisch-didaktische Konzeption von Kurt Hahn gebunden (vgl. dazu aber auch die kritischen Stellungnahmen in Kraft & Sakofs, o.J.). Entsprechend finden alle vier Elemente der Erlebnispädagogik, wenn auch ungleichmäßig, ihre Berücksichtigung:

* Die körperliche Leistungsfähigkeit wird durch das häufig durchgeführte 'run and dip' bewußt trainiert und erweist sich am Ende im Rahmen des Marathonlaufes unter allen Teilnehmern als stark verbessert.
* Der - wie fast alle Kurse - vollständig mobile Kurs hat - bis auf die Tage beim Klettern und Marathon - immer einen Expeditionscharakter, in dem an jedem Tag ein neues Ziel gesetzt wird, das es zu erreichen gilt.
* Der Projektgedanke wird - allerdings sehr eingeschränkt - im Rahmen des 'community service' realisiert.
* Ebenso wird wenigstens durch den Wachdienst in der 'rescue station' der Gedanke des Hilfdienstes 'am Leben erhalten'. (Breß, 1986, S.51)

Zur theoretischen Grundlegung von Outward Bound in der BRD anhand des interaktionistischen Ansatzes von Hurrelmann siehe Kap. 2.4.5.

2.4 Theoretische Ansätze zur Erklärung der Wirkung von Outdoor-Aktivitäten

In diesem Kapitel soll nun versucht werden, theoretische Ansätze zur Beschreibung und Erklärung der Wirkung von Outdoor-Aktivitäten auf die Persönlichkeit(sentwicklung) zu diskutieren sowie Ziele und Interventionsmethoden theoretisch grundzulegen. Dies soll auch Rückschlüsse auf das den Ansätzen jeweils zugrundeliegende Menschenbild ermöglichen.

Der Versuch, aus den zu diesem Themenbereich vorliegenden Arbeiten ein einheitliches Konzept herauszufiltern, brachte ein ganz und gar uneinheitliches Ergebnis:

> Es gibt weder eine geschlossene Theorie über die Wirkung von "Outdoor-Aktivitäten" auf die Persönlichkeit(sentwicklung), noch einheitliche Interventionsmethoden.

Am nächsten kommen die einzelnen Arbeiten einander in der Frage der Ziele von Outdoor-Aktivitäten. Es scheint aber auch in diesem Zusammenhang so zu sein, daß sich die Theorien oft stärker voneinander unterscheiden als die praktischen Handlungsweisen, wie dies aus therapeutischem Kontext bekannt ist.

Aus *theoretischer Sicht* scheint in der Vermischung gezielter Verhaltensmodifikation (Behavioristische Psychologie) und freier Entwicklung der Persönlichkeit (Humanistische Psychologie) ein grundsätzliches Problem zu liegen. Das zeigt sich in einer (möglicherweise unreflektierten) Kombination unterschiedlicher Konzepte und Methoden sowie in der Verwendung eines unscharfen Menschenbildes. Diese Theorielücken spiegeln sich auch in den dazugehörigen Methoden wider, die teilweise auch konträre Wirkungen haben.

Aus *praktischer Sicht* ist anzumerken, daß letztlich immer wieder die Personen, die die Leiterfunktion ausüben, auch das Menschenbild und die Wirkung bestimmen, sodaß nur mit bestausgebildeten und hochmotivierten Leitern ein verantwortlicher Umgang mit diesem Konzept möglich ist. Auf Kriterien der Ausbildung wird an mehreren Stellen eingegangen (vgl. Kap. 3 und Kap. 8).

2.4.1 Psychoanalytische Konzepte als Beschreibungs- und Erklärungsmodelle.

2.4.1.1 Archetypen (Jung; Bacon)

Bacon bezieht sich bei der Beschreibung der Methoden zum Outward Bound-Prozeß auf Elemente der Analytischen Psychologie Jungs.

Jung begründet seine Theorien auf der Psychoanalyse Freud's und ist von einer fundamentalen Gleichartigkeit[1] der Entwicklung der menschlichen Psyche überzeugt. In Anlehnung an das naturwissenschaftlich-analytische Vorgehen verwendet er die Methode des Zerlegens und Untersuchens von Elementen und Teilstrukturen. Die Psyche als Gesamtheit aller bewußten und unbewußten Regungen ist daher nach Jung empirisch erfaßbar, wenn vom erfahrbaren Psychischen ausgegangen wird.

Das 'Ich' macht das Zentrum des Bewußtseinsfeldes aus, wobei die *Persona* als Hülle des Ich dieses nach außen hin vertritt und einen Kompromiß zwischen Individuum und Sozietät bildet. Das *Bewußtsein* ist die Funktion, welche die Beziehung psychischer Inhalte zum Ich unterhält.

Das *Unbewußte* zerfällt in ein persönliches Unbewußtes (Vergessenes, Verdrängtes, Abgesunkenes) und in ein kollektives Unbewußtes, das der Mutterboden allen Bewußtseins ist. Das kollektive Unbewußte enthält ererbte Möglichkeiten des psychischen Funktionierens überhaupt, die *Archetypen*, die "Dominanten des kollektiven Unbewußten" (Jung, 1916). Dieses Erbgut bildet die Grundlage alles individuell Psychischen.

Progression und Regression sind Formen der Energieumsetzung nach außen (Umwelt) oder nach innen (archetypische Bilder). Als Energietransformator wirkt das *Symbol*, indem es vom unbewußten Bild zur bewußten Erkenntnis führen und als Vereinigung von Gegensätzlichem heilend wirken kann.

Die Grundlage von Outward Bound bilden Aktivitäten wie Klettern, Rafting sowie Gruppenerlebnisse, Erfahrungen der Einsamkeit u.a. mehr. Die darin enthaltenen Botschaften können nach Bacon (1983) durch spezielle Dressing-Techniken (siehe dazu Kap. 2.6.) den persönlichen, sozialen und situativen Bedingungen angepaßt werden. Dennoch gibt es in diesen Tätigkeiten immer 'etwas' - eben die archetypischen Bilder - , das so grundlegend ist, daß es immer deutlich wird. Der Archetyp ist nach Jung ein a priori vorhandener, unanschaulicher, typischer 'Anordner' formaler Natur, der inhaltlich von den archetypischen Bildern einer bestimmten Kultur und des Einzelmenschen angefüllt wird. Im folgenden sind die für die Outward Bound-Theorien adaptierten Archetypen Jungs nach Bacon (1983,S.51 ff.) zitiert:

Entwicklung/Reifung/Wachstum
In dieser Konzeption von Outward Bound durchläuft der Teilnehmer im Rahmen des Kurses seine perönliche Entwicklung in verkürzter, metaphorischer Form nochmals. Die neuen/ungewohnten Situationen führen zunächst zur Regression und regen von daher einen neuen Wachstumsprozeß an:
Basic expeditions = Kindheit, Gipfelbesteigung = Jugend, final expedition = Erwachsensein.

---

[1]Das bedeutet, daß er von (psychischen) Gesetzmäßigkeiten ausgeht, die der Entwicklung jedes Individuums zugrundeliegen (nomothetischer Ansatz).

Der aus der Perspektive des Teilnehmers nicht kontrollierbare Einfluß der fremden Umgebung bewirkt, daß sich der Teilnehmer in seine Kindheit zurückversetzt fühlt und auch so handelt. Dies wird als ein wesentlicher Ansatzpunkt zur Entwicklung der Persönlichkeit gesehen. Es ist daher eine alte Outward Bound-Maxime, daß *die Teilnehmer nicht wirklich lernen, solange der Instruktor bei ihnen ist.* (Er übernimmt die Rolle der schützenden Eltern). Übermäßig beschützte Gruppen ('overprotected') lernen also nicht im obigen Sinn. Erst bei selbständigem Agieren fallen die Teilnehmer in ihre Grundverhaltensmuster (spät aufstehen, trödeln usw.) zurück. Die Bearbeitung der so deutlich werdenden Probleme bewirkt signifikantes Lernen.

Sacred Space (Heiliger Ort)
In der Natur sieht sich der Mensch oft unvermittelt als Teil der "Schöpfung" in einem neuen Licht. Das kann zu einem veränderten Selbstverständnis führen. Der Instruktor soll den Teilnehmern helfen, die Natur als heiligen Ort zu sehen: z.B. durch Vorleben, durch Betroffenheit bei Umweltverletzungen, durch vorsichtigen naturkundlichen Unterricht.

Gerechtigkeit
Das tägliche Leben der Teilnehmer ist eine chaotische, fort- während sich verändernde Welt, wo Folgen unabsehbar sind und man nichts und niemandem trauen kann.
Im Gegensatz dazu haben die Outward Bound-Aktivitäten ihre geradlinigen Folgen und Konsequenzen.
Trotzdem schaffen es die Teilnehmer immer wieder, die Konsequenzen ihrer Handlungen abzuschieben (z .B.: Teilnehmer mit wenig Eigeninitiative lassen fortwährend die anderen agieren, anstatt selbst die Verantwortung zu übernehmen. Sie tun das oft aus mangelndem Selbstvertrauen, vgl. zum Beispiel den Gruppenprozeß von Team B 1990, Kap. 5).

Schicksal
Während unter Gerechtigkeit verstanden wird, daß Handeln das Resultat bestimmt, wird unter Schicksal verstanden, daß das Resultat vom Handeln unabhängig ist.
Viele schicksalsträchtige Entscheidungen sind mit hohem Risiko behaftet und werden daher oft vom Instruktor getroffen. Die Teilnehmer sollen jedoch ermutigt werden, an diesen Entscheidungen teilzuhaben und so ihr Schicksal selbst in die Hand zu nehmen.

Mutter
Die gegenseitige Unterstützung der Teilnehmer (Mutterersatz, Mutterrolle) soll gefördert werden und nicht die Abhängigkeit vom Instruktor.
Es ist davon auszugehen, daß im Rahmen intensiver Erlebnisse, Übertragungen sowohl von Mutter-, als auch Vaterfiguren auf den Instruktor stattfinden. Analytische Fähigkeiten sind daher empfehlenswert, da diese die Diagnostik wesent-

lich verbessern, ob die Aufarbeitung ebenfalls auf dieser Ebene stattfinden soll, ist eher zu bezweifeln (vgl. unten).

Familie, Gemeinschaft

Die Gemeinschaft soll als Ausgleich zum Egoismus dienen, den Bacon seit den 70er Jahren vorherrschend festzustellen vermeint. Inhomogene Gruppen sind dem täglichen Leben isomorpher als homogene. Die Teilnehmer sollen lernen, sich mit der Gruppe und den individuellen Problemen auseinanderzusetzen. Wie sich zeigt, führen Leistungsunterschiede, Altersunterschiede, etc zu entsprechenden Übertragungsmustern.

Der Führer

Der Führer - so meint Bacon - ist archetypisch gesehen "gottähnlich", außergewöhnlich. Es besteht eine Distanz, ein Unterschied zwischen dem Führer und den gewöhnlichen Leuten. In der Rolle des Führers kann man hoch steigen, aber auch tief fallen. Manche streben danach, manche meiden sie. Die Führerrolle hat einen massiven Einfluß auf den, der sie ausübt. Daher kommt ihr beim Kurs auch zentrale Bedeutung zu.

Wichtig sind Feed-backs, vor allem das Einfühlungsvermögen (Empathie, Mitgefühl, sich kümmern), die Kommunikation und die Organisation, aber auch die technischen Fertigkeiten betreffend.

Im Rahmen der eigenen Aktivitäten zeigte sich beispielsweise, daß die Bewertung des Programms durch die Teilnehmer, insbesondere bei 'kritischen' Studenten, von deren Interpretation von Führer und Autorität abhing.

Der Einsiedler

Um die Frage nach dem Sinn lösen zu können, lassen manche Menschen "alles hinter sich". Das Solo (eine Phase des Alleinseins) bietet den Teilnehmern die Möglichkeit, Teile von sich kennenzulernen, die ihnen im täglichen Leben verborgen bleiben. Während des 'Solos' kann man Einsiedler oder Held sein.

Der Held

Bacon meint, daß sich Instruktoren im klaren sein müssen, daß es im allgemeinen den Zielen der Teilnehmer entspricht, Held sein zu wollen. Besonders junge Frauen sollten ermutigt werden, der Heldin in ihnen zu begegnen. Oft ist für sie ´Heldin sein´ durch das erziehungsbedingte Rollenschema unweiblich.

Aufstieg zum Himmel (Ascent to Heaven)

Der Berg gilt als Bindeglied zwischen Erde und Himmel. Über den Berg fließt die Energie aus dem Göttlichen ab, er ist für Suchende eine Leiter zum Himmel. Die Gipfelbesteigung repräsentiert das 'Motiv' und die Grundphilosophie von Outward Bound. Wenn dieser Aufstieg geschafft ist, ist der entsprechende Lebensabschnitt durchgegangen. Idealtypisch löst sich damit der Teilnehmer von jenem sich ständig wiederholenden 'Problemverhalten', das ihn bisher belastet hat. Wegen dieser Wichtigkeit sieht Bacon die Gipfelbesteigung als Privileg, nicht als Recht. Dieses Privileg kann auch bewußt eingesetzt werden: Gestörte Gruppen sollten nicht auf einen Gipfel gehen, da Zusammenarbeit für die Sicherheit notwendig ist. Etwas an sich Wundervolles wird dann enttäuschend mittelmäßig.

Zusammengefaßt: Bei einer Gipfelbesteigung werden mehrere Archetypen vereinigt:

* Die Stärke des Helden
* Die Fürsorge der Mutter
* Die Abhängigkeit von der Gemeinschaft
* Die Vision des Einsiedlers
* Die Weisheit des Führers
* Die Sicherheit erfordert, mit Schicksal und Gerechtigkeit umgehen zu lernen.

Viele *analytische Grundgedanken*, wie sie hier nur skizziert werden, sind auch in *körpertherapeutische Arbeiten* eingegangen. Auch dort erfreut sich die Anwendung naturnaher Situationen steigender Beliebtheit und scheint wesentliche Erfolge zu bringen. (Zum Beispiel gibt es in der Bioenergetischen Analyse Bergseminare, Inselseminare, in der Gestalttherapie Kibbuze und vieles mehr). Verwendet man den analytischen Ansatz in Outdoor-Situationen, so ist auch im Sinne körpertherapeutischer Arbeit zwischen Übung und Aufgabe zu unterscheiden.

Unter *Übung* versteht man das wiederholte Durchgehen körperlicher Aktivitäten, die ungerichtet und völlig zieloffen sind. Beispiele können Wanderungen, Klettern und ähnliches sein.

Aufgabenstellungen sind solche Situationen, in der die Gruppe unter einem bestimmten Thema herausgefordert wird, so wie dies etwa unter methaphorischen Aufgabenstellungen bei Ropes Courses der Fall ist. Wir haben bereits positive Erfahrung in der Kombination von Outoor-Aktivitäten mit Techniken der Bionergetischen Analyse, da diese aber nicht aus dem unmittelbaren Projektbereich stammen, soll auf diese hier nicht näher eingegangen werden.

Zum analytischen Ansatz ist noch *kritisch anzumerken*, daß wie an anderer Stelle (vgl. Kap. 3.8) diskutiert wird, eine psychoanalytische Aufarbeitung in der kurzen vorgesehenen Zeit unmöglich erscheint. Daher gibt es in der Praxis vermutlich zwei Varianten: eine Möglichkeit besteht darin, das analytische Konzept als oberflächliches Interpretationskonzept zu verwenden. Die zweite Möglichkeit besteht darin, tatsächlich in einen analytischen Prozeß einzusteigen, wobei aber das Setting genau zu berücksichtigen ist. Dies bedeutet, daß die Frage nach der Länge der Zusammenarbeit, nach der Breite der Probleme, Therapievertrag und vieles mehr bedacht werden muß.

2.4.1.2 Grenzsituationstherapie nach Schulze

Die von Hahn beschriebenen kulturkritischen Thesen ("Verfallserscheinungen und Herabminderung der Menschenkraft" durch permanente Unterforderung), die er selbst nicht überzeugend begründen konnte (vgl. Kap. 2.3.1), werden auch von Schulze aufgegriffen und im Detail diskutiert.
Er geht dabei von phylogenetischen, paläoanthropologischen Erkenntnissen zur Entwicklung des Menschen aus und argumentiert in Anlehnung an Lorenz (Lorenz, 1963; Lorenz, 1965; Lorenz, 1968) mit folgenden Überlegungen:

"Es gab in der Stammesgeschichte des Menschen wahrscheinlich eine Zeit, da die ihm vom normalen Dasein zugemuteten Belastungen sich zu seiner konstitutionellen Leistungsfähigkeit adäquat verhielten und ihn somit in Aktivität und "in Form" hielten, körperlich wie seelisch." (Schulze, 1964, 13)

Durch Wechselwirkung zwischen dem flexiblen und anpassungsfähigen menschlichen Organismus und den Bedingungen einer natürlichen Umwelt hat sich im Verlauf der Menschheitsgeschichte eine biologische Instinktausstattung entwickelt, die mit der Rasanz der kulturellen Evolution nicht mehr schritthalten kann. Die Anzahl der Generationen, die sich der Mensch als Jäger und Sammler entwickelt und angepaßt hat, steht zur Zahl der Generationen als seßhafter Ackerbauer und Kulturschaffender im Verhältnis: 40 : 1.

"Die kulturelle Evolution (Selbstdomestikation) hat dem Menschen einerseits einen unvergleichlichen Reichtum an psychosozialen und kulturellen Lebensbedingungen beschert. Andererseits hat sie ihm die Möglichkeit gegeben, sich den urwüchsigen physiologischen Reizsituationen zu entziehen. Angesichts dieser Variabilität ist es schon statistisch unwahrscheinlich, daß jeder Einzelmensch auf das Optimum von Reizfaktoren trifft, das er zu seiner individuellen Entfaltung braucht." (Schulze, 1975, 27)

Der Mensch hat sich die immensen Vorteile der 'Instinktoffenheit' (die menschlichen Instinkte und Antriebe können - anders als beim Tier - aufgeschoben, abgehängt, umgelenkt oder ausgekuppelt zu neuen Zielen geschaltet und durch den Willen kanalisiert werden) mit einer Schwachstelle in der Drehscheibe der Antriebe erkauft. (Gehlen, 1978)
Als Lernwesen ist der Mensch damit auf eine Vielzahl adäquater Umweltreize angewiesen, um seine Antriebe zu entwickeln und in Form zu halten. Werden die Antriebe nicht entsprechend trainiert, so sind sie von Desintegration und Inaktivitätsatrophie bedroht. Die heute stammesgeschichtlich überschaubare progressive Domestikation des Menschen hat einen Großteil der biologischen Reizsituationen wie körperliche Anstrengung, Mühe sowie die 'archaische' Reizgruppe sympathikotoner Prägung: Hunger, Kälte, Gefahr (= Feindvermeidung) weitgehend ausgeschaltet. Trotzdem bleibt das menschliche Wesen weiter auf diese biologischen Reize angewiesen.

Im Rahmen der *Neurosentherapie* hält Schulze es für entscheidend, den Patienten zur Aktivität, das heißt praktisch bis zum aktiven Kämpfen um seine ihm zustehenden und lebensnotwendigen Rechte und zur Entfaltung seiner Fähigkeiten anzuleiten:
Durch persönlichkeitsadäquate, individuell ausgewählte psycho-physische Belastungssituationen meist sportlicher Art, denen der Patient sich auf Vorschlag des Therapeuten freiwillig und selbstverantwortlich aussetzt, wird die therapeutisch unentbehrliche Eigenaktivität angeregt. Dieses

"Grenzsituationserlebnis in der Neurosentherapie bezweckt eine Mobilisierung latenter Aktions- und Reaktionsbereitschaften im Patienten, die von seiner überzivilisierten Umwelt kaum mehr gefordert und also nicht mehr genügend geübt werden." (Schulze, 1964, 15)

Der Mensch wird im therapeutischen Grenzsituationserlebnis als selbstverantwortlich *handelndes* Wesen aufgefaßt, angesprochen und darauf trainiert. Die Therapie besteht aus einem stufenweise aufgebauten Verfahren, bei dem in steigendem Maße subjektive Anstrengungs- und Gefahrenerlebnisse bei objektiv minimalem Risiko angeboten werden.
Das sich regelmäßig einstellende Erlebnis des Erfolgs - eine wirkliche Gefahr und Überforderung wird durch den Therapeuten vermieden - bestärkt den Patienten:
* in seinem Vertrauen zur Umwelt über das Vertrauen zum Therapeuten und seine Methoden,
* in seiner Haltung, Hemmungs- und Unlustgefühle wie Angst, Mißtrauen immer geringer zu achten sowie trotz ihres Vorhandenseins zu handeln,
* in seinem Selbstwerterleben, da er sich selbst die Überwindungsleistung zuschreiben darf, die zum Erlebnis des Erfolgs führt.
Die Haltung aktiver Leistungsbereitschaft bringt einen Trainingsfaktor, der den Patienten auch objektiv-körperlich in   optimale Form und damit auf ein höheres Leistungsniveau bringt.
Diese "optimale Form" der Leistungsbereitschaft, verbunden mit "dem günstigen affektiven Kontakt zum Therapeuten, macht andere psychotherapeutische Verfahren, einschließlich der analytischen wirkungsvoller und kürzt sie meist ab, da mit dem Wachsen der Eigenkräfte die Ablösung gefördert wird." (Schulze, 1964, 16)
Kritische Stellungnahme: Wir sehen im Evozieren von Grenzerlebnissen/Grenzerfahrungen eine an die Grenze humanistischer Verantwortung gehende Methode. Diese ist mit äußerstem Feingefühl zu handhaben und setzt voraus, daß jede Form von 'Aktionismus' durch den Leiter verhindert und das Ziel ausschließlich in der Entwicklung der Person gesehen wird.
Eine weitere Gefahr sehen wir in der 'Biologisierung' sozialer Probleme. Es ist keine Frage, daß der Mensch heute anderen (Nicht-)Belastungen ausgesetzt ist als in der 'Zeit' der Jäger und Sammler, sein leistungsmäßiger Verfall ist jedoch

nicht zu belegen. Vielmehr gilt es auf die differenzierten Entwicklungstendenzen zu achten.

> Insofern ist auch *eine Warnung angebracht, Outdoor-Aktivitäten in das äußerst zweifelhafte Licht einer naiven 'Zurück-zur-Natur-Philosophie' zu bringen.* Dies betrifft sowohl die Perspektive der 'Beschönigung alter Zeiten' als auch die, daß die Lösung zukünftiger Probleme nicht in der Vergangenheit liegt. Auch von möglichen rassistischen Denkvarianten ist eine ganz massive Distanzierung vorzunehmen.

2.4.2 Ansätze der Verhaltensmodifikation im Outward Bound Prozeß

Häufig stammen die bei Outward Bound Kursen verwendeten Methoden aus dem Bereich der Verhaltensmodifikation (Behaviorismus):

> "Eigentlich werden Instruktoren dafür ausgebildet, daß sie die Berge dadurch für sich selbst sprechen lassen (im Sinn von 'wirken' lassen - Anm. d. Übers.), daß sie die Gruppe in die Wildnis führen, Fähigkeiten für das Outdoor-Leben entwickeln und sie dann mit einem charakteristischen Set von Problemlöseaufgaben konfrontieren." (James, 1980, S.8)

Die Behavioristische Psychologie beschreibt das menschliche Verhalten mit der stark vereinfachenden Theorie, daß Verhalten durch Reize kontrollierbar sei und auf diese Weise gesteuert werden könne. (Skinner, 1938, 20)
Ein nicht näher untersuchtes Ausgangsverhalten, das einem Organismus ermöglicht, sich seiner gegebenen Umwelt gemäß zu verhalten, bietet sich zur gesteuerten Modifikation und Kontrolle an. Dies geschieht durch systematische Variation von Reizen, die bekräftigende Funktion haben.

> "Wenn das Auftreten eines Operanten von der Darbietung eines verstärkenden Reizes gefolgt ist, nimmt seine Stärke zu." (Skinner, 1938, 21)

Die Verhaltenskonsequenz wirkt verhaltensmodifizierend, d.h. es liegt ihr ein Lernprozeß zugrunde.
Verstärktes (erwünschtes) Verhalten tritt in Zukunft häufiger auf - nicht belohntes (unerwünschtes) Verhalten verschwindet.
Diese "operante Konditionierung" erlaubt im Gegensatz zur klassischen Konditionierung auch die Beschreibung komplexerer Anpassungsprozesse, etwa der Verhaltensformung ('shaping of behavior' nach Skinner).

> "Damals entschieden wir, daß die Operante Theorie der Verhaltenspsychologen und Erziehungstechnologen am besten auf den erlebnispädagogischen Prozeß angewendet werden konnte. " (Harmon & Templin, o.J.)

"Der Outward Bound-Prozeß funktioniert als Set charakteristischer Problem-lösungs - Aufgaben in einer normierten physischen und sozialen Umwelt, das den Teilnehmer zur Bewältigung zwingt und das dazu dient, der Reihe nach die Bedeutung und die Richtung seiner Lebenserfahrungen zu reorgani-sieren." (Golins & Walsh, o.J.)

Im Outward Bound Prozeß wird auch die Natur mit ihren Elementen als Ver-stärkungsinstanz bewußt eingesetzt: Temperatur, Feuchtigkeit, Wind, Dunkel-heit, Gelände und Strömung fordern die Reaktion heraus und belohnen zielfüh-rendes Verhalten über das Resultat der Bewältigung. Es soll an dieser Stelle nicht differenziert auf die kritische Haltung der Projekt-bearbeiter zum Ansatz der Verhaltenstherapie eingegangen werden. Es genügt an dieser Stelle darauf hinzuweisen, daß auch die Umsetzung dieser Theorie in Outdoor-Situationen nicht präzise scheint. So ist zu fragen, *inwiefern Natursi-tuationen als normiert aufgefaßt werden können* oder inwiefern Wind, Dunkelheit und Ähnliches als Verstärker dienen können, wo wir doch wissen, daß auf der Grundlage der Bedeutungswahrnehmungen[1] zunächst differenzierte Reaktionen zu erwarten sind.

2.4.3 Die Bedeutung kognitiver Ansätze im Outward Bound Prozeß

Innerhalb der kognitiven Richtung in der Psychologie, die in Auseinandersetzung mit dem Paradigma des Behaviorismus entstand, hat die modifizierte soziale Lerntheorie Bandura's besondere Praxisrelevanz erlangt. Harmon & Templin (o.J.) sind der

"Überzeugung, daß diese Theorie Elemente des Behaviorismus und der Ko-gnitiven Psychologie in einer Weise verbindet, die sie am geeignetsten zur Planung und Auswertung von Outward Bound Kursen erscheinen läßt." (Harmon & Templin, o.J.)

Die modifizierte soziale Lerntheorie (Self-Efficacy Theorie) nach Bandura nimmt an, daß psychologische Vorgänge dadurch wirken, daß sie den Level und die Stärke des Gefühls von Self-Efficacy ("Selbst-Wirksamkeit") eines Individuums verändern.

---

[1]Damit ist angesprochen, daß Wahrnehmung stets vor dem Hintergrund subjektiver Erfahrungen und unter der Perspektive persönlicher Ziel, Sinn und Werterwartungen abläuft und daher ein persönlicher, Vergangenheit und Zukunft einschließender Vorgang ist, der natürlich auch durch den sozialen Kontext geprägt wird.

Auf einige wesentliche **Elemente der sozialen Lerntheorie** soll bereits hier eingegangen werden (vgl. Tab. 2-1):

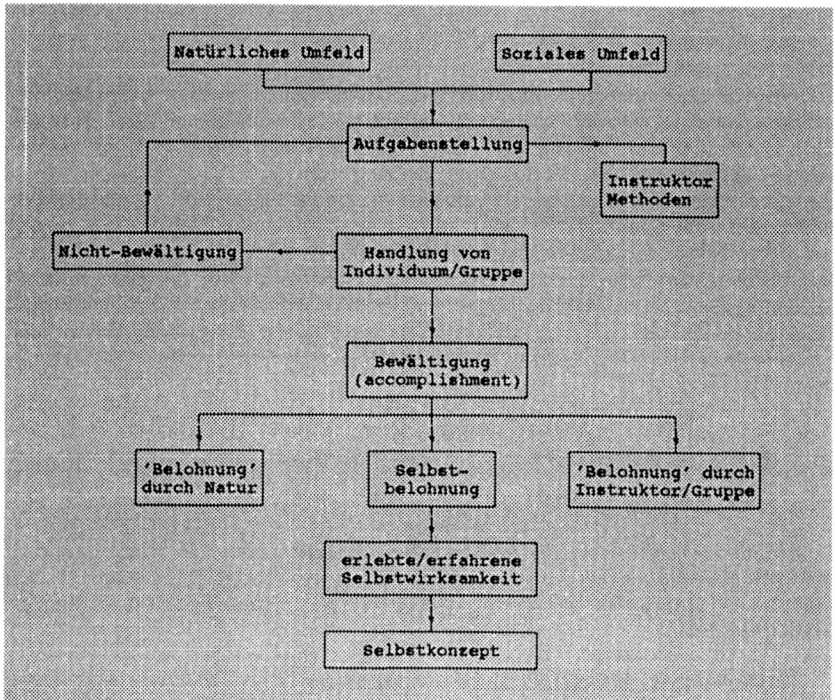

Tab. 2-1: Modell einer Übertragung der "self efficacy theory" auf den Outward Bound Prozeß.

(1) "Aufgaben-Bewältigungen" (performance-accomplishments) sind spezielle Quellen bzw. Einflüsse für self-efficacy Information, da sie auf persönlichen Erfolgserlebnissen basieren. Wenn "performance accomplishments" vom Lernenden als besonders wichtig angesehen werden (emotional betroffen machen), werden diese eher auf andere Situationen übertragen (Transfer). (Bandura; Jeffery & Gojados, 1975)

(2) "Ersatz-Erfahrungen" (stellvertretende Erfahrungen): Lernen durch Beobachten anderer. Der Outward Bound Kurs gibt seinen Teilnehmern die Chance zur gegenseitigen Beobachtung unter Streß. Dieses Modellernen soll zeitlich in zwei Etappen verlaufen: In einer Aneignungsphase wird zuerst das Modellverhalten beobachtet, um dann in der späteren Ausführungsphase imitiert und in das eigene Verhaltensrepertoire eingebaut zu werden. In der Phase der Aneignung sind die Gesetze von Belohnung und Bestrafung besonders wirksam.

(3) "Verbale Überzeugung": Der Unterschied zum herkömmlichen Schulbetrieb liegt hier im Wechselspiel zwischen verbaler Überzeugung und eigener Erfahrung. Allerdings ist die fehlende Authentizität zu beachten:

"Efficacy expectations induced in this manner are also likely to be weaker than those arising from one's own accomplishments because they do not provide an authentic experiential base for them." (Bandura, 1977)

In einer differenzierteren Sicht ist hier zwischen den Aspekten des *(Nicht-)Könnens und des (Nicht-)Wollens* zu unterscheiden. Im Selbsterleben mißerfolgsorientierter Personen ist eine Unterscheidung dieser beiden Perspektiven oft nicht mehr möglich. Gelingt es aber, die motivationalen Voraussetzungen zu schaffen, daß Personen an die Grenzen ihrer Leistungsfähigkeit gehen, so erleben sie zumeist, daß sie wesentlich mehr leisten können, als sie von sich erwartet haben. In einer weiteren Reflexion gilt es dann zu entscheiden, was sie leisten wollen.

(4) Die "emotionale Erregung" sollte im Mittelfeld zwischen Indifferenz und Angst liegen, um hier auch im Sinne neuerer Motivationstheorien 'flow' ('jenseits von Angst und Langeweile', vgl. Csikszentmihalyi, 1985) erleben zu können. Dies geht aber über kognitive Ansätze der Motivationspsychologie hinaus in Richtung transpersonaler Ansätze. Bei zu geringem Aufforderungsgehalt fehlen die für Lernvorgänge notwendige Aufmerksamkeit und Motivation. Angst ergibt abnehmende Aufmerksamkeit und Vermeidungstendenzen. Das Bewältigen subjektiv sehr riskanter Aktivitäten hat ein allgemeines Ansteigen von self-efficacy zur Folge.

Der Ansatz der Selbstwirksamkeit spielt auch für das eigene Projekt eine bedeutende Rolle. In seiner weiteren inneren Differenzierung im Sinne der Kontrollfähigkeit (Flammer, 1990) wird dieser im eigenen Ansatz ausführlich diskutiert und als Grundlage für eine differenzierte Analyse der Effekte der Outdoor-Aktivitäten eingesetzt (vgl. Kap. 5.2).

2.4.4 Ansätze der humanistischen Psychologie

Im Outward Bound-Prozeß zeigen sich deutliche Zusammenhänge zwischen den Persönlichkeitsvariablen des Instruktors und der Entwicklung der Teilnehmer. (Bacon, 1983)
Die humanistische Strömung der Psychologie hat sich der wissenschaftlichen Untersuchung und Beschreibung der Auswirkungen des Therapeuten- u. Erzieherverhaltens auf die Entwicklung des "Klienten/Schülers" angenommen.
Als sehr junge Schule der Psychologie (1962 wurde die "American Association of Humanistic Psychology" gegründet, ihre wichtigsten Vertreter: A.Maslow, C.R.Rogers, C.Bühler, R.May) hat sie ihr Hauptanliegen darin gesehen, dem Verständnis einer gesunden und schöpferischen Persönlichkeit gerecht zu wer-

den. Sie sieht den Menschen als wachstumsorientiertes Wesen mit ungeahnten Möglichkeiten der Selbstverwirklichung, Selbstaktualisierung und Selbsterfüllung. Der Mensch ist fähig, selbst die Verantwortung für seine Ideen, Gefühle und Handlungen zu übernehmen (Selbstverantwortlichkeit) und seine im Leben auftretenden Probleme unter günstigen Bedingungen selbst zu lösen (Selbstregulierung).[1]
Bereits diese Überlegungen legen die Basis für ein Erklärungsmodell der Persönlichkeitsentwicklung durch Outdoor-Aktivitäten.

Im Rahmen der Psychotherapie führte Rogers eine völlig neue Beziehung - von Person zu Person - zwischen Therapeut und Klient ein. Die bisherige starre Beziehung mit unangetasteter Autorität von "Arzt" zu "Patient" wurde ersetzt durch eine besonders auf (verbalem) Kontakt im 'Hier und Jetzt' beruhende Beziehung. Für den Leiter von Outdoor-Aktivitäten leitet sich daraus ab, *Führung nicht auf einem Rollenkonzept aufzubauen*, das verstärkt zu den im analytischen Teil beschriebenen Übertragungen führt, sondern sich im Führungsanspruch - der zumindest zu Beginn als real und gegeben zu sehen ist (vgl. Kap. 2.6.6) - in einem möglichst hohen Maß an der Kommunikation mit der Gruppe zu orientieren.
Im Lauf der Entwicklung der personenzentrierten Therapie hat sich herausgestellt, daß der therapeutische Erfolg neben den Selbstverwirklichungstendenzen des Menschen nicht vom Wissen und technischen Können, sondern von bestimmten umfassenden Einstellungen und damit verbundenen Verhaltensweisen des Therapeuten abhängt:

* Nicht-wertendes, einfühlendes Verstehen (Empathie) versucht, die Welt aus der Sicht des Klienten zu erfassen und zu verstehen und das Verstandene mit eigenen Worten dem Klienten mitzuteilen.
* Emotionale Wärme und Wertschätzung, die nicht an Bedingungen gebunden ist.
* Echtheit-Kongruenz: ungekünsteltes Verhalten des Therapeuten ohne professionelles oder routinemäßiges Gehabe.
* Nicht-dirigierende Aktivität des Lehrers/Therapeuten.

Der Prozeß der Veränderung kann spezifiziert auf Outdoor-Aktivitäten vereinfacht so dargestellt werden:

* Durch die Wegnahme autoritären Drucks wird der Teilnehmer offener für seine Erfahrungen.
* Das dadurch mögliche 'Öffnen' der Wahrnehmung führt zu mehr Vertrauen in das eigene Selbst.

---

[1]Da die Ansätze von Rogers (1985) und Tausch/Tausch (1978) als bekannt vorausgesetzt werden, soll hier nur auf jene Aspekte eingegangen werden, die für die Gruppenleitung im Rahmen von Outdoor-Aktivitäten besonders bedeutsam sind.

* Die Bereitschaft zur Veränderung wird durch einen geringen autoritären Druck einerseits aber durch hohen Handlungsdruck aufgrund der sich stellenden Aufgaben andererseits erhöht.
* Da eine Bewertung von außen entfällt, wird vom Teilnehmer zunehmend eine innere Bewertungsinstanz entwickelt (Selbstverantwortlichkeit). Dazu ist aber anzumerken, daß im Handlungsfeld Bewegung und Sport eine beinahe unglaublich fixierte Bewertungsstruktur existiert, die auch im Rahmen eines derartigen Projekts deutlich wird und nur schwer zu durchbrechen ist. Zum Beispiel war ein Teilnehmer massiv frustriert, weil die Gruppe nicht seinen Leistungserwartungen entsprochen hat. Physische Leistung wird pervertiert zu einem 'Gütemaßstab' für menschliche Qualität.

Das allgemeine Ziel des personenzentrierten Gruppenansatzes ist es, die 'Erlebensflüssigkeit' und Erfahrungsdurchlässigkeit gegenüber der eigenen Person und anderen Menschen zu fördern und gegenseitige Offenheit, mitmenschliche Nähe, Einfühlungs- und Hilfsbereitschaft sowie gegenseitiges Bemühen bei der Auseinandersetzung mit den unterschiedlichen Lebensproblemen der Teilnehmer zu ermöglichen. Im Gruppenprozeß selbst sind verschiedene Phasen erkennbar:

* Einleitungsphase mit gehäuftem Auftreten von Angst, Spannung, Schweigen, oberflächlichem Verhalten, Frustrationen und einer gewissen Zusammenhangslosigkeit zwischen den Äußerungen und Aktivitäten der Teilnehmer. Es fällt den Teilnehmern schwer, sich persönlich zu äußern, und sie versuchen häufig, einander zu dirigieren.
* Das zweite Stadium mit Äußerung von Gefühlen und persönlichen Erfahrungen. Zuerst werden meist vergangene und negative Gefühlserlebnisse mitgeteilt und erst allmählich das unmittelbar in der Gruppensituation entstandene Erleben. Dabei sind auch diagnostizierende und interpretierende Äußerungen häufig.
* Im dritten Stadium erreichen die Teilnehmer die Fähigkeit, aufeinander hilfreich und erleichternd einzugehen. Dadurch ist es leichter möglich, zur eigenen Person offen Stellung zu nehmen und sich damit auseinanderzusetzen. Es werden häufig innere Konflikte und Gegensätze zwischen den Teilnehmern in konstruktiver Weise verarbeitet und es wird möglich, gegen sich selbst gerichtete Einstellungen zu korrigieren und fassadenhafte Haltungen aufzugeben.
* Im vierten Stadium entwickeln sich häufig neuartige Beziehungen zwischen den Teilnehmern auf der Basis eines hohen Ausmaßes an Offenheit, Toleranz, Spontaneität und Hilfsbereitschaft (vgl. Kap. 5).

Dieser Aspekt der Selbsterfahrung ist meist mit zum Teil tiefgreifenden Veränderungen innerhalb der Persönlichkeit der Teilnehmer verbunden. Aufgabe des Gruppenleiters ist es, diesen Prozeß zu fördern. Er versteht sich nicht als sozialpsychologischer Trainer mit interpretierender Kompetenz, sondern als miterlebender und gefühlsmäßig engagierter Gruppenhelfer, der versucht, das Erleben der Teilnehmer nachzuvollziehen, zu verstehen und in einfühlsamer Weise mitzuteilen bzw. das Ergebnis seiner eigenen Auseinandersetzung mit der aktuellen Situation zu äußern.

Der Ansatz der Humanistischen Psychologie bringt wertvolle Impulse des Leiterverhaltens, die heute als zentral und allgemein gültig angesehen werden. Dies trifft insbesondere auf die Werthaltungen zu. Im methodischen Bereich greift der Ansatz der personzentrierten Psychotherapie eindeutig zu kurz (vgl. auch Tausch, 1991). Die Vernachlässigung der Ebene der Bewegung und des Körpers kann heute als überwunden angesehen werden. Gleiches gilt für das geringe Ausmaß an Konfrontation des Klienten mit sich selbst durch den Therapeuten. Ein weiterer Problembereich betrifft die zu wenig differenzierte Sicht des Leiterverhaltens in der Abhängigkeit von der Aufgabenstellung und Gruppenstruktur. Von diesen Neuerungen abgesehen ist die humanistische Psychologie nach wie vor für das dem Projekt zugrundegelegte Menschenbild bestimmend und grundlegend.

2.4.5 Interaktionistische Ansätze

Im deutschsprachigen Konzept von Outward Bound wird primär auf den sozialisationstheoretischen Ansatz von Hurrelmann (1983, 1985, 1986) zurückgegriffen. Damit bezieht man sich auf ein interaktionistisches, handlungsorientiertes Sozialisationskonzept. Persönlichkeitsentwicklung wird als produktive Realitätsverarbeitung verstanden. Als Aufgabe der Pädagogik wird eine Persönlichkeitsentwicklung verstanden, deren Ziel der Aufbau einer überdauernden Identität ist. Dabei wird Identität als "Synthese von Individualisation und Integration verstanden" (Jagenlauf & Breß, 1990, S.6). Daraus leitet sich ab, Situationen punktuell, zeitweise oder kontinuierlich zu schaffen oder zu variieren,

"...in denen die Fähigkeit, innere und äußere Realität interaktiv aufeinander zu beziehen und zu verarbeiten, sukzessive gesteigert wird, denn in der produktiven Verarbeitung vor allem realer - nicht fiktiver - Situationen können jene Handlungsperspektiven erworben werden, die notwendig sind, um später Alltagssituationen und Extremsituationen ohne weitreichende Identitätsstörungen und Identitätsverluste zu bestehen." (Jagenlauf & Breß, 1990, S.7).

In diesem Sinne versteht sich Outward Bound als präventive Maßnahme und als ein - subsidiärer - Beitrag zur Persönlichkeitsentwicklung junger Menschen durch reale Herausforderungen (challenge) und deren reflexiv-interaktive Verarbeitung. Auch in dieser Form der theoretischen Darstellung wird ein prinzipieller Transfer von in Situationen des Outward Bound Kurses Gelerntem in den Alltag postuliert.

2.4.6 Ansätze zur theoretischen Grundlegung von Transfer

Da der Transferproblematik besondere Bedeutung zukommt, soll hier auf exemplarische Ansätze zum Transfer von in Outdoor Situationen erworbenen Fähigkeiten eingegangen werden: Gass (1985) unterscheidet 3 Theorien des Transfers in "Adventure Education":

(1) Fachspezifischer Transfer[1]
Hier übernimmt der Lernende Verhaltensweisen von einer Erfahrung und wendet sie während einer neuen Aufgabe an, um den Lernprozeß zu erleichtern und zu beschleunigen.
Beispiel: Erfahrungen vom Sichern beim Klettern werden auf das Abseilen übertragen.

(2) Fachübergreifender Transfer[2]
In diesem Fall verallgemeinert der Lernende die Strategien, die einer Erfahrung zugrunde liegen, und verwendet sie in einer anderen Situation.
Beispiel: Ein Lernender hat erfahren, wie Vertrauen und gegenseitige Unterstützung in einer Gruppe aufgebaut werden und versucht, das in der Klassensituation in der Schule anzuwenden.

Diese beiden Theorien werden auch bei Bruner beschrieben:

> "Lernen kann auf zwei Arten der Zukunft dienen. Eine ist die spezifische Anwendung für Aufgaben, die sehr ähnlich denen sind, wo die ursprünglichen Lernerfahrungen gemacht wurden. ...
> Die Übertragbarkeit dürfte auf Fertigkeiten beschränkt sein. Eine weitere Möglichkeit, wie frühere Lernerfahrungen spätere Lernprozesse unterstützen können, wird üblicherweise nicht-spezifischer Transfer genannt, oder besser ausgedrückt, der Transfer von Prinzipien und Verhaltensweisen.
> Hier werden nicht Fertigkeiten, sondern zugrundeliegende Muster auf eine neue Aufgabe übertragen." (Bruner, 1960, S. 17)

Diese Grundmuster finden sich heute in Schematheorien (vgl z.B. Schmidt, 1982; Zimmer, 1983) als zentrale Elemente variablen Lernens.

(3) Metaphorischer Transfer

Darunter versteht Gass (1985) die Übertragung allgemeiner Muster einer Lernerfahrung auf Lebenssituationen:

---

[1] orig. "specific transfer"

[2] orig. "non-specific transfer"

Beispiel:

"Es ist in unserer Arbeitsgruppe eine gewisse Unruhe. Es ist, wie wenn wir in einem Boot sitzen würden: Wenn alle Insassen gleichmäßig und gemeinsam paddeln, bewegt sich auch das Boot ruhig vorwärts. Wenn einzelne Insassen nachlassen oder unkoordiniert gepaddelt wird, dann wird das Boot unruhig." (Godfrey 1980, S. 229.)

Bacon (1983, S. 4) beschreibt als Voraussetzung für diese Art des Transfers, daß die Erfahrung "isomorph" mit der Lebenssituation sein muß. Entscheidend ist der symbolhafte Charakter der Übungen und Erfahrungen (genauer siehe Kap. 2.6.1).
Aus unserer Sicht sind Metaphern dann besonders wirksam, wenn sie vom Teilnehmer selbst erkannt werden und so aktiv in das weitere Leben übernommen werden können.

Ein Kernsatz zum Thema Transfer, in dem sich die Outward Bound Autoren einig sind, läßt sich formulieren: Transfer muß bereits in der Vorbereitungsphase mit in die Planung einbezogen werden.
Das Programm muß auf die gewünschten Ziele abgestimmt werden. Die Modelle, die darauf beruhen, variieren folgendes Schema:

* Erfassen der Bedürfnisse der Teilnehmer
* Anpassen der Ziele, Inhalte und Methoden an die Bedürfnisse der Teilnehmer
* Unterstützen des Transferprozesses durch "follow up" Programme.

Gass (1985, S.1) betont, daß Änderungen in den Bedürfnissen der Teilnehmer auch auf das Programm Einfluß nehmen.
Er formuliert folgende "Techniken", um den Transferprozeß zu unterstützen:

(1) Günstige Ausgangssituation schaffen (Teilnehmer in Hinblick auf "Veränderungsfähigkeit" vorbereiten, klare Ziele formulieren und bekanntgeben, Teilnehmer sollen ihre persönlichen Ziele aufschreiben).

(2) Die einzelnen Elemente des Lernprozesses sollten ähnlich der realen Lebenssituation sein.

(3) Teilnehmer sollten bereits während des Programms den Transfer "üben" können (Beispiel: Übertragen von Problemlösungsstrategien auf andere Übungen).

(4) Die Konsequenzen des Lernprozesses sollten "natürlich", nicht künstlich sein.

"Natürliche Konsequenzen sind jene, die auch ohne menschliches Zutun eintreten. Künstliche Konsequenzen folgen, ... wenn Menschen oder ihre

Systeme die Folgen einer Situation vorwegnehmen oder beeinflussen."(Darnell, 1983, S. 4).

Der hier verwendete Begriff ´natürlich´ scheint einer etwas naiven ´Naturphilosophie´ zu entstammen, in der von einer grundsätzlich positiven Wirkung von Natur ausgegangen wird.

(5) Den Teilnehmern sollte ermöglicht werden, ihren eigenen Lernprozeß selbst zu schaffen, Lernerfahrungen zu "internalisieren". (vgl. Prochazka, o.J.)
Über die Methoden gehen die Meinungen auseinander.
Während Kalisch (1979, S.62) meint, daß durch Verbalisieren der Lernerfahrungen bereits der Transferprozeß eingeleitet wird, meint Bacon (1983, S.3), daß Verbalisieren gegenüber anderen Methoden des Internalisierens, wie der bewußten Entwicklung von Metaphern, in den Hintergrund tritt. Die Diskussion über den Einsatz von Metaphern ist ein zentrales Thema sozialtherapeutischer Arbeit und kann keineswegs als abgeschlossen betrachtet werden.

(6) Teilnehmer aus früheren Kursen sollten ins Programm aufgenommen werden. Sicherlich können Erfahrungen von diesen Teilnehmern hilfreich für andere sein, allerdings hat die Mischung ´alter´ und ´neuer´ Teilnehmer im eigenen Projekt auch/eher Probleme gebracht (vgl. Kap. 5).

(7) Externe Personen können den Lernprozeß fördern (Eltern, Berater, Lehrer, Sozialarbeiter usw.). Hier ist allerdings gemeint, diese Personen vorwiegend in die Vorbereitungsphase miteinzubeziehen. (Gass, 1985, S.2)

(8) Den Teilnehmern sollte möglichst viel Mitverantwortung übertragen werden (von der Essensplanung bis zur Planung des gesamten Programms).

(9) Konzentriertes Arbeiten am Prozeß erleichtert den Transfer.
Techniken wären Reflexion und Gruppenbesprechungen, wo die Aufmerksamkeit von Teilnehmern auf den Transfer gelenkt werden kann.

(10) "Follow Up"-Erfahrungen, wie z.B. Kommunikationsmöglichkeiten, Feedback u. dgl., sollen die Anwendung von Lernerfahrungen erleichtern.

2.5 Ziele in Outdoor-Konzepten - ein Überblick

In diesem Kapitel werden die Zielkataloge der zum Thema Resozialisierung durch Outdoor-Aktivitäten vorliegenden Arbeiten zusammengefaßt und in vier Zielgruppen gegliedert.
Diese Ziele werden nur knapp und wo nötig kommentiert. Wir gehen davon aus, daß den Zielen insofern nur begrenzte Bedeutung zukommt, da sie letztlich erst durch die dahinter stehenden Konzeptionen, die oben bereits ausführlich diskutiert wurden, Wirkung erhalten und ansonsten auf einer relativ allgemeinen Ebene liegen, auf der weitgehend Konsens herrscht.

2.5.1 Persönlichkeitsentwicklung

Das persönliche Wachstum soll vor allem durch Wecken des (vorhandenen) persönlichen Potentials des Teilnehmers erfolgen:

* Aneignung von neuen und fremden Rollenerfahrungen, die außerhalb der bekannten und gewohnten Verhaltensmuster liegen.
* Aufbau von Selbstvertrauen und Zuversicht durch persönliche, praktische und soziale Erfolgserlebnisse.
* Kurse werden ausgerichtet, um die Selbstwirksamkeit des Individuums zu stärken.
* Kurse zielen auf die Entwicklung der Persönlichkeit, indem soziale und individuelle Handlungskompetenzen vermittelt und Möglichkeiten zur Selbsterkenntnis geboten werden.
* Verbesserung von Selbstkontrolle, Selbstvertrauen, Selbstwert und Selbstkonzept.
* Eigene Ziele und Bedürfnisse wahrnehmen und klären.
* Durch Eigenhandlung in beanspruchenden und persönlich bedeutsamen Situationen sollen Erfahrungen gesammelt und durch Bekräftigung des eigenen Könnens Fähigkeiten, Selbstvertrauen, Ermutigung und Sicherheit gewonnen werden.
* Steigerung der Erlebnisfähigkeit.
* Besseres Verständnis für sich selbst erreichen.
* Fähigkeiten, Entscheidungen zu treffen sowie Problemlösungsstrategien zu erarbeiten.
* Umgang mit Belastungen und Konfliktsituationen verbessern.
* Transfer - gezielte Reflexion über Möglichkeiten der Übertragung von Kurserfahrung auf den Lebensalltag.

2.5.2 Soziale Kompetenz - Umgang mit zwischenmenschlichen Beziehungen

* Steigerung der Kommunikationsfähigkeit: offene und direkte Kommunikation, konstruktive Beziehungen entwickeln.
* Verständnis für die Notwendigkeit, mit anderen zu kooperieren.
* Verantwortungsgefühl für die Bedürfnisse anderer entwickeln und Erweiterung der Möglichkeiten, sich für andere - auch im konkreten Tun - verantwortlich zu fühlen.
* Sich selbst und andere besser kennen- und einschätzen lernen; mit sich selbst und anderen besser umgehen lernen.
* Kennenlernen von Rollen innerhalb einer Gruppe.
* Einsicht in die Wichtigkeit von Hilfestellung für Schwächere.
* Mehr Zufriedenheit, mit anderen zu kooperieren, mehr Toleranz im Umgang mit Verschiedenartigem.

2.5.3 ('Philosophische') Werte, Lebensstil: Konsumkritik

Auf das, was in der amerikanischen Outward Bound Theorie 'philosophisch' genannt wird, soll an dieser Stelle nicht näher eingegangen werden. Die philosophischen Wurzeln Hahns wurden oben bereits diskutiert, neben den griechischen Philosophen Platon und Sokrates bezieht man sich auch in 'philosophischen Belangen' in hohem Maß auf Dewey (vgl. Kraft & Sakofs, o.J.).

* Fördern eines an Natur und Umwelt orientierten gesundheitlichen Lebensstiles.
* Naturverständnis, Naturschutz.
* Anbieten einer echten Alternative zu dem am Konsumdenken orientierten Lebensvorstellungen, durch das Erfahren neuer Lebensqualitäten.
* Gelegenheit, persönliche Werthaltungen mit persönlichen Handlungsweisen zu konfrontieren.

2.5.4 Wissen und Können

* Aneignung exemplarischen Wissens (soziale Beziehungen, Einsicht in Landschafts- und Naturzusammenhänge, ökologisches Grundwissen).
* Technische Fähigkeiten und Fertigkeiten, um in der Natur (über)leben zu können.

2.6 Methoden bei Outdoor-Aktivitäten

Die in der untersuchten Literatur zum Thema Outdoor-Aktivitäten gefundenen Methoden sind nur schwer zu systematisieren. Es ist auch nicht unsere Absicht, Leiter- und Instruktionsverhaltensweisen in "Kästchen" zu sortieren. Die folgenden Überschriften dienen daher bloß als grobes Raster, um die beschriebenen Methoden übersichtlicher darzustellen.

In der durchgesehenen Literatur wird fast durchgehend als methodische Grundregel angegeben, *den Einsatz von Methoden so zu beschränken, daß nach außenhin der Eindruck entsteht, der Kurs laufe nach dem Konzept "Let the Mountains speak by themselves" ab*, vergleichbar etwa dem Zen-Buddhismus, wo die Meister die Fähigkeit haben sollten, Aktionen so zu beschränken, daß der erwartete Erfolg mit sehr wenig sichtbarem Aufwand erreicht wird, und sie die Einfachheit über die Kompliziertheit stellen, was einer der klarsten Indikatoren für Kompetenz ist. Für den eigenen Ansatz dieses Projekts wird ergänzend auf die entsprechenden Abschnitte in Kapitel 3 verwiesen.

2.6.1 Verbale Instruktions- und Interventionsmethoden

Der bewußte Einsatz von Metaphern (vgl. Bacon, 1983)

Vier Merkmale zeichnen eine wirkungsvolle Metapher aus:

* Sie muß isomorph mit dem Erfahrungsstand der Teilnehmer sein.
* Sie muß Problemlösungen anbieten (z.B. Möglichkeiten der Angstbewältigung).
* Die Details müssen so gewählt werden, daß die metaphorische Darstellung (diese ist eine Art konkreter Ableitung einer "Lebensweisheit") von den Teilnehmern zu ihrem eigenen Leben hin "überschritten" werden kann (transderivational search), dies z.B. durch eine ihr Leben "berührende" Erzählung.

Mit dieser Überlegung ist ein erster, nicht trivialer methodischer Ansatz zum Transfer von der Kurswelt in die Lebenswelt vorgeschlagen. Diese Vorgangsweise ist auch aus therapeutischem Kontext bekannt. Der Einsatz der Sprache erfolgt nicht rational-logisch, sondern bildhaft, gleichnishaft. Die Metapher ermöglicht so einen anderen Zugang zu sich selbst und zur Wirklichkeit.

* Intensität im Mitteilen von Gefühlen. Der Erzählende muß die entsprechende Gefühlslage miterleben und nachvollziehen, von der er erzählt.

Die Mitteilung der Metapher, wie sie hier gemeint ist, wird gefühlsmäßig, erfahrend/erlebend, unbewußt und unter minimaler, nur sekundärer Einschaltung

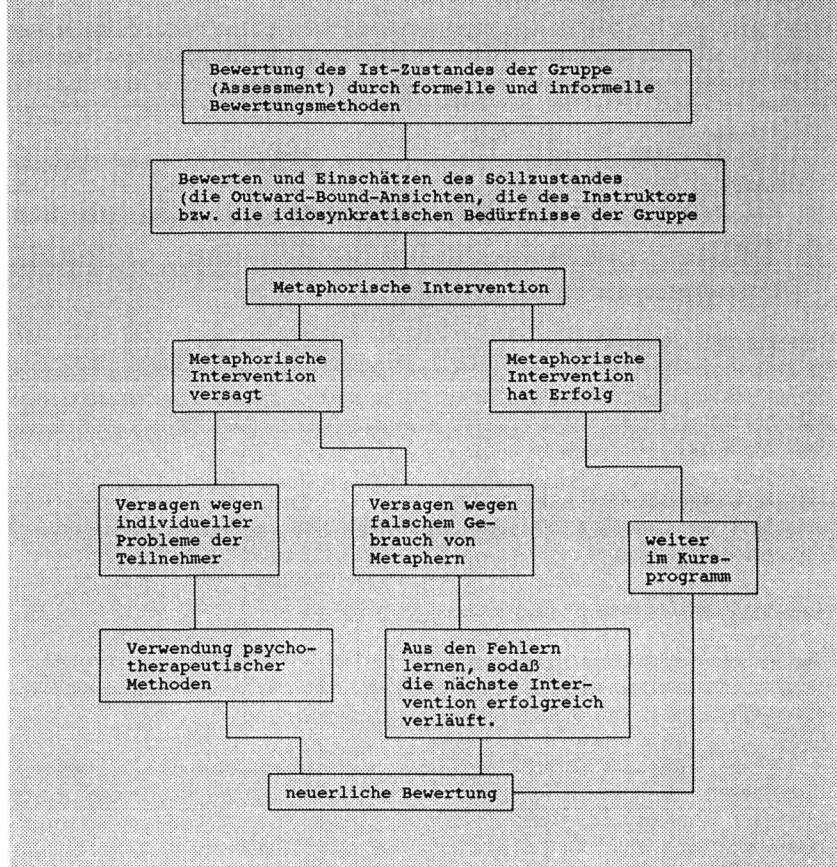

Tab. 2-2: Das metaphorische Modell übersetzt und leicht verändert nach Bacon (1983, S. 12).

des Intellektes aufgenommen.

Dieser bewußte Zugang zu Metaphern wurde erstmals vom Psychotherapeuten Erickson verwendet. Bacon (1983) schreibt beispielsweise über die Metaphern: Erzählmetaphern ermöglichen Lehrern den Abbau der formalen Autorität. Es ist üblich, daß sich die Teilnehmer gegen Autoritäten stellen. Erzählmetaphern helfen, diese Front abzubauen. Dies ist deshalb so wichtig, da der Teilnehmer sonst die Rolle der Eltern/'alter' Autoritäten in die Leitung projiziert (vgl. auch Kap. 2.4.1).

'Dressing' (Bacon, 1983):
Interveniert der Instruktor aufgrund festgestellter Defizite oder Probleme der Gruppe, muß er ein entsprechendes ('isomorphes') metaphorisches Erlebnis anbieten. Eine bestimmte Kursaktivität kann verschiedene Wirkungen haben, die vom Instruktor mit Hilfe von Dressing gesteuert werden können. So kann z.B. eine anstrengende Wanderung bewirken:
- "daß Ihr erlebt, wie stark Ihr seid" (→ Leistungs- und Wettbewerbsstimmung),
- "daß Ihr erlebt, wie ihr aufeinander aufpaßt" (→ gegenseitige Unterstützung),
- "daß Ihr neues über Euch erfahrt, wie Ihr Streß begegnet." (→ führt zu Konzentration auf die eigene Person).

'Reframing' (Bacon, 1983)
Der Instruktor bewirkt, daß ein bestimmtes Erlebnis in einem neuen Rahmen oder vor einem anderen Hintergrund gesehen wird, sodaß es unter einem neuen Licht erscheint. Es ist also zu fragen, was sich aus einem negativen Erlebnis, einem Versagen, etc. gewinnen läßt.

'Direkte Suggestion' (Bacon, 1983)
Beispiele: "Paßt morgen aufeinander auf." bzw.: "Schaut, daß Ihr so schnell wie möglich weiterkommt."

'Positive Verstärkung' (Siehe "Behaviorismus")

'Distraktive Suggestion' (Bacon, 1983)
Ablenken von hemmenden Faktoren wie Angst. Der Weg geht vom Angst erzeugenden Objekt hin zum sicheren Erlebnis. Beispiel:

"Führen hängt mit Einschätzen des Gemütszustandes der Geführten zusammen. Um das zu lernen: Stellt Euch paarweise gegenüber, haltet Euch bei den Händen und schaut Euch in die Augen." Das Ziel ist das Erzeugen von Führungssicherheit über Körperkontakt. Das Problem dabei ist die Kontaktangst. Die Distraktion besteht in der Anweisung: Denkt an das Führen- Lernen. Mitgelernt wird: Führen hängt mit Einfühlungsvermögen zusammen.

Es soll hier lediglich auf die Gefahr *mechanistischen Denkens* in der Instruktorrolle hingewiesen werden und nicht differenziert auf die dahinterstehenden Leiterprobleme eingegangen werden.

Wirkung von nonverbalem und emotionalem Verhalten (Bacon 1983):
- Bewußte Lenkung der nonverbalen Zeichen in die Richtung, in die die Metapher abzielt.

- (Subtile) Ermutigung zu "testimonials" (z.B. wenn ein Teilnehmer von einer Kurserfahrung begeistert ist und beschreibt, wie erweiternd, inspirierend oder verändernd diese war).
- Angst als real sehen und behandeln.

Bacon (1983, S.82) weist auch auf folgenden methodisch wichtigen Sachverhalt hin: Neben Teilnehmern, die durch verschiedene Erlebnisse und Erfahrungen tief getroffen und emotional berührt sind, gibt es auch solche, *die kaum persönlichen, emotionalen Bezug* zeigen. Häufig sind es Personen, die hohe instrumentelle Effektivität besitzen, nirgends Schwierigkeiten haben, gut klettern, ausdauernd sind, Nahrung finden usw. Dieses "gute Funktionieren" von Personen führt häufig dazu, daß sie seitens der Leitung wenig Aufmerksamkeit bekommen. Persönlichkeitsentwicklung bei diesen Personen findet nicht statt bzw. wird nicht gefördert. Sie werden in ihrer instrumentellen Handlungsfähigkeit bestätigt, ihr Selbstwert bleibt zugleich auf die 'Perspektive Leistung' beschränkt. Dies ist eine Erfahrung, die wir insbesondere in Zusammenhang mit den teilnehmenden Studenten beispielhaft bestätigen können. Es zeigten sich allerdings auch bei diesen Studenten interessante Langzeiteffekte (z.B. Aufarbeiten des 'Versäumten' durch spätere Auseinandersetzung, Theoriearbeit (z.B. Diplomarbeit zu dem Themenbereich) und neuerliches Interesse an derartigen Aktivitäten).

2.6.2 Methoden der Gruppenorganisation

* Gruppengespräche zur reflexiven Aufarbeitung der praktischen Erfahrungen und Erlebnisse.
* Gruppenselbststeuerung - Zurückhaltung der Betreuer bezüglich der Gruppenprozesse.
* Einzelgespräche: Individuelle Beratung.
* Alternative Selbsterfahrung durch ungewöhnliche Verhaltensanforderungen in der Natur.
* "Reality Therapie": Teilnehmer werden in jeder speziellen Situation auf ihre Verantwortlichkeit für ihr Verhalten aufmerksam gemacht.
* Unmittelbare Konfrontation mit den Verhältnissen ohne Vorbereitung.
* Ein-Tages-Zeitperspektive: Veränderung des Raum- und Zeithorizonts (keine Uhren).

2.6.3 Methoden, die den Einsatz von Natur, Bergsteigen usw. betreffen

* Projektarbeit mit explorativem und selbstorganisiertem Arbeitsstil.
* Teilnehmer durch Erfahren lernen lassen.

* Unmittelbare Konfrontation mit den Verhältnissen (Medien, Geräten) ohne Vorbereitung.

2.6.4 Reflexionsmethoden

* Reflexion, Feed-back und Kursauswertung für die Gruppenmitglieder:
  - im Circle (Kreis mit Handfassung, Schweigen und der Möglichkeit zu ungestörter Artikulation),
  - beim Dauerlauf und
  - während des Solos (z.B. mit Brief an sich selbst).
* Gruppengespräche zur reflexiven Aufarbeitung der praktischen Erfahrungen und Erlebnisse. Die Methoden der Intervention hängen von der Ausbildungsrichtung und den Kompetenzen des Leiters ab.

2.6.5 Einteilung der Lehrmethoden nach Bacon (1983)

Bacon (1983, S. 102) schlägt folgende Einteilung der Lehrmethoden vor:

* Skills-training: Training der Fähigkeiten und Fertigkeiten, die dem Teilnehmer ermöglichen, kompetent und sicher in der Natur zu agieren (Erste Hilfe, Klettertechnik, Biwaktechnik, Bergsteigen, ...).
* Streß/Härte: Die Teilnehmer werden in Situationen gebracht, in denen sie lernen, wie handlungs- und entscheidungsfähig sie sind (Abseilen, Notfallstraining).
* Problemlösungen: Gelegenheiten schaffen, wo Situationen analysiert werden müssen (Wanderungen, Führungsaufgaben).
* Service: Verantwortungsgefühl für andere durch Arbeitsprojekte, Betreuung von Behindertengruppen usw.
* Reflexion: Verschiedene Lebensstile reflektieren, um neue Einsichten zu gewinnen (Diskussionen, Solo, Debriefing[1]).
* Auswertung (Evaluation); kritisches Bewerten und konstruktives Handeln; individuelle Interviews, Gruppendiskussionen, Debriefings.

Auch im deutschsprachigen Raum bilden das körperliche Training, der Rettungsdienst, das Projekt und die Expedition nach wie vor das Grundgerüst jedes Outward Bound-Programms. (vgl. Jagenlauf & Breß, 1989, S.6).
Während sich in anderen nationalen Ausrichtungen von Outward Bound (z.B. der Amerikanischen) die Begriffe *Härte, Abhärtungstraining* durchaus noch fin-

---

[1] Debriefing ist ein Aufklärungsgespräch nach einem Experiment, in dem die Teilnehmer über die mit der Vorgehensweise verfolgten Ziele informiert werden. Die Problematik der "Verheimlichung" von Zielen soll hier nicht weiter diskutiert werden.

den, wird dieser Bezug zur Härte (vgl. Güttler & Jagenlauf, 1988) im deutsch-sprachigen Raum nicht formuliert. Wie dies mit der Vergangenheitsbewältigung (Bedeutung dieser Aspekte in der Zeit des Nationalsozialismus) zusammenhängt, soll hier nicht diskutiert werden. Jedoch schlägt sich dies in der Methode und den methodischen Prinzipien nur noch bedingt nieder:

* Herausforderung und Grenzerfahrung: Schwere aber nicht unüberwindliche Aufgabenstellungen.
* Aktion - Reflexion als Wechselwirkung.
* Rücksichtnahme auf das schwächste Gruppenmitglied.
* Gruppenselbstorganisation: Tourenplanung, Tourendurchführung, Selbstversorgung, Gruppenverantwortung und Entscheidungsfähigkeit.
* Vielfalt: Ausloten individueller Grenzen in sportlichen, sozialen, musisch-kreativen oder organisatorischen Bereichen.
* Ernstsituation. Die Maßnahmen Segeln, Klettern, Touren-Gehen etc. sind reale, nicht gespielte Situationen (vgl. Güttler & Jagenlauf, 1988, S.15 f.).

2.6.6 Zum Autoritätskonzept

Aus der Literatur geht ziemlich klar hervor, daß der Instruktor seinen Einfluß so weit als möglich reduzieren sollte, damit Gruppe und Gruppenmitglieder seine Funktionen übernehmen können. Der Teilnehmer erlangt so einen höheren Grad der Freiheit, was sich auf den Lernerfolg entsprechend auswirken soll. Das Autoritätsmodell nach Schwarz liefert wertvolle zusätzliche Informationen zu diesem Grundgedanken:

Autorität in der Gruppe (nach Schwarz, 1977):
Die vergrößerte Freiheit, den Lernprozeß selbst entscheidend mitzugestalten, bedeutet für den Lernenden, ein entsprechendes Maß an Mehrverantwortung für sich selbst zu übernehmen.
Die Übernahme dieser Mehrverantwortung steht aber in krassem Gegensatz zu unseren bisher gemachten Lernerfahrungen.
Bei einem Übergang kann dieses Modell eine mögliche Hilfe darstellen.

Im Modell sind folgende Gruppenfunktionen notwendig, damit eine Gruppe ihr Ziel erreicht:

(1) Zielorientierte Gruppenfunktionen: nach Lösungen suchen, Ideen einbringen, Ordnen des Materials, Definieren des Problems, ...
(2) Gruppenorientierte Gruppenfunktionen: Konflikte bearbeiten, Dominanzen bremsen, Mißverständnisse klären, ausgleichen und vermitteln, ...
(3) Analytische Gruppenfunktionen: Mängel diagnostizieren, Klärungen vornehmen, ...

Autorität ist die Person, die die in einer Situation notwendigen Funktionen für eine Gruppe ausübt oder anregt. Wo Gruppenfunktionen in der Gruppe austauschbar und variabel sind, braucht die Gruppe keine Autorität. Führen und erziehen heißt, sich als Autorität laufend mehr zurückzunehmen.

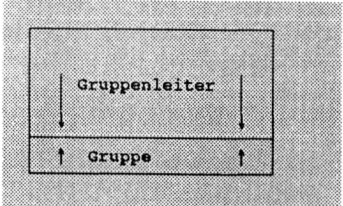

Tab. 2-3: Autoritär-funktionale Gruppenführung.

a) Eine Gruppe, in der zirka 20 % der Funktionen von den einzelnen Gruppenmitgliedern wahrgenommen werden können, braucht eine Autorität, die 80 % der Funktionen wahrnimmt, damit die Gruppe funktional handelt und ihr Ziel erreicht. In Tab. 2-3 sind diese Funktionsübernahmen graphisch dargestellt.

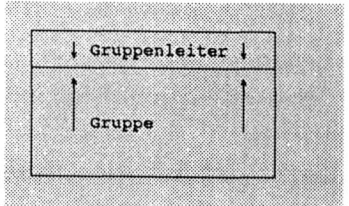

Tab. 2-4: Gruppenorientierte, funktionale Führung.

b) Eine Gruppe, in der 80 % der Funktionen **von den einzelnen Mitgliedern** wahrgenommen werden, braucht nur für 20 % der Funktionen Entscheidungen, die nicht selbst bei der Gruppe liegen und entsprechend durch den Leiter übernommen werden müssen.

Autoritär ist ein Leiter dann, wenn er Gruppenfunktionen monopolisiert und damit den Reifungsprozeß einer Gruppe abstoppt, um so Zustand 'a)' (vgl. Tab.2-3) aufrecht zu halten.

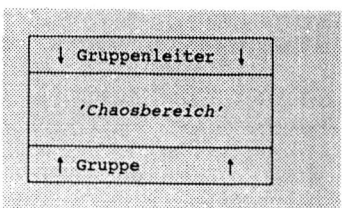

Tab. 2-5: Chaos durch mangelnde Funktionsübernahme.

Kooperativ ist ein Leiter dann, wenn er versucht, den Reifungsprozeß zu fördern und jeweils soviel an Funktionen abgibt, als die Gruppe übernehmen kann (vgl. Gruppendarstellung 'b)' Tab. 2-4).

Wenn die Funktionen zwischen Leiter und Gruppe nicht entsprechend der Gruppenreife aufgeteilt sind, ergeben sich folgende Konfliktfelder:

c) Wenn der Gruppenleiter einer noch unreifen Gruppe (im Sinne von: wenig Gruppenfunktionen wahrnehmen können) zuviel Freiraum überläßt, kommt es zu *Verwirrung*, zu *Chaos* (was zu Aggression gegen den Gruppenleiter führt).

d) Die umgekehrte Form von *Konflikt* entsteht, wenn Gruppenleiter und Gruppe jeweils ca. 80 % des Freiraumes beanspruchen (Tab. 2-6):

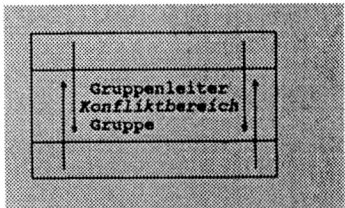

Tab. 2-6: Autoritätskonflikt, Leiter und Gruppe 'wollen' bestimmte Funktionen übernehmen.

> Hier wird ein *Autoritätsbegriff* vertreten, der sich auf persönliche Integrität und das Gefühl für die Gemeinschaft beruft.

Zu oft erleben wir, daß die Person, die mit einer Klasse oder einem Kurs arbeitet, aus dieser ein Werkzeug für ihre eigenen, meist individuellen, egoistischen, ehrgeizigen Pläne macht. (vgl. Adler, 1981)

Autorität wird in diesem Modell nicht aufgezwungen, sondern aufgrund der persönlichen Bewußtheit, der zwischenmenschlichen Feinfühligkeit und der sachlichen Kompetenz anerkannt und akzeptiert. Überzeugende Kraft kann ein Gruppenleiter nach diesem Autoritätsbegriff nur dann erlangen, wenn seine Taten mit seiner theoretischen Konzeption übereinstimmen. Diese Aussage hat Bedeutung für alle Kapitel dieses Beitrages.

Autorität im obigen Sinn verstanden ist ein Element unseres Zusammenlebens, das durch sie erst möglich wird. Aus der Erfahrung aber wird unser Verständnis von Autorität oft stark durch unangenehme, negative Erlebnisse bestimmt, zu deren Verständnis das Autoritätsmodell beitragen kann.

2.7 Konzepte bedeutsamer und veränderbarer Dimensionen in vorliegenden empirischen Untersuchungen

Während zur Konzeption und Durchführung von Outdoor-Aktivitäten umfangreiche Literatur vorliegt, konnten wir nur wenige empirische Arbeiten zur Überprüfung der Wirkung ausfindig machen. Auf einige davon soll hier eingegangen werden. Andorff (1986, S.28) nennt folgende Konzepte, bei denen aufgrund seiner Literaturecherche Veränderungen durch Segelturns erreicht werden konnten/könnten:

* Selbstkonzept
* Berufsreife
* Gruppenzugehörigkeitsgefühl
* Erfolgserlebnisse

Die hier angeführten Konzepte sind allerdings nicht auf gleicher Ebene angesiedelt und daher keine günstige Grundlage für eine weitere sachlogische Bearbeitung des Problemfeldes.

Rethorst, Meyer & Willimczik (1988) zitieren Ziele aus einem Outward Bound Prospekt (Selbstvertrauen, Erfolgsbewußtsein, Toleranz, Erkennen der eigenen Leistungsfähigkeit, Erkennen der Bedeutung von Zusammenarbeit und Unterordnungsfähigkeit), um anschließend die Frage nach der Erfüllung dieser zu stellen.

Trotz der bekannten Operationalisierungsprobleme entschlossen sich die Autoren zu einer Effektivitätsprüfung mit der Skala zum Selbstkonzept von Mummendey, Riemann & Schiebel (1983). Aufgrund von testtheoretischen Vorarbeiten wurde die sechsdimensionale Skala auf eine zweidimensionale (sozialer Faktor und Leistungsfaktor) reduziert. In der Vor-Nachuntersuchung zeigte sich wider die Erwartungen eine leichte Abnahme (p=0.07) des sozialen Faktors und eine nur sehr geringe Zunahme des Leistungsfaktors. Mit sozialpädagischen Erfahrungen stimmt das Ergebnis überein, daß die Veränderung bei Jüngeren (unter 18 Jahren) deutlicher sind als bei den Älteren. Allerdings wurde in der Untersuchung das Eingangswertproblem (bei niedrigeren Eingangswerten sind größere artefaktielle Veränderungen zu erwarten) nicht überprüft.

Jagenlauf & Breß beschreiben als Ziel ihrer Wirkungsanalyse, "*persönlichkeitsbildende* Effekte der deutschen Outward Bound-Einrichtungen erstmals angesichts der Erkenntnis- und Methodenfortschritte in den Sozialwissenschaften und auf dem Hintergrund der heutigen gesellschaftlichen Situation *empirisch* zu prüfen" (Jagenlauf & Breß 1989, 8). Untersucht sollten Einstellungs- und Verhaltensänderungen bei Teilnehmer (unmittelbare Wirkung) und bei Betreuer, Eltern, Geschwistern und Freunden der Teilnehmer (mittelbare Wirkungen) werden. Weiter unten schreiben die Autoren:

"Das erkenntnisleitende Interesse der vorgelegten Untersuchung gilt nicht der Wirksamkeit von *Outward Bound* überhaupt - denn diese stand und steht außer Frage - sonderen vorrangig der Analyse der äußerst *vielfältigen Wirkungen* von *Outward Bound*; ..."

In theoretischer Hinsicht beziehen sich die Autoren auf Hurrelmann (1983) und sehen als Aufgabe und Ziel, eine überdauernde Identität aufzubauen, worunter "im wesentlichen die Kontinuität des Selbsterlebens auf der Basis des Selbstbildes" Hurrelmann (1983, 101) verstanden wird (vgl. Jagenlauf & Breß 1989). Die Wirkungsanalyse wird durch 5 Merkmale gekennzeichnet:

* Totalerhebung.
* Vernetzung qualitativer und quantitativer Daten.
* Aktualität durch umfangreiche Vor-Ort-Erhebungen.
* Differenziertheit in der Merkmalsanalyse.
* Ergiebigkeit für Wissenschaft und Praxis.

Die Datenerhebung erfolgte in einem Längsschnittsdesign (Kursbeginn, Mitte, Ende, Follow up nach 6 Monaten), wobei 20 verschiedene, nicht näher beschriebene Instrumentarien (Fragebogen, Tests, teilnehmende Beobachtung und Interviews) eingesetzt wurden.
Neben den aktuellen Wirkungen werden folgende Transferwirkungen bei etwa 50 % der Teilnehmer beschrieben:

* Sie treiben mehr Sport .
* Sie bauen neue Freundschaften und Partnerbeziehungen auf.
* Sie erschließen sich neue Freundeskreise.

Als vor allem mit psychischen Problemen behaftet wird die "Rückkehr nach Hause mit der Verarbeitung der Kurserlebnisse und dem Aufbau eines modifizierten Verhaltens" (Jagenlauf & Breß, 1989, 14) gesehen. Es ist ein grundlegendes Problem für Kursteilnehmer, kurzfristige, intensive Erfahrungen zu verarbeiten und umzusetzen, wozu sie einer gezielten Unterstützung bedürften. Dies wurde auch im eigenen Projekt sehr deutlich.
Bei der *Richtung der Beeinflussung* des persönlichen Verhaltens wurden neun Kategorien vorgegeben, die fogende Reihung erfuhren:
Teamgeist entwickeln
Durchhaltevermögen entwickeln
Selbstvertrauen stärken
Körperliche Fitneß
Verantwortung übernehmen
Sorgfalt im Umgang mit Umwelt und Material
Angst bewältigen
Eigeninitiative entwickeln
Bei der Bewertung der 'Kursbausteine' nach persönlicher Bedeutsamkeit durch die Teilnehmer - ein auch für die eigene Fragestellung bedeutsames Ergebnis - findet man unter den Erst- und Zweitnennungen folgende Reihung:

Erstnennungen	*Zweitnennungen*
1. Erste Hilfe	1. Hüttenaufenthalt
2. Gruppengespräche	2. Touren
3. Rettungsübungen	3. Gruppengespräche
4. Tourenplanung	4. Rettungsübungen
5. Touren	5. Tourenplanung
6. Selbstversorgung auf Hütten	6. Kennenlernspiele

Zusammenfassend geben die Autoren folgendes Fazit (a.a.O., 19):

* Viele nehmen an weiteren Outward Bound-Kursen teil.
* Viele erleben Schlüsselsituationen und werden dadurch angestoßen, ihr bisheriges *Verhalten* zu überdenken.
* Viele erhalten Impulse zur Entwicklung und Förderung von *Teamgeist, Ausdauer* und *Durchhaltevermögen*, von *Selbstvertrauen, Rücksichtnahme, Verantwortung* und *Fitneß*.

und etwas weiter unten:

"Outward Bound gelingt es offenbar, mittels bestimmter Elemente und Auflagen (Erlebnispädagogik) Erlebnisse zu organisieren, die es den Teilnehmern erlauben, eine Balance zwischen Individuation und Integration aufzubauen. In dem Erlebnis dieser - nach vielen Irritationen während des Kurses gegen Kursende oder später zumeist - als 'geglückt' empfundenen Balance - 'ich selbst kann mehr als ich gedacht habe' und 'ich brauche andere mehr, ich werde selbst mehr gebraucht als ich dachte'- liegt wahrscheinlich der Grund für die außerordentlich hohe, lange Zeit anhaltende Begeisterung und die nachhaltige Beeinflussung sehr vieler Teilnehmer, wobei diese Begeisterung noch durch die sehr intensiv erfahrene neuartige *Natur* sowie durch das *physiologische Wohlbefinden* nach körperlicher Dauerleistung *zusätzlich gesteigert* wird." (Jagenlauf & Breß, 1989, 19)[1]

Wenn in den bisher publizierten Arbeiten auch stets auf das umfassende methodische Konzept hingewiesen wird, so ist doch bereits aus den Hervorhebungen in den Zitaten die 'Parteistellung' der Autoren zu erkennen. Beispielsweise scheint es, daß die Fragen grundlegend positiv orientiert waren. Da zur Methodologie kaum Unterlagen publiziert wurden beziehungsweise uns diese nicht bekannt sind, kann dies aber nicht genauer beurteilt werden.
Davon abgesehen liefert die Programmanalyse zu den einzelnen Modulen des Outward Bound Programmes interessante Hinweise zur wahrgenommenen Wirkung bei den Teilnehmern. Im Hinblick auf den Transfer interessiert natürlich auch besonders, welche Ergebnisse die qualitativen Studienanteile ergaben:

Gespräch im Kurs über antizipierte Veränderungen im Alltag.

"Je überschaubarer und vertrauter die Gruppensituation, genauer gesagt die Einzelsituation, je eher äußern Mädchen ihre Meinungen und Empfindungen. Die intimste Atmosphäre tritt deutlich hervor in der so oft genannten Situation 'Abends im Zimmer/Zelt'. Jungen äußern zwar das Bedürfnis

---

[1]Die im Original unterstrichen und fett gedruckten Stellen wurden aus Layout-Gründen kursiv gedruckt.

nach Gesprächen, finden aber zuwenig geeignete Situationen dafür. Sie sind
... im Nachteil, da sie erst durch Tätigkeiten eine Vertrauensbasis herstellen
müssen, um auch in kleineren und Kleinstgruppen Erfahrungen austauschen zu können. Dazu könnte ein vierzehntägiger Outward Bound-Kurs
zu kurz sein. In den dargestellten Resultaten lassen sich zwei geschlechts-
spezifische Pole bilden: Tätigkeit, Aktivität - männlich besetzt versus Emotionalität, verbale Verarbeitung der Erlebnisse."(Petring, 1989, S.10)

Zusammenfassend werden dann auch noch zentrale Ergebnisse geschildert,
die die Überwindung von Ängsten durch starke Herausforderungen und tiefe
Glücksgefühle nach persönlichen Siegen und dem danach gesteigerten Selbstvertrauen betreffen sowie die vor allem psychischen Probleme bei der Rückkehr
nach Hause mit der Verarbeitung der Kurserlebnisse und dem Aufbau eines
modifizierten Verhaltens. (vgl. Czech, 1989)
In einem Fazit schreiben Jagenlauf & Breß:

"Diese Gleichzeitigkeit sowohl sozialpädagogisch bedeutsamer (Teamfähigkeit)
als auch individualpädagogisch bedeutsamer (Selbstvertrauen, Ausdauer)
Effekte, läßt - in einem ersten vorläufigen theoretischen Zugriff - auf die besondere Wirkung von Outward Bound schließen:
Outward Bound gelingt es offenbar, auf einem hohen Standard mittels bestimmter erlebnispädagogischer Elemente (Kursbausteine, insbesondere:
Gruppengespräche, Rettungsübungen, Hüttenaufenthalte, Touren) und Auflagen (Prinzipien, insbesondere: Heterogenität der Gruppe, Aktion und Reflexion, Rücksichtnahme auf das schwächste Glied) Erlebnisse zu schaffen,
die es dem Teilnehmer erlauben, eine Balance zwischen Individuation und
Integration zu entwickeln." (Jagenlauf & Breß, 1990, S.61)

Ein wichtiger Befund besagt noch, daß auffällige, abrupte Verhaltensänderungen nach Kursteilnahme nur vereinzelt und nicht 'gesetzmäßig' auftreten. In
diesem Zusammenhang ist doch auf die, bei weitem nicht so positiv ausgefalle-
ne, wenn auch wesentlich kleinere Untersuchung einer "unabhängigen wissenschaftlichen Gruppe" zu verweisen (Rethorst, Meyer, Willimczik, 1988).

Die von' Jagenlauf & Breß vorgelegten Ergebnisse beziehen sich auf 'normale'
Jugendliche, um die Effektivität von Outward Bound zu belegen.

2.8 Outdoor-Aktivitäten: Therapie, Selbsterfahrung, sozialpädagogische Maßnahme oder Erlebnispädagogik?

Dieses Unterkapitel beinhaltet theoretisch-konzeptionelle Grundlagen und ist zugleich auch Ergebnis unserer Erfahrungen aus der Projektdurchführung. Uns ist wichtig, an dieser Stelle nochmals anzumerken, daß es uns *nicht um den 'Neuigkeitscharakter' sondern um die situationsadäquate Entwicklung* und Anpassung des Konzepts geht.

> Der eigene Ansatz stellt ein - für die spezifische Situation entwickeltes - Konzept dar, das die Elemente *Langfristigkeit, Teamleitung, Lebensqualität unter einfachen Bedingungen* und *Selbsterfahrungsorientiertheit* betont.

Das soll im folgenden kurz erläutert werden (vgl. auch Kap. 1.2 'Begriffsklärung').

(1) Abkehr vom Konzept der 'Kurzzeitpädagogik' durch ein längerfristiges Konzept:

Die ProbandInnen befinden sich in Betreuung der Bewährungshilfe. Die Teilnahme am Projekt ist nicht wie bei üblichen Outdoor-Aktivitäten auf wenige Wochen beschränkt, sondern dauert etwa 10 Monate (im zweiten Durchgang etwas kürzer). Der dahinterstehende Gedanke ist, daß sich bedeutsame Veränderungen nur in zumindest mittelfristigen Zeiträumen abspielen. Natürlich können intensive Erlebnisse zu unmittelbaren Wirkungen auf Lebenskonzepte führen. Aber sowohl Effekt als auch das Anhalten des Effekts sind dann zu sehr dem Zufall überlassen. Weiters scheint uns die langfristige Betreuung auch aus Gründen der Umsetzung / des Transfers von Erfahrungen in die Alltagswelt zentral. Für die diesbezüglichen Ergebnisse siehe dazu Kap. 4 und 5.

(2) Betreuerteam:

In den meisten erlebnispädagogischen Konzepten findet man Hinweise auf die Bedeutung der Reflexion von Erlebnissen, jedoch kaum methodische Hinweise außer Circle und Diskussion.

Wir setzen in unserem Konzept - insbesondere im Unterschied zum klassischen Outward Bound-Konzept Teams mit klarer Funktionsaufteilung ein: Einerseits Bergführer, deren Hauptaufgabe in der sicheren Führung alpiner Aktivitäten und Ropes Courses liegt, andererseits Sozialarbeiter, die durch den Einsatz gezielter sozialpädagogischer und therapeutischer Methoden die Aufarbeitung der Erfahrungen intensivieren beziehungsweise selbst Übungen und Interventionen in der Natur sowie 'Indoor' initiieren.

Dies setzt allerdings ein hohes Maß an Kooperation und Koordination voraus. Gemeinsame Einschulung, Supervision und Grundkenntnisse über die Arbeitsgebiete des jeweils anderen sind unumgängliche Voraussetzung.

(3) Abgrenzung von Konzepten des 'Überlebens' hin zu Konzepten des 'Lebens' und der 'Lebensqualität'.
Immer wieder werden derartige Konzepte mit 'Überlebenstraining' gleichgesetzt. (Vergleiche dazu etwa das Härtetraining, z.B. 'run and dip', insbesondere im amerikanischen Outward Bound Konzept.) Unser Ziel ist es aber, Lebensqualität abseits von materiellem Luxus und Konsum zu vermitteln.

Die in jüngster Zeit aufgeflammte Diskussion über bewegungspsychotherapeutische Verfahren kann vereinfacht wie folgt polarisiert werden:
Auf der einen Seite stehen Autoren (wie Rieder, Kiphart usw.), die einen engen Bezug zwischen therapeutischen und pädagogischen Maßnahmen sehen. Auf der anderen Seite sind Autoren anzutreffen (wie Petzold, Rümmele usw.), die Therapie als ein wesentlich von pädagogischen Maßnahmen abgehobenes, weil freiwilliges Phänomen sehen.

Wie bereits aus den Begriffskombinationen ersichtlich wird, sind für diese Konzepte zumeist eine Kombination aus unterschiedlichen Fachkräften erforderlich. So auch in unserem Projekt: Bergführer, Sozialarbeiter und wissenschaftliche Begleiter. Auf die dadurch entstehenden Kooperations- und Interaktionsprobleme wird an anderer Stelle (vgl. Kap. 3.5) eingegangen.
Die Forderung, Sozialarbeit, therapeutische Arbeit und bergführerische Arbeit in einer Person zu verbinden ist nahezu illusionär. Durch die Trennung der Personen liegt auch der Schwerpunkt der Wirkung unterschiedlich. So kann mit Rümmele 'Therapie durch Bewegung' von 'Therapie und Bewegung' differenziert werden. Die Argumentation für die Verwendung des Begriffs "Psycho" ist erst dann voll berechtigt, "wenn das sportliche Tun bei den Betroffenen bewußtseinspflichtig gemacht wird" (Rümmele, 1990, S.9). Damit bleibt zu klären, ob von einem therapeutischen, selbsterfahrungsorientierten, bzw. pädagogikorientierten Konzept zu sprechen ist. Im Zusammenhang mit der Klientel ist auch der Begriff ´sozialtherapeutische Maßnahme´ häufig gebräuchlich.
Wir gehen im folgenden von einem sehr strengen und engen Therapiebegriff aus. Dieser ist unseres Erachtens überall dort als Bezeichnung sinnvoll, wo Krankheitssyndrome (wenn man den Begriff 'Krankheit' in diesem Zusammenhang zuläßt) vorhanden sind. Anders ausgedrückt, und um den Krankheitsbegriff zu vermeiden und es negativ zu formulieren, wird nicht von Therapie gesprochen, wenn Methoden zur Selbsterfahrung zur Verfügung gestellt werden, wenn die gemachten Erfahrungen aufgearbeitet werden und so Entwicklungsprozesse bei den Personen bewirken. Typische Kennzeichen des therapeutischen Prozesses sind intensivste Auseinandersetzungen mit der eigenen Vergangenheit, Nachsetzen in dieser Auseinandersetzung bei Betroffenheit mit psychotherapeu-

69

tischen Verfahren, insbesondere auch therapeutische Weiterarbeit in regressiven Situationen.

> Die *Arbeit, wie sie im Rahmen des Projekts durchgeführt wurde, wird als selbsterfahrungsorientierte Arbeit* bezeichnet.

Zentrale Anliegen sind daher: Klärung und Verbesserung der Zielorientierung, das Erreichen unmittelbarer Handlungswirksamkeit, Aufmerksam machen auf Probleme im 'Hier und Jetzt', die grundlegende Auseinandersetzung mit der Gruppe auf einer konkreten Ebene, das Bewältigen konkreter Aufgaben. Regressionen werden 'zugelassen', aber nicht gefördert, sondern eher abgeschlossen und 'saniert'. In dieser grundsätzlich selbststärkend ausgerichteten Arbeitsweise ist höchste Verantwortung dafür zu tragen, nicht Themen in Bewegung zu setzen, deren Aufarbeitung im gegebenen Rahmen nicht geleistet werden kann. Für Situationen, in denen dies doch geschieht, steht einerseits der Bewährungshelfer des Probanden zur Verfügung, für Studenten andererseits sind Supervisionsmöglichkeiten vorhanden.

> *Das Konzept grenzt sich von einer intentional-pädagogischen Vorgangsweise dadurch ab,* daß für den einzelnen Teilnehmer keine Ziele von außen vorgegeben werden, diese hat er selbst zu bestimmen. Vorgegeben werden hingegen die strukturellen Rahmenbedingungen.

Damit wird deutlich von dem bei Hahn angeführten Zielen abgegangen. Wir sehen nicht die von ihm beschriebenen Mangelerscheinungen, Ursachen und mögliche 'Therapievorschläge' als Grundlage, sondern vielmehr die Fähigkeit der einzelnen Person, selbst die eigene Position zu bestimmen und darauf Ziele aufzubauen. Leitung, Natur, Gruppe werden als Unterstützung gesehen, nicht als Lenkung. Auf die sich daraus ergebenden Forderungen an die Qualifikationen der Leiter ist an anderer Stelle einzugehen (vgl. Kap. 7). Hier kann mit Hurrelmann (1985, S.158) davon ausgegangen werden, daß die Vermittlung sozialer Kompetenz eine zentrale Aufgabe sozialer Unterstüzungssysteme sein wird; wobei von Seidlitz soziale Kompetenz als

> "... Verfügbarkeit angemessener Anwendung motorischer, kognitiver und emotionaler Verhaltensweisen zur effektiven Auseinandersetzung mit Lebenssituationen, die für das Individuum und oder eine Umwelt relevant sind". (Scholz, Koch, Sedlit & Sommer, 1983, S.196)

verstanden wird. Schließlich sind mangelnde Kompetenzen als Ursache für nonkonforme deviante Formen der Problemverarbeitung bei Jugendlichen und auch erwachsenen Personen zu sehen. Das Konzept der Selbsterfahrung soll in die-

sem Zusammenhang Orientierungshilfe für die Auseinandersetzung und die Adäquatheit der Auseinandersetzung mit den Belastungssituationen bieten. Der Begriff der Selbsterfahrung scheint hier auch aus anderen Gründen dem der Pädagogik vorzuziehen:
Die Teilnehmer lernen, sich in einer, wie schon oben angeführt, wesentlich veränderten Situation (abseits des üblichen soziokulturellen Rahmens) zurechtzufinden. Dies als pädagogische Maßnahme zu bezeichnen, könnte einem naiven Transferbegriff (vgl. Kap. 2.5.5) Vorschub leisten, indem man eine 'Eins zu Eins' Umsetzung der gemachten Erfahrungen in die Alltagswirklichkeit erwarten würde. Wenn Jugendprobleme und Probleme der Sozialisation in der Adoleszenz auch häufig auf stukturelle Wertwandelphänomene zurückgeführt werden (vgl. kritisch dazu Lenz, 1989), so ist gerade im Zusammenhang mit der vorliegenden Klientel anzumerken, daß diese sehr wertkonservativ ist.
Sieht man, wie oben skizziert, deviantes und delinquentes Verhalten als Folge mangelnder Kompetenz und bezeichnet die entsprechenden Verhalten als asozial, so zeigt sich das Problem bisherigen Strafvollzugs in seiner ganzen Schärfe. Asoziale Personen werden aus der Gesellschaft ausgegliedert, dadurch in ihrer sozialen Kompetenz weiter geschwächt und dann 'resozialisiert', um den so verursachten Kompetenzverlust wieder aufzuheben.
Wenn man nun von Personen ausgeht, bei denen der Anpassungsvorgang (Sozialisation) nicht funktioniert hat, so sind Bedingungen anzuführen, die eine "Resozialisierung" ermöglichen. Bereits hier zeigt sich die Untauglichkeit des Begriffs: offensichtlich kann alte Sozialisation nicht ausgetilgt werden. Es geht um eine entsprechende Bewußtmachung und Neuorientierung, die auch besser als Individualisation bezeichnet werden sollte.

2.8.1 Grundprobleme eines auf relativ kurze Zeit beschränkten Konzepts zur Beeinflussung von Personen

Wie aus den Sozialisationsbedingungen der Probanden zu entnehmen ist, handelt es sich hier um Personen mit häufigen frühen Störungen. Wie auch aus den Interviews (vgl. Kap. 5) deutlich wird, ist kaum eine Person unter den Probanden, die nicht von frühester Kindheit an unter schwierigsten sozialen Bedingungen aufgewachsen ist. Als zweiter, wesentlich erschwerender Faktor kommt hinzu, daß insbesondere häufig Beziehungsabbrüche und Veränderungen im Sinne kritischer Lebensereignisse zu beobachten sind (vgl. Kap. 5.1). Setzt man nun Personen mit einer entsprechenden Geschichte Konzepten aus, bei denen sie intensive Erfahrungen machen und intensive neue Beziehungen knüpfen können, die aber bereits von der Konzeption her auf eine bestimmte Zeit beschränkt sind, so ist dies nicht unproblematisch und entsprechend genau zu durchleuchten:

* Es ist durch eine Reihe von Rahmenbedingungen Vorsorge zu treffen.
* Zweitens ist die 'Tiefe' der Wirkung der Aktivitäten zu hinterfragen: zum Beispiel Regressionen rechtzeitig 'auffangen'.
* Drittens ist die Realität in hohem Maß in den Vordergrund zu stellen (vgl. auch das "Hier und Jetzt Prinzip"). Es ist sehr wichtig, keine illusionären Vorstellungen längerfristiger Beziehungen etwa zu Mitgliedern des Teams aufkommen zu lassen.
* Viertens ist ein exaktes Abschließen der Aktivität erforderlich.
* Fünftens ist für den Transfer von gelernten Fähigkeiten in die Alltagswirklichkeit (Bezug zur Back Home Situation) ein eigenes, von den 'Outdoor-Aktivitäten' getrenntes Setting erforderlich.
* Sechstens wäre ein "Vertrag" mit den Probanden über diese Aktivität und die Rahmenbedingungen erforderlich. Dies ist unrealistisch, da die Vertragsfähigkeit eine der nur schwer zu erlernenden Fähigkeiten im Rahmen des Projektes ist. Für das Team bedeutet dies, daß einerseits stets in kleinen Schritten kleinere Verträge zu errichten sind, andererseits, daß von der Art und Weise des Vorgehens praktisch nicht abgesicherte Positionen zu berücksichtigen sind und Methoden, Vereinbarungen sowie Bewertungsmaßnahmen auf dieser Grundlage zu treffen bzw. auszuwählen sind.

2.8.2 Zukunftsorientierung, 'Hier und Jetzt Prinzip', Widerstand und frühe Störungen - zur Qualifikation der Mitarbeiter

Es ist nun zu untersuchen, in welchen Bereichen der Persönlichkeitsentwicklung Defizite aufgetreten sind und in welcher Art und Weise sich diese äußern. Der Zugang zum vorliegenden Projekt ist nicht ein vergangenheitsorientierter, sondern ein zukunftsorientierter: Über Zielformulierungen soll die eigene Wirksamkeit erlebt werden. Dennoch lassen sich diese nicht von der bisher erlebten Geschichte trennen. Das Problem, das sich damit ergibt, liegt darin, daß in einem Kurzzeitansatz gerade bei Personen sozialer Randgruppen Wirkungen aus frühgeschichtlichen Ereignissen (Traumata) deutlich werden, und daß daher eine Behandlung nach dem "Hier und Jetzt Prinzip" beziehungsweise nach dem Prinzip der Zukunftsorientierung problematisch sein kann.
Der Zugang erfordert daher präzises diagnostisches Wissen seitens der Teammitarbeiter. Sie müssen in der Lage sein, frühe Störungen, wie etwa Borderlinesyndrom, Narzismus, Schizoität zu diagnostizieren und in ihrer Vorgangsweise (Methodenwahl) zu berücksichtigen. In diesem Zusammenhang ist auch auf das Konzept des Widerstandes hinzuweisen. Gerade bei frühen Störungen schützt sich die Person durch ein besonders hohes Maß an Widerstand gegenüber Beeinflussungen und Persönlichkeitsveränderungen. Durch die Erhöhung der körperlichen Aktivität und die Herausforderungen, die bis an die Grenzen der physischen Leistungsfähigkeit führen, kann angenommen werden, daß auch dieser

Widerstand reduziert, unter Umständen 'gebrochen' wird, und somit eine höhere Durchlässigkeit erreicht wird. Einerseits beinhaltet dies die Möglichkeit (Chance) für den Teilnehmer, sich zu öffnen und an Bereiche der Person heran zu kommen, die zumeist verschlossen bleiben. Die Gefahr liegt andererseits darin, daß das Maß an Aktivität derart viel aufwühlt, daß schwere persönliche Krisen entstehen. Damit wird deutlich, daß Teammitarbeiter in diesem Bereich mit Krisenintervention vertraut sein müssen. Dies insbesondere auch deshalb, weil unter entsprechend exponierten oder abgeschlossenen Bedingungen eine rasche Einweisung in eine Klinik unter Umständen nicht möglich ist. Im Rahmen des Projekts sind diesbezüglich keine negativen Erfahrungen zu berichten. Inzwischen liegen aber eigene Erfahrungen in anderen Anwendungsbereichen vor, die zeigen, daß bei hochsensibilisierten Personen diese Form von 'Outdoor-Aktivitäten' zu hohen psychischen Belastungen und krisenhaften Zuständen führen können. Besonderes Augenmerk ist in diesem Zusammenhang auf die unterschiedliche Sensibilität von Gruppenmitgliedern zu legen.

Sollen die gemachten Erfahrungen für die weitere Persönlichkeitsentwicklung genutzt werden können, ist von großer Bedeutung, daß es gelingt, die Erlebnisse zu strukturieren und in die eigene Lebensgeschichte einzuordnen.

Umgekehrt ist aus der Therapie hinlänglich bekannt, daß die Arbeit an Grundproblemen wesentlich langfristiger ist als der angezielte Zeitrahmen des Projekts. Eine Möglichkeit, dieses Grundproblem zu lösen, ist Regressionsarbeit zu vermeiden und in handlungswirksamkeitsorientierte Arbeit umzulenken (Realitätsprinzip). Zweitens ist im vorhinein zu klären, ob die beteiligten Personen - in diesem Fall die Probanden der Bewährungshilfe - in einem hinreichenden Ausmaß betreut sind (persönlicher Bewährungshelfer) und wie die Verbindung zwischen Bewährungshelfer und Projekt aussieht. Dies erfordert genaue Absprachen. Die Erfahrungen, die damit gemacht wurden, daß Probanden mit den neuen Erlebnissen und Perspektiven aus den 'Outdoor-Aktivitäten' wieder in die "normale Bewährungshilfebetreuung" zurückgekehrt sind, waren durchaus positiv. Hingegen ist es nicht gelungen, im Rahmen des Projekts eine wirklich effektive Transferphase aufzubauen. (vgl. Kap. 4.3; zu den individuellen Ergebnissen, die teilweise deutliche Transferleistungen zeigen, vgl. Kap. 5)

2.8.3 Transaktionale Entwicklungstheorie

Wir gehen mit dem transaktionalen Konzept der Persönlichkeitsentwicklung auf der Grundlage der handlungstheoretischen Perspektive davon aus, daß sich die Person durch Handeln entwickelt. Es lassen sich folgende Perspektiven präzisieren (vgl. Baur, 1989; Allmer, 1983; Nitsch, 1986):

Handeln vermittelt zwischen dem Persönlichkeitssystem und dem Umweltsystem (Person - Umwelttransaktion). Das Persönlichkeitssystem ist in den lebenszeitlichen Entwicklungsprozeß eingebunden, das Umweltsystem in einen kulturhistorischen Entwicklungsprozeß. Im Handeln der Person treffen beide Aspekte in einem konkreten Zeitrahmen aufeinander, wodurch die wechselseitige Beeinflussung entsteht. Die Bewertung aus der Sicht der Person findet im Selbstkonzept ihren Ausdruck (siehe Kap. 5.2). Geht man nun näher auf den Aspekt der Entwicklung ein, so ist zunächst der Begriff zu präzisieren:

> "Situationsbedingte und kurzfristige Veränderungen stellen keine entwicklungsbedingten Veränderungen dar. Entwicklungsbedingte Veränderungen sind längerfristig und trotz sich verändernder Situationen relativ beständig."
> (Allmer, 1983, S.27)

Entwicklung wird verstanden als eine geordnete Sequenz aufeinander bezogener Veränderungen. Die bisherige Entwicklung wird entweder als sachlogische oder probabilistische (wahrscheinliche) Bedingung für den weiteren Entwicklungsverlauf aufgefaßt. Damit ist nicht gemeint, daß die Bedingungen des Individuums geordnet sein müssen, vielmehr 'strukturiert' sich das Individuum transaktional. Die sich so entwickelnde Struktur bewirkt, wie Umweltfaktoren in eigenes Handeln aufgenommen, verarbeitet und im Rahmen der Entwicklung weiter umgesetzt werden.

2.8.4 Systemische und therapeutische Grundlagen des Ansatzes

Wenn im Zusammenhang mit Sozialarbeit von (Re)Sozialisierung gesprochen wird, so ist auch immer die Person und ihr Handlungsfeld im Mittelpunkt der Aufmerksamkeit. Ihr "auffälliges" Verhalten, die Delinquenz, die Arbeitslosigkeit, usw.. Um die isolierte Sicht von Person und Milieu zu überwinden, ist ein Blick in die systemischen Ansätze erforderlich. Dies ist auch aufgrund der Ablehnung linearer Kausalbezüge geboten:

> "Wenn aber der gesamte Geist und die äußere Welt im allgemeinen nicht diese geradlinige Stuktur haben, dann werden wir, in dem wir ihnen diese Struktur aufzwingen, blind für kybernetische Kreisläufe des Selbst und der äußeren Welt. Unsere bewußte Auswahl von Daten wird keine ganzen Kreisläufe enthüllen, sondern nur Bögen von Kreisläufen, die durch unsere selektive Aufmerksamkeit von ihrer Matrix abgeschnitten sind. Insbesondere wird der Versuch, eine Veränderung in einer gegebenen Variablen herbeizuführen, der entweder im Selbst oder in der Umgebung lokalisiert ist, wahrscheinlich ohne Verständnis für das homöostatische Netzwerk um diese Variable herum unternommen werden." (Bateson, 1972, S.475)

Die Abkehr von der linearen Denkweise ist insbesondere in folgenden sozialtherapeutischen Bereichen von Bedeutung:

(1) Abkehr von Kausalannahmen über Ursachen "auffälligen" Verhaltens.
(2) Überwinden von Trivialannahmen über die Veränderungen dieses Verhaltens im Sinne von ´wenn-dann Konditionen´.
(3) Überdenken von Trivialannahmen bezüglich des Transfers von Kompetenzen mit dem Ziel, strukturelle Zusammenhänge herauszuarbeiten.

In diesem Bezug sind in der systemischen Therapie drei Begriffe von besonderer Bedeutung: Hypothetisieren, Zirkularität und Neutralität.
Unter **Hypothetisieren** wird die Annäherung an eine Wirklichkeit verstanden, ohne daß man annimmt, Wahrheit erfassen zu können. Die Hypothese muß systemisch sein und daher alle Elemente der Problemsituation und die Art, wie sie verbunden sind, beinhalten. Das Kriterium, ähnlich wie bei angewandter Forschung allgemein, ist nicht das der Wahrheit, sondern das der Nützlichkeit. Damit ist angesprochen, daß das System, in unserem Fall die Gruppe, mit dem Leitungsteam zu neuer Information kommt. Unter **Zirkularität** wird die Fähigkeit des Leiters verstanden, sich selbst in seiner Befragung vom Feedback leiten zu lassen,

"... das sich ihm aus dem Verhalten der Gruppe darbietet, wenn er um Informationen über ihr Verhältnis untereinander, d.h. über Unterschiede und Veränderungen bittet." (Selvini-Pallazoli, Boscolo, Cecchin & Prata, 1981, S.3)

Das Phänomen der **Neutralität** ist besonders schwierig zu beschreiben: Neutralität kennzeichnet die Fähigkeit des Leiters, für keinen der Beteiligten Partei zu ergreifen. Dies schließt auch moralische Positionen mit ein. Die damit gemachten Erfahrungen sind im Rahmen der Auswertung des Gruppenprozesses genau zu diskutieren.
Ein weiterer wichtiger Aspekt systemischer Ansätze ist in der Bedeutung, die verändertem Verhalten beigemessen wird, zu sehen. Die Einsicht, daß Wirklichkeit ein soziales Konstrukt und unsere Vorstellung von der Welt beobachterabhängig ist und nicht zwangsläufig mit Ereignissen und Objekten "da draußen" übereinstimmen muß, ist nicht neu, hat aber neue Anerkennung gefunden. In diesem Sinne wird angenommen, daß Gruppen und Gruppensystemen Bezugswerte oder Leitprinzipien zugrunde liegen, sogenannte Prämissen, die auf der Ebene der Tiefenstruktur bestehen und dem bewußten Verständnis nicht zugänglich sind. Diese Prämissen offen zu legen, führt zu Veränderungen zweiter Ordnung (vgl. Watzlawik, 1974). Einfach kann dies mit Veränderung von Prämissen (vgl. Boscolo, 1988, S.32) bezeichnet werden. Im Rahmen von 'Outdoor-Aktivitäten' ist daher danach zu suchen, welche Prämissen, insbesondere in den Subgruppen Team, Probanden, Studenten, existieren, wie sie unausgesprochen das Verhalten beeinflussen und erst durch deren Aufdeckung Verhaltensänderungen möglich werden. Offen bleibt in diesem Zusammenhang die Wirkung auf die Back-Home-Situation. Ein wesentlicher, weiterer Zusammenhang wird durch das Konzept "bedeutsamer Systeme" beschrieben. Unter diesem

Aspekt ist zu bedenken, welche Auswirkung die Lösung eines "Problems" in den für die entsprechenden Personen bedeutsamen Systemen, hat. Damit wird, wie auch am Beispiel des Risikoverhaltens schon gezeigt, die Aufmerksamkeit hin zu den systemischen Bedingungen von Verhalten und weg von der Idee funktionaler oder kranker Verhaltensweisen gelenkt. Einschränkend ist zum systemischen Ansatz anzumerken, daß er in der vorliegenden Konzeption primär (auch) zur "Weitung des Blickes" beitragen soll. Es sind in den Maßnahmen zwei Perspektiven zu beachten: Die selbsterfahrende Person auf der einen Seite und die systemischen Bezüge auf der anderen.

2.8.5 Zur Selbsterfahrung der Person

Diese Perspektive beinhaltet insbesondere das Erlebnis- und Erfahrungsfeld der Teilnehmer, ihre Möglichkeiten, Aufgaben, Situationen, Personen und sich selbst neu wahrzunehmen, zu interpretieren, zu bewerten und zu verändern, Experimente mit sich und der Gruppe durchzuführen, Aufgaben zu bewältigen und vieles mehr. Die systemische Sicht dient primär der Leitung: Gerade in einem derart "vielschichtigen" System (im doppelten Sinn des Wortes) werden Bewertungen immer wieder aus der entsprechenden Rollensicht vorgenommen, aus der Rolle des Studenten, des Probanden, des Bergführers, des Sozialarbeiters und des wissenschaftlichen Begleiters, jeweils noch ergänzt um die Rolle männlich/weiblich. Nur die systemische Sicht ermöglicht eine Abkehr von den "verführerischen" Kausalschlüssen. Dies wurde auch im Rahmen der Supervision immer wieder deutlich.

2.8.6 Der NLP-Ansatz im Projekt

Die von den Betreuern verwendeten Methoden hängen von ihrer Ausbildung ab. Da die am Projekt teilnehmenden Sozialarbeiter über eine Aus- bzw. Fortbildung in NLP verfügen (teilweise auch in systemischer Familientherapie) ist an dieser Stelle auf die konkrete Verbindung dieser Methode mit dem Konzept der 'Outdoor-Aktivitäten' einzugehen.
Neurolinguistisches Programmieren (NLP) versteht sich als ein systemisches Modell therapeutischer Veränderung, das von Bandler & Grinder (z.B. 1985) entwickelt und auf den grundlegenden Strukturmerkmalen des Vorgehens von Satir und Erickson basiert. Von Satir wird die "Familienrekonstruktion" und von Erickson die Trancearbeit übernommen. Weitere Anleihen nimmt NLP bei Perls.
Der atheoretische, pragmatische Charakter der NLP-Techniken zeichnet sich durch einen unorthodoxen bis provokanten Stil aus.

Eines der wesentlichsten Konzepte des NLP ist das sogenannte 'Meta-Modell' zur Analyse von Kommunikation. Auf der Grundlage einer 'Zieldiagnose' werden die anzuwendenden Techniken bestimmt:

1) Sondieren Sie einfühlend und behutsam, wohin die Klienten wollen und wo sie sich jetzt befinden.
2) Wählen Sie eine Methode aus, mit der man zum erwünschten Ziel gelangen kann, und wenden Sie diese an (vgl. Bandler & Grinder, 1985, S.30).

Da das Projekt - abgesehen von Medienarbeit - die gesellschaftliche Wirklichkeit nicht beeinflussen kann, liegt naturgemäß der Ansatzpunkt in der Nutzung der individuell vorhandenen Möglichkeiten. Dies kann auf der

* *intrapersonalen Ebene* durch Stärkung des Selbstwertgefühls *(handlungstheoretischer Ansatz)* und durch Veränderung der Wahrnehmung und Zielorientierung *(NLP-Ansatz)* verändert werden und auf der
* *interpersonalen Ebene* in sozialer Interaktion erprobt werden *(gruppendynamischer Ansatz)*.

Zur Kombination von NLP und 'Outdoor-Aktivitäten':
'Outdoor-Aktivitäten' können unterschiedlich mit den Techniken von NLP kombiniert werden:
(1) 'Outdoor-Aktivitäten' können als jene Handlungsräume verstanden werden, in denen die Teilnehmer tiefe Erfahrungen machen können, die als Grundlage für weitere Interventionen mit NLP-Techniken dienen können.
(2) 'Outdoor-Aktivitäten' und NLP-Techniken können einander ergänzen, ohne daß auf den anderen Bereich direkt bezug genommen wird. Im gleichen Handlungsraum angeboten (Natur, Gruppe, Ich) verdichten sie gemeinsam die Erfahrungen.

Im Gegensatz zu analytischen Ansätzen, die vor allem mit zeitlich aufwendigen Methoden arbeiten, bietet sich NLP als ein Weg der Kurzzeittherapie gerade für Outdoor-Programme an. (vgl. Bandler & Grinder, 1985)

Aus einem Interview mit A. Wagner werden auch die persönlichen Ziele der Sozialarbeit offen gelegt:

"Neben meiner persönlichen Liebe am Bergsteigen bereitet es mir Freude, anderen auf eine spielerischere Art und Weise zu helfen, ihre persönlichen Ziele zu erreichen. Mit den NLP-Handlungsmodellen ist es mir möglich, ohne Vergangenheitsanalyse die gewünschten Veränderungen zu erreichen.
Wir gehen davon aus, daß jedem Verhalten (auch dem delinquenten) eine positive Absicht zugrunde liegt. Bei Verhaltensänderung muß diese erhalten bleiben und in der Zukunft neu modifiziert werden.

77

Die Schwierigkeit der Sozialarbeit bestand vor allem darin, daß die körperlich orientierten, alpinen Erlebnisse viel nachhaltiger und attraktiver waren, als die intrapersonelle Auseinandersetzung mit sich selbst." (Interview vom 24.7.91)

Im folgenden werden die im Projekt angewandten NLP-Methoden kurz charakterisiert. Auf die vielfältigen ähnlichen Methoden anderer therapeutischer Ansätze und deren Gemeinsamkeiten und Unterschiede kann an dieser Stelle nicht eingegangen werden.

Zielarbeit:
In der Zielarbeit wird den folgenden Fragen nachgegangen:
* Was will ich in meinem Leben?
* Wie erreiche ich das?
Mit Hilfe von Natursymbolen formuliert jede(r) Teilnehmer einen *Zielsatz*, der folgenden Regeln unterworfen ist: Die Formulierung muß in der aktiven Aktionsform und in der Gegenwart erfolgen. Um dem persönlichen Ziel noch eine öffentliche Note zu verleihen, wird der Zielsatz in der Gruppe präsentiert, z.B. in Form einer 'Einlaßrunde' und mit einem Balanceakt über den sogenannten *Zielbalken*, der das Eintreten in das persönliche Zielbild verinnerlichen und manifestieren soll. (vgl. Programmübersichten in Kap. 3.5)
In der Zielarbeit wird oft die persönliche Alltagsproblematik angesprochen und mit Hilfe von *Reframing-Interventionen* (Bandler & Grinder, 1985) konstruktiv umstrukturiert.

2. Phantasiearbeit
Ziel der Phantasiearbeit ist es, die inneren Kraftressourcen zu wecken und zu mobilisieren, die Sinne zu schärfen und zur Stärkung des Selbstvertrauens beizutragen.
Ein Beispiel ist das Aufsuchen des *'Platzes der Kindheit'*, wobei in der anschließenden Reflexion versucht wird, die verschütteten Träume der Kindheit wieder zu finden; ein anderes die *'Phantasiereise'* zu den persönlichen, inneren Kraftquellen.

3. Rituale und Meditationen
Unter diesem Sammelbegriff kam es zur Vermischung von Ansätzen, die einander ergänzen: Hier fließen die Elemente der Erlebnispädagogik mit den NLP-Methoden zusammen und werden mit den indianischen Elementen überlagert: Beim *'Feuerritual'* wird mit 'Belief-Sätzen' gearbeitet; die *Schwitzhütte* soll die Gruppenkohäsion fördern; die *'Paarmeditationen'* sprechen die Empathie an und schärfen die Wahrnehmung.

Zugang zur Eigenverantwortlichkeit über NLP
Ausgehend von der Alltagswirklichkeit der Probanden-Gruppe ist man mit Lebensumständen konfrontiert, die nur eingeschränkte Handlungsmöglichkeiten

(beruflich, privat) zulassen. Da die NLP-Technik vor allem im Bereich der Wahrnehmung ansetzt, bietet sie sich als adäquater Ansatz für die Projektaktivität an.
Zusätzlich werden die Probanden im gesellschaftlichen Kontext gerade wegen ihrer delinquenten Vergangenheit aber auch wegen der Zugehörigkeit zur unteren sozialen Schicht oft diskriminiert, indem die Mitmenschen ihnen Vorurteile und Apathie entgegenbringen.
Diese so scheinbare Opferrolle wird von den Betreuern zwar als Problem verstanden, aber nicht akzeptiert. Mit der Intention zur Eigenverantwortung wird vor allem der eigene Anteil am Lebensschicksal erarbeitet und mit realistischen Perspektiven in der Gegenwart und Zukunft in Verbindung gebracht.

2.8.7 Zur Thematik / Problematik von Natur bei Outdoor-Aktivitäten

Diese Thematik kann hier nur in Gedankensplittern abgehandelt werden, da wir uns im Rahmen des Projekts nicht wissenschaftlich damit auseinandergesetzt haben.
Die Gründe für dieses Phänomen seien vorerst dahingestellt, denn bereits im Ausbildungslehrgang der Mitarbeiter führte die Thematik ´der Bedeutung der Natur´ im Rahmen des Konzepts Outdoor-Aktivitäten zu umfassenden, nächtelangen und durchaus auch hitzig-kontroversen Diskussionen.
Letztlich sind wir im Rahmen des Projekts von einer subjektiv-naiven Perspektive ausgegangen.
In jüngster Zeit hat sich Karl Schörghuber (1992), ein Mitarbeiter des Projekts, intensiver mit der Thematik auseinandergesetzt. Die Vielfalt der möglichen Denkrichtungen über die Natur und deren Wirkungsweise soll hier mit einigen Thesen aus dieser Arbeit angedeutet werden. Das Thema kann an dieser Stelle nicht diskutiert werden. Der interessierte Leser sei auf die angeführte Literatur verwiesen:

"**1. These:** Die persönliche Geschichte, gesellschaftliche und politische Vorstellungen manifestieren sich nicht nur im Körper in einer sehr starken aber doch verschleierten Weise, sondern besonders massiv auch im persönlichen Naturbild. ...

3. These: Zum Begriff der Natur: In der Alltagswelt wird Natur als das Andere der sozialen und technischen Welt, oft sogar als das Andere des Menschen und dessen Gestaltungen verstanden. Dieses Bild, das sich der Mensch davon macht, ist 'natürlich' der historischen Veränderung unterworfen, trägt aber den Schein des Unveränderlichen.

Die Alltagswelt gibt oft den Blick auf geheime Be-deutungen, Interpretationen, Ziele, Zwecke und Mythen frei:
Wofür steht nun Natur dem Alltagsverständnis nach:
- Für die Flucht aus der Stadt, den Gegensatz zu technisierten Lebenszusammenhängen.
- Sie verkörpert besonders für Jugendliche die Entfernung zum Elternhaus, zur Schule und ähnlichen deformierenden Instanzen.
- Sie gilt als ein Symbol der Freiheit - genauso wie sie für das Fesselnde, Unheimliche, Urwüchsige und Zerstörerische steht, womit wir eine Variante zweier unterschiedlicher, sich scheinbar auschließender Be-deutungen haben.
- Das heilsame Wesen der Natur wird in der Alltagswelt genauso thematisiert wie das zu überwindende Übel. ...

4. These: Der Glaube an die 'gute Natur' (die Natur des Menschen wurde zivilisatorisch entstellt - Menschen als Opfer) dient genauso wie der Glaube an die 'schlechte Natur' (dem 'konservativen Geschichtspessimismus' genügen Terror, Krieg und Revolution als Beweise) immer nur der gesellschaftlichen Machtausübung, ihrer Gewinnung oder Erhaltung!
... (Anm. d. Verf.: vgl. die unterschiedlichen philosophischen Auffassungen von 'Natur' bei Rousseau, Schelling, Marx; kritisch dazu Schorsch, Sloterdijk)

Mit diesen Theorien haben wir auch eine Grundfrage des Naturdiskurses angerissen: Natur als das Andere des Geistes und der Kultur im weiteren Sinne.

5. These: Die Erkenntnistheorie bewegt sich lange Zeit innerhalb zwei prinzipiell unterschiedlicher Zugänge zum Thema Natur: Es existiert eine Natur außerhalb unserer Wahrnehmung, unserer Interpretationsmuster - oder: Natur ist immer nur in Beziehung zum Menschen und damit zu Geist und Kultur denkbar, Natur ist eine Konstruktion des Geistes. ...

6. These: Das moderne Denken, das einen Ausweg aus der Krise im Verhältnis von Geist und Natur sucht, ist "zutiefst in jenen Strukturen verstrickt, welche die Krisis generieren und prolongieren." (Schorsch, 1991, 345f.) ...

7.These: Die Flucht in den Mythos ist eine Flucht aus der Verantwortung. ...

8. These: Natur ist das Ergebnis einer aktiven Inszenierung auf historischer Basis. (Nach: Varela) ...

9. These: Der Weg zu einer Versöhnung von Natur und Geist, so sie als ein Richtungsweiser dienen kann, kann nicht über eine Utopie im vorstellungsmäßigen Nirwana bzw. über eine Rückdatierung in eine verborgene urgeschichtliche Zeit geleistet werden. Sie kann "einzig Resultat der im weitesten Sinne politischen Handlungen tätiger Subjekte sein". (Schorsch, 1991, 348) ...

10. These: Die Idealisierung und Ästhetisierung der Natur, der Mythos einer schönen, reinen, harmonischen Natur bilden über die völlige Entfremdung die Voraussetzung für deren Zerstörung. (nach: Ehalt 1990,7) ...

12. These: Die einzig mögliche Erfahrung der Natur ist die individuelle Erfahrung des Unaussprechlichen. ...

13. These: Wenn das Ziel des Outdoor-Aktivitäten-Prozesses der Gipfel ist, läßt sich das auch und in viel besserer Form in einem Technologiezentrum erledigen." (Schörghuber, 1992).

Auch geben die kontroversen Abschlußthesen Schörghubers zu denken:

"Die unmittelbare Erfahrung der Errungenschaften der Technik und unseres Gesellschaftssystems durch deren Abwesenheit auf einer Selbstversorgerhütte macht die TeilnehmerInnen erst zu richtigen Staatsbürgern und Gesellschaftsbejahern aus innerster (!) Seele, da die Erfahrungen sehr existentiell gewonnen werden!

Oder sind Outdoor-Aktivitäten ausnahmsweise einmal ein Versuch (basis)demokratischer Kräfte, die Natur und den ihr innewohnenden interpretativen Spielraum für ihre Zwecke zu nutzen? Über gesellschaftspolitische Implikationen kann man dann weiterdiskutieren." (Schörghuber, 1992)

3. Outdoor-Aktivitäten: Ziele, Durchführung und Evaluation des Programms

3.1 Ziele des Programms Outdoor-Aktivitäten

Aufgabe des Programms ist es, Rahmenbedingungen zu schaffen, die zur Erreichung folgender Ziele beitragen:

(1) Es sollen Outdoor-Aktivitäten[1] ermöglicht werden, deren Abwicklung auf der Grundlage der Ausbildung der Teammitglieder, des Standes der Gruppe und den gegeben situativen Bedingungen bei möglichst geringem (objektivem)[2] Risiko hohen Erlebniswert bieten. Die Erlebnisse sollen die Bedeutung der eigenen Person, der eigenen Handlungsfähigkeiten und -alternativen sowie die Bedeutung der Gruppe erfahrbar machen.

(2) Es sind die Rahmenbedingungen für eine selbsterfahrungsorientierte und/oder therapeutische Aufarbeitung und Vertiefung der gemachten Erfahrungen zu schaffen. Tiefe, Konzept und Methode der Aufarbeitung sind streng am Ausbildungs- und Erfahrungsstand der Teamverantwortlichen zu bemessen.

(3) Ein weiteres Kriterium ist es, eine möglichst optimale Interaktion der Ansätze aus (1) und (2) zu schaffen. Voraussetzung dafür sind sowohl Supervision als auch laufende Teamsitzungen (Intervision).

(4) Auch ist die Eingliederung des Projekts in die institutionellen Rahmenbedingungen (i.d. Fall der Bewährungshilfe und des Instituts für Sportwissenschaften) zu optimieren.

Bezüglich der Persönlichkeitsentwicklung stehen zwei *übergeordnete Zielebenen* der Programmaktivitäten im Vordergrund:

(1) *Realitätsbewältigung:* Ziel ist die effiziente Auseinandersetzung mit Lebenssituationen, die für das Individuum und/oder seine Umwelt relevant sind. Grundlage dafür ist die Verbesserung der Handlungswirksamkeit. Damit sind auch die in Kapitel 2.4.6 diskutierten Transferaspekte angesprochen.

---

[1]Zur Definition siehe Kap. 1.2.

[2]Nicht zu verwechseln mit der obsoleten Unterscheidung objektiver und subjektiver alpiner Gefahren.

Probanden verfügen über eine äußerst entwicklungshemmende Sozialisationsgeschichte (vgl. Kap. 5.1). Es fehlen ihnen wesentliche psychosoziale Grundlagen, um Kontinuität im Verhalten und damit Handlungswirksamkeitsüberzeugungen aufbauen zu können. Daher muß dem Ziel 'Realitätsbewältigung' ein Grundlegendes Ziel vorangestellt werden:

(2) *Ich-, Selbstwert- und Identitätsstärkung:* Wir bemühen uns um die Stärkung der "*inneren Vitalität*", die für die Teilnehmer die Grundlage bilden soll, schwierige Lebensumstände und kritische Lebensereignisse konstruktiv zu bewältigen. Dazu gehört vor allem das (Er)Leben von Grundwerten wie: 'einfach (da) sein dürfen'; 'als Person grundsätzlich akzeptiert werden'; 'Bedürfnisse Ausdrücken dürfen'; 'Zuwendung ohne "Gegenrechnung" erfahren'; 'etwas genießen können (z.B. die Landschaft, die Gruppe, sich selbst in seiner Körperlichkeit, ...)'; ...

Es sei noch ein globaler, kultur-historischer Kontext angesprochen, der von Capra - allerdings an der Grenze der noch akzeptablen Verallgemeinerung - so formuliert wird:

"Ob wir von Krebs, Verbrechen, Umweltverschmutzung, Kernkraft, Inflation oder von Energieknappheit, oder auch von Sportkrisen sprechen, all diesen Problemen liegt dieselbe Dynamik zugrunde; all das sind nur Facetten derselben Krise", (Capra, 1984)

nämlich der Krise der Wahrnehmung, die aus utilitaristischer und kolonialistischer Fixierung entsteht.
Die auf der globalen Ebene angesprochenen Probleme haben auch Entsprechungen auf der individuellen Ebene. Damit ist die moralische Entscheidung des einzelnen für eine "biophile" bzw. "nekrophile" Lebenseinstellung angesprochen (vgl. Fromm, 1979).

3.2 Ziele der Programmanalyse

Grundlegendes Ziel der Programmanalyse ist es, ein überprüftes und strukturiertes Schema zum Programmablauf von Outdoor-Aktivitäten zur Verfügung zu stellen und Kriterien festzulegen, die für die Planung und Durchführung derartiger Aktivitäten grundlegend sind. Dabei sind zwei Aspekte von besonderer Bedeutung:

(1) Analyse und Korrektur der zeitlichen und räumlichen Struktur:
* institutionelle Rahmenbedingungen
* Teamteilung
* Werbung der Teilnehmer

* Inhaltliche und strukturelle Planung
* Supervision

(2) Systemische Analyse (Wirkung der im Projekt zusammentreffenden Subsysteme)
* Institutionell: Institut für Sportwissenschaften; Verein der Bewährungshilfe; Bundesministerium für Justiz; Bundesministerium für Wissenschaft und Forschung; Jubiläumsfond der Nationalbank.
* Funktionell: Bewährungshelfer; Bergführer; Wissenschaftliche Begleiter; Projektleiter; Probanden; Studenten; Frauen; Männer; ...

3.3 Zielgruppen: Probanden und Studenten

Aus vielerlei externen Gründen (organisatorischer, finanzieller und institutioneller Natur) war es im Rahmen des Projekts zu einer Kombination zweier ganz verschiedener Gruppen gekommen: Probanden der Bewährungshilfe und Sportstudenten. Der Tabelle 3-1 ist zu entnehmen, wieviele Personen der jeweiligen Gruppe teilgenommen haben.

	Teilnehmer			
	Studenten		Probanden	
	Anzahl	Prozent	Anzahl	Prozent
männlich	7	14.0%	30	60.0%
weiblich	10	20.0%	3	6.0%
Gesamt	17	34.0%	33	66.0%

Tab. 3-1: Teilnehmerzahlen, gegliedert nach Gruppe (Studenten/Probanden) und Geschlecht.

3.3.1 Die Zielgruppe 'Probanden der Bewährungshilfe'

Keine Altersbegrenzung:
Entsprechend den Erfahrungen der Bewährungshelfer war zu erwarten, daß zu Beginn die Probanden zwar aus allen Altersgruppen kommen, eine kontinuierliche Teilnahme war aber nur von jenen mittleren Alters zu erwarten. Junge Probanden unterlägen noch zu starken Ablenkungen - von möglichen Arbeitsgelegenheiten bis zu neuen Freundschaften, ältere seien u.U. zu sehr in ihren Problemen verhaftet.

Diese Annahme stellte sich nur bedingt als richtig heraus. Die Teilnehmer streuten im Alter von 16 bis 46 Jahren.

Geschlecht: Für Frauen und Männer offen.
Durch gezielte Ansprache weiblicher Probanden sollte eine ausschließlich männliche Teilnehmerschaft verhindert werden. Dennoch nahmen wesentlich mehr Männer als Frauen teil (siehe oben Tab. 3-1).

Art der Delikte:
Es wurde beschlossen, Probanden unabhängig von der Schwere ihres Deliktes aufzunehmen. Die Delikte streuten von kleinen Straftaten bis zu Schwerstverbrechen (lebenslänglich).

Teilnahmebedingungen:
Freiwillige, kostenlose Teilnahme. Im Unterschied zu den Modellen aus den USA hatten die Teilnehmer keinen Gewinn (etwa Verkürzung der Bewährungszeit, Strafverkürzung etc.) zu erwarten. Dieser Tatbestand stellte sich als sehr ungünstig heraus. Für die Institutionalisierung derartiger Aktivitäten wäre es wünschenswert bzw. sogar notwendig, Wege zu überlegen, wie die Probanden verbindlich bei den Aktivitäten gehalten werden können (z. B. Verkürzung der Bewährungszeit u. ä.).

3.3.2 Die Zielgruppe 'Studierende der Universität Wien'

Studierende des Institutes für Sportwissenschaften der Studienzweige Leibeserziehung bzw. Sportwissenschaften konnten sich aufgrund freiwilliger Meldung an dem Projekt beteiligen und Zeugnisse im Umfang von 4 Wochenstunden - als Wahlfächer anrechenbar - erwerben. Auch wenn wir nicht den Eindruck hatten, daß StudentInnen den Erwerb von Zeugnissen als primäres oder auch nur wirklich wichtiges Motiv im Rahmen des Projekts hatten (das Engagement der teilnehmenden StudentInnen war teilweise enorm hoch und ging weit über den Umfang einer 4-stündigen Lehrveranstaltung hinaus), war hier ein Ungleichgewicht gegenüber den ProbandInnen gegeben, die keine unmittelbare 'Anerkennung' vergleichbar dem Zeugnis für die Studierenden erhalten konnten.

Es sollte streng darauf geachtet werden, daß beide Zielgruppen die grundsätzlich gleiche Betreuung erfahren. Dies bedeutet, daß die Wirkung unterschiedlicher Aktivitäten, Interventionen und Themen an beiden Gruppen überprüft wird, daß beide Gruppen mit den gleichen Instrumentarien untersucht werden und als zwei 'Versuchsgruppen' in das Design der Untersuchung eingehen. Im ersten Durchgang konnte diese theoretische Forderung nicht befriedigend erfüllt werden: Bewährungshelfern war der Umgang mit Probanden wesentlich vertrauter als der mit Studenten, umgekehrt hatten die Bergführer wesentlich mehr Erfah-

rung im Umgang mit Studenten. In der Reflexion des ersten Durchführungsabschnittes wurde diesem Problem daher besondere Aufmerksamkeit geschenkt.
(Zu den Auswahlkriterien vgl. oben.)
Außerdem achteten wir darauf, daß möglichst deutlich mehr Probanden als
Studenten an den Aktivitäten teilnahmen, da sonst die Gefahr bestanden hätte
(was auch bei der Vorbesprechung von einem Probanden klar artikuliert wurde),
daß sich die Probanden in einer unterlegenen Situation fühlten, dies auch deshalb, weil es für die Studierenden immer wieder schwierig ist/war, sich 'nur'
als Teilnehmer zu sehen und nicht in einer Art 'Subleitung' zu versuchen, die
Probanden zu 'resozialisieren' (auf die Problematik des Begriffes soll hier nicht
eingegangen werden).

3.4 Der Durchführungsplan

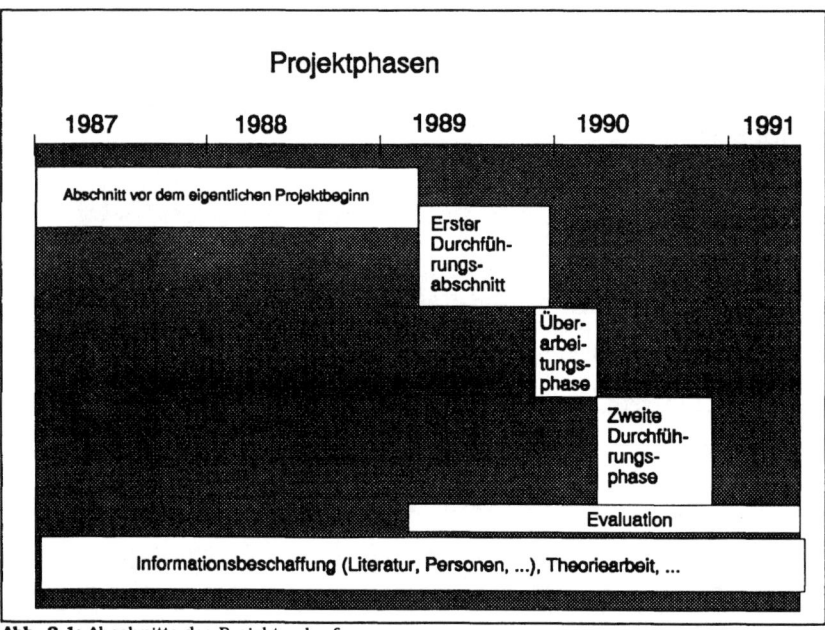

Abb. 3-1: Abschnitte des Projektverlaufs.

Der Durchführungsplan beruht auf den Vorgaben und Erfahrungen amerikanischer 'Outward Bound'-Kurse (zusammenfassend vgl. Kap. 2.), der Bewährungshilfe mit sozialpädagogischen Projekten auf der Basis von Outdoor-Aktivitäten

sowie auf der Durchsicht und Diskussion der zu diesem Themenkreis recher-
chierten Literatur[1], auf den institutionell - organisatorischen Bedingungen des
Instituts für Sportwissenschaften der Universität Wien und auf den Erfahrungen
von Bergführern hinsichtlich der Betreuung von Gruppen und einzelnen bei
bergsportlichen Betätigungen.

Um für die weitere Diktion Klarheit herzustellen, werden folgende Projektab-
schnitte grob unterschieden und nachfolgend charakterisiert (vgl. auch Abb.
3-1):

* Abschnitt vor dem eigentlichen Projektbeginn: (Beginn 1987 bis März 1989)
* Erster Durchführungsabschnitt: (März 1989 bis Dezember 1989)
* Überarbeitungsphase: (Dezember 1989 bis April 1990)
* Zweiter Durchführungsabschnitt: (April 1990 bis Dezember 1990)
* Evaluationsabschnitt: (Dezember 1989 bis August 1991)

3.4.1 Abschnitt vor dem eigentlichen Projektbeginn (Beginn 1987 bis März 1989)

Der eigentliche Forschungsauftrag erging in einer Phase des Projekts, in der
bereits ein erstes grobes Theoriekonzept erstellt war (vgl. Amesberger u.a.,
1988), und das Projektteam einen Ausbildungskurs[2] in 'Outward Bound' hinter
sich hatte.

Entsprechend umfaßte dieser Abschnitt den Zeitraum von der ersten Kontaktaufnahme der Bewährungshilfe mit dem Institut für Sportwissenschaften in
Sachen Outdoor-Aktivitäten bis zur Einreichung des Projekts im Dezember
1988. In diesen Abschnitt fallen im wesentlichen folgende Tätigkeiten:

* erste Literaturrecherche und
* Entwicklung des theoretischen Grundkonzepts sowie eines vorläufigen Ablauf-
plans (Amesberger u.a., 1988),
* Rekrutierung der Mitarbeiter,
* Ausbildungslehrgang "Outward-Bound" für die Mitarbeiter mit einem erfahre-
nen amerikanischen 'Outward Bound'-Fachmann. (Ein Protokoll zu diesem

---

[1] Für das Besorgen und Durcharbeiten der amerikanischen Literatur danken wir besonders Walter
SIEBERT.

[2] Dieser Kurs wurde durch die freundliche Unterstützung folgender Firmen und Institutionen ermöglicht:
POLYBAU, Österreichisches Kuratorium für alpine Sicherheit, Verband der alpinen Vereine Österreichs, Verband der Österreichischen Leibeserzieher.

Lehrgang befindet sich in ANHANG I, dem auch typische 'Outward Bound'-Termini zu entnehmen sind).

* Einreichung des Projekts zur Finanzierung

* Überarbeitung und Konkretisierung des Durchführungsplanes (Dez. 1988 bis März 1989).

3.4.2 Erster Durchführungsabschnitt (März 1989 bis Dez. 1989)

Dieser etwa einjährige Abschnitt beinhaltet grob folgende Aktivitäten:

(1) Supervision der Teams

(2) Entwicklung des Forschungsinstrumentariums (siehe Kap. 6)

(3) Einschulung der wissenschaftlichen Begleiter (Interviewführung, Beobachtungstechniken, Gruppenprozeßanalyse, Fragebogenapplikation, ...)

(4) StudentInneninformation

(5) ProbandInnenrekrutierung: Information der Außenstellen der Bewährungshilfe, der ProbandInnen, ...

(6) Raum- zeitliche Organisation der Durchführung (Gruppenräume, geeignete Gegenden für Outdoor-Aktivitäten, Hütten, Bahnfahrten, Ausrüstung, ...)

(7) Konkrete Durchführung der Aktivitäten des ersten Durchführungsabschnittes mit ProbandInnen und StudentInnen: Vorbereitungsphase (ta), Hauptphase 1: 4 Wochenenden Outdoor und 8 Bereitungsabende[1] (tb1), Hauptphase 2: 12-tägiger Block (tb2) und Transferphase (tc)

(8) Anpassung der Durchführungspläne an die konkreten inneren und äußeren Bedingungen der beiden Gruppen (Team A, Team B)

(9) Wissenschaftliche Begleitung, insbesondere Datenerhebung, Transskriptionsarbeiten und beginnende Evaluation, Feedback zu den ersten Interviews und Beobachtungsprotokollen, laufende Koordination der Erhebung zwischen den beiden Teams, ...

---

[1]Wir haben diese abendlichen Treffen 'Bereitungsabende' genannt, da diese sowohl vorbereitende Funktion haben als auch zur Reflexion von durchgeführten Outdoor-Aktivitäten dienen.

(10) Mit den StudentInnen wurde eine eigene Nachsupervision durchgeführt, in der folgende Themenbereiche im Vordergrund standen: Aufarbeitung der persönlichen Erfahrungen, Überlegungen zu Konzepten der Resozialisierung (Thema der 'Hilflosen Helfer' vgl. Schmidbauer, 1977), Umsetzungsmöglichkeiten im eigenen Berufsfeld, Aspekte für Diplomarbeiten etc.

3.4.3 Überarbeitungsphase (Dezember 1989 bis April 1990)

Im Rahmen eines intensiven Arbeitswochenendes (im Dez. 1989) wurden alle bisherigen Erfahrungen der Mitarbeiter zusammengetragen, systematisiert und zu einem neuen Arbeitsplan für den zweiten Durchführungsabschnitt zusammengestellt, der in der Folge entsprechend durchkonzipiert wurde.
Aufgrund der internen Konflikte war es erforderlich, die Teams unter Supervision neu zusammenzustellen sowie einen zusätzlichen Mitarbeiter (Mag. Walter Eichmann) aufzunehmen, da der vierte Mitarbeiter aus dem Bereich der Bewährungshilfe nicht bereitgestellt werden konnte, es sich aber gezeigt hatte, daß die Schwierigkeiten in einem der beiden Teams nicht zuletzt auf das Fehlen eines zweiten Bewährungshelfers zurückzuführen waren.
Allein die geänderte Zusammensetzung der Teams erforderte mehrere Treffen der Großteams, darunter zwei mit Supervision. Die zu leistenden Arbeiten sind mit den unter dem Durchführungsabschnitt 1 angeführten weitgehend ident.
Hinzu kamen große Unsicherheiten, da die Bewährungshilfe drohte, ihre vier Mitarbeiter am Projekt aus Personalmangel auf zwei reduzieren zu müssen, die BewährungshelferInnen ihrerseits sich aber nicht in der Lage sahen, eine derart schwierige Aufgabe ohne einen jeweils zweiten Bewährungshelfer in den Kleinteams befriedigend zu lösen. Die entsprechenden Verhandlungen und Versuche zur Rekrutierung neuer Mitarbeiter nahmen ebenfalls geraume Zeit in Anspruch.
Im zweiten Durchführungsabschnitt wurde vermehrt Wert darauf gelegt, daß die Funktionsaufteilung in den Teams klar ist, die Supervision regelmäßig stattfindet, und in der Arbeitsweise die Fähigkeiten der Teammitglieder (spezifische Ausbildungen/Arbeitsmethoden: NLP, Gruppendynamik, etc.) optimal genutzt wurden. Die differenzierten Durchführungspläne wurden daher teamspezifisch entworfen und über die Projektleitung koordiniert.
Die Transferphase im zweiten Durchführungsabschnitt wurde völlig anders gestaltet. Aufgrund der Erfahrungen, daß die ProbandInnen zu reinen 'Indoor-Aktivitäten' kaum zu motivieren waren, den Verlust der Gruppe aber sehr bedauerten, wurden weitere Outdoor-Aktivitäten im Wiener Raum etwa vierzehntägig angesetzt. Im ersten Durchführungsabschnitt entstand eine Lücke zwischen den enormen Erlebnissen und Eindrücken in der Bergwelt, die mit den spezifischen 'Outdoor-Methoden' vermittelt wurden und deren 'Abreißen' nach dem langen Block. Mit den angestrebten Freizeitaktivitäten sollte diese Lücke geschlossen werden.

Die Organisation der Aktivitäten wird weitgehend durch die Probanden geleistet und die Teilnahmefrequenz ist hoch. Damit erfahren die Teilnehmer eine Reihe von Freizeitgestaltungsmöglichkeiten in ihrem unmittelbaren Lebensraum. Für die Diskussion und Aufarbeitung der Erfahrungen im Gespräch konnten nur wenige Teilnehmer genügend Motivation entwickeln.

3.4.4 Zweiter Durchführungsabschnitt (April 1990 - November 1990)

Dieser Abschnitt beinhaltet ähnlich wie der erste Durchführungsabschnitt folgende Aktivitäten:

(1) Supervision der Teams.
(2) Planung der je spezifischen Durchführung und Durchführungsabänderungen in den Kleinteams.
(3) Einschulung der neuen wissenschaftlichen Begleiter (Interviewführung, Beobachtstechniken, Gruppenprozeßanalyse, Fragebogenapplikation, ...).
(4) StudentInneninformation.
(5) ProbandInnenrekrutierung: Information der Außenstellen der Bewährungshilfe, der ProbandInnen, ...
(6) Raum- zeitliche Organisation der Durchführung (Gruppenräume, geeignete Gegenden für Outdoor-Aktivitäten, Hütten, Bahnfahrten, Ausrüstung, ...).
(7) Konkrete Durchführung der Aktivitäten des zweiten Durchführungsabschnittes mit ProbandInnen und StudentInnen: Vorbereitungsphase (ta), Hauptphase 1: 4 Wochenenden Outdoor und 8 Bereitungsabende (tb1), Hauptphase 2: 12-tägiger Block (tb2) und Transferphase (tc).
(8) Wissenschaftliche Begleitung, insbesondere Datenerhebung, Transkriptionsarbeiten und beginnende Evaluation, Feedback zu den ersten Interviews und Beobachtungsprotokollen, laufende Koordination der Erhebung zwischen den beiden Teams, ...

3.4.5 Evaluationsabschnitt (März 1989 bis August 1991)

Wenn auch die Arbeiten der wissenschaftlichen Begleitung über das gesamte Projekt ab der ersten Durchführungsphase liefen, so wurde erst mit Abschluß der Durchführungsabschnitte die ausschließliche Konzentration auf dieses zentrale Anliegen möglich. Das Ergebnis liegt mit dem Endbericht vor.

3.5 Ergebnisse der Programmanalyse

Im folgenden werden die beiden Durchführungsabschnitte eins und zwei (vgl. Kap. 3.4) gemeinsam diskutiert. Der Tabelle 3-2 ist die Grundstruktur der Durchführungsabschntte anschaulich zu entnehmen.

3.5.1 Vorbereitungsphase

Werbung und Vorbereitung der Probanden:
* Ansprache und allgemeine Vorbereitung der Probanden durch die Bewährungshilfe (Der Informationsfluß erfolgt von der Leitstelle über die Bezirksstellen zu den dort arbeitenden geplanten vier / tatsächlich drei Bewährungshelfern.)

Die *Ausschreibung* soll klar und attraktiv gestaltet sein; mit der *Werbung* der Probanden soll kurzfristig und intensiv (etwa *drei* Wochen vor der Vorbereitungsphase) begonnen werden, wobei die direkten Methoden den indirekten vorzuziehen sind: Vortrag, Dia- und Filmpräsentation, Erfahrungsbericht, Diskussion,...

Einerseits sind *Vorträge mit Dias, Filmen und Diskussionen* als Werbeaktivitäten für Probanden geeignet, andererseits bringt dies den Nachteil mit sich, daß bestimmte Erlebnisse bereits bildhaft vorweggenommen werden und so gewisse Überraschungs- und Neuigkeitseffekte wegfallen oder zumindest gemindert werden können. Daher ist es sehr wichtig, das *Filmmaterial selektiv zu verwenden.* Neben der direkten Werbung der Zielgruppe werden auch die institutionell gebundenen Personen (Bewährungshelfer, Sozialarbeiter, Erzieher, Lehrer,...) *informiert.* Dies geschieht etwa *vier* Wochen vor der Vorbereitungsphase.

Schwierigkeiten bei der Werbung der Klientel:
Die Werbung der Klientel stellt ein großes Problem dar: in der *offenen Betreuungsarbeit* im Rahmen der Bewährungshilfe sind Personen nicht fix zu binden, d.h., es bleibt stets eine Unsicherheit bis zum Beginn der Aktivität, was die Anzahl der Teilnehmer betrifft. Dies stellt für alle Beteiligten eine große Belastung dar. Diese ist umso größer, je bedeutender die Aktivitäten sind. Ist dies im Rahmen eines Forschungsprojekts der Fall, so entsteht dadurch ganz besonderer Druck, da darunter auch die Qualität der empirischen Ergebnisse leidet. Für die Durchführung von Outdoor-Aktivitäten ist daher ein *hohes Maß an Flexibilität* erforderlich.
Weiters wäre ein gewisses Ausmaß an *Institutionalisierung der Outdoor-Aktivitäten* notwendig, um für hinreichende Bekanntheit des Konzepts zu sorgen. Es ist zu erwarten, daß bei mehrjähriger Durchführung diese Aktivitäten eine wesentlich breitere Bekanntheit erreichen und dadurch auch vermehrt Nachfrage seitens der Probanden entsteht.

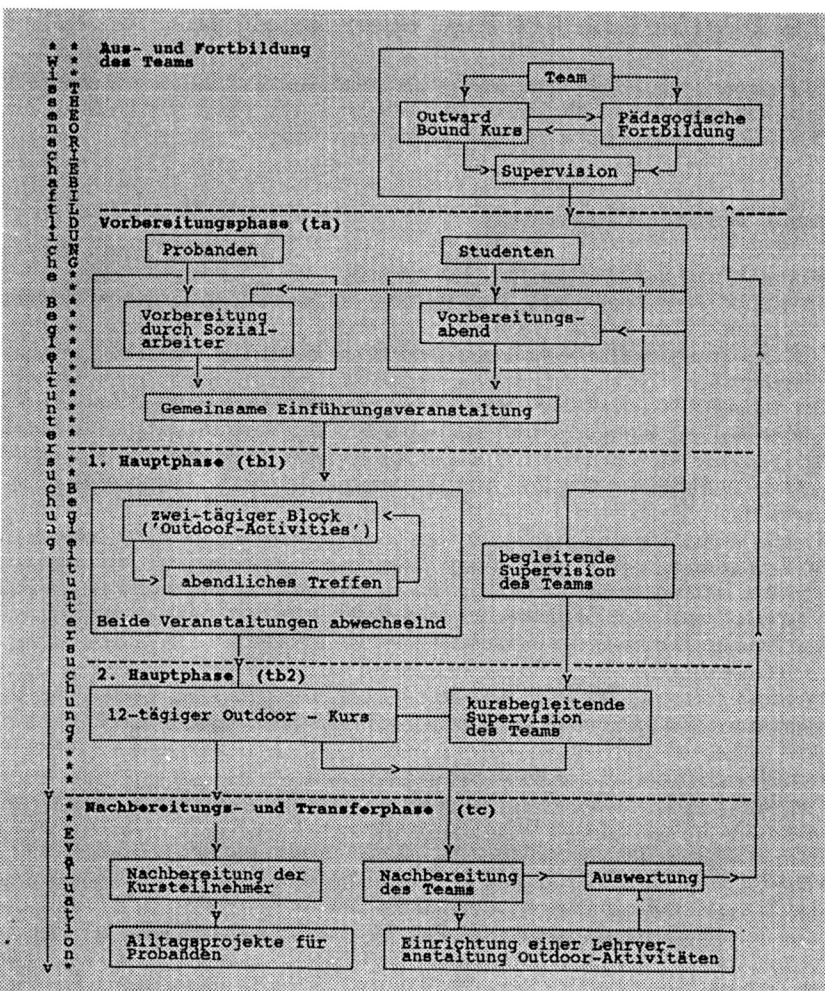

Tab. 3-2: Übersicht zur Strukturierung der Aktivitäten. Dieser 'Zyklus' wurde in etwas unterschiedlicher Form zweimal mit je zwei Gruppen durchlaufen: Durchführungsabschnitt eins (1989) und zwei (1990).

Zusammenfassend ist festzuhalten, daß das Konzept nur dann ökonomisch und organisatorisch mit vertretbarem Aufwand durchzuführen ist, wenn es zumindest jährlich stattfindet und laufende Informationen an und über Bewäh-

rungshelfer gegeben werden. (z.B. Fotos in den Außenstellen der Bewährungshilfe)

Innerinstitutionelle Schwierigkeiten:
Zu unserer Verblüffung mußten wir feststellen, daß nicht am Projekt beteiligte
Bewährungshelfer diesem wenig positiv gegenüberstanden. Dies wurde unter
anderem daran deutlich, daß viele Bewährungshelfer ihre Probanden nicht über
das Projekt informierten oder gar zu einer durchgängigen Teilnahme motivierten.

> Offensichtlich wird ein derartiges Projekt in einer angespannten personel-
> len und finanziellen Situation auch als Konkurrenz oder Luxus auf Kosten
> anderer gesehen.

Es war zwar unser Anliegen - insbesondere auch das der mitarbeitenden Bewährungshelfer - Information und Kommunikation in dieser Hinsicht zu verbessern,
diese Versuche waren jedoch wenig fruchtbringend, obwohl das Projekt völlig
finanziell unabhängig von sonstigen Bewährungshilfeinitiativen war.

Werbung und Vorbereitung der Studenten:
Die Ankündigung und Information an Studierende hat längerfristig zu erfolgen:

* Ansprache durch die übliche Ankündigung von Lehrveranstaltungen.
* Organisation eines ersten und sehr allgemein gehaltenen Informationstreffens.
* Zweites Informationstreffen unmittelbar vor dem Zusammentreffen mit den
  Probanden beim ersten gemeinsamen Abend.
* Teilweise wurden Studierende auch durch ein Seminar Didaktik zum gleich-
  namigen Thema auf das Projekt aufmerksam.

Gemeinsame Einführungsveranstaltung (Großteam, Probanden, Studenten):
* Einigungsprozeß (Vertragsklärung, ...)
* Besprechung und Planung der unmittelbar nächsten Aktivitäten und Kurs-
  inhalte.
* Teilung in zwei Gruppen
Bevor die Durchführungsphasen einsetzen, soll das Betreuungsteam bereits
konstituiert sein. Falls Konflikte/Spannungen der Betreuer auftreten, sind sie
in einer kontinuierlichen Supervision soweit zu klären, daß sie die Arbeitsfähigkeit des Teams nicht beeinträchtigen (Gefahr der Übertragung).

Das Team präzisiert den *Rahmenplan* zur Durchführung der Projektaktivität
mit der voraussichtlichen Schwerpunktsetzung (je nach Klientel und Schwer-
punkten des Teams).
Die Belastung des Teams durch die Aktivitäten in organisatorischer, zeitlicher,
emotionaler sowie physischer Hinsicht sind genau zu kalkulieren. Hier sind

auch alle Eventualitäten von besonderer Bedeutung (z.B. Eintreten von Verletzungen, Absagen, Krisensituationen und vieles mehr).

3.5.1.1 Ziele der Vorbereitungsphase

Das zentrale Ziel dieser Phase ist Neugier, Interesse und persönliche Betroffenheit bei den Teilnehmern für Outdoor-Akivitäten zu wecken. (Zu konkreten Feinzielen im Zusammenhang mit Inhalten/Methoden siehe Programmübersicht.) Ein weiteres Ziel ist auch, ein erstes Gruppenzusammengehörigkeitsgefühl zu schaffen. Beispielhafte Kriterien dafür sind, daß es auffällt, wenn jemand nicht da ist, daß diskutiert wird, wenn Abmachungen nicht eingehalten oder unausgesprochen verändert werden, etc.

3.5.1.2 Probleme der Vorbereitungsphase

Identitätsproblem der Studenten:
Für die Studierenden war es oft schwierig, ihren Platz in der Gruppe zu finden. Einerseits waren die Teilnehmer dem Leitungsteam unterstellt, andererseits hielten sie oft an der Idee der 'Resozialisierung der Probanden' fest. Das Thema der (Un)Möglichkeit des Helfens war in der Studentensupervision daher zentral. In der Information dieser Phase soll daher für die Teilnehmer die Aufmerksamkeit auf Selbsterfahrung gerichtet werden:
Für Studenten hat die Teilnahme am Projekt Selbsterfahrungscharakter sowie die Funktion, neue soziale Gruppen, neue Methoden und Techniken von Bewegung und Sport kennen zu lernen. Hingegen kann die Teilnahme nicht als Qualifikation zum Leiten vergleichbarer Gruppen dienen. In weiteren Schritten ist zu überlegen, durch welche Zusatzqualifikationen Studenten der Studienrichtung Sportwissenschaften oder Leibeserziehung zur Leitung derartiger Gruppen befähigt werden.

Fluktuationsproblem:
Die Fluktuation konnte im Rahmen des Projekts nicht wesentlich reduziert werden. Die Gründe sind oben bereits angeführt. Dennoch erscheint es sinnvoll, einige Regeln zu beachten, um die Fluktuation möglichst gering zu halten:
* Die Teilnehmer sollen die Möglichkeit haben, ihre Erwartungen, Befürchtungen und Vorstellungen zu den Projektaktivitäten einzubringen, sodaß eine baldige emotionale Bindung zum Projekt aufgebaut wird: z.B. Übernahme von Verantwortung für zunächst kleine Teilbereiche der Kursorganisation, dies nach Möglichkeit in Kleingruppen, sodaß hier bereits soziale Verantwortung und Kommunikation aufgebaut wird.
* Die Zusammensetzung der Kleingruppen für die Aufgaben ist genau zu überlegen: nimmt man Studenten und Probanden zusammen, so kann es passie-

ren, daß eine Gruppe die andere "stehen läßt". Die Chance besteht aber darin, daß bereits hier zwischen den verschiedenen Gruppen Bindungen entstehen. Im Verlauf des Projekts steigt das Maß der Übergabe an Verantwortung von der Teamleitung an die Teilnehmer ständig an. In der ersten Phase ist aber besonders sorgsam darauf zu achten, daß es zu keiner (zu großen) Überforderungen kommt, die Aufgaben aber als bedeutungsvoll erlebt werden.
Mit der Motivation über die Faszination und Betroffenheit (siehe Ziele) soll dem Absenzproblem entgegengewirkt werden.

3.5.1.3 Hinweise zur Gruppenleitung in der Vorbereitungsphase

Vorbereitungsabende:
Die Vorbereitungsabende sollen unter anderem Raum für Erwartungen, Vorstellungen und Abbau der Vorurteile geben. Diese finden daher *vor* den Outdoor-Aktivitäten statt. Das Thema "Vorurteile" (Studenten-Probanden) wurde in der Regel von der Gruppe selbst angesprochen, kann aber auch vom Team initiiert werden.
Die Teilnehmer sind durch die Größe des Leitungsteams besonders 'belastet'. Einerseits ist ein großes Team eine Chance für den Teilnehmer, eine für ihn passende Bezugsperson zu finden, andererseits ist damit auch die Gefahr verbunden, daß das Team gegeneinander ausgespielt wird (Macht). Ist der Teilnehmer in einer eher krisenartigen Situation, so kann die Orientierungslosigkeit durch ein zu großes Team erhöht oder unterstützt werden.
Daher empfiehlt sich für das Team *bezüglich grundlegender Aspekte einen gemeinsamen Führungsstil* zu entwickeln, sowie diesen laufend zu diskutieren. Dies schließt beispielsweise die Abstimmung im Hinblick auf Entscheidungsstrategien ein, sodaß etwa nicht ein Teammitglied eine unmittelbare Entscheidung fällt, wenn ein Problem an es herangetragen wird, während bei einem anderen zunächst ein Plenum einberufen wird.

> Einigkeit im Führungsstil sollte also primär bezüglich der strukturellen Maßnahmen bestehen: Kompetenzentrennung bzw. -überlappung, Wertigkeit der Sozialarbeit / des Bergführens / der wissenschaftlichen Begleitung, etc.

Auch können durchaus Rollen gewechselt werden, wie dies etwa in 'Outward Bound' Konzepten üblich ist, sodaß z.B. der Sozialarbeiter kurzfristig die Rolle des Bergführers übernimmt und umgekehrt. Dies ist allerdings auch zu deklarieren und fordert nicht selten die Begründung des Vorgehens heraus.

95

Organisationsarbeit:

Es hat sich als schwierig erwiesen, im Rahmen der Vorbereitung die vielfältigen organisatorischen Fragen und Erfordernisse (Ausrüstung, Essen, Ziele der Aktivitäten) mit einem positiven Gruppenentwicklungsprozeß zu verbinden. Durch animatorische Kompetenz können die durch Organisationsarbeit bestimmten Vorbereitungsabende auch inhaltlich thematisiert werden, was einerseits Auflockerungen (Momente der Freude), andererseits auch gruppendynamische Spannungen erzeugt.

Gruppenteilung:

Wenn Gruppen geteilt werden müssen (wie in unserem Fall), hat es sich bewährt, die Strategie zur Teilung vorerst den Teilnehmern zu überantworten. Erst wenn keine Initiative aus der Gruppe kommt, bietet das Team einige Möglichkeiten zur Gruppenteilung an.

Im Rahmen der bisher geschilderten Tätigkeiten entstehen bei Teilnehmern psychosoziale Belastungszustände, die bei Instruktionen besondere Präzision erfordern. Die Rückversicherung, ob Instruktionen angekommen sind, ist ebenso wichtig wie die Wiederholung von wesentlichen Informationen. Diese Rückversicherung hat nach Möglichkeit aktiv, das heißt über die Teilnehmer zu erfolgen. Schriftliche Informationen sind unter Umständen durchaus sinnvoll, müssen aber genau auf das intellektuelle Niveau der Teilnehmer abgestimmt werden.

(Anfänglicher) Widerstand:

Um die anfängliche Abwehrhaltung zu verringern, sollen mehrere Zugänge aktiviert werden:
* Spiele
* Einzelgespräch etc...
* Thematisieren des Widerstandes

Wir sind der Meinung, daß vor der zweiten Hauptphase mit Widerstand sehr vorsichtig umgegangen werden soll, da aufgrund der offenen Struktur in dieser Phase ansonsten die Fluktuation erhöht und Teilnehmer unnötig frustriert werden und wenn diese 'aussteigen', haben sie auch keine Möglichkeit zur Aufarbeitung und sind unter Umständen für diesen Zugang verloren (siehe auch Fluktuation, Kap. 3.5.1.2).

3.5.2 Hauptphase 1: Outdoor-Wochenenden und Bereitungsabende

Nach der Vorbereitungsphase finden folgende Veranstaltungen im Wechsel statt:
* *Gemeinsame abendliche Treffen:* Probanden, Studenten und das Team treffen einander (indoor).
* *Gemeinsame 2-3-tägige Blockveranstaltungen (outdoor)*

3.5.2.1 Ziele der Hauptphase 1

Mit der konkreten Planung und Durchführung der ersten Outdoor-Aktivitäten wird eine Grundstruktur vermittelt, die als Erfahrungsbasis für die 2. Hauptphase (langer Outdoor-Block) dient.
Im Verlauf von 2 Monaten sollten innerhalb dieser Strukturen Aktivitäten mit folgenden Merkmalen und Zielen stattfinden:
* Gruppenbildung, An- und Übernahme von Verantwortlichkeiten,
* Klären der Erwartungen und Suchen des gemeinsamen Nenners bezüglich der Gestaltung von Gruppenaktivitäten,
* Erkennen der eigenen Stärken und Schwächen,
* Schaffung von Freiräumen mit individuellen Möglichkeiten der Weiterentwicklung,
* Möglichkeit, in gutem Gruppenklima Schwierigkeiten und Probleme anzusprechen, die sich sowohl für den einzelnen als auch für die Gruppe innerhalb oder außerhalb des Projekts ergeben,
* Reflexion und Vorbereitung der dazwischenliegenden 3-tägigen Outdoor-Blöcke,
* Abbau von Vorurteilen und Schulen der Kommunikationsfähigkeit,
* Genauere Informationen über den 14-tägigen Block.

Es scheint zweckmäßig, vorbereitende Outdoor-Wochenenden unter ein spezielles Thema zu stellen, das aus dem bisherigen Prozeß entsteht und mit der Gruppe vereinbart wird. Z. B. das Thema "Wahrnehmen": aus der Analyse des bis dahin gelaufenen Gruppenprozesses wurde deutlich, daß es den Teilnehmern der beiden Gruppen (Studenten/Probanden) nicht gelingt, die Aussagen der anderen nicht aus deren Rollenposition heraus zu interpretieren. Die vom Team dahinterstehende Vermutung/Diagnose ist, daß Erwartungen an das Verhalten der jeweils anderen Gruppe die Wahrnehmung des tatsächlichen Verhaltens be-/verhindern.
Den Inhalten und Methoden des Blocks der zweiten Hauptphase soll - so meinen wir - nicht vorgegriffen werden.

3.5.2.2 Problematik der Hauptphase 1

Für einige Probanden stellte das Wochenenderlebnis eine erste intensive Erfahrung in den Bergen dar, was bereits im Rucksackpacken deutlich wurde, z.B. Mitnahme von Kassettenrekordern, TV-Gerät, ... (vgl. A-89.4.5; A-90.4.5[1])
Um Unklarheiten und falschen Erwartungen vorzubeugen, ist es ratsam, ein Mindestmaß an Gruppenregeln in Form einer Handreichung im Gruppenplenum festzulegen (vgl. dazu auch das Kap. 4 'Sicherheit'):

---

[1]Diese Angaben beziehen sich auf Beobachtungsprotokolle.

* Bereitschaft zum Mitmachen
* Verpflegung
* Suchtmittel etc...
(siehe auch Kap. 5 Gruppenprozeß)
Die Gruppe *muß* im Entscheidungsprozeß mitbestimmen.
Die Ausnahme stellen die Sicherheitsregeln bei bergsteigerischen Aktionen dar, was jedoch von den Gruppen akzeptiert wurde (vgl. Sicherheitsmaßnahmen).

Zeitliche Konzeption:
Bleibt man bei der Konzeption, daß vor dem langen Block mehrere kürzere Einheiten abgehalten werden, so sind dafür spezielle Maßnahmen notwendig:
(1) Der Umfang der Vorbereitungsphase ist von der Gruppe selbst zu definieren: es muß Übereinstimmung herrschen, daß die Vorbereitungstätigkeiten, seien sie indoor oder outdoor, notwendig sind. Dies gilt insbesondere auch für das Leiterteam. Es hat sich gezeigt, daß zwei Teams zwei verschiedene Vorbereitungsmethoden gewählt haben, die unterschiedlich lang und unterschiedlich in der Art des Zugangs waren und diese jeweils spezifisch 'paßten' (im Sinne der Passung).
(2) In dieser Phase scheint es wichtig, *den Widerstand der Gruppe gering zu halten,* da ansonsten mit einer stärkeren Fluktuation zu rechnen ist. Umgekehrt ist es aber auch wichtig, daß das *Arbeitsprinzip* und die Art und Weise, wie in der Gruppe miteinander umgegangen werden kann (soll), deutlich wird. Damit ergibt sich die Zeitstruktur für die Vorbereitung einerseits aus dem Ziel, daß die Gruppe soviel Vertrauen gewinnen muß, daß sie bereit ist, mit dem Leitungsteam eine längere Zeit zu verbringen. Andererseits darf die Zeit nicht zu lange werden, sodaß massiv Widerstand, Leerläufe oder Passivität auftreten. Wenn es gelingt, soll die eigentliche Arbeit mit dem Widerstand der Gruppe auf den Outdoor-Block verlagert werden.

3.5.2.3 Hinweise zur Gruppenleitung in der Hauptphase 1

Redundante Informationen im Outdoor-Bereich:
Wenn eine Gruppe mit einiger 'Vorspannung' in den alpinen Bereich kommt, so ist die 'Einstiegsphase' besonders heikel und erfordert viel Fingerspitzengefühl für die nötigsten Grundinformationen sowie die Gruppenführung.
Wir haben die Erfahrung gemacht, daß in der Anfangsphase Instruktionen klar und redundant erfolgen müssen. Zusätzlich ist präzise Kontrolle erforderlich, da anfangs nicht davon ausgegangen werden kann, daß die Informationen aufgenommen und verarbeitet werden (unterschiedliches Ausgangsniveau der Teilnehmer).

Die *Sicherheit* in einer sozial nicht einfachen Gruppe kann nur gewährleistet werden, wenn ihr höchste Aufmerksamkeit beigemessen wird und ein Sicherheitssystem vorhanden ist, das Redundanz besitzt (vgl. Kap. 4 'Sicherheitssystem').

3.5.3 Hauptphase 2: 12-tägiger Block

3.5.3.1 Ziele der Hauptphase 2

Als erlebnismäßiger Höhepunkt der Outdoor-Aktivitäten ist der fast zweiwöchige Kurs anzusehen.

Der Schwerpunkt (vgl. dazu auch die theoretischen Grundlagen in Kap. 2) liegt auf der Stärkung des Selbstwertgefühls. Durch veränderte Wahrnehmung bemüht man sich um Abbau der negativen Selbstkonzepte und der negativen Kontrollüberzeugungen.

Auf die Entwicklung und Festigung neuer Handlungskompetenzen sowohl im alpinen Bereich als auch in sozialen Interaktionen wird großes Augenmerk gelegt. Als erster Erprobungs(spiel)raum scheint die relative Abgeschiedenheit (Selbstversorgerhütte) ideal.

Folgende Aktivitäten stehen im Vordergrund: Bergwandern, Klettern, Ropes Courses, "Expeditionen", Höhlenforschen, Gruppensitzungen, ... (vgl. Kap.3.6 und Kap. 4.).

An alpinen Programmelementen sowie psychosozialen Zielen und Inhalten sollen unvollständig und ungeordnet, nur richtungsweisend angeführt werden:

* Besondere Erlebnisse in der Natur, mit und in der Gemeinschaft, von Freundschaften, der eigenen Leistungsfähigkeit und des eigenen Wohlergehens erfahren und reflektieren,
* Erfahrungen von Gemeinsamkeit und gegenseitiger Hilfestellung,
* Erlebnisverarbeitung in Gruppen- und Einzelgesprächen,
* Verarbeitung ungewohnter Erfolgs- und Mißerfolgserlebnisse in einer geeigneten Atmosphäre,
* Erfahrungen von persönlich verantworteten Handlungen in beanspruchenden und persönlich bedeutsamen Situationen,
* Rollenspiele, Rollenübernahme usw.,
* Einrichten des Basislagers (Zeltlager oder Selbstversorgerhütte), Wanderung durch die Umgebung, "quiet walk"
* Kennenlernen der näheren Umgebung, Gewöhnung an die Natur, Beginn der Grundausbildung "Bewegen im alpinen Ödland",
* kleine, einfache Biwakwanderung,
* Grundschule Klettern,
* Klettertour,
* Reflexion, "Rucksack packen", Vorbereiten auf das tägliche Leben (aktiven Transfer unterstützen).

Durch die Kürzung der ersten Hauptphasen und der Nachbereitungsphase erfährt die Blockphase noch zusätzliche Bedeutung (vgl. zeitliche Struktur).

3.5.3.2 Problematik der Hauptphase 2

Suchtverhalten:
Im Verlauf des Projekts wurde das Team - abgesehen von einer Ausnahme, der illegalen Droge "Haschisch" (Marihuana), - vor allem mit den "legalen" Drogen Alkohol und Nikotin konfrontiert.
Da das Suchtverhalten oft zu Konflikten in der Gruppe führt, ist eine kasuistische Darstellung dieses Problems von Interesse.
Eine detaillierte Auseinandersetzung mit der Suchtproblematik würde den Rahmen der Evaluation sprengen.
Hurrelmann u.a. (1985, S. 119) sehen im Genußmittel- und Drogenkonsum einen Ausdruck der nach "innen gerichteten, rückzugsorientierten Formen der Problemverarbeitung".

Hier sollen nur einige zu Suchtverhalten motivierende Aspekte zusammengefaßt werden: Der Drogenkonsum kann basieren auf

"... symbolischem Ausdruck von Abwehr und Ablehnung der normativen institutionellen Anforderungen, ...
Ritual der Zugehörigkeit zur Gleichaltrigengruppe, ...
Verteidigung einer beschädigten Identität ... [als] ... Schutzfunktion für die Bedrohung des Selbstwertgefühls". (Hurrelmann u.a., 1985, S.121 ff)

Entwöhnung oder Eingrenzung der Sucht kann daher nur bei der individuellen Motivationslage ansetzen und kann nur über freiwilligen Entschluß des Teilnehmers angegangen werden.
Andererseits kann Suchtverhalten ein Grund für den Ausschluß aus der Gruppe sein. Grundsätzlich werden die Regeln für den Aufenthalt von Team und Gruppe festgelegt. Das Team bringt
(1) wenige, aber ihm existentiell wichtige und klare Regeln ein,
(2) läßt diese diskutieren, klären und erweitern.
(3) Das Team stellt sich klar gegen unhaltbare oder sinnwidrige Regeln.
Bezüglich Drogen sind folgende Punkte entscheidend, um die Gruppenaktivitäten funktional und sicher zu gestalten:
* Jegliche Art von Drogenverhalten muß offengelegt sein.
* Andere zu Drogenkonsum zu verführen ist ein Ausschließungsgrund.
* Das Team muß die "Drogengesetze" der Probanden kennen(lernen).

Alkoholproblem:
Während das Team A im ersten Durchgang (1989) die Gruppe über die Dauer der Blockaktivität zu einem Verzicht auf Alkohol bewog (A-89.16p), appellierte es im 2. Durchgang (1990) an die Selbstverantwortung der Teilnehmer.
Aufgrund der gemachten Erfahrungen ist die erste Variante der zweiten bei dieser Klientel vorzuziehen.

Das Thema wird nicht von vornherein an die Gruppe herangetragen. Erst bei störenden Vorfällen reagiert das Team mit einer Plenumdiskussion. Wesentlich ist dabei, daß die Entscheidung von der Gruppe (Gruppendruck) getragen wird. Das Setting kann in folgender Form geführt werden:

"Welche Vorteile bringt dir das Trinken? Man hat dich oft als Trinker denunziert. Versuche mal über die Dauer des Blocks auf Alkohol zu verzichten. Du wirst erfahren, was du alles leisten kannst."

Es zeigte sich auch, daß Abgeschiedenheit eine wesentliche Hilfe für den Drogenverzicht ist. Manche finden fast jede Nische, um zu Alkohol zu gelangen (vgl. Gruppenprozeß Team B 1990).

Zigarettenproblem:
Die in den beiden Durchgängen gemachten Erfahrungen lassen uns folgende Vorgangsweise vorschlagen:
Bereits in der Vorbereitungsphase wird von der Gruppe eine Handreichung verfaßt. Diese inkludiert einen Passus, daß jeder Teilnehmer für seinen Genußmittelkonsum selbstverantwortlich ist (Zigaretten, Schokolade, etc...) und sich den Vorrat sinnvoll einteilen muß. Ein Nachschub wird nicht organisiert. Bei unvernünftiger Einteilung treten v.a. bei Nikotin und Koffein bei abhängigen Teilnehmern Entzugserscheinungen auf; die Gruppe wirkt bei den dadurch auftretenden persönlichen Problemen und Krisen unterstützend, indem sie beispielsweise erhöhte Gereiztheit und Streitbereitschaft als Ausdruck des Entzugs akzeptiert und nicht auf sich bezieht.
Dem unvermeidlichen Konflikt zwischen Rauchern und Nichtrauchern soll unseres Erachtens nicht vorgegriffen werden. Wenn das Thema aktuell wird, übt das Team eine neutrale Vermittlerrolle aus (vgl. 'Neutralitätsprinzp' Kap. 3.3.3).
Von einem Verzicht auf Nikotin ist bei Gewohnheitsrauchern eher abzuraten.

3.5.3.3 Hinweise zum Leiterverhalten in der Hauptphase 2

Führungsstil:
Die Angleichung der Führungsstile in der Teamarbeit ist von zentraler Bedeutung (z.B. Rollenwechsel in 'Outward Bound'). Hat sich das Team für eine bestimmte Methode entschieden, wird diese *konsequent* durchgeführt, auch auf Kosten anderer Methoden. Es kann eben nicht alles gemacht werden.

Widerstand:
Der Widerstand gegen die Autorität (siehe auch 1.) kann und soll konstruktiv genützt werden (z.B. Gruppenregeln).

Der zumeist nach einigen Tagen (je nach Witterung, Programm und Gruppe) auftretende Widerstand muß konsequent durchgangen werden.

> In dieser Phase fallen die endgültigen Entscheidungen darüber, was und wieviel in der Gruppe möglich ist: das Ausmaß an möglicher Konfrontation mit sich selbst und der Gruppe, die Funktion des Leiterteams und der einzelnen Mitglieder, u.v.m.

Wird von seiten des Teams mit diesem Widerstand zu weich umgegangen, so zieht sich dieser durch das gesamte Projekt (vgl. Gruppenprozeß von Team B 1990).

Programmankündigung:
Um Unsicherheiten zu vermeiden, soll im Rahmen des Blocks ('Was wird heute wohl geschehen?') die Programmankündigung stets bereits am Vorabend erfolgen. Eine regelmäßige (ritualisierte) morgendliche Kurzbesprechung (Tagesablauf, Befinden, ...) hat sich als sehr zweckmäßig erwiesen.

Teamsitzungen (Intervision):
Der Kommunikationsfluß der Betreuer untereinander soll in dieser Phase besonders intensiv sein. Das Team soll zu den wesentlichen Themen eine (einheitliche) *eindeutige Position* beziehen. Konflikte im Team sollen rasch super-/intervidiert und ausgetragen werden, da sich diese ungünstig auf die Arbeitsatmosphäre auswirken, mit entsprechenden Gefahren der Übertragung, Unsensibilität, etc. Nicht zuletzt ist dies auch auf Sicherheitsfragen zu beziehen. Die *tägliche Teamsitzung* ist bei mehrtägigen Aktivitäten unumgänglich und ist in den allgemeinen Zeitplan einzubeziehen.
Ein konkret ausgearbeiteter Programmplan wird präsentiert und mit den Erwartungen der Teilnehmer abgestimmt. Zu viel Entscheidungsspielraum zu Beginn überfordert die Teilnehmer und führt zu unangenehmen Leerläufen.

Redundante Information:
"Neue" Methoden werden durch mehr (redundante) Instruktion und Motivationsarbeit eingeleitet (z.B. persönliche Erfahrungen, Ermutigungen ......). Optimale Rahmenbedingungen sind dafür ebenfalls entscheidend.

Stagnation:
Falls Gruppengespräche stagnieren, bringen häufig Einzelgespräche den erhofften Interventionserfolg, insbesondere bei heiklen Themen (z.B. Haschisch- u. Alkoholproblem).

Teamgröße:
Für die Bewältigung alpiner Gefahren hat sich die Notwendigkeit bestätigt, auch zwei Bergführer im Team zu haben. Auch das doppelte Sicherheitskontrollsy-

stem (jede entscheidende Handlung wird kontrolliert - Vermeidung von Routinefehlern, eine häufige Unfallursache bei erfahrenen Alpinisten) erfordert dies. Die in diesem Projekt realisierte *Teamgröße* erweist sich bei den alpinen Aktionen als notwendig.

'Zusätzliche' Belastungen:
Vom Team ist genau zu beachten, welche Belastung verschiedene Ereignisse, zum Beispiel Gewitter, Schneefall, Kälte, schwieriges Gelände usw., bei den Teilnehmern auslösen. Insbesondere ist auf "körperlich schwache" Teilnehmer zu achten, aber auch auf solche, die sehr unauffällig sind, bei denen unter Umständen Leiden oder Angstverhalten nicht leicht erkennbar sind.

Abschließen:
Aufgrund der schwierigen Biographien und Lebensverhältnisse der Probanden (vgl. Kap. 6.1) ist es besonders wichtig, alte Erlebnisse nicht zu wiederholen. Gemeint ist damit beispielsweise Beziehungen zu erleben, die dann abbrechen und deren Fortsetzung unmöglich ist. Dies kann zur Verfestigung von Skriptsätzen wie "von mir gehen Personen immer weg", oder "ich kann nicht geliebt werden", beitragen. Für dieses Thema sind auch spezielle Methoden zu wählen, da es sich grundsätzlich um ein Tabuthema handelt. Neben dem Problem der Tabuisierung spielt aber auch das Problem des Festhaltenwollens eine Rolle. In diesem Sinn ist auch schon während des Projekts zu große Abhängigkeit zu vermeiden. Damit sind auch wieder Übertragungskonzepte angesprochen. Das Team hat dafür zu sorgen oder aufmerksam zu sein, daß die Teilnehmer sich nicht in die Leitung verlieben, keine Abhängigkeitsbeziehungen entstehen (Bemutterung, Vaterersatz) bzw. daß damit entsprechend bewußt verfahren wird. In diesem Zusammenhang ist nochmals zu betonen, daß das Team laufend seine Tätigkeit reflektieren muß und bis unmittelbar vor und auch unmittelbar nach dem Block Supervision benötigt. Vor allem in solchen Fällen wird die geforderte Kompetenz des Teams deutlich.

3.5.4 Transferphase

* ca. 2 Abende unmittelbar nach dem 14-täg. OB-Kurs;
* ebenfalls 1 - 2 Abende 1 - 2 Monate später; die Dauer der Nachbereitung ist auch unter dem Gesichtspunkt der Evaluierung zu sehen.
* Nach dieser gemeinsamen Nachbereitung erfolgte jene der Studenten.

Eine langfristige Nachbetreuung hat sich nicht als zielführend erwiesen. Die Notwendigkeit der Nachbetreuung ergibt sich nur aus dem ausgesprochenen Bedürfnis der Teilnehmer, falls die Blockphase nicht abgeschlossen werden konnte.

3.5.4.1 Ziele der Transferphase

Der "Trennungsschock" soll gelindert und der "Transfer" in den Alltag gefördert werden.
Grundsätzlich muß das Team davon ausgehen, daß mit dem langen Block eine wesentliche Phase der Gruppe abgeschlossen ist. Die dort gemachten Erlebnisse sind nicht wiederholbar, nicht "aufwärmbar" und nicht verlängerbar.

> Die in der Tranferphase zu setzenden Maßnahmen können *vergangenheitsorientiert* oder *zukunftsorientiert* sein.

Zu ersteren zählen Foto-, Filmtreffs und ähnliches. So kann der Austausch über gemachter Erfahrungen unterstützt werden. Hier zeigt sich, daß ein Rückzug von den persönlichen Erfahrungen auf die "aktionsbezogenen" stattfindet. Dies kann als Schutz gegen Frustration interpretiert werden: Insbesondere scheint Angst zu besten, die Erlebnisintensität und das positive Gruppen- und Lebensgefühl der Phase des Blocks nicht wieder erreichen zu können. Dieses Verhalten hat daher primär positive Funktion.
Zukunftsorientierte Maßnahmen: Hierbei haben sich die größten Probleme ergeben. Es ist zu vermuten, daß diese Arbeit im wesentlichen vom betreuenden Sozialarbeiter zu übernehmen ist. Für Studenten kann es im Rahmen von Lehrveranstaltungen möglich sein, ihre Erfahrungen weiter auszubauen und in neue Richtungen zu bringen, kaum jedoch mehr im Zusammenhang mit dem Projekt. Die Teilnahme an Freizeitaktivitäten wie Radfahren, Theaterbesuch, Klettern, Kino und ähnlichem war gering.
Es ist anzunehmen, daß hier eine Überführung in weitere Sozialprojekte notwendig wäre. Wie bereits an anderer Stelle angeführt, zeigen sich hier insbesondere finanzielle und institutionelle Grenzen von Unterstützungsmaßnahmen.

3.5.4.2 Transferproblematik

Die sozialtherapeutische Maßnahme versteht sich als sekundäre Prävention zur Förderung von psychischer und physischer Gesundheit. Es wird erwartet, daß aufgrund der Stärkung der Persönlichkeit die "persönliche Kompetenz für den Umgang mit Krisen bei den Teilnehmern erhöht wird und zur Verbesserung des eigenen Lebens" beiträgt (Kanfer & Goldstein, 1977, S.20).

3.5.4.3 Hinweise zum Leiterverhalten in der Transferphase

Reflexionstag:
Positive Erfahrungen haben wir mit einem Reflexionstag unmittelbar nach der Heimkehr gemacht. Der Abschied wird aus der Position des 'zu Hause Seins'

nochmals aufgegriffen und thematisiert. Dies kann einerseits den Umstieg in den selbstverantwortlichen und oft einsamen Lebensweg im Alltag etwas unterstützen, andererseits die noch offenen Erlebnisse des Blocks konfliktlösend abschließen helfen.

Ein Photo-/Filmtreff:
Falls sich keine Privatinitiativen entwickeln, wird dieses Treffen vom Team initiiert.

Freizeitaktion:
Radfahren, Theaterbesuch, Klettern,...

Diskussionen:
Diskussionen auf der Metaebene sind ebenso zu vermeiden, wie das nicht mehr zweckmäßige Aufgreifen von Gruppenthemen.

* Es wird versucht, die durch das Projekt entstandene institutionelle Abhängigkeit, was die Teilnahme an Outdoor-Aktivitäten betrifft, durch persönliche Kontakte und Anregungen zu Selbsthilfegruppen sukzessiv zu ersetzen.

* Über das Projekt hinaus erfahren Probanden in ihren Sprechstunden über die betreuenden Bewährungshelfer zusätzliche Unterstützung.

3.6 Beispielhafte Programmabläufe

Grundsätzlich haben wir uns an folgende grobe Phasenstruktur gehalten:

	II. ------ SOLO -------► III.	
I. EINFÜHRUNGSPHASE	II. UEBUNGSPHASE	III. FINALE
Schwerpunkt liegt auf Wissensvermittlung	Erhöhung der technischen Schwierigkeiten (vom Wandern zum Klettern)	Gruppe und einzelne agieren eigenverantwortlich und selbstbestimmend
Kochen		
Hygiene		
Kommunikationsfähigkeit	Streß ist wichtig!	
Wandern	hohe Leistungsanforderung	
Umweltschutz	Anwendung des Gelernten	
Kleidung	Selbst Erfahrungen sammeln	
Erste Hilfe		
...		
Art der Aktion:	**Art der Aktion:**	**Arten der Aktion:**
Informationsvermittlung	Klettern	Final expedition
Kooperative Spiele	Orientierungsparcours	(Instruktor geht ungesehen wenige Minuten hinter der Gruppe)
Run and Dip	Biwakwanderung	
Ropes Course		
Wandern		

105

Führungsstil: direktiv, bestimmt	Führungsstil: Weaning the Group Instruktor ist zwar anwe- send, greift aber in den Ent- scheidungsprozeß nicht aktiv ein, sondern agiert be- hilflich aber zurückhaltend	Führungsstil: I. ist bei Entscheidungspro- zessen nicht einmal mehr an- wesend.

Dieses Konzept entspricht der Metapher zu den Hauptphasen des Lebens: Kindheit - Jugend - Solo - Erwachsenenalter, die von Outward Bound her bekannt ist. Dieser Gedanke darf allerdings wirklich nur als ganz grobe Orientierung, nicht als theoretische Modellvorstellung für Interventionen verstanden werden.

Die beiden für Outward Bound typischen Phasen Hilfsdienste und Marathon fielen bei uns weg.

Der Übergang von der Einführungsphase ("Kindheit") zur Übungsphase ("Jugend") verläuft naturgemäß fließend, mit "Rückschlägen", während der Übergang zum Finale recht deutlich ausfällt.

3.6.1   Typische Outdoor-Programmelemente

Quiet Walk ('Seelenwanderung')
Wanderung (schweigend), nach der indianischen Metapher, der Seele die Möglichkeit zu geben, dem vorauseilenden Körper (schnelle Verkehrsmittel etc.) nachzukommen. Für die Zusammenarbeit einer Gruppe ist es wichtig, 'wirklich' - das heißt auch seelisch - an und zur Ruhe zu kommen, um eine konstruktive Arbeit zu ermöglichen; Abstand zum Alltag gewinnen, um sich auf die Aktivitäten einlassen zu können.

Büchse der Pandorra
Gruppenproblem: Auf einer viel zu kleinen Plattform (dem Deckel der Büchse, in der das ganze Böse dieser Welt drinnen ist), muß die gesamte Gruppe ein paar Sekunden stehen. Das Kriterium ist, neben der richtigen Strategie das gefühlvolle Herantasten an das Gruppengleichgewicht, das nicht "auf Kommando" erreicht werden kann.

Ropes Course
Ein "Methodenset": Eine Folge von Hindernissen, Gruppenproblemen, Einzelaufgaben (Pampers Pole, Low V's u. dgl.), die - oberflächlich gesehen - sozusagen einen Abenteuerspielplatz für Erwachsene darstellen. Fremdartig, anregend, Risiko vortäuschend, ...

Circle (Reflexionskreis, auch Debriefing)
Kreisförmiges Aufstellen der Gruppe, um eine nicht hierarchische Kommunikation zu ermöglichen.

Nach jeder Übung wird -je nach Thema - kurz reflektiert. Beispiel: Was habe ich persönlich erlebt, was hat zum Erfolg beigetragen, was hat ihn behindert, weitere Vorgangsweisen.

Blind Trust Walk (Blind Führen)
Paarweises, gegenseitiges blindes Führen. Der Geführte hat die Augen verbunden.
Ziel ist es, den Unterschied zu erleben, einmal Führungskraft und einmal Geführter zu sein. Dabei lassen sich unterschiedliche Formen der Partnerfindung und spezieller Aufgabestellungen differenzieren.

Trust Fall (Vertrauensfall)
Eine Person läßt sich rücklings in die Gruppe fallen.
Erleben von Vertrauen, das durch ein sehr straff organisiertes Sicherheitssystem bzw. durch eine klare Kommunikationsstruktur gefördert wird.

Abb. 3-2: Der Vertrauensfall. Sicherheit in die Gruppe gewinnen.

Low V´s
In 1 m Höhe wird waagrecht v-förmig ein Seil gespannt, auf dem 2 Personen auf je einem Seil ´auseinanderbalancieren´, bis sie in die sichernde Gruppe fallen. Die Gruppe sichert möglichst unauffällig.

107

Die Kommunikation sowohl der Partner als auch der Sichernden erfolgt nach Möglichkeit nonverbal. Ziel ist das Erleben einer gut funktionierenden Partnerschaft und Gruppe, die die Agierenden unterstützt. Die Agierenden handeln im Vertrauen auf die funktionierende Gruppe.

Beam (Balken)
Die gesamte Gruppe muß ein ca. 3 Meter hohes Hindernis bewältigen. Das Sicherheitssystem soll nach den vorgegebenen Regeln selbst organisiert werden. Entwickeln und Erproben von Problemlösungsstrategien, Aufbau einer differenzierteren Kommunikationsstruktur stehen im Vordergrund. Die Stärken und Schwächen der Gruppe in der Zusammenarbeit werden erlebbar.
Häufig werden auch Themen wie unterschiedliches Erleben 'objektiv' gleicher Situationen aktuell. Aussagen wie: 'Das ist doch nicht hoch.' 'Komm wir machen das schon!' 'Du brauchst keine Angst zu haben.'... sind zu thematisieren.

Spider Web (Spinnennetz)
Ein aus Seilen gebasteltes Spinnennetz hat Öffnungen, die auf die Gruppe abgestimmt sind (nach Größe, Anzahl und Schwierigkeit). Die Gruppe muß völlig selbständig durch, ohne das Netz zu berühren.

Abb. 3-3: Der Beam: Die Gruppe agiert gemeinsam, neben Kooperation, lernt sie auch den Umgang mit Sicherheitsregeln.

Entwicklung von Problemlösungsstrategien, Sicherheitsystemen (Fehlerkontrolle). Themen: Durchhaltevermögen-Konzentrationsschwächen, Arbeiten unter Streß, Bewältigen von Mißerfolgserlebnissen in der Gruppe: Bei einem Fehler beginnt die Übung ganz von vorne.

Abb. 3-4: Das Spinnennetz.

Pampers Pole

Ein ca. 8 m hoher Baum mit einer kleinen runden Plattform oben wird bestiegen, oben richtet sich der Teilnehmer auf, macht eine halbe Drehung und springt hinunter. Die Sicherung erfolgt über einen speziellen Gurt, sodaß die Sicherungsseile nicht wie bei einem Klettergurt vorne, sondern am Rücken wegführen.

Der Springende sucht sich die 4 Sicherer aus und kann sich von der Gruppe etwas wünschen (Ermutigung, Ruhe, ...).

Thema: Bei dieser Übung geht es nicht um Mut, sondern darum, daß jeder Teilnehmer seinen Umgang mit sich selbst in subjektiv risikoreichen Situationen (objektiv absolut sicher) erleben kann. Die eigene (Un)Ruhe überträgt sich auf den Baum (schwingt). Häufig werden die Teilnehmer auch in einer vorangehenden Übung ermutigt, Metaphern für bestimmte Lebenssituationen zu finden und in diese Aufgabe ´einzubetten´.

Abb. 3-5: Aufstieg am Pampers Pole.   **Abb. 3-6:** Sprung vom Pampers Pole.

Solo
Jeder Teilnehmer sucht sich einen Platz, der für ihn eine Bedeutung hat ... Dort hat er Gelegenheit, einige Zeit (von 1 Stunde bis 3 Tage und 2 Nächte) mit sich alleine zu verbringen. Uhr, Walkman und Buch sollen weggelassen werden. Diese Zeit der Selbstbesinnung kann z.b. genützt werden, um den inneren Dialog aufzuzeichnen oder einen Brief an sich selbst zu verfassen. Im Outward Bound Prozeß ist das Solo Metapher für den Initiationsritus, wird daher vor der Final Expedition eingebaut.

Final Expedition
Für europäische Verhältnisse sehr ungewöhnlich: Die Gruppe geht ohne Instruktor eine bestimmte Route, ein- oder mehrtägig. Sie ist völlig auf sich alleine gestellt, die einzige Gewähr ist, daß ca. 1/2 Stunde hinter der Gruppe die Instruktoren nachwandern, um bei Notfällen bald bei der Stelle zu sein. Verhindern können die Instruktoren allerdings Unfälle nicht. Im Outward Bound Prozeß die Metapher für das "Erwachsenenalter", wo niemand mehr Verantwortung für etwaige Fehlhandlungen übernimmt. In Österreich juristisch gesehen völlig im "luftleeren Raum": Die entsprechenden Gesetze erlauben es nicht, eine Gruppe alleine zu lassen. Es empfiehlt sich evtl., die Gruppe geheim zu beob-

achten, um rechtzeitig STOP rufen zu können. Keine zufriedenstellende Lösung
...

Schwitzhütte
Aus Weidenrouten und Planen wird eine möglichst dichte Hütte gebaut, daneben in einem starken Feuer Steine glühend gemacht. Vom "Serviceteam" werden die Steine laufend in die Hütte getragen, wo sie in einer Grube deponiert werden, um sie laufend mit Wasser zu übergießen - eine "Natur-Dampfsauna".
Metapher: Um feindliche Stämme zu einigen, begaben sich deren Häuptlinge in eine Schwitzhütte, meditierten und tranken Tee, bis sie sich einig waren.

Acid River (Säurefluß)
Gruppenproblem. Ein fiktiver Fluß muß mit 3 Brettern überquert werden. Die Steine im Fluß liegen so verteilt, daß die Lösung durch Zusammenarbeit, strategisches Planen und Körperkontakt erleichtert wird. Die Gruppe ist auf ihren Zusammenhalt angewiesen.
Zwei verschiedene Formen (mit steigender Schwierigkeit) wurden im Projekt angewendet.

New Games
Hier sei auf die umfassende Literatur verwiesen.

Journal
Tagebuch. Hier kommen die persönlichen Aufzeichnungen, Reflexionen hinein: Das, was man sich "mitnehmen" will. Manchmal enthält es vorgedruckt Aphorismen, um Gedanken anzuregen. Auch Sachinhalte können notiert werden.

Run and Dip
Täglicher, morgendlicher Lauf, vor dem Frühstück, mit anschließendem Sprung ins kalte Wasser (in den Schnee). Um stark ins Schwitzen zu kommen, muß sich, wer nicht schnell laufen kann oder will, dementsprechend warm anziehen.

Wandern mit Zeit, Orientieren u. dgl.
Eigentlich keine selbständige Methode, sondern in der "Kindheitsphase" vermittelte Fähigkeiten und Fertigkeiten, die der Gruppe die Handlungsfähigkeit geben soll, die sie schließlich während der "Final Expedition" im Erwachsenenalter brauchen wird.

"Weaning The Group"
Keine Methode, sondern der Prozeß der sukzessiven Loslösung/des sukzessiven Loslassens der Gruppe von der Gruppenleitung, und der (dadurch bewirkten?) Ermöglichung der Abwendung von bisher "schlechten" Gewohnheiten bzw. negativ beeinflussenden Personen.

111

To wean (engl.): 1. accustom (a baby, a young animal) to food other than its mother's milk. 2. cause (sb) to turn away (from bad habits, companions, etc.)[1] Gibt es eine klarere Metapher für den Prozeß?

Abseilen und Klettern
Aus der breiten Palette bergsteigerischer Tätigkeiten wurden diese als symbolträchtige und erlebnisreiche Aktivitäten ausgesucht.

Abb. 3-7: Wandern, Klettern und Natur-Erleben.

Zu den eingesetzten NLP-Methoden **Zielsatzarbeit, Phantasiearbeit, Rituale** und **Meditationen** siehe Kap. 2.9

---

[1] Hornby, A.S. & Parnwell, E.C. (1972): The Oxford English-Readers Dictionary. Oxford University Press, London.

112

3.6.2 Ziele, Inhalte und Methoden des Projekts am Beispiel einer tatsächlichen Realisierung des Durchführungsplans (Team A, erster Durchführungsbschnitt)

Der Übersichtsplan bietet eine Zusammenfassung aller Projektaktivitäten des Teams A in dem ersten Durchführungsabschnitt. Nicht einbezogen sind informelle Gespräche die Organisation betreffend; eine detaillierte Darstellung ist den originalen Protokollblättern zu entnehmen.
Es werden nur die aus der Sicht des wissenschaftlichen Begleiters *realisierten Aktivitäten* angeführt, nicht die ursprünglich geplanten.
In der zweiten Spalte werden die Methoden bzw. Medien angeführt, mit deren Hilfe die in der 3. Spalte festgehaltenen ZIELE erreicht werden.

Legende:

(Mo abends, 3.7.1989)	Datum bzw. nähere Zeitangaben der Aktivität
IN	Indoor bzw. Bereitungsabend
OUT	Outdoor bzw. Aktion im Freien
(T)	vom Betreuungsteam angewandte Intervention
(Tn)	von den Teilnehmern selbstinitiierte Aktivität
T	Team, Betreuer
p	Probanden
s	Studenten

Vorbereitungsphase (ta): Bestehend aus drei Bereitungsabenden (Gruppensitzungen)

INHALTE/AKTIVITÄTEN	METHODEN/MEDIEN	ZIELE
1. Aktivität (10.4.1989) IN		
1.1 Vorstellung des Projekts, der Betreuer und Teilnehmer	Vortrag Kreisgespräch (Tn) Plakate Video-Film Einstimmung	
1.2 Gruppenteilung Kleingruppenteilung durch Symbolzugehörigkeit. Die Gruppen konnten sich dann die Teams (A, B) auswählen.	Symbolzeichnung (Tn)	Teilung der Großgruppe in zwei Gruppen, ohne Konkurrenz aufzubauen

INHALTE/AKTIVITÄTEN	METHODEN/MEDIEN	ZIELE
1.3 Gruppeninternes Zusammensein	offen	
2. Aktivität (17.4.1989) IN		
2.1 Namensspiel: "Das ist ein Krokodil"	von Team angeleitet	Kennenlernen, Spaß vermitteln
2.2 Inhaltliche Vorstellung und Erwartungen der Tn	Gruppengespräch	Informationsaustausch
2.3 Diskussion über Vorurteile insb. zwischen Probanden und Studenten	Diskussion (Tn)	Information und Wissensvermittlung, Abbau der Vorurteile
3. Aktivität (24.4.1989) IN		
3.1 Information durch die Bergführer	frontal	Erster Einblick in die Materie Bergsteigen / Wandern
3.2 Aufgabenteilung: Wer geht einkaufen? Wer kocht? ...	freiwillige Meldungen	Übernahme der Verantwortung
3.3 Merkblatt für das Wochenende erstellen	Papier und Bleistift	Information, Hilfestellung

Hauptphase 1: 4 Wochenenden Outdoor und 8 Bereitungsabende (tb1): Bestehend aus 4 Outdoor-Aktivitäten und 8 Bereitungsabenden

4. Aktivität (5.5.-7.5.1989) OUT		
4.1 Einkaufen	Kleingruppenaktivität	Verantwortung übernehmen, mit Geld umgehen, ...
4.2 Kooperative Spiele	Drittabschlagen, Spots in Movement, Gordischer Knoten	Bewegung Körperkontakt
4.3 Aufstieg zur Gloggnitzerhütte, Wandern	geführt	erstes Kennenlernen der alpinen Verhältnisse
4.4 Suchaktion	geführt	Es galt, Vorausgegangene, die sich verirrt hatten, wiederzufinden (diese Aktion war nicht geplant!).
4.5 Liederabend	offen	Geselligkeit

114

INHALTE/AKTIVITÄTEN	METHODEN/MEDIEN	ZIELE
4.6 Abstieg unter extremen Wetterbedingungen (Regen, Hagel, Schnee)	geführt	Sicherheit (das Wetter konnten wir uns nicht aussuchen, wir waren durchaus nicht begünstigt!)
5. **Aktivität** (8.5.1989) IN		
5.1 Reflexion über das Wochenende	Reflexionskreis	Gefühle mitteilen
5.2 Planung der nächsten Outdoor-Aktivitäten		
6. **Aktivität** (18.5.1989) IN		
6.1 Materialausgabe		Verantwortung für das Material übernehmen
6.2 Proviant besorgen	Kleingruppen	selbständig in Kleingruppen kooperieren
7. **Aktivität** (19.-21.5.1989) OUT		
7.1 Leben in der Gruppe (Gruppenregeln)	Diskussion	Verbindlichkeit, Vertragsfähigkeit
7.2 Abseilen	Üben und Anwenden	Vertrauen - zu sich selbst - zu den anderen
8. **Aktivität** (22.5.1989) IN		
8.1 Reflexion über das 2. Wochenende	Rollentausch und Perspektivenwechsel	Einfühlen in den anderen
9. **Aktivität** (29.5.1989) IN		
9.1 Information zur wissenschaftlichen Begleitung, Erhebung quantitativer Daten	Fragebogen	Evaluation
10. **Aktivität** (2.-4.6.1989) OUT		
10.1 Schwerpunkte: Selbsterfahrung, Wandern, Klettern	geführt, erste selbständige Teilleistungen	Anwenden von Gelerntem

115

INHALTE/AKTIVITÄTEN	METHODEN/MEDIEN	ZIELE
10.2 Problemlösungsstrategien, Wahrnehmung schärfen	Nachahmen und Rollentausch	Lebensperspektiven wahrnehmen
11. **Aktivität** (5.6.1989) IN		
11.1 Bericht über das 3.Wochenende	Kleingruppen	Reflexion
11.2 Nachahmung von Gestik und Ausdruck des Partners	nonverbal	Sensibilisierung der Kommunikation
12. **Aktivität** (12.6.1989) IN		
12.1 Wahrnehmen von - sich selbst - den anderen	Energiekreis	Sensibilisierung der Wahrnehmung
12.2 Planung der kommenden Wochenendaktivität	Organisationsgespräch	
13. **Aktivität** (16.-18.6.1989) OUT		
13.1 Wandern mit Zelt	geführt	Ausdauer, Durchhaltevermögen
13.2 Fasten	Gruppenentscheidung	eigene Leistungsfähigkeit und Durchhaltevermögen erkennen
13.3 Innere Kraft finden und aktivieren	Quellenübung (Trance-Übung)	
14. **Aktivität** (19.6.1989) IN		
14.1 Gespräch über Zustände z.B. Traurigkeit	Diskussion	Ernst nehmen der eigenen Stimmungen und Zustände
14.2 Drehübung im Gedanken trainieren	mentales Training	Wahrnehmen der Kraft eigener Gedanken
14.3 Bioenergetische Spannungsübung	Anleitung	Wahrnehmen der Körperenergie
15. **Aktivität** (26.6.1989) IN		
15.1 Vorstellung der neu dazugekommenen Tn	Vorstellungsrunde	Aufnahme von neuen Gruppenmitgliedern ('Fremden')

INHALTE/AKTIVITÄTEN	METHODEN/MEDIEN	ZIELE
15.2 Information zum 11-Tages-block	Organisatorisches Gespräch	Klärung persönlich bedeutsamer Ziele
Hauptphase 2: 11-tägiger Block (tb2)		
16. **Aktivität** (3.-13.7.1989) OUT		
Montag abends 16.1 Programmvorstellung: Offenlegung der metaphorischen Struktur: Kindheit, Jugend-, Erwachsenenalter (siehe dazu Anhang I)	Instruktion	Information, neugierig machen, innere Orientierung
16.2 Drei wichtige Begebenheiten aus der Kindheit, Jugend-Erwachsenenalter	Einzelarbeit (schriftlich)	Auseinandersetzung mit sich selbst
Dienstag 16.3 Gegend erkunden. Aufgabe: 2 Symbole finden	Selbsttätigkeit	über Symbolik zu den eigenen Zielen
16.4 Zielsatzarbeit (NLP)	Partnerlösungsaufgabe	
16.5 Spinnennetz	Problemlösungsaufgabe	Finden von gemeinsamen Lösungsstrategien, Durchhaltekraft, Frustrationstoleranz
16.6 Einzelgespräche (T) mit Betroffenen	"Sprechstunde"	Umgang mit Drogen
16.7 Zielbalken	motorische Umsetzung des Zielsatzes/-bildes	Verinnerlichung des Zieles
Mittwoch 16.8 Ropes Course:		Soziale Kompetenzen
Trust Fall	Vertrauensübung	Mut und Vertrauen zur Gruppe, konsequentes Sichern, 'dranbleiben'
The Beam	Problemlösungsaufgabe	Teamwork, Kraft und Sicherheit koppeln
Low V's	Gleichgewichtsübung mit Partner	Geschicklichkeit durch Kommunikation und Vertrauen zwischen den Partnern erhöhen

117

INHALTE / AKTIVITÄTEN	METHODEN / MEDIEN	ZIELE
Pampers Pole	Kletter-, Balance und Fall-übung	Metapher zur Lebenssituation, Mut in einer völlig ausgesetzten und ungewohnten Situation aufbringen; Selbstvertrauen
Donnerstag - Samstag 16.9 Geführte Expedition	Wandern - Klettern "weaning the group" ('Entwöhnung' der Teilnehmer von der Führung durch das Team, das Team zieht sich langsam zurück)	Leben in der freien Natur, Orientierung mit Karte und Kompaß, ...
16.10 Konfliktklärung (T) mit 21p	Diskussion in der Gruppe; von den Teilnehmern initiiert, dann vom Team gesteuert	21p wird vom Kurs ausgeschlossen. Der Grund kann hier nur angedeutet werden, es ging um Drogenprobleme und Aggression.
Sonntag 16.11 Solo	Brief an sich selbst	Auseinandersetzung mit sich selbst, Erfahrung des Alleinseins, Reflexion des bisherigen Verlaufs des Kurses und der eigenen Lebensziele.
Montag, Dienstag 16.12 Final Expedition	Von den Teilnehmern geführte zweitägige hochalpine Wanderung, das Team kontrolliert nur aus der Entfernung	Selbstbestimmte Aktivität, Selbstverantwortung
Mittwoch 16.13 Reflexion	szenische Darstellung Entspannung Schwitzhütte	Kreativität, Nähe, Abschließen, Abschied
16.14 Abfahrt		

Transferphase (tc)

17. **Aktivität** (2.10.1989) IN		
17.1 Auseinandersetzung mit dem Brief von 6s* und 8s	Diskussion	kritische Auseinandersetzung mit dem Projekt
17.2 Dia - Vortrag		Wiedersehensfreude

18. **Aktivität** (9.10.1989) IN		
18.1 Gemeinsames Essen in der WG und ARGE "Jan"	von Teilnehmern organisiert	Geselligkeit
18.2 Einigung auf öffentliche Präsentation des Projekts	auf Anregung des Teams	Info nach außen

INHALTE/AKTIVITÄTEN	METHODEN/MEDIEN	ZIELE
18.3 Betreuer übernehmen keine Initiative mehr	"weaning the group"	Selbstständigkeit
19. **Aktivität** (23.10.1989) IN		
19.1 Planung der Präsentation	selbständige Aktivität der Tn	
19.2 Arbeitsteilung		
Vorbereitung der Präsentation	in Abwesenheit der Betreuer	
Durchführung der Präsentation	von allen anwesenden Tn moderiert	Selbstdarstellung, Mitteilung der Erlebnisse, Konfrontation mit einer neuen Aufgabe 'Präsentation'

Selbstorganisierte Aktivitäten: Radtour, Wanderung in den Wienerwald (konnte wegen Schlechtwetters nicht durchgeführt werden)

119

3.7 Supervisionen des Teams

Die Einrichtung einer regelmäßigen Teamsupervision sollte parallel mit den Vorbereitungen der Betreuer beginnen und mit einem externen Supervisor durchgeführt werden. Entgegen dem Konzept wurde in diesem Abschnitt u. a. aus Zeitgründen der Teammitglieder der Supervisor nur nach Bedarf und nicht regelmäßig eingesetzt, was sich als schwerwiegender Fehler erwies: Teams dieser Größe und mit derart schwierigen Aufgabenstellungen, in denen die Mitglieder aus unterschiedlichen Arbeitsfeldern stammen, die einander keineswegs vorurteilsfrei gegenüberstehen, bedürfen einer regelmäßigen und kompetenten Supervision. Deren Aufgabe liegt insbesondere in folgenden Bereichen:

* Regelung der Kompetenzen zwischen Bewährungshelfern, Bergführern und wissenschaftlichen Begleitern.

* Klärung des emotionalen Hintergrundes und der Motivation seitens der Betreuer.

* Erwerb und Reflexion von Einstellungen und Handlungsweisen im Sinne von pädagogisch-therapeutischen Grundhaltungen sowie die Reflexion des Selbst- und Fremdbildes.

* Präzise Differenzierung bei Problemen in Sach- und Beziehungsebene, Klärung der jeweiligen Schwerpunkte: Beispielsweise ist für das Großteam die Sachebene wichtiger: für die Kleinteams hingegen, die dann teilweise unter extremem Streß miteinander entscheiden und agieren können müssen, ist die Klärung der Beziehungsebene Voraussetzung für sachgemäßes und situationsadäquates Handeln.

* Gruppen- und Fallsupervision: Besprechung schwieriger Fälle und Situationen, Vorwegnahme möglicher Konsequenzen von Gruppenzusammenstellungen, Vorahnungen, ...

* u. v. m.

4. Das Sicherheitskonzept bei Outdoor-Aktivitäten, *Walter Siebert*[1]

Da ein wesentliches Gegenargument zu derartigen Aktivitäten die Gefährdung der Teilnehmer und des Teams ist, soll hier auf das doch sehr umfassende und - für österreichische Verhältnisse - neuartige Sicherheitskonzept eingegangen werden, auf das im Rahmen der Aktivitäten größter Wert gelegt wurde. Gleichzeitig soll angemerkt werden, daß dieses Sicherheitssystem laufend diskutiert und an der Praxis reflektiert wird. So führen wir eine intensive Diskussion über die Thematik der Redundanz, Systemfehler und vieles mehr. Wir hoffen mit diesem Beitrag auch die allgemeine Diskussion zu diesen Problematiken anzuregen.

Nicht zuletzt weil uns bereits einige - uns sehr problematisch erscheinende - Informationen vom Umgang mit Sicherheit im Rahmen des Einsatzes von sogenannten 'Risikosportarten' im Bereich der Persönlichkeitsentwicklung 'zu Ohren gekommen sind', wollen wir hier auf dieses Thema mit besonderer Genauigkeit eingehen.

In diesem Kapitel wird - soweit es überhaupt trennbar ist - in einem ersten Teil auf personale, psycho-soziale Aspekte und in einem weiteren auf die körperliche Sicherheit eingegangen.

Betrachtet man die gesamte Palette der Outdoor-Aktivitäten (Bergsteigen, Sportklettern, Eisklettern, Skilaufen, Skibergsteigen, Wandern, "Backpacking"[2], Expeditionen[3], Höhlenforschen, Paragleiten, Drachenfliegen, Kajakfahren, Rafting, Segelturns, usw.), so bilden in Österreich bzw. Mitteleuropa Bergsteigen und Wandern (bzw. Skisport im Winter) den Schwerpunkt. Neben der Tatsache, daß Mitarbeiter der Bewährungshilfe bereits erste Erfahrungen in diesem Bereich hatten, war dies der wesentliche Grund dafür, daß diese beiden Sportarten beim Projekt einen zentralen Stellenwert einnahmen.
Bei der Auswahl der Instruktoren wurde diesem Umstand dadurch Rechnung getragen, daß aus rechtlichen Gründen *ein* Kriterium für die Mitarbeit der Abschluß der staatlichen Berg- und Skiführerausbildung war. Noch eines:

---

[1] An dieser Stelle möchte ich Walter Siebert danken, der maßgeblich zur Gestaltung des Sicherheitskonzeptes beigetragen hat und der auch in diesem Kapitel alle relevanten Informationen zu den 'Sachaspekten der Sicherheit'zusammengetragen hat.

[2] Backpacking ist vor allem im angloamerikanischen Raum üblich: Man nimmt alles, was man für Essen und Schlafen braucht, im Rucksack mit und bringt alles wieder in die Zivilisation mit.

[3] Expeditionen sind im üblichen Sprachgebrauch mehrwöchige Unternehmungen in entlegene Gebiete der Erde. Im engeren Sinne kann man eine mehrtägige Unternehmung durch unerschlossene Gegenden als Expedition bezeichnen.

Das Thema Sicherheit ist mehr als ein Sachthema. Es geht - besonders in diesem Tätigkeitsfeld - um Leben und Tod, es geht auch um Macht und damit um archaische Verhaltensmuster und Urängste.

Sicherheit bringt zumeist keinen Lustgewinn, sondern eine Einschränkung von Erlebnis und Abenteuer. Und: Wer für die Sicherheit verantwortlich ist, macht sich mit entsprechenden Maßnahmen - wenn er konsequent ist - oft unbeliebt.

4.1 Theorie und Bedeutung von Risiko

Um über ein mehrdeutiges Alltagsverständnis von 'Risiko' hinauszuführen, wird zunächst auf einige theoretische Grundlagen knapp eingegangen:

"Risiken sind personunabhängige Bestandteile einer jeden Zivilisation in potenziertem Maß der technischen Zivilisation ja überhaupt jeder Umwelt." (Hoyos, 1989, S. 23)

Weiters führt Hoyos zwei wesentliche Faktoren an, die das Risiko bestimmen:
(1) Ein möglicher Schaden bestimmter Größe.
(2) Ungewißheit, was den Eintritt dieses Schadens anbelangt.
Die manigfachen Formen von Risiko (z.B. Gesundheit, berufliche Karriere, Erfolg, Mißerfolg, Besitz, Lebensraum, Umwelt, soziale Beziehungen usw.) machen es sinnvoll, einschränkend auch von Gefahrenrisiken zu sprechen. Aus den oben beschriebenen Sozialisationsfaktoren und bestimmten inneren Konstellationen ergibt sich *die biographisch entwickelte Risikobereitschaft* einer Person. Wie aus den oben (vgl. Kap. 2.2) beschriebenen Zusammenhängen bereits hervorgeht, sucht die Person risikohaltige Situationen auf. Als Verursacher (Motive, Antriebe) können die sozial deprivierten Bedürfnisse nach Erlebnis, Spannung und Spannungsreduktion (Entladung) gesehen werden. Die individuelle Wertigkeit der Faktoren ist aus den Biographien abzuleiten.

4.2 Arrangement subjektiv risikohaltiger Situationen als Beitrag zur Identitätsentwicklung

Ein Ziel sozialtherapeutischer Arbeit in diesem Projekt ist es, risikohaltige Situationen zu arrangieren. Dabei gehen fünf wesentliche, durchaus zu problematisierende Faktoren ein:

(1) Die Verwendung abenteuerlicher Bewegungssituationen, als kompensatorische Kanalisierung von "selbst- und sozialzerstörerischem" Risikoverhalten beruht einerseits auf der Attraktivität des Bewegungsangebotes, andererseits

auf einer bisher noch nicht überprüften Austauschbarkeit bereichsspezifischen Risikoverhaltens.

(2) Die Auseinandersetzung mit 'natürlichen' Bedingungen soll nicht mit Zielen einer 'Licht- und Luftkultur' gekoppelt werden und damit die 'Flucht aus der Stadt' unterstützen, die dann zu einer Umwelt- und Landplage führt (vgl. Becker, 1989). Auf das Verhältnis von risikoreichen Stadtsituationen und 'Natursituationen' kann hier nicht eingegangen werden.

(3) Es ist auch die (häufig heimliche) *ideologische Basis* des Arrangements von Risikosituationen kritisch zu beleuchten: Man könnte es fast mit einer frühen Phase der Körpertherapien vergleichen (die im Therapieverständnis mancher noch immer anhält), in der Aktivismus, Lautstärke und Schmerz dominante Elemente einer (scheinbar) hohen Effizienz und Wirksamkeit waren. *Ähnlich könnte man meinen, mit Aktivismus, Stärke, Kraft und Ausdauer Persönlichkeitsentwicklung einzuleiten, und damit einem äußerst fragwürdigen Menschenbild Vorschub leisten.* Dies zu vermeiden ist wohl in beiden Fällen Aufgabe eines seriösen, nicht Aktivismus, Erfolg und Aufmerksamkeit heischenden Leiterverhaltens.

"Wo Leib und Leben zum Maß des Geschehens werden, sind leicht Verirrungen ins Blut-, Boden- oder Ramboambiente möglich. Das Abdriften ins entsprechende Weltbild zu kontrollieren, muß ein Teilziel des Programms sein." (Schirp & Koch, 1988, S.16)

(4) Der Begriff Risiko beinhaltet die Möglichkeit des Scheiterns, der Verletzung, des Schadens. Für arrangierte, risikohaltige Situationen erscheinen daher zwei Unterscheidungen wichtig:
Es können Situationen arrangiert werden, die etwa das Risiko des Naßwerdens, des Schwielen-Bekommens, des nicht Durchhaltens und ähnliches beinhalten. Diese Situationen sind primär auf Persönlichkeits- und Fähigkeitskonzepte ausgerichtet. Bei Nichterreichung kann dies schmerzlich sein, aber es ist (grundsätzlich) auflösbar und überwindbar.

(5) Davon zu unterscheiden sind Situationen, die ein Verletzungsrisiko und Unfallsrisiko beinhalten. Hier scheint eine Trennung in *subjektives Risikoerleben und objektive Risikosituation* von besonderer Bedeutung. Bei der Gestaltung ist zu berücksichtigen, daß zwischen beiden Aspekten hohe Diskrepanz herzustellen ist, das heißt, Situationen zu arrangieren, die subjektiv riskant und herausfordernd erlebt werden, objektiv aber bestens abgesichert sind (siehe die entsprechenden Programmblöcke in Kap. 3.6).

Nöcker & Oliot formulierten folgende *Kriterien für ein 'Risikoprogramm'*:

"Neuartige, nichtvertraute Aufgabenstellungen, die an jedes Gruppenmitglied möglichst gleiche Anforderungen stellen. Das Aufgabensetting soll eine gleiche Ausgangsbasis für den Wachstumsprozeß in der Gruppe sein.
- Kleingruppenarbeit, die darauf gerichtet ist, nicht interpersonelle Konkurrenz zu fördern, sondern die Potentiale und Ressourcen der Gruppe zu entfalten. Führungsrollen werden abwechselnd wahrgenommen.
- Akzeptabler Grad von Beanspruchung/Streß, der vor allem durch kooperatives Verhalten reguliert werden kann.
- Steigerung der Anforderungen im Ablauf des Programms; Erfolge werden über Erfolge erzielt.
- Feedbackprinzip erlaubt ein wachsendes Verständnis eigenen Verhaltens, des Verhaltens anderer und des Gruppenprozesses". (Nöcker & Oliot, o.J., S.6)

Wir meinen, daß folgende Kriterien den obigen Katalog zweckmäßig ergänzen:

- 'Einzelarbeit', in der der Teilnehmer durch die Gruppe unterstützt wird.
- Redundantes Sicherheitssystem (vgl. auch weiter unten die Beschreibung der konkreten Sicherheitsmaßnahmen).
- Metaphorische Aufgabenstellung zur Einbettung der Aufgabe in die Gruppensituation oder in die Lebenssituation des einzelnen und zur Verbesserung von Transfermöglichkeiten.

Neben der theoretischen Begründung, Strukturierung und praktischen Gestaltung von risikohaltigen Situationen ist besonderer Wert auf die subjektive Verarbeitung und Bewältigung der Situationen zu legen. Diesbezüglich stellen sich verschiedene Fragen, die genauer zu diskutieren sind:

Risikobewußtsein
Risikobewußtsein setzt Abstraktionsvermögen voraus, da es sich um die Vorwegnahme, die Antizipation eines schädigenden, gefährdenden Ereignisses handelt, da Risiko definitionsgemäß - wie aus den obigen Faktoren hervorgeht - ein Zukunftsaspekt ist. Es sind daher die *kognitiven Voraussetzungen der Teilnehmer zu prüfen*, inwiefern ihnen Risiko bewußt wird. Dazu kann folgender Gedankengang informativ sein (verändert nach Hoyos, 1989):
Sicherheitskritische Handlungssituationen führen zu Gefahrenkognitionen, deren Ergebnis die Beurteilung des vorhandenen Risikos darstellt. Die entsprechende Entscheidung führt zu Maßnahmen, die zur Situationsbewältigung, Aufgabenbewältigung und damit zur Gefahrenreduzierung beitragen. Dieses 'Risikoverhalten' führt zu einem Ergebnis, das im Hinblick auf sicherheitskritische Aspekte zu bewerten ist.

Gruppendruck
Das Team ist mit unterschiedlichsten Teilnehmern konfrontiert (Cliquen, Führerpersonen, Vermeidern, ...), die Risikosituationen jeweils unterschiedlich be-

werten und andere Personen unterschiedlich beeinflussen. Am Umgang mit den daraus entstehenden Problemen wird deutlich, wie hoch die soziale Kompetenz der Leitung ist und wie gut sie in der Lage ist, der Gruppe das Gruppengeschehen zu verdeutlichen und so für jeden Teilnehmer Lernanreize zu bieten.

Krisen von Teilnehmern als Risikofaktor

Krisen von Teilnehmern als Risikofaktor bei Outdoor-Aktivitäten sind ein bisher völlig unüberprüfter Bereich der Sicherheitsproblematik. Die jüngst von Haase (1989) fortgesetzte Diskussion zum Zusammenhang von Unfällen und kritischen Lebensereignissen kann keinesfalls als abgeschlossen angesehen werden. Wir meinen, daß beim derzeitigen Wissensstand nur darauf aufmerksam gemacht werden kann, daß das Team Krisen von Teilnehmern auch unter der Perspektive Sicherheit größte Aufmerksamkeit zu schenken hat. Die Aufmerksamkeit sollte sich insbesondere auf folgende Faktoren richten:

* Muß aufgrund der entstanden Krise mit einer Selbstschädigungstendenz gerechnet werden?
* In welche Richtung gehen aggressive Impulse?
* Läßt sich die Krise genauer diagnostizieren? Zum Beispiel ist der Unterschied zwischen hysterischen, psychotischen und Borderline-Syondromen in ihrer Konsequenz auf das Risikoverhalten zu beachten.

Grundsätzlich meinen wir, daß auch hier das ethische Prinzip der Schadensminimierung gilt. Damit ist gemeint, daß geplante Aktivitäten zurückgestellt werden müssen, wenn ein Teammitglied diese aufgrund der Krise eines Teilnehmer als problematisch empfindet (vgl. auch 'Stop-Regel'in Kap. 4.4.2).

> Insgesamt kann das Thema *"Umgang mit Risiko" als ein nicht bewältigtes Problem der Gegenwart* gesehen werden, zu dem eine Reihe von mehr oder weniger plausiblen Annahmen und Interventionsmaßnahmen existieren, deren Wirkung bisher auch in anderen Bereichen wie Verkehr, Sport, Freizeit, Arbeit, Haushalt nicht belegt ist.

Soweit aus der Literaturrecherche ersichtlich, ereignen sich im Rahmen von Oudoor-Aktivitäten relativ wenige tödliche Unfälle. Die wenigen Ausnahmen nehmen dafür umso größere Ausmaße an:
31. 1. 1982: Lawinenunfall im Rahmen der Outward Bound Kurzschule Berchtesgaden in Werfen Weng (12 Kinder und der Gruppenleiter; Bauer, 1982). Oder: "The Cairngorm Tragedy" (November 1971: 6 Jugendliche erfroren; Wilson, 1978, S. 618 ff.). Dennoch kann der Bereich der Unfallverhütung im sozialtherapeutischen Kontext und Kontext der Risikosituation nicht ernst genug genommen werden.

4.3 Die Entwicklung des Sicherheitssystems für Outdoor-Aktivitäten

Wie an anderer Stelle bereits angemerkt, übernahmen wir für dieses Projekt viele Erfahrungen aus dem amerikanischen Raum. Insbesondere haben wir uns umfassend mit der Theorie und Praxis amerikanischer Sicherheitssysteme auseinandergesetzt.
Entscheidend unterstützt wurden wir dabei von Mag. Bill Daniels[1], der ein Sicherheitssystem demonstrierte, das in den USA entwickelt und von ihm maßgeblich mitgestaltet wurde.
Dabei zeigte sich ein gravierender Unterschied im Bereich der Sicherheitsmaßnahmen und im Umgang mit Risiko (USA - Europa/ Österreich).
Daher drängt sich ein Vergleich zwischen den beiden Systemen auf, der im folgenden Kapitel geleistet wird.

Die Vordenker des derzeitigen 'europäischen', alpinen Sicherheitssystems sind neben einigen "Führerlosen Alpinisten" Bergführer und alpine Ausbilder. Sicherheit gehört zum Berufsethos und ist eines der wesentlichen Werbe- und Verkaufsargumente professioneller alpiner Führungskräfte.

Das Grundkonzept besteht darin: Eine umfangreiche, intensive Ausbildung mit strenger Abschlußprüfung soll einen Fachmann hervorbringen, der nach menschlichem Ermessen keine Fehler macht. Die Sicherheit liegt in seiner Hand, Auffangsystem gibt es keines. Ein Bedienungsfehler beim Abseilen oder Sichern, ein falscher Anseilknoten hat zumeist fatale Folgen, es gibt keine systematische Zweitkontrolle. (vgl. z.B. Amesberger u.a., 1986, S. 27 ff.; Siebert, 1990)
Unfallanalysen, die eine wesentliche Grundlage von Verbesserungen im Sicherheitssystem darstellen, werden oft nicht mit der nötigen Klarheit durchgeführt[2].
Was hier unter dem Titel "Outdoor-Aktivitäten" verstanden wird, ist *nicht* Gegenstand der alpinen Ausbildungen und auch *nicht* der übliche Tätigkeitsbereich von Bergführern. Eine entsprechende Aus- oder Fortbildung gibt es daher *noch nicht*. Die Bergführerausbildung kann lediglich eine Basis bilden. Daher gibt es auch noch kein diesbezügliches allgemeines Sicherheitssystem, ähnlich den "allgemeinen Führungsgrundsätzen". (vgl. DAV, 1979)

---

[1] Bill Daniels leitet die Abteilung für Adventure Learning Programs bei Pecos River Learning Centers, Inc., Santa Fe, New Mexico.

[2] Diese Thematik wurde bereits an anderer Stelle von Siebert (1986) diskutiert.

Aufgrund ihres Ausbildungsganges sind die Bergführer mit folgenden Sicherheitsprinzipien an das Projekt herangegangen:

* Die Kompetenz für die Sicherheit liegt beim jeweils handelnden Bergführer.
* Es gibt zumeist keine systematische Redundanz im Sicherheitssystem, sodaß bei einem Fehler kein 'Auffangnetz' vorhanden ist.
* Es existiert keine Kontrolle zur Einhaltung von Sicherheitsmaßnahmen.
* Es werden keine externen Sicherheitsberater herangezogen.

Einen entscheidenden Impuls für unser Sicherheitsdenken brachte der einwöchige Outward Bound Kurs für das Ausbilderteam.

In den USA gibt es für alpine Führungskräfte nur ansatzweise Ausbildungsrichtlinien. Es gibt auch selbsternannte Führer. Amerikanische Bergführer sind nicht Mitglied der UIAGM[1]. Ein Unterschied sticht ins Auge: Unfallanalysen werden in den USA - aus europäischer Sicht - mit 'schonungsloser' Offenheit durchgeführt und veröffentlicht (vgl. z.B. das jährliche Journal des American Alpine Club of Canada: Accidents in North American Mountaineering; Climbing Accidents at Yosemite, Spring '80).

Ein erster Blick auf die entsprechenden Bergunfallstatistiken zeigt: In den Jahren 1951-1984 starben in Nordamerika (USA und Canada zusammen) 975 Personen beim Bergsteigen (vgl. American Alpine Club, 1980, S 85). Das ergibt im Schnitt ca. 30 Personen pro Jahr.

Die Alpinunfallstatistik der Bundesgendarmerie weist für die Jahre 1971-1984 2689 Tote aus (vgl. Österreichischen Kuratoriums für alpine Sicherheit, 1985, S. 124 f). Das sind ca. 200 Tote pro Jahr - allein in Österreich. In Europa dürfte sich die Zahl der Alpintoten auf 1000/Jahr belaufen.

Diese Zahlen können nur als gröbste Richtgrößen aufgefaßt werden. Wir können auch hier keinen Anspruch auf die Präzision erheben. Da die Werte aber derart extrem auseinanderklaffen, meinen wir, daß dies ein Impuls sein kann, sich mit Sicherheitsfragen im Vergleich USA - Europa genauer auseinanderzusetzen. Die Ursachen für diesen bemerkenswerten Unterschied liegen daher vorerst völlig im spekulativen Bereich, sie zu erforschen, würde den Rahmen des Projektes sprengen. Möglicherweise liegen hier Parallelitäten zwischen Unfallzahlen und unterschiedlichen Zugängen zum Thema Sicherheit. Dazu ein Beispiel: Am Glacier Point Apron im Yosemite Valley gibt es eine Route mit dem Namen 'Anchors Away' (Meyers, 1982, S. 163). Der Name bedeutet: Der Standplatz ist 'gegangen'. Damit hat es folgende Bewandtnis: Als man im Yosemite begann, Standplätze mit Bohrhaken auszustatten, brachte man nur jeweils einen davon

---

[1] Union Internationale des Associations des Guides de Montagne (Internationale Vereinigung der Bergführerverbände)

an. Bis zu dem Zeitpunkt, wo einmal dieser Eine ausbrach und die Seilschaft zu Tode stürzte. Das war in eben dieser Route. Seit damals ist es üblich, Standplätze sicher, d.h. mit mindestens 2 Bohrhaken auszustatten (außer in A-6-Routen, doch diese sind deklariert.) Vor diesem Unfall und nachher waren Seilschaftsstürze eine ausgesprochene Rarität.

In Europa hingegen gehören Seilschaftsstürze zu den jährlich wiederkehrenden Todesursachen (vgl. Jahresberichte des Kuratoriums für alpine Sicherheit und des DAV). Hier hingegen reagiert man nicht darauf, nimmt es als gegebenes Risiko. Eine Ausnahme stellen die Bemühungen von Pit Schubert vom DAV dar, der in den letzten Jahren Standhaken (Klebeanker) setzt, die den Belastungen gewachsen sind. Worauf prompt Bohrhakengegner wieder aktiv wurden und mit akkugetriebenen Schneidegeräten diese wieder entfernten (im Wilden Kaiser, Tirol).

Beziehen wir nun die Problematik auf Outdoor-Aktivitäten:
Dieser Bereich hat sich in den USA schon seit langem als eigenständiger Zweig etabliert. Es gibt eine große Zahl von profit- und nonprofitorientierten Organisationen. Einen Teil davon kann man im Membership Handbook der AEE[1] finden. In regelmäßigen Abständen werden sogar Ropes Course Symposien abgehalten (vgl. Pecos River Learning Centers, 1990 und Outward Bound USA, 1988).

Wir haben insbesondere für Ropes Courses wesentliche Elemente des Sicherheitssystems von Pecos River Learning Centers, Inc. übernommen, eine amerikanische Firma, die auf Spezialprogramme zur Aus- und Weiterbildung von Führungskräften aus der Wirtschaft spezialisiert ist.
Das letzte Ropes Course Symposium wurde von der o.g. Firma organisiert (vgl. Pecos River, 1990). Dort wurde dem Veranstalter höchster Sicherheitsstandard attestiert. Dies ist umso bemerkenswerter, als die Sicherheitssysteme der Einrichtungen des Veranstalters von den versammelten Sicherheitsexperten üblicherweise sehr penibel und schonungslos unter die Lupe genommen werden. Ein Beispiel dafür ist die kritische Betrachtung des Ropes Course der North Carolina Outward Bound School 1988 (vgl. Outward Bound USA, 1988, S. 7). Daher kann davon ausgegangen werden, daß das hier beschriebene System internationaler Top-Standard ist.

Während des Projekts und anderer Outdoor-Aktivitäten wurde sowohl von Teilnehmern als auch Instruktoren immer wieder versucht, das System zu verändern, meist zu vereinfachen. Eine Reihe von Beinaheunfällen, aber auch Unfällen zeigte allerdings deutlich auf, daß nur eine konsequente Einhaltung der weiter unten beschriebenen Regeln die maximale Sicherheit gewährleisten kann.

---

[1] Association for Experiential Education 1991. Aber auch: Projekt Adventure 1990.

An dieser Stelle soll auch eine negative Begleiterscheinung in der Sicherheitsdiskussion angemerkt werden:
Aus der Gruppe, die am Outward Bound Kurs teilnahm, haben sich Untergruppen und Einzelpersonen herausgebildet, die ihre eigenen Wege gehen und an der laufenden Sicherheitsdiskussion nicht mehr teilnehmen. Es werden daher derzeit sehr unterschiedliche Systeme und Vorgangsweisen gehandhabt, die einen unterschiedlichen Sicherheitsstandard haben. Wie wichtig ein permanenter Austausch wäre, zeigt die jüngste Diskussion über Kreislaufbelastungen bei Ropes Courses, deren Anlaß zwei Todesfälle während der Aktivitäten waren (vgl. Miner, 1991).

Im folgenden wird das (Zwischen)Ergebnis, das auf den Erfahrungen im Rahmen des Projekts und auf einer bis heute andauernden intensiven Zusammenarbeit mit Pecos River Learning Centers, Inc., insbesondere auch Bill und Eva Daniels beruht, beschrieben. An dieser Stelle danken wir für die vorbehaltlose Weitergabe von Information.

Als Richtlinie für die Systematik dient das "Safety Review Manual" von Outward Bound USA (Wade & Fischesser, 1988), und dessen Kategorien.
Die nachfolgende Aufstellung kann auch als Check-Liste für Outdoor-Aktivitäten gelten.

4.3.1 Organisatorische/Institutionelle Ebene, Projektführung

* Sind die Zuständigkeiten in den veranstaltenden Organisationen/Institutionen geklärt und offengelegt? Ist der Organisationsplan auf dem neuesten Stand?
* Sind die Anforderungsprofile für die Instruktoren auf dem neuesten Stand?
* Sind die Verantwortlichen in den Organisationen/Institutionen über längere Zeiträume überlastet? Gibt es hinreichende Urlaubspläne?
* Besteht eine gute Kommunikationsbasis, Kooperation und gegenseitige Wertschätzung zwischen Führung und Mitarbeitern?
* Gibt es einen effektiven Plan, um die Sicherheit zu beobachten und Aufzeichnungen zu führen?
* Wurden die Ziele bezüglich Sicherheit formuliert? Wie ist das Verständnis dafür bei den Mitarbeitern?
* Gibt es Mitarbeiter, deren spezielle Aufgabe es ist, laufend Aufzeichnungen zu führen?
* Ist der Organisationsplan auf dem neuesten Stand?
* Gibt es ein Kontrollsystem, das neue Projekte, Programme bzw. Aktivitäten in bezug auf Sicherheit durchleuchtet?
* Werden externe Sicherheitsberater herangezogen?
* Glauben die Mitarbeiter an die Sicherheit ihrer Aktivitäten? Glauben sie an die Effizienz der Sicherheitsmaßnahmen?

Dies sind Überlegungen, die hierzulande zumeist völlig zu kurz kommen. Keine Alpinschule oder ähnliche Institution käme auf die Idee, ihre Aktivitäten und ihre Mitarbeiter in Bezug auf Sicherheit von Außenstehenden durchleuchten zu lassen. Auch während des Projektes bestanden hier Defizite, obwohl von Beginn an mit Fachleuten gearbeitet wurde, jedoch kein Mitarbeiter vorerst die extreme Bedeutung der Sicherheitsmaßnahmen abschätzen konnte. *Daher kommt für die Verbreitung von Outdoor-Aktivitäten zukünftig der Sicherheitsaus- und Fortbildung entscheidende Bedeutung zu.* Diese ist nur durch einen kontinuierlichen Theorie-Praxis-Dialog zu leisten.

Auch die Bedeutung *externer Sicherheitsberater* ist zu betonen. Im vorliegenden Projekt war das der entscheidende Anstoß für die Entwicklung entsprechender Maßnahmen.

4.3.2 Mitarbeiter: Auswahl, Training und Einschätzung

* Gibt es klare und passende Richtlinien für die Einstellung von Mitarbeitern?
* Besteht für die veranstaltende Organisation/Institution überhaupt die Möglichkeit, ausreichend ausgebildete und erfahrene Mitarbeiter einzustellen?
* Gibt es einen angemessenen Selektionsprozeß, um das technische Können, die Erfahrung und den "gesunden Hausverstand"[1] von potentiellen Mitarbeitern einzuschätzen?
* Werden die Mitarbeiter von der veranstaltenden Organisation/Institution bereits in die Planungsphase miteinbezogen?
* Zeigen die Mitarbeiter Reife, gutes Entscheidungsvermögen und adäquate Fähigkeiten?
* Gibt es einen angemessen Fortbildungsplan?
* Gibt es eine Fortbildungspflicht?
* Gibt es eine Bewertung der Mitarbeiter[2], Rückmeldungen und Fortbildungsempfehlungen?
* Sind die Mitarbeiterakten vollständig (Erste-Hilfeausbildung, Fortbildungsbesuche, Erfahrungen, Referenzen,...)
* Gibt es eine begleitende Supervision? Ist der Supervisor für die Gruppe hinreichend und adäquat ausgebildet?

Ein entscheidender Unterschied zwischen USA und Europa besteht in der Ausbildungspflicht und dem Berufsschutz in Europa, der diesen Bereich nur teilweise erfaßt: Für professionelle[3] Führungstätigkeit im alpinen Bereich wird eine

---

[1] orig.: "judgement", Entscheidungsfähigkeit

[2] orig. "evaluated"

[3] gemeint: gegen Bezahlung

staatliche Ausbildung zum Berg- und Skiführer gefordert, Aus- und Fortbildung sind durch die Ausbildungsgesetze und Richtlinien der Bundesanstalt für Leibeserziehung in Innsbruck bzw. die Landesgesetze geregelt.
Für Ropes Courses und ähnliche Aktivitäten gibt es keine Ausbildung. Eine Ausbildung wäre aber - bedenkt man das europäische Ausbildungs- und Prüfungssystem - wünschenswert und auch notwendig.
Eine wichtige Erkenntnis diesbezüglich gewannen die Teilnehmer des Ropes Course Symposion 1988:

> "Es gibt einige sehr spezifische Konstruktionsmethoden und Materialien, die für einen sicheren Ropes Course verwendet werden müssen. Ideal wäre es, wenn man sich von einem erfahrenen "Ropes Course Konstrukteur" anlernen ließe. Das Mindeste aber ist, *daß jeder, der an der Konstruktion von Ropes Courses und ähnlichem[1] beteiligt ist, sich ausreichend informieren und sich mit entsprechenden Fachleuten in Verbindung setzen sollte, um den neuesten Stand der Technik zu erfahren.*"(Outward Bound USA, 1988, S. 11)

Zur Bedeutung von *Supervision* für die Sicherheit:
Geht man von einem Zusammenhang zwischen Unfällen und Problemen im Team auf der Beziehungsebene aus, so kommt der begleitenden Supervision ein entscheidender Stellenwert zu. Im Rahmen des Projektes war sie eine absolute Notwendigkeit.

4.3.3 Vorbereitung und Einschätzung der Teilnehmer

* Beschreiben die Unterlagen, die die Teilnehmer vor dem Kurs erhalten, ausreichend die zu erwartenden Gefahren, die Ausrüstung und die körperlichen Voraussetzungen?
* Werden die Teilnehmer in bezug auf die Voraussetzungen ausreichend "durchleuchtet"?
* Wird eine sportärztliche Untersuchung gefordert?
* Werden die Teilnehmer körperlich und psychisch vorbereitet?

Jeder Teilnehmer muß einen umfassenden medizinischen Fragebogen ausfüllen, der eventuelle Beschränkungen in der Teilnahme zur Folgen hat. Besonders wichtig sind Herz/Kreislaufprobleme sowie alte Verletzungen des Stütz- und Bewegungsapparates.
Es existiert eine Liste von "Kontraindikationen", auf deren Einhaltung der Gruppenleiter zu achten hat.

---

[1] "Initiative games", also Acid River, Retrieval, Beam usw.; vgl. auch Warner, 1986.

Medizinische Kontraindikationen
In Europa ist dieses Thema erfreulicherweise noch weit von der amerikanischen Problematik entfernt.
Während des Projekts wurde dieses Thema nur sehr nebensächlich behandelt, was durchaus als Mangel bezeichnet werden kann.
Nichtsdestoweniger sollten in Zukunft, als Service für die Teilnehmer, gewisse medizinische Einschränkungen getroffen werden.
Auch diese Liste kann nur als Denkanstoß dienen.

* Schwangerschaft gilt als Ausschließungsgrund.
* Blind Trust Walk: Vorsicht bei frischen Fuß- oder Beinverletzungen.
* Acid River: Teilnehmer mit Hebeproblemen (Bandscheiben, Leistenprobleme) sollen keine Bretter heben.
* Spider Web: Gleiche Einschränkung wie bei Acid River.
* Pole: Leute mit frischer Knie- oder Sprunggelenksverletzung und Wirbelsäulebeschwerden sollten nicht springen.
* Low V: Knieprobleme, Schulter, Sprunggelenke, Hüfte, Ellbogen, Handgelenke sind zu beachten.

Besonders gefährlich für *alle Aktivitäts-Bereiche* sind:
Unbehandelter Bluthochdruck, unbehandelter Diabetes, Herzoperationen, Herzinfarkt, Wirbelsäulenoperationen, Krebs, Kopfoperationen, Transplantationen, Bauchraumoperationen, Peritoneale Dialyse, Netzhautablösung, Chronische Depressionen, Schlaganfall, Bandscheibenverletzungen, Diastolischer Blutdruck höher als 90, Polio, Multiple Sklerose, Epileptische Anfälle, Rheuma, Morbus Crohn, Nierenversagen, Aneurysmen, Lungenödeme und ähnliches.
Ein Beispiel für einen medizinischen Erhebungsbogen ist im Anhang zu finden.

4.3.4 Programmaktivitäten

* Sind Sicherheitskonzept und empfohlene Sicherheitsabläufe im Handbuch[1] beschrieben?
* Sind die Mitarbeiter mit Handbuch, Konzept und Ablauf vertraut?
* Sind die Mitarbeiter in den veranstaltenden Organisationen/Institutionen mit den Outdoor-Aktivitäten vertraut?
* Ist das Verhältnis zwischen Instruktor und Teilnehmern passend in Bezug auf die Aktivitäten?
* Sind die Mitarbeiter und die Aktivitäten auf dem neuesten Stand?
* Sind die Mitarbeiter fähig, die Gefahrenquellen der Aktivitäten zu antizipieren?

---

[1] Da bei uns vergleichbare Handbücher kaum geführt werden, wird in einem eigenen Kapitel näher darauf eingegangen.

* Ist die Kompetenz des Teams hoch genug, um auch in Notfällen handlungsfähig zu sein?
* Sind die nötigen Rettungssysteme vorhanden?

4.3.5 Notfallsmaßnahmen

* Gibt es einen schriftlichen Aktions- und Kommunikationsplan für Notfälle allgemein und auf die jeweiligen Aktivitäten bezogen?
* Werden diese Pläne den Teilnehmern bekanntgemacht?
* Bestehen regelmäßige Fortbildungen in Erster Hilfe und Rettungsmaßnahmen?
* Gibt es Notfallseinrichtungen?
* Sind die örtlichen Rettungsdienste[1] informiert?
* Ist Erste Hilfe Ausrüstung vorhanden?

4.4 Das Sicherheits-Handbuch

Im Laufe der drei Jahre des Projekts entwickelte sich ein Handbuch, das hier teilweise wiedergegeben werden soll.
Es beschreibt die allgemeinen Sicherheitsvorkehrungen und -regeln sowie die Sicherheitsaspekte der Aktivitäten und deren Ablauf.
Während im ersten Teil die allgemeinen Sicherheitsregeln referiert werden, die direkt anwendbar und übertragbar sind, erfordert der zweite Teil, die speziellen Sicherheitsregeln, eine Vertrautheit mit den jeweiligen Aufgaben. Dieser Teil kann *nicht* als Anleitung, sondern nur als Checkliste *für Instruktoren mit ausreichender Erfahrung* mit diesen Aktivitäten verstanden werden!
Zur Führung eines Handbuches gibt es einige Richtlinien (vgl. Wade/Fischesser, 1988, S. 16):

* Ist das Handbuch auf dem neuesten Stand? Umfaßt es alle Programmaktivitäten?
* Ist es leicht lesbar und benutzerfreundlich?
* Sind die Mitarbeiter damit vertraut? Wie ist die Motivation der Mitarbeiter, das Handbuch effizient zu nutzen?
* Haben die Mitarbeiter Handlungsspielraum, um Sicherheitsprozeduren weiter zu entwickeln?
* Können Fehler offen diskutiert werden oder gibt es 'Vertuschungsdenken' (Autoritätsangst)?
* Gibt es Richtlinien für Notfälle (Blitz, Bienen, Sturm, Steinschlag, Lawinen, ...)?

---

[1] Gendarmarie, Bergrettung, Höhlenrettung, Wasserrettung, ...

* Gibt es Richtlinien in bezug auf Alkohol und Drogen?
* Sind die Richtlinien umfassend (Ausrüstung, minimale Anzahl von Teilneh-
  mern/Übung und Instruktoren/Übung, Rettungsmaßnahmen, Medizinische
  Belange, Spezielle Sicherheitsprozeduren für die jeweiligen Übungen)?

Ist das Sicherheitsbewußtsein wenig ausgeprägt, dürfte die Gefahr bestehen,
daß Handlungsspielräume zur Veränderung der Sicherheitsregeln eher zu einem
Weglassen als zu einer Verbesserung führen.

4.4.1 Sicherheitsgrundsätze

4.4.1.1 Reduktion von Regeln

Regeln sind zwar einerseits Hilfe, andererseits schränken sie die Wahrnehmung
ein. Die berühmte "Ausnahme von der Regel" wird umso schwerer wahrgenommen, wenn man sich an Regeln klammert (vgl. Amesberger u.a., 1991).
Der Einsatz von Regeln ist daher genau zu überdenken, wenn diese nicht mehr
Schaden als Nutzen bringen sollen. Folgende Forderungen sind an Regeln zu
stellen:

Reduktion der Regeln auf ein Minimum
Um die Wahrnehmung von Gefährdungssituationen nicht durch unnötiges Re-
geldenken zu beeinträchtigen, sollen diese auf ein Minimum reduziert werden.

Realitätskonformität
Sie müssen den Gesetzmäßigkeiten der Natur bzw. des menschlichen Handelns
so gut wie möglich entsprechen. Beispielsweise ist die Aussage 'Packschnee liegt
auf Osthängen' abzulehnen, es muß heißen 'Packschnee liegt auf der Leeseite'.

Durchführbarkeit
'Nach Neuschneefällen 3 Tage abwarten' ist zwar möglicherweise eine günstige
Empfehlung, darf aber nicht als Regel formuliert werden, da sie zur Übertretung
herausfordert.

Auffangsystem für die Ausnahmen von den Regeln.
Einerseits sollen Kriterien festgelegt werden, die Regelüberschreitungen erlau-
ben/möglich machen.
Beispielsweise: Beide Instruktoren halten die Regel in einer bestimmten Situation für zweckwidrig.
Andererseits ist für das von einer Regel abweichende Handeln das Sicherheitssystem neu festzulegen.

4.4.1.2 Menschliches Fehlverhalten muß mit einkalkuliert werden

Da auch durch die beste Ausbildung fehlerfreies Handeln nicht erreicht werden kann, müssen Kontroll- bzw. redundante Systeme entwickelt werden. (vgl. auch die Parallelen zur Erziehung, zur Krisenbewältigung)
Die Kontrolle kann entweder durch andere Mitarbeiter oder durch Teilnehmer erfolgen. Kontrolle wird von Führern oft als Angriff auf die Kompetenz, als Mißtrauensantrag oder Herabsetzung empfunden. Wir meinen, daß es auch so gut wie unmöglich ist, diese Kontrolle ohne Konflikte einzuführen. Wird dies jedoch konsequent unter Supervision vollzogen, so erhöht dies die Konfliktfähigkeit, die wir als wesentlichen Faktor für Sicherheit sehen. Hier liegt ein sehr grundlegendes Problem, das am Beginn der Zusammenarbeit im Team bis zur Übereinstimmung geklärt werden muß. Ansonsten liegt hier der Keim für unfallträchtige Meinungsverschiedenheiten.
In diesem Zusammenhang scheint es uns wichtig, auf das Phänomen der "narzißtischen Kränkung" hinzuweisen, das auch bei Alpinunfällen eine Rolle spielen dürfte: Dabei werden auch offensichtlich und bewußt fehlerhafte Handlungen fortgesetzt, um vor der Gruppe "nicht das Gesicht zu verlieren". (vgl. Kleiner/-Amesberger/Sobotka/Schmidt, 1990)

4.4.2 Allgemeine Sicherheitsregeln für die Gruppe

Die folgenden Sicherheitsregeln werden je nach Situation ausgewählt und an die Erfordernisse angepaßt. Am Beginn des Kurses/der Aktivität sollte es zu einer *Einigung* zwischen den einzelnen Gruppenmitgliedern (inklusive Gruppenleitung!) kommen. Wir haben gute Erfahrungen mit einem "Vertrag" gemacht: Die Regeln, die das Endprodukt dieses Einigungsprozesses sind, werden auf ein Plakat geschrieben und Teilnehmer sowie Leitung unterschreiben als Zeichen der Einigung auf dem Plakat. Dies führt zu einer wesentlichen Erhöhung der Aufmerksamkeit, die auf die Zustimmung gelegt wird.
Oft kommen von den Teilnehmern noch Regeln dazu (z.B. Kommunikationsregeln). Diese haben wir zumeist übernommen.
Das Plakat sollte jedoch eher wenige, möglichst prägnante Regeln beinhalten.

"Stop - Regel"
Wenn jemand bemerkt, daß irgendeine Sicherheitsregel nicht eingehalten wird, oder aus seiner Sicht bzw. seinem 'Gefühl' nach irgendeine Gefahr in Verzug ist, muß er 'STOP' sagen. Dieses 'STOP' friert jede laufende Aktion ein.
Es sei betont: Auch wenn jemand nur 'ein schlechtes Gefühl' hat, ohne konkret zu wissen, warum, muß ein "STOP" ausgesprochen werden.

"Einhalte-Regel"

Eine übernommene Funktion bzw. bestehende Sicherheitsregel muß eingehalten/durchgehalten werden, auch wenn momentan der Sinn nicht klar ersichtlich ist. Eine Änderung des Sicherheitssystems ist *nur* nach Absprache möglich. Beispiel: Lawinenwarnposten bei Lawinenübungen. Es kommt vor, daß während einer Übung *tatsächlich* eine Nachlawine abgebangen ist. Dies ist in den letzten 5 Jahren mindestens 2 Mal bei Berg- und Skiführerausbildungen passiert! Bei Lawinenübungen kommen sich Warnposten oft ziemlich überflüssig vor und werden in der Folge nachlässig.

"Zusammenbleiben"

Gruppen, die miteinander auf dem Weg sind, müssen in jedem Fall zusammenbleiben.

In speziellen, vorher vereinbarten Fällen können zwei Personen um Hilfe geschickt werden. Es gibt aber keine *unvereinbarte Trennung*.

4.4.3 Systemische Sicherheitsregeln

"Redundanz-Regel"

Jedes Sicherheitssystem muß mindestens ein Auffangsystem haben. Beispiele: 2 Fixpunkte beim Standplatz. Oder: Rückversicherung bei der Spaltenbergeübung. Oder: Zusätzlicher Absicherungsknoten beim Sackstich des Seilringes.

In diesem Zusammenhang ist eine wesentliche Diskussion über die Art des Kontrollsystems offen: Die Kontrolle durch das gleiche System bietet vermutlich geringere Sicherheit als die Kontrolle durch verschiedene Systeme.

"Vieraugenprinzip[1]"

Vor dem Klettern, bei Rückzügen, Übungen, sind die lebenswichtigen Systeme zu checken, damit man nichts vergißt. Eine Checkliste ist dabei sehr dienlich. Beispiele: Kontrolle des Verschüttetensuchgerätes *vor* Antritt einer Tour. Kontrolle aller Glieder in der Sicherungskette.

Wer einen lebenswichtigen Handgriff (z.B. Einhängen des Halbmastwurfes, Abseilachters usw.) ausführt, wird dabei kontrolliert. Auch der Instruktor! Dies gilt auch für Standplätze, Verankerungen bei Übungen usw. Es können sehr wohl Teilnehmer die Funktion der Kontrolleure übernehmen. Auch ein interessierter "Laie" kann die Logik eines Standplatzes begreifen.

---

[1] Danke Harald Fasching für diesen Ausdruck!

4.4.4 Anzahl der Instruktoren für einzelne Aufgaben des Ropes Course

Blind Trust Walk: Schwieriges Gelände: 3 Instruktoren; leichtes Gelände: 2 Instruktoren.
Spider Web: 1 Instruktor
Acid River: 1 Instruktor
Pampers Pole: 1 Instruktor für Pull Line + 1 Instruktor für Sichern
"Expedition": 2 Instruktoren
Trust Fall: 2 Instruktoren
Low V's: 2 Instruktoren
Beam: 2 Instruktoren

4.4.5 Sicherheitsregeln für einzelne Ropes-Course und Outdoor-Aktionen

Trust Fall

(1) Grundgedanke der Aufgabe
Vertrauen in die Gruppe gewinnen, Service, Unterstützung annehmen. Die Übung ist nur dann ein intensives Erlebnis, wenn es der Gruppe gelingt, sich ganz auf diese einzulassen. Das setzt voraus, daß (zumindest im Verlauf der Übung) das 'Schmäh Führen[1]' aufhört, die Wünsche der Agierenden ernst genommen und die Sicherheitsinstruktionen befolgt werden.
Das Sicherheitssystem wird straff gehandhabt, auf mögliche Folgen von Abweichungen wird situationsgemäß hingewiesen.

(2) Aufgabenstellung (z.B. Einhalteregel)
Hinaufklettern, Kommandos geben und Antworten abwarten, verkehrt in die Gruppe fallen lassen, von der Gruppe wiegen lassen, vorsichtig abstellen.

(3) Gruppengröße: Nicht weniger als 12 bzw. 15 Personen!
a) von oben (ab 15 Personen):
Höhe des Podestes: 160 - 170 cm
Eng zusammen, "Bett formen" (länger als breit), kleine Leute nach vorne, große an den Rand. Schrittstellung, Hände nach oben aber nicht völlig durchgestreckt, Finger nach hinten, Ellbogen zusammen, auf die Gesichter der anderen achten, wie beim Volleyball abfedern. "Bremser" einteilen, die die Gruppe am Zurückweichen hindern.
b) von unten (12 bis 15 Personen): riskanter als "von oben".

---

[1] Wiener Ausdruck für: scherzen, einander verspotten (engl. "zingers")

137

Höhe des Podestes: 90 - 120 cm
Gasse formen, Hände mit den Handflächen nach oben nebeneinander, eng zu-
sammenrücken, Kopf zurück. Hier ist es besonders wichtig, darauf zu achten,
daß die Leute nicht schräg fallen! Dies ist an der Richtung der Füße erkennbar.

(3) Handelnder (Fallender):
Hände gestreckt über den Kopf halten (mit einer Hand die andere festhalten
und den Kopf einklemmen, um den Nacken zu schützen), steif wie ein Brett
bleiben, fallenlassen, nicht hinsetzen, nicht springen.

(4) Sicherheitsbedingungen:
Brillen weg.
Antworten abwarten: 'Sicherer bereit?' - 'Sicherer bereit.' 'Ich möchte fallen'-
'Laß Dich fallen'.
Nicht springen, Ellbogen zusammen.
Es ist verboten, 'Schmähs' zu machen.

(5) Instruktor:
Bereit sein, den Fallenden am Fußgelenk zu packen, falls er wegspringt. Außerdem kann man ihn an den Füßen festhalten, sollte die Gruppe rückwärts tau-
meln. Auf Lücken in der Gruppe achten. Die seitlichen Sicherer sind wichtig,
falls jemand seitlich hinunterfällt, obwohl sie normalerweise kaum Arbeit haben.
Achtung auf *Aufmerksamkeitsschwankungen* - dies gilt generell für Sicherheitsmaßnahmen: Nach einer bestimmten Anzahl von Wiederholungen (häufig 8-12)
sinkt die Aufmerksamkeit der Gruppe. Daher: Kurze Pause einlegen, z.B. Mas-
sieren der Schultern.

(6) Aufwärmen der Hände vor Übungsbeginn (z.B. mit dem Spiel "Trabrenn-
bahn").

Blind Trust Walk

Die Grenzen des Geländes müssen vereinbart werden, damit niemand verloren
geht.
Beim Bergabgehen und bei Rutschgefahr muß der Führer vor dem Blinden gehen. Keine Beschränkung der Teilnehmerzahl.

Spider Web

Nicht durch das Netz springen. Bei Berührung des Netzes den Getragenen nicht
fallenlassen. Leichtes Spider Web: 5 Personen.
Schwieriges Spider Web: 10 Personen.

Acid River

Keine Bretter werfen. Nicht springen.
Mindestens 2 Teilnehmer. Sinnvoll: ab 6 Personen.

Pampers Pole

(1) Gedanken zur Aufgabe:
Nicht der Sprung ist das Ziel: 'Geh' so weit, wie Du kannst/willst. Du hast die Chance, einen Schritt weiter zu gehen. Lerne Deine Grenzen kennen.'
Erlebe die Unterstützung der Gruppe (vs. Gruppendruck).
Umgang mit Streß, Unsicherheit und Angst.
Erlebtes Risiko (Sicherheit = 100%ig).
Der einzige Weg hinunter ist: Springen.

(2) Überblick:
Hinaufklettern, Aufrichten, Umdrehen, Springen.
Sicherer aussuchen, Wunsch an die Gruppe.

(3) Gruppe:
Sicherheitszone, Service an den Springenden (Gurt und Helm anziehen, ausziehen, Wunsch erfüllen).

(4) Handelnder:
Zwei Wege, um aufzustehen. Nicht auf der 'Pizza'[1] knien.
Tief ausatmen!
Nicht in die Seile greifen.
Langes Haar verstecken.

(5) Sicherer:
Es muß 1 Profi sichern. (Plus 3 Teilnehmer).
1 m vom Karabiner weg.
Handschuhe für die Sicherer.
Nicht Hand über Hand greifen, nachrutschen.
Nicht reden, Blick auf den Kletterer.

(6) Ablauf:
1. Überblick geben, Sicherheit erklären.
2. Gurte an einer Person demonstrieren.
3. Gurte anlegen lassen.
4. Sicherer einweisen.
5. Der Teilnehmer kann an die Gruppe einen Wunsch richten. (z.B. 'ruhig sein', 'gut zureden', ...)

---

[1]'Pizza'ist eine kleine, runde Holzscheibe, die auf einem abgeschnittenen Baumstumpf befestigt wird und als Standfläche dient.

Materialcheck:
1. Helm (Sitz)
2. Helmband (verstauen)
3. Karabiner (Gate nach unten)
4. Brustverschluß
5. Bauchgurt (Schnalle)
6. Beinschlaufen (Schnallen, Sitz)
7. Sitz hinten und oben

"Gurt und Helm Gecheckt"? - Bestätigung
"Karabiner 1 ?" - Bestätigung
"Karabiner 2 ?" - Bestätigung
"Karabiner 3 ?" - Bestätigung
"Sicherung 1 ?" - Bestätigung
"Sicherung 2 ?" - Bestätigung
"Pull Line ?" - Bestätigung
Die Bestätigung erfolgt durch einen Ausbilder oder durch 2 gewissenhafte Teilnehmer mit Checkliste.

Vor dem Beginn der Übung muß kontrolliert werden:
1. Blickkontrolle "Canopee"[1]
2. Funktion Pull-Line
3. Funktion Sicherung 1
3. Funktion Sicherung 2
4. Knoten für den Kletterer checken
5. Leiter

Ein Instruktor muß den Hüftgurt anhaben, Helm, Steigklemmen, Prusikknoten und Messer bereithaben.
Teilnehmerzahl: Ab 6 Personen. Sinnvoll ab 10 Personen.

Beam

(1) Grundgedanke:
Eine Problemlösung ist nur bei Kooperation der gesamten Gruppe möglich. Selbstorganisation des Sicherheitssystems. Der Instruktor soll überflüssig werden.

(2) Überblick:
Die Gruppe hat einen in ca 3m Höhe befestigten Balken zu überwinden. Der Balken ist an zwei Bäumen befestigt, die zum Sichern benutzt werden dürfen, nicht zum Klettern.

---

[1] Darunter versteht man die Aufhängung zwischen den Bäumen.

Nur auf der Seite, wo sich der Teilnehmer befinfet, darf er helfen.
Die Übung ist dann gelungen, wenn alle über die Mauer gekommen sind.

(3) Sicherheitsregeln
Brillen abnehmen.
Jeder, der oben ist, wird gesichert.
Wer oben sitzt, wird an einem Fuß gehalten.
Es dürfen nicht mehr als 3 Personen oben sein.
Nur *langsame* Abgänge sind erlaubt.
Kein Strampeln!
Teilnehmerzahl: Mindestens 15 Personen.
Der Beam sollte gereinigt werden, um zu verhindern, daß die Sicherer Fremd-
körper in die Augen bekommen.
Ein Instruktor steht genau unter dem Beam (dort fallen am ehesten Personen
hin), der zweite steht außerhalb.

Low V's

(1) Gedanken:
Zusammenarbeit von 2 Personen - gegeneinander funktioniert's nicht.
Funktionierende Gruppe gibt Sicherheit.

(2) Überblick:
Ein Paar klettert hinauf, wandert - jeder auf seinem Seil - hinaus, bis das Paar
in die Sicherer fällt.

(3) Gruppe: Mindestens 12 Teilnehmer sind nötig!
Zuerst rundum aufgestellt; wenn die "Brücke" enststeht: jeweils 1 Paar hinein-
schlüpfen (Turnergriff, Kopf zurück; 4 Paare sollen in Reihenfolge hineingehen).
Gruppe ist *ruhig* und berührt die Agierenden *nicht*.

(4) Balancierendes Paar:
Richtige Handhaltung, Partner eher zu sich hinziehen, eher gestreckt bleiben,
Becken nach vor schieben.
In kleinen Schritten gehen.
Helme!

(5) Sicherheitsregeln:
Brillen abnehmen.
Handhaltung.
Paar muß die Gruppe fragen: 'Sicherer bereit?'
Gruppe antwortet: 'Sicherer bereit!'
Aufpassen auf 'umherfliegende Füße'.
Sehr wichtig: Jedes Seil muß von je einer Person vor dem Schnalzen gehindert
werden.

141

(6) Instruktor:
Zuerst den Überblick erklären, auch paarweise am Boden Üben lassen. Dann mit einem Paar demonstrieren: Auf den Partner schauen (am besten in die Augen), gestreckt bleiben, kleine Schritte gehen, Handhaltung!, Arme gestreckt nach oben; ziehen, nicht stoßen.
Vorher so lange üben, bis der Ablauf *ohne zu reden* funktioniert:
Erst paarweise (Handhaltung), dann die Gruppe, *noch bevor* jemand wirklich oben ist.
An der Antwort der Gruppe auf die Frage "Sicherer bereit?" erkennst man, ob die Gruppe noch "am Ball" ist.

Sicherheitsregeln für Final Expedition und ähnliche Unternehmen

(1) Die Gruppe bleibt in jedem Fall zusammen.
Sichtkontakt. Holzsammeln, Wasserholen o.ä. wird zu zweit unternommen.
Gut bewährt hat sich auch der "Schatten": Jeder sucht sich einen Partner, mit dem er während der Aktivität Kontakt haben möchte. Ziel: Gegenseitige Unterstützung usw., aber insbesondere: Zwei gehen schwerer verloren als einer.

(2) Folgendes Gelände *darf nicht* betreten werden:
Absturzgelände
Steinschlaggelände
Steile Firnfelder
Gesperrtes Gelände
Im Winter: Hänge steiler als 25 Grad Neigung bzw. deren Hangfuß.

(3) Verhalten bei Unfällen:
Allenfalls Bergung aus der Gefahrenzone,
Erste-Hilfe-Leistung, richtige Lagerung, Schockvorbeugung (Wärme, richtige Lagerung).
Notsignal geben, an Ort und Stelle verharren.

(4) Bei Gewittergefahr (Quellwolken mit dunkler Unterseite): Weg von exponierten Punkten, Aufstieg nicht weiter fortsetzen.
Akute Gewittergefahr: Quellwolken mit ausgefransten Rändern, ferner Donner: Sofort alles abbrechen und in Richtung Tal bewegen, Unterkunft aufsuchen (wenn möglich).
Bei Gewitter zu meiden: Große Bäume, Höhlen, Felswände.

(5) Bei Schlechtwettereinbruch (Sichtverlust, unklarer Weiterweg):
Einrichten zum Biwak (Biwaksack, Durchnässung vermeiden, Abwarten).

4.4.6 Konstruktion von und Material für Ropes Courses[1]

Grundsätzliches zur Konstruktion und Wartung:
* Spezielle Anforderungen werden an Ropes Course Konstrukteure gestellt (vgl. 4.5.1.4).
* Jährliche Wartung und Kontrolle
* Jeder Baum muß mit Jumarleinen versehen sein.
* Vor jedem Kurs müssen nach einer Checkliste sämtliche Sicherungsketten überprüft werden.

Auf- und Abbau ist Sache des Teams:
Auf- und Abbauarbeiten dürfen *niemals* von Teilnehmern durchgeführt werden.
Ab 5 m Höhe: 2 Systeme Selbstsicherung.
Jumars: 2 Selbstsicherungen.
Helmpflicht bei allen Arbeiten und im unmittelbaren Bereich der Arbeit!

Redundanz:
Jedes lebenswichtige System wird doppelt geführt: Beispielsweise:
Pampers Pole: Zwei Sicherungsseile + dazugehöriges System.
Beam: Auf jedem Baum zwei Aufhängeseile.
Low V's: V-Punkt absichern. Wenn kein Stahlseil verwendet wird: Zwei statische 11 mm Seile.
Jeder Sicherer hat einen zweiten Sicherer. Das ergibt z.B. beim Pampers Pole 4 Personen, die sichern.
Es müssen 2 Instruktoren pro Übung sein:
Pampers Pole: 1 sichert, 1 Pull Line
Beam: 1 beobachtet von außen, 1 steht *unter* dem, der über den Beam gehoben wird.

Pampers Pole:
Einige Hinweise, die nur den Sicherheitsstandard demonstrieren sollen und die Bereiche, denen Beachtung geschenkt werden muß, aufzeigen: Sie können *keineswegs* als Konstruktionsanleitung dienen. Dies kann, nach dem derzeitigen Stand an Wissen, nur *persönlich* durch erfahrene Ropes Course Constructors geschehen!
Canopee:
3/8" galvanisiertes Spezial-Drahtseil ("aircraft cable")
Durchgebohrte Ringhaken (5/8") bei den Bäumen (sind die schonendste Möglichkeit).
Zusätzliche Sicherungsschlinge mit dem Drahtseil (locker um den Baum gelegt)
Immer 2 U-Bolts.

---

[1] Siehe z.B. Tod, 1990.

Strand Vises verwenden.
Alle Seilklemmen usw. rostfrei.
Nur Stahlkarabiner in Verbindung mit Drahtseilen (Rapidglieder).

Bäume:
Bäume auf Gesundheit (keine morschen Anteile) überprüfen.
Durchbohren mit Ringhaken ist das beste.
Die meisten Bäume müssen mit abgespannt werden. Abspannungen nicht höher als 2/3 des Baumes anbringen.
Es gibt keine Faustregeln für die Dicke der Bäume. Mindestdurchmesser an der Aufhängung ca 30 cm. usw.

Aufhängung für den Teilnehmer:
Dynamische Seile.
Achterknoten mit doppeltem Spierenstich als Absicherung, größere Schlaufe = tragendes Seil.
Pull Line: Statisches 11 mm Seil.
3 Schraubkarabiner, vorzugsweise mit automatischem Drehverschluß.

Während des Projektes mußte auf behelfsmäßige Konstruktionen zurückgegriffen werden:
Canopee:
Statische Seile 11 mm, doppelt genommen.
Befestigung an den Bäumen mittels "Tensionless Knot"[1]
Karabiner doppelt geführt, nur Schraubkarabiner.
Gurte: Kombigurte, mit 2 in sich unabhängigen Systemen.[2]

Beam:
Durchmesser: *Mindestens* 15 cm an der schwächsten Stelle.
Trocken, aber nicht verrottet.
Spannweite: 3m.
Aufhängung: 11 mm Seil und Bandschlingen.

4.5 Ausbildung der Instruktoren

Wie an anderer Stelle bereits angesprochen, existiert zur Zeit keine entsprechende Ausbildung zu Instruktoren für Outdoor-Aktivitäten. Daher sollen im folgenden einige grundsätzliche Überlegungen, die Ausbildung betreffend,

---

[1] Besteht aus 4-5 Umwicklungen, die mittels doppeltem Spierenstich um das Hauptseil abgebunden werden. Knotenfestigkeit: 98 %.

[2] in Europa nicht erhältlich.

angestellt werden. Diesen Weg weiter zu beschreiten, scheint uns eine wesentliche Folgeaufgabe des Projekts zu sein.

Juristischer Standpunkt:
Entgeltliche Führungstätigkeit im alpinen Bereich fällt in die Kompetenz des staatlich geprüften und behördlich autorisierten Berg- und Skiführers.[1]
In Vorarlberg, Tirol, Salzburg, Steiermark, Kärnten und Oberösterreich wird die Tätigkeit durch die Bergführergesetze geregelt. In Niederösterreich gibt es entsprechende Passagen im Sportgesetz[2].
Bei den Outdoor-Aktivitäten sind aber unterschiedliche Funktionen und Tätigkeitsbereiche abzudecken, die *nicht den Berführergesetzen zuzuordnen sind* und für die keine klaren Kriterien und Richtlinien existieren. Daher sind zunächst die Tätigkeitsfelder und Verantwortlichkeiten zu klären:

4.5.1 Differenzierung der Tätigkeits- und Verantwortungsbereiche der Instruktoren[3]

Folgende Aufgaben und Tätigkeitsbereiche lassen sich unterscheiden:

* Sichern (Sicherer)
* Gruppenleitung mit Verantwortung für die Sicherheit der Gruppe (Gruppenleiter)
* Kursleitung mit Verantwortung für mehrere Gruppen (Kursleiter)
* Ropes Course Konstruktion
* In unserem Fall: Projektleitung

Beim Projekt übernahmen die Sozialarbeiter die Rolle des professionellen Sicherers.
Anstelle einer Kursleitung wurde eine strenge/genaue Kompetenztrennung vorgenommen (unter Supervision). Die Bergführer teilten sich die Verantwortung ("Kollektive Führung"). Sie hatten außerdem die Ropes Course Konstruktion über.

Sicherer:
Überprüfung von Konstruktionen, Verankerungen, Sicherungssystemen mit dem Auge.
Verständnis des Sicherungsablaufes.
Demonstrieren des Sicherns.

---

[1] Ausnahmen siehe Landesgesetze.

[2] In Kraft getreten: 1.1.1991.

[3] Hier beziehen wir viele Informationen aus dem Handbuch von Pecos River Learning Centers, Inc.

Knoten, Anseilen, Seilaufschießen,...
Unterstützen von Teilnehmern.
Mentale Ausdauer (Sichern ist sehr ermüdend).
Überblick über Abläufe; Sicherer muß Fehler sofort rückmelden.

Gruppenleiter[1]:
Kann eine Gruppe sicher durchs Gelände führen.
Kann der Gruppe diese Fähigkeit beibringen und sie dabei betreuen.
Kann eine Station herrichten (bei fixem Ropes Course).
Kann eine Station erklären und überwachen.
Kann "STOP!" sagen.
Hat Kriterien dafür, "STOP" zu sagen.
Versteht den Aufbau der Station.
Kann in jeder Situation eine Rettungsaktion durchführen.
Beherrscht Erste Hilfe.
Kann improvisieren.
Kann Sicherer ausbilden.
Hat Wissen über Material, Knoten.
Hat gewisse Konstruktionsfähigkeiten.
Muß 'jümarn'[2] können.
Kann bei Disziplinlosigkeit intervenieren.
Die Bergführerausbildung kann hier als Basis dienen, sie reicht aber nicht aus.
Spezielle Fortbildungen sind nicht nur im technischen Bereich nötig.
Da wir davon ausgehen, daß Unfälle auch psychische, soziale und persönliche
Ursachefaktoren haben, muß der Gruppenleiter grundlegende Kenntnisse dar-
über sowie über Gruppen- und Gesprächsführung, Krisenintervention usw.
haben.

Kursleiter:
Darf keine Gruppe übernehmen.
Hat gleiche Fähigkeiten wie Gruppenleiter.
Kann Stationen reparieren.
Kann technische Probleme antizipieren.
Sollte bei mindestens 3 Ropes Course Konstruktionen dabei gewesen sein.
Kann mit Behörden (Forst, Jäger, Gendarmerie, Bergrettung usw.) umgehen.
Muß jumarn können.
Muß sich um die Handbücher kümmern.
Muß den externen Sicherheitsberater betreuen.

---

[1] Bei US-Firmen wird in Assistant und Teamleader unterschieden. Diese Unterscheidung scheint hier nicht sinnvoll.

[2] Aufsteigen entlang eines Seils mittels einer Seilklemme (ersetzt das Prusiken).

Ropes Course Konstrukteur:
Muß bei mehreren Ropes Course Konstruktionen dabei gewesen sein.
Muß in Kontakt mit Organisationen stehen, die den neuesten Stand der Technik beherrschen und Unfallanalysen betreiben.
Muß sich mit Stahlkabelkonstruktionen, speziellen Anwendungen von Perlonseilen und Karabinern auskennen.
Muß sich mit Bäumen auskennen (vgl. Belanger/Anderson, o.J.).
Muß Gruppenleiter koordinieren können.

Projektleiter:
Muß die Fähigkeiten der Mitarbeiter kennen und diese danach einsetzen.
Muß zwischen Organisationen, Institutionen und Behörden vermitteln können.
Muß für externe Sicherheitsüberprüfungen sorgen.
Ist für das 'Handbuch' verantwortlich.

4.6 (Beinahe)Unfälle

Im folgenden soll noch auf das Unfallgeschehen bei derartigen Aktivitäten eingegangen werden.
Zu einer groben Systematik der Unfallfolgenschwere:
* Leichter Unfall: Abschürfung, Schnitt, ...
* mittlerer Unfall: Teilnehmer ist an der weiteren Teilnahme gehindert.
* schwerer Unfall: Arzt oder Spital (Bergrettung) nötig.

4.6.1 Zwischenfälle im Rahmen des Projekts

* Beinahe-Unfälle wurden nicht systematisch aufgezeichnet.
* Mehrere leichte Unfälle: diese waren in unterschiedlichen Gruppen unterschiedlich häufig und deuten doch einen Zusammenhang mit dem Konfliktpotential einer Gruppe an.
* Verletzungen von Sicherheitsregeln wurden nicht systematisch aufgezeichnet.
* Konstruktionsfehler (ohne Unfallfolgen) wurden nicht aufgezeichnet.

Der schwerste zu verzeichnende Zwischenfall war eine Hodenverletzung beim 'Low V' durch ein nachschlagendes Seil. Da der Teilnehmer auch nach dem Kurs noch Schmerzen hatte, ließ er sich ärztlich untersuchen. Bei dieser Untersuchung wurde unabhängig von der Verletzung Hodenkrebs diagnostiziert. Der Teilnehmer ist inzwischen geheilt.
Ein zum Glück folgenloser Zwischenfall (siehe auch Kap. 5):
Durch unklare Informationen am Beginn eines Hüttenaufstieges wurden die Instruktoren durch die Spitzengruppe überrascht: Diese war zu rasch vorgegangen und hatte sich verirrt. Eine Suchaktion mußte unter extrem schlechten

Wetterbedingungen durchgeführt werden. Schließlich fanden die Verirrten selbständig die die Hütte.

4.6.2 Einige Unfallursachen bei Ropes Course Aktivitäten in den USA[1] und in Österreich

Da sich im Rahmen des Projekts keine schwereren Unfälle ereigneten - worüber wir natürlich sehr froh sind -, wollen wir, um die möglichen Gefahrenquellen etwas zu verdeutlichen, auch auf andere typische Unfälle und deren mögliche Ursachen eingehen:

Unfälle und Fast-Unfälle

Ein Bienenschwarm überfällt eine Gruppe beim Pampers Pole, auf dem gerade einer steht. *Alle* laufen weg, nur zwei nicht: Der auf dem Pole, und der professionelle, bezahlte Sicherer; er läßt sich sieben Mal stechen, läßt aber das Seil nicht los.

Ein Ropes Course Konstrukteur fällt aus 6 Meter Höhe knapp neben einem Generator auf den Boden (er hat enormes Glück). Eine Selbstsicherungsschlinge war falsch verknotet. Er hat sie nicht überprüft und außerdem kein redundantes System benützt.

Beim Überprüfen eines Ropes Courses wurde festgestellt: 1 Lock Link in 25 Meter Höhe fast offen! Wie ist das möglich?

3 Teilnehmer einer Gruppe waren so alkoholisiert, daß sie von den Aktivitäten ausgeschlossen werden mußten.

Beim Blind Trust Walk wanderte ein Paar unbemerkt vom (überforderten) Gruppenleiter in eine andere Richtung davon. *Beide* waren blind und führten einander. Das Gelände in diese Richtung barg Absturzgefahr.

Der selbe Zwischenfall auf einem anderen Kontinent. Diesmal stürzte das blinde Paar in eine Felsspalte (keine Verletzungen). Die Instruktoren plauderten miteinander und achteten daher zuwenig auf die Gruppe.

Die Gruppe baute einen sicherlich 100 Kilo schweren Beam ab. Ein Teilnehmer löste einen Knoten, eine Teilnehmerin stand darunter. Der Beam lag nur auf einem dürren Ast. Dieser brach, der Beam streifte den Kopf der Teilnehmerin.

---

[1]Zusammengestellt nach National Safety Network (o.J)

Beim Aufbau eines Pampers Pole schlug sich ein Instruktor beim Aufnageln der Pizza mit dem Hammer selbst k.o. Knapp vorher bestand der Kursleiter darauf, daß jener eine Selbstsicherung verwenden müsse. Das Problem war dann letzlich nur, den Bewußtlosen herunterzubekommen.

Beim Abbau eines Pampers Pole schlug ein Instruktor leicht gereizt auf eine aufgenagelte Stufe, die einseitig losging und ihm eine heftige Ohrfeige verpaßte. Knapp vorher hatte ein anderer Instruktor darauf bestanden, daß eine Selbstsicherung zu verwenden sei.

Nach dem Entschluß, den Trust Fall *nicht* zu machen, war eine Frau so aufgeregt, daß sie sich den Fuß verstauchte.

Beim Blind Trust Walk war das Tempo zu hoch. Der Sehende stieg dem Blinden auf den Fuß - Knochenbruch.

Ein Teilnehmer schaffte als einziger den Pole nicht ganz. Beim Herunterlassen klagte er über Schmerzen im Oberschenkel (Krampf). Darauf wurde der Ropes Course abgebrochen.

Beim Wandern zu einer anderen Übung brach ein Teilnehmer zusammen: Herzanfall, tot. Er hatte schwere Herz-Medikamente genommen und dem Team nichts davon gesagt.

Einige vermutete Unfallursachen (vgl. Safety Network o.J)

Teilnehmer: Unrealistische Erwartungen an den eigenen Körper; Müdigkeit; Hudeln; Falsches Verhalten unter Streß; Gruppendruck nachgeben; nicht um Gefahren kümmern; ...

Gruppe: Mangelndes gegenseitiges Vertrauen bei Aktivitäten; exzessive Konkurrenzsituationen; schlechte Kommunikation; Blödeln; ...

Instruktor: Möchte den Zeitplan einhalten - Druck wegen Zeitplan; zu hohe Erwartungen in die Teilnehmer; Entscheidungsschwäche; ...

Aktivität: Früh am Morgen; Spät am Abend; beim Sporttreiben; 'elektrischer Zaun' (siehe: New Games - Fluegelman/Tembeck 1979); Laufen im Wald.

4.7 Projektkritik und Ausblick unter der Perspektive Sicherheit

Wir sind der Meinung, daß nur auf der Grundlage einer kritischen Selbstbetrachtung für nachfolgende Projekte effiziente Verbesserungen möglich sind. Auch bei bestgemeinter Planung kommt es insbesondere bei 'Erstversuchen' zu Fehlern. *Sicherheitsverbesserungen sind nur auf der Grundlage systematischer Analyse von Fehlern, 'die einfach vorkommen', wirklich effizient,* und können nicht nur - wie dies meist geschieht - im Aufzählen von dem, was man tun sollte, bestehen.
Folgende Mängel sind beim Projekt aufgetreten und könnten bei zukünftigen Projekten verbessert werden:

(1) Es wurde keine externe Sicherheitskontrolle durchgeführt. Es sollte einer oder mehrere Experten bei der Planung und bei mehreren Aktionen anwesend sein und eine Analyse des Sicherheitssystems durchführen sowie die Erkenntnisse in einem Bericht zusammenfassen.
(2) Es wurden keine internen Unfall- oder Zwischenfallberichte verfaßt.
(3) Es gab kaum einen Austausch zum Thema Sicherheit zwischen den beiden Kleinteams.
Wie man am Umfang und Inhalt dieses Kapitels erkennen kann, ist im Bereich Sicherheit intensiv gearbeitet und darüber diskutiert worden, dennoch haben wir es verabsäumt, eine systematische Auswertung von Unfallgefährdungen vorzunehmen.
Auch aus Beinahe-Unfällen kann man lernen, wenn sie bekanntgegeben und analysiert werden. Es sollte daher für künftige Aktivitäten ein entsprechendes Formular verfaßt werden (siehe Anhang).
Es sei hier auch nur knapp angemerkt, daß zwischen Handlungsfehler und Folge des Handlungsfehlers (Unfallschwere) nur ein sehr 'loser' Zusammenhang besteht (vgl. ausführlich dazu Amesberger, Kleiner, Sobotka, 1991)
(3) Derzeit kommt keine offizielle Ausbildung den Erfordernissen nach. Am ehesten kann eine alpine Ausbildung eine Basis darstellen (alpine Gefahren, Gruppenführung, Seilknoten usw.) Diese *muß* allerdings ergänzt werden, um die sachlichen Notwendigkeiten abzudecken und den internationalen Standard zu halten.
(4) Ropes Courses sollten fix, mit galvanisierten Stahlseilen installiert sein und regelmäßig von einem Ropes Course Konstrukteur gewartet werden.
(5) Ein Informationsaustausch mit anderen Veranstaltern sollte organisiert werden.

Epilog

Die schlechte Nachricht:
Leider konnte bisher noch kein wirklicher Austausch auf breiter Basis zwischen den Personen, die in diesem Bereich arbeiten, organisiert werden, wie er in den USA stattfindet. Zumeits war der Informationsfluß eine "Einbahnstraße": Trotz offener Informationsweitergabe kamen kaum Rückmeldungen (Erfahrungs-berichte, Unfall/Zwischenfallanalysen oder gar Informationen über Methoden, Programme o. ä.). Dies finden wir sehr bedauerlich.
Die gute Nachricht:
Erfreulicherweise gibt es dennoch eine sehr kleine Gruppe von Outdoor In-struktoren, die ins internationale Netzwerk eingebunden ist und in der dieser Austausch funktioniert.

5. Gruppenprozesse bei Outdoor-Aktivitäten

Im Rahmen dieser Analyse wird eine generalisierte Darstellung typischer Gruppenprozesse im Rahmen der Projektaktivitäten gegeben. Die Ergebnisdarstellung beruht im wesentlichen auf den Beobachtungsprotokollen (siehe Anhang, Kap. 8.1) und den daraus abgeleiteten Gruppenprozessen jeweils getrennt für die beiden Teams A und B der beiden Durchführungsabschnitte.

Während wir im Rahmen der Einzelfallanalyse auch intensiv Theorie verarbeitet haben, verfolgen wir mit der Analyse des Gruppenprozesses primär pragmatische Anliegen. Auf diese Aspekte ausführlich einzugehen, hat für uns mehrere - Gründe:

(1) Die Gruppe besteht aus unterschiedlichen Untergruppen (Team, Probanden und Studenten). Eine wesentliche Frage, die die Evaluation zu klären hat, ist daher, welche Bedeutung das Zusammenkommen unterschiedlicher sozialer Gruppen bei Outdoor-Aktivitäten hat: Ist es für die beiden Gruppen (Probanden und Studenten) möglich, voneinander zu lernen? Führt die Teilnahme von zu unterschiedlichen Personengruppen zu einer Überforderung der Teams und/oder der Teilnehmer? Wie entwickelt sich die Beziehung der Untergruppen, welche Rollen und Normen werden aufgestellt, verändert, ... ? etc.

(2) Die Prozeßanalyse soll dem Praktiker eine Reihe von Hinweisen darüber liefern, 'was ihn im Rahmen derartiger Aktivitäten erwartet'. Das heißt, es soll insbesondere auch auf auftretende Schwierigkeiten und Probleme im Gruppenprozeß eingegangen werden.

(3) Nicht zuletzt ist auch die typische gruppendynamische Phasenstruktur nachzuvollziehen. Entsprechend erfolgt die Darstellung auch chronologisch in der Reihenfolge und Struktur der Phaseneinteilung in Kap. 3.

5.1 Vorbereitungsphase (ta-Phase)

Der Leser muß in dieser Phase von der Vorstellung ausgehen, daß erstmals Probanden und Studenten zusammenkamen. Die Teilnehmer kamen mit ihren persönlichen und sozialisationsbedingten Vorurteilen zu dem ersten Treffen. Der Informationsstand über das, was in den Aktivitäten 'passieren' könnte, über das 'was das Projekt eigentlich soll', war völlig unterschiedlich, durch persönliche Phantasien angereichert und mit eventuellen Erfahrungsberichten oder 'Gerüchten' Dritter unterlegt. Manche Studenten hatten darüber vielleicht schon etwas gelesen oder ein Seminar in diese Richtung besucht, sie kannten zum Teil den einen oder anderen Projektmitarbeiter. Manche Probanden waren schon

mit Alfred Wagner in den Bergen unterwegs, waren von ihrem Bewährungshelfer 'hergeschickt' worden oder hofften, irgend einen Bekannten anzutreffen, der auch mitmacht.
Schließlich war da auch noch das Team, das gespannt war, wieviele Teilnehmer kommen werden, wie diese sein werden. Im ersten Durchführungsabschnitt bekamen die Bergführer und wissenschaftlichen Begleiter erstmals konkreten Kontakt mit Probanden (zumindest in dieser Funktion). Die Sozialarbeiter konnten erstmals die Studenten als mögliche Teilnehmer 'beschnuppern', mit denen sie im Umgang ebenfalls keine Erfahrungen hatten. Insgesamt also eine offene, ja spannende Ausgangssituation.

Vor diesem Hintergrund möchten wir die in dieser ersten Phase wirksamen und in der Beobachtung deutlich gewordenen Gruppenprozesse und Gruppennormen darstellen.
Wir haben uns diesbezüglich an einfache Schemata gehalten, wie diese beispielsweise in Antons (1976) dargestellt sind.

Beziehungsnormen:
Das Team hat in dieser Phase die Leitungsfunktion inne. Es gibt die grobe Struktur vor, informiert und wird generell in dieser Funktion angenommen.
Zu Beginn dieser Phase handelte es sich noch um eine Großgruppe (20-30 Personen), Gruppe A und B waren noch nicht getrennt.
Im ersten Durchführungsabschnitt fanden sich verblüffend rasch 'Sprecher' unter den Probanden: So schilderte ein Proband ausführlich und offen seine soziale Situation (geschiedene Frau, Kinder etc.) und wies auf seine Benachteiligung hin. Während ein geringer Teil der Probanden durch Beteiligung am Gespräch zumindest scheinbar selbstsicher auftrat, hielt sich der Großteil schweigend im Hintergrund. Auch erste Außenseiterpositionen wurden 'deklariert'. Im zweiten Durchführungsabschnitt wirkten die Probanden beim ersten Treffen verschüchtert und zurückhaltend, sie reagierten kaum auf Ermutigungen, zu sprechen. Die Teilnehmer, die sich dann doch zu Wort meldeten, reagierten eher impulsiv.
Die Studenten nahmen eine eher abwartende Position ein. In dieser ersten Klischee-Phase zeigten sich zwei Grundtendenzen bei den Studenten:
(1) Gleichstellung mit den Probanden: 'Wir sind auch eine Randgruppe'.
(2) Helfer-Syndrom: 'Wir wollen euch verstehen, euch helfen, für euch dasein.'
Unausgesprochen stand bei einigen Studenten auch der Wunsch dahinter, 'sich selbst nicht so sehr einlassen zu müssen' (Abwehrhaltung).
Die Untergruppen saßen beisammen, das Team teilte sich bewußt in der Runde auf.
Sowohl bei Probanden als auch bei Studenten gab es kleine Cliquen, zumeist 2er- oder 3er-Gruppen, die einander enger kannten und dies auch nach außen mehr oder weniger direkt merken ließen.

Die *ersten Kontaktaufnahmen zwischen Probanden und Studenten* verliefen in den einzelnen Gruppen unterschiedlich:
Teilweise versuchten Probanden Kontakt über leicht aggressive Provokationen herzustellen, teilweise waren beide Gruppen an Kontakt interessiert, es fehlten ihnen aber die kommunikativen Möglichkeiten dazu. In einer weiteren Gruppe versuchten vor allem die Studenten mit viel (verbalem) Einsatz diesen Kontakt herzustellen, was ihnen letztlich auch gelang.
Teilweise erkundigten sich die Teilnehmer genau über die *wissenschaftliche Begleitung.* Diese Informationen lösten offensichtlich unterschiedlichste Gedanken und Gefühle aus: Von 'gebraucht werden', über 'naja, wenn's sein muß' bis zur Angst, 'kontrolliert zu werden' und 'den Herren da oben dienlich sein zu müssen'.

Kommunikationsformen:
Die Gruppenteilung, die jeweils in der ersten Sitzung durchgeführt wurde, erhöhte zunächst immer die Spannung, wenn sie angesprochen wurde. Da aber stets (spielerische) Methoden eingesetzt wurden, bei denen die Teilnehmer miteinander reden 'müssen', um einander 'zu finden', wurden damit auch jeweils erstmals die 'Gesprächsstrukturen' verändert und aus den starren Abläufen gelöst.
Allgemein verhielten sich die Teilnehmer nach den Sprachgewohnheiten, mit denen sie sich zu schützen gelernt haben: Schweigen, verlegenes oder leicht gezwungenes 'Lustig sein', unterschwellig aggressive Äußerungen oder es wurde primär auf der Sachebene die Organisation besprochen. Während in zwei Gruppen die letztere Kommunikaionsform überwogen, schien in den anderen das Schwergewicht auf der ersteren zu liegen.

Bedürfnisse in der Gruppe:
Erste Äußerungen zu dem, 'was sein soll' oder 'nicht sein soll', wurden sowohl von Probanden als auch von Studenten gemacht. In manchen Gruppen wurden gleich zu Beginn die Gruppenregeln hinterfragt: 'Wie ist das mit Freizeit, Alkohol, ...'
Teilweise waren aber die Vorstellungen auch 'starr': 'So geht's und nicht anders'. Auch wurden erste Leistungsanforderungen deklariert.
Insbesondere im ersten Durchführungsabschnitt wurde von manchen Probanden mit einem Auge auch zur anderen Gruppe 'geschielt': 'Sind wir die bessere Gruppe?' Auch erste indirekte Wünsche nach Zuneigung wurden spürbar.

Gefühlsäußerungen:
Mit dem Zeigen von Gefühlen waren die Teilnehmer noch äußerst vorsichtig, in manchen Gruppen kam Vorfreude auf, in anderen wurde in dieser Phase wenig gelacht und Freude eher unterdrückt. Manche Teilnehmer zeigten auch erste Ängste vor möglichen Überforderungen.

Sanktionsformen:
In dieser abtastenden Phase waren noch kaum klare Normen erkennbar. Es wurden aber teilweise erste Abmachungen getroffen (z.b. Alkoholverbot), deren Verletzung als Unfairness gegenüber der Gruppe mit Beziehungsentzug 'geahndet' werden sollte.

Konflikte:
Konflikte wurden noch kaum angesprochen, jedoch wurden erste Beziehungskonflikte deutlich. Auch waren die Gruppen noch kaum in der Lage, Entscheidungen zu treffen. Die Leitung mußte die Gespräche stark strukturieren und Entscheidungsfindungen unterstützen, da dies ansonsten zu lange dauerte und zu lange Diskussionen von den Teilnehmern als frustrierend erlebt wurden.

Bedeutsame Ereignisse:

(1) Als wesentlichstes Problem in dieser Phase für die Gruppenbildung erwies sich das *Absenz- und Fluktuationsproblem.* Die ständigen Veränderungen in der Zusammensetzung der Gruppe verlängerte die klischeehafte Phase des Konventionellen und des gegenseitigen Abtastens in allen Gruppen. Auch die organisatorischen Maßnahmen (Zeit- und Ortsvereinbarungen, Material, Essensversorgung, etc.) wurden dadurch verlängert, mühsamer und für laufend Anwesende wiederholend und langweilig. Das Thema *Mitverantwortung für die Gruppe* tauchte auf.
(2) In einer Gruppe führte eine intensive Diskussion über *gegenseitige Vorurteile* zu einer deutlichen Kontaktverbesserung.

5.2 Erste Hauptphase (tb1-Phase)

Zu dieser Phase ist eine Vorbemerkung notwendig, die auch im Programm schon angeklungen ist. Aufgrund der Erfahrungen aus dem ersten Durchführungsabschnitt wurde diese Phase im zweiten deutlich gekürzt, sodaß sich einige typische Gruppenprozesse in die 2. Hauptphase, den langen Block, verlagerten und dort aufgrund der Kontinuität und der erschwerten Möglichkeit 'auszusteigen' kompakter und durchgängiger bearbeitet werden konnten.

Beziehungsnormen:
Cliquen und Einzelgänger kristallisierten sich deutlicher heraus. Diese Strukturen wurden auch wieder verändert, es entstanden auch erste intensivere Kontakte zwischen den Gruppen (Studenten-Probanden). Allgemein geriet das zuvor eher starre Beziehungsgefüge in Bewegung. Auch durch massive Erlebnisse in Outdoor Situationen - z.b. durch eine Suchaktion wurden bis dahin scheinbar unauflösbar starre Strukturen aufgebrochen.

155

Gruppenführungspositionen wurden teilweise umkämpft, teilweise wurden 'Führer' auch kampflos akzeptiert. (Siehe auch gruppendynamische Phasen dieses Abschnittes.)

Kommunikationsnormen:

Mehr offene Kritik im Vergleich zur Anfangsphase wurde möglich (auch gegenüber dem Team). Teilweise war dies ein Hinweis auf ersten Widerstand (Abwehr gegen Betroffenheit) durch teilweise provokativ-aggressives, teilweise passivabwertendes Verhalten, teilweise wurde versucht, Anweisungen des Teams zu mißachten oder zu umgehen (Ausrüstung, Einzelaktionen im alpinen Gelände, u.ä.). Studenten maßen sich eher kognitiv, Probanden eher körperlich mit einzelnen Teammitgliedern.

Bedürfnisnormen:

Als Bedürfnisse traten insbesondere Anerkennung und ein 'auf sich aufmerksam Machen' auf der einen und 'von sich (auf andere) Ablenken' auf der anderen Seite auf. Dies geschah auf der Ebene des Führungsanspruches, der Cliquenbildung und der Partnerschaftssuche.

Bei den meisten *Studenten* war von Anfang an eine (be)ruhige(nde) Kommunikation untereinander auffallend. Die Haltung in der Gruppeninteraktion war überwiegend zurückhaltend und beobachtend. In den Outdoor-Aktionen war häufig ein unterstüzendes, altruistisches Verhalten zu beobachten. Nicht selten war damit aber ein Ablenken von sich selbst verbunden, d.h. eine Einstellung, die die eigene Problematik - im Vergleich zu der der Probanden - zurückstellt, was anhand der Beobachtungskategorie: "Wer spricht am meisten bzw. am wenigsten ?" (vgl. Anhang) ersichtlich ist.

Diese durchgängig zu beobachtende Helfertendenz ist treffend mit Schmidbauers Helfer-Syndrom (HS) beschrieben:

"Der HS-Helfer weicht der Auseinandersetzung mit seiner eigenen, beschädigten Subjektivität und eingeschränkten Selbstverwirklichung dadurch aus, daß er anderen vermeintlich das Schicksal erspart oder doch erleichtert, an dem er selbst trägt." (Schmidbauer, 1985, S.234)

Die Anfälligkeit für die Übertragung des Helfer-Syndroms war für die Studenten-Gruppe aufgrund ihrer "Rollenunsicherheit" im Projekt besonders hoch. Verstärkt wurde dies auch durch die unterschiedlichen Voraussetzungen beider Untergruppen (motorischer, kognitiver und emotionaler 'Vorsprung' der Studenten).

Im ersten Durchführungsabschnitt reagierten die Teams zu wenig auf dieses Phänomen, da es auch nicht als Problem erkannt wurde. Erst in der Studentensupervison konnte dies ausführlich nachgeholt werden.

In einer Gruppe war bei den Probanden besonders der fehlende, direkte Dialog untereinander auffällig. In den Plenumsdiskussionen kommunizierten sie über Vermittlungspersonen aus der Studenten- und Team-Gruppe miteinander. In anderen Gruppen liefen diese Kommunikationen eher direkt (vgl. Antons, 1976). Erstere Kommunikationsform impliziert das starke Bedürfnis, andere Gesellschaftsgruppen kennenzulernen. Negativ formuliert war es auch die Angst vor Rückfälligkeit, die sich in dem Kreis der Gleichgesinnten und ihrer Kommunikation manifestiert.

Auf das Bedürfnis der Probanden nach Leistungsvergleich in manchen Gruppen ließen sich die Studenten kaum ein. Auch die Art der Aktivitäten machte den Probanden bald deutlich, daß es um körperliche Überlegenheit nicht ging und daß mehr Befriedigung aus Kooperation zu ziehen ist.

Gefühlsnormen:
Häufig traten positive Emotionen, Freude und Begeisterung auf. Wo Alkoholprobleme akut wurden (siehe unten), kam es auch zu Frustration, Ärger und Aggression.
Destruktive Gefühle wurden vom Team eher ignoriert.

Bedeutsame Ereignisse:

(1) Verlust von drei Teilnehmern und Suchaktion:
In einer Gruppe des ersten Durchführungsabschnittes führte die Leistungsorientierung einiger Probanden dazu, daß sie gegen die Abmachungen vorausliefen und sich völlig verirrten. Aufgrund der schlechten Wettersituation (Kälte, Nebel und Schneefall) war die Situation heikel und die erfolgreiche Suchaktion forderte das Team und die Teilnehmer bis an die Erschöpfungsgrenze. Während der Suchaktion waren alle Teilnehmer hilfsbereit und handlungsfähig. In der Reflexion wurde das Ereignis von einigen Probanden vorerst herabgespielt (bagatellisiert), und sie zogen sich teilweise wieder auf Klischees zurück. Mittelfristig wirkte dieses Ereignis aber positiv auf die Gruppenbildung. Nach dem ersten Wochenende kam es zu deutlich mehr Nähe, Wärme und Gruppenkohäsion. Die Teilnehmer erwarteten mit Freude und Neugier die kommenden Aktionen.

(2) Alkoholproblem:
In einer Gruppe des ersten Durchführungsabschnittes, in der das Team in Konflikte geriet, wurde über das Alkoholproblem ein deutlicherer Rückzug in die einzelnen Untergruppen erkennbar. Durch die unklare umd uneinheitliche Haltung des Teams wurde das Problem noch verstärkt. Seitens der Studenten wurden aufgrund der für sie unbefriedigenden Konfliktsituation massive Anstrengungen zur Überwindung unternommen.
In einem anderen Team führte die Nicht-Besprechung von Alkoholkonsum eines Probanden am ersten Wochenende zum vermehrten Konsum (4 Probanden) am zweiten Wochenende.
Im Sinne der Selbstwirksamkeitskonzeption führte das Team die geplante Abseilübungen am darauffolgenden Tag durch und verstärkte bewußt den körperlichen Streß. Dies hatte zur Folge, daß sich die 4 Probanden nicht 'wohl fühlten'

und von den anderen Teilnehmern abgelehnt wurden, indem sich niemand von ihnen sichern ließ.

Das Alkoholproblem wurde nun thematisiert - es wurde bis dahin als "ungeschriebenes Gesetz" a priori angenommen - und man einigte sich auf ein "Alkoholverbot".

Das Team intervenierte mit der Frage, welche Vorteile Alkoholkonsum mit sich bringt. Die so provozierte 'logische Sinnwidrigkeit des Alkoholkonsums' konnte argumentativ von den Probanden nicht widerlegt werden, da sie nicht über gleichwertige, intellektuelle und verbale Kompetenz verfügten.

Bis auf einen Teilnehmer, der an der Diskussion nicht teilnahm (Protest), waren alle damit einverstanden und hielten sich über die gesamte Projektzeit daran. Nach der Protestphase hielt sich letzlich auch dieser an die Vereinbarung.

(3) Reflexion:
Das Reflektieren über die Gruppenaktivitäten wirkte sich anfangs befremdend auf die Probanden-Gruppe aus.

Die Reaktionen auf Konfrontation mit auftretenden Problemen waren individuell unterschiedlich: Widerstand und Flucht, Verharmlosen und Lächerlich-machen, witzig-aggressive Äußerungen, Rückzug, Verstärken der Cliquenbildung. Obwohl die Probanden in der Diade (Freundeskreis, Sprechstunde,...) mehr oder weniger gewöhnt sind, ihre Gefühle und Gedanken zu äußern, war für sie die Plenumsituation und die damit verbundene größere Öffentlichkeit der Gemeinschaft sehr hemmend und unangenehm.

Diese "gegenseitige Bezogenheit und Abhängigkeit der Teilnehmer untereinander" (Schunk, 1983,93) brachte es mit sich, daß die Teilnehmer mit ihrem Handeln und dessen Konsequenzen neuerlich konfrontiert waren und gezwungen wurden, sich zum Geschehen zu deklarieren, respektive Stellung zu beziehen. Mit den Outdoor-Aktivitäten erhöhte sich die Gruppenkohäsion und es entstand eine wohlwollende Atmosphäre, die Flucht- und Blockverhalten reduzierte.

Da das "Abschneiden des Fluchtweges" (vgl. Hambrecht, 1982) bzw. des Ausweichverhaltens - wie etwa bei Segeltörns oder Projekten in der amerikanischen Wildnis - im eigenen Ansatz nicht radikal möglich war, erforderte dies ein besonders einfühlsames Leitungsverhalten (siehe Programmanalyse).

Die Aufgabe des Teams bestand darin, eine wohlwollende Atmosphäre in der Gruppe zu fördern, um den Teilnehmern die Auseindersetzung mit den Konsequenzen des Handelns zu ermöglichen.

Sowohl das "Alkoholproblem" als auch die "Suchaktion" wurden als die Gruppengemeinschaft gefährdende Probleme vom Team thematisiert und von den Betroffenen noch in der ersten Hauptphase akzeptiert.

(4) Widerstand:
Das bereits in der Reflexionsmethode erwähnte konfliktausweichende Verhalten störte die Kooperation der Gruppenmitglieder. Der Widerstand gegenüber dem Team äußerte sich einerseits durch Provokation, andererseits durch "Sichzurückziehen".

Der Provokation lag die "Grundannahme " von "Abhängigkeit" sowie "Kampf und Flucht" (Bion, 1971) zugrunde: Ein Proband griff tätlich ein Teammitglied an. Damit erreichte er zum einen Nähe und Körperkontakt, zum anderen konnte er seine physische Kraft der Gruppe demonstrieren, um anzudeuten, er sei nicht schutzbedürftig und habe solche Autorität nicht nötig.

Der Widerstand, der sich durch Nichtbeachtung der Fachautorität des Bergführers äußerte, hatte in einem Fall eine selbsverursachte (kleine) Verletzung und später das Verirren von 3 Teilnehmern zur Folge (siehe oben).

Im letzteren Fall handelte es sich um die Grundannahme der "Paar-Bildung", hier der Cliquen-Bildung. (vgl. Bion, 1971)

Die Krisen wurden jedoch v.a. aufgrund der wachsenden Zunahme der Gruppenkohäsion überwunden. Kurz vor der Blockaktivität kam es, bedingt durch die Aufnahme neuer Teilnehmer, zu einer Neustrukturierung der Gruppe.

(5) Fluktuationsproblem:

Wir waren, wie oben bereits angedeutet, der Meinung, daß eine zu lange erste Hauptphase das Fluktuationsproblem verschärft. Dies sowohl aus gruppendynamischen Gründen (Entwicklung des Widerstandes) als auch aus organisatorischen und zeitlichen Gründen.

Die Verkürzung und teilweise Neugestaltung dieser Phase im 2. Durchführungsabschnitt verringerte aber die Fluktuation nur unbedeutend.

Bei den durchgängig Teilnehmenden löste die Fluktuation stets unangenehme Gefühle aus: mangelnde Geborgenheit, zu wenig Zuverlässigkeit, das Gefühl, nicht wirklich ernst genommen zu werden, u.ä.

Die jeweils neue Konstituierung der Gruppe bewirkte eine entsprechende Regression im Gruppenprozeß, der nun wieder von neuem eingeleitet werden mußte.

Auch *innerhalb des Großteams* kamen dadurch Spannungen auf. Für die Projektleitung stellte sich die Frage, wer in der Bewährungshilfe, außer den unmittelbar mitarbeitenden Bewährungshelfern, überhaupt hinter dem Projekt stand, welche internen Probleme wohl bestünden, daß es nicht möglich war, genügend Teilnehmer kontinuierlich für ein - nach außen so gewünschtes - Projekt zur Verfügung zu haben. Die Projektleitung und wissenschaftliche Begleitung kamen hinsichtlich der Beibehaltung eines einigermaßen brauchbaren Untersuchungsdesigns massiv unter Druck und mußten schließlich erkennen, daß *das Phänomen Fluktuation selbst ein Evaluationsgegenstand ist, den es zu diskutieren gilt:* Was unterscheidet fluktuierende und kontinuierliche Teilnehemer individuell und systemisch/gruppendynamisch voneinander?

In die Organisations- und Kommunikationsarbeit zur Verbesserung des Rekrutierungs- und Fluktuationproblems floß seitens der Mitarbeiter viel Energie. Letztlich konnte das Problem einigermaßen bewältigt werden.

(6) Selbstorganisation der Gruppe:
Die Verantwortung für den Einkauf der Lebensmittel wurde bereits für die 1. Outdoor-Aktion von Studenten und Probanden gemeinsam mitgetragen. Während in manchen Gruppen eine gesunde/vollwertige Ernährung sofort akzeptiert wurde, wurde in anderen Gruppen von einigen Probanden der Proviant (vor allem Vollwertkost) kritisiert, dennoch war die Versorgung verläßlich und zufriedenstellend.
Das traf auch für die Verteilung des Proviants zu: Der Umgang mit den Lebensmitteln war rücksichtsvoll und im Sinne der Gemeinschaft. (vgl. auch 2. Hauptphase)
Ob diese Kompetenz bei den Teilnehmern bereits vorhanden war oder durch Gruppenerlebnisse des Projekts stimuliert wurde, läßt sich nicht eruieren.

(7) Gruppenregeln:
Über die Entwicklung und Festlegung der Gruppenregeln existierten in den einzelnen Teams unterschiedliche Auffassungen. Während im ersten Durchführungsabschnitt damit noch teilweise wenig reflektiert Erfahrung gesammelt wurde, legten im zweiten Durchführungsabschnitt die Teams die Vorgansweise konzeptionell fest (vgl. auch das Kap. 4 'Sicherheit'). Die dadurch gewonnene Klarheit reduzierte das Konfliktpotential.
Im folgenden sollen die zwei Hauptstrategien in ihrer Wirkung auf die Gruppe knapp zusammengefaßt werden:
(a) Die *Betreuer initiierten bewußt keine Diskussion* über die Kommunikationsregeln. Wenn jedoch ein Teilnehmer durch sein Verhalten die Mitglieder 'störte', reagierten die Betreuer mit der Thematisierung der Störung im Plenum.
Die wesentlichen Störungen waren: lautes Verhalten während der Schlafenszeit, Verweigerung der Aktivität, Alkoholkonsum (siehe oben), verbale Belästigung und Provokation.
Zur Interventionsform im Umgang mit sogenannten 'Störungen' vgl. Kap. 2.9.3, 'systemische Ansätze'. Hier wird der Begriff ´Störungen´ auf das bezogen, was Teilnehmer als störend erleben. Systemisch ist dieser Vorgang (die Störung) natürlich nicht kausal, linear zu interpretieren, sondern als Ausdruck des Systems zu sehen.
In dieser Phase wurden soziale Kompetenzen in einer geschützten Situation erlernt und geübt: z.B. Rollenübernahme, persönliche Kontakte, vom Team nicht initiierte Hilfeleistungen der Teilnehmer untereinander, ...
Zu der Fähigkeit der Teilnehmer, die gelernten konstruktiven Konfliktbewältigungsstrategien in das Alltagsleben zu transferieren, sei auf die Transferphase verwiesen (Kap. 5.4).

(9) Gruppenkohäsion durch intensive/prägnante Erlebnisse:
Es konnte durchwegs festgestellt werden, daß intensive Erlebnisse bei Outdoor-Aktivitäten zu einer anschließenden Erhöhung der Gruppenkohäsion und -identität führten.

Die (subjektiv) risikoreichen Aufgaben konnten von den Teilnehmern in der Regel bewältigt werden. Nach der erfolgreich bestandenen Herausforderung/Krise kam es - das ließ sich nach jeder Gruppenaktivität ähnlichen Inhalts beobachten - zum Ansteigen der Gruppenidentität (vgl. die oben beschriebene Suchaktion). Das traf auch für die sehr anstrengende Wanderung über den Hochschwab bei Regen und Schnee zu, die viel Willenskraft und Durchhaltevermögen der Teilnehmer forderte.

(10) Wohlbefinden durch Geselligkeit:
Wir gewannen den Eindruck, daß die 'Hüttenabende' mit Singen, Spielen und Lachen für einige Teilnehmer eine ganz außergewöhnliche Erfahrung waren. Dies kann man sich vertieft vorstellen, wenn man sich dazu die Biographien der Probanden (vgl. Kap. 6.1) vor Augen hält. Diese Abende erzeugten eine Nähe, die vor allem für die Auflösung der Untergruppen förderlich war.

5.3 Zweite Hauptphase (tb2-Phase): Der ´lange´ Outdoor-Block

Beziehungsnormen:
Die Aufnahme neuer Probanden zu Beginn der Blockphase (siehe Fluktuationsproblem) führte in der Gruppe erwartungsgemäß zu entsprechenden Distanzen zwischen 'alten' und 'neuen' 'Probanden'. Die Nähe zwischen den Studenten und 'alten' Probanden war deutlich größer. In einer Gruppe drehte sich diese Situation um: Aufgrund der eher schwierigen Hauptphase 1 wurden die neu hinzukommenden Probanden von den Studenten als 'bequem' erlebt und bekamen entsprechende Zuwendung.
Entsprechend wiederholten sich auch die 'Kämpfe' um Führungspositionen, Außenseiterpositionen wurden ebenfalls rasch deutlich. Insgesamt vollzog sich aber zumeist eine recht rasche Gruppenbildung durch die Standardaufgaben des Ropes Course (vgl Kap. 3.6.1). Insbesondere die Übungen 'Quiet Walk', 'Blind Trust Walk', 'Trust Fall' erhöhten die Gruppensensibilität.
Im ersten Durchführungsabschnitt mußten die Teams noch Regeln gegen den Widerstand der 'alten' Teilnehmer ('bisher ging's auch so') durchsetzen, dies betraf insbesondere Sicherheitsmaßnahmen.
Die Studenten zogen sich zu Blockbeginn zumeist etwas zurück, da es aus ihrer Sicht und ihrem Rollenverständnis 'ja primär um die (Resozialisierung der) Probanden ging'.

Kommunikationsnormen:
In unterschiedlichem Tempo tendierten die einzelnen Gruppen zur gemeinsamen Entscheidungsfindung und Problemlösung. Dennoch zeigten die geschaffenen Rahmenbedingungen (Abgeschlossenheit; Einschluß aller Teilnehmer; Aufgaben, die nur gemeinsam zu lösen sind; ...) in allen Gruppen die gleiche Gesamt-

161

wirkung: Die selbständige Handlungsfähigkeit der Gruppe erhöhte sich systematisch. Diese Entwicklung erfolgte selbstverständlich nicht linear, sondern mit Rückschlägen und signifikanten, sprunghaften Verbesserungen andererseits. Die Lenkung seitens des Teams wurde dem Gruppenprozeß und der Kompetenz der Gruppe entsprechend systematisch verringert.
Die Kommunikation der Teilnehmer wechselte von 'über etwas reden' auf persönlich bedeutsame Themen.

Bedürfnisse:
Eine Tendenz ging in die Richtung, *'mehr Freiheit'* zu wollen, nicht bei allen Aktivitäten mitmachen zu müssen. Diesen auf der kognitiven Ebene mit der Argumentation der 'persönlichen Entscheidungsfreiheit' vorgetragenen Bedürfnissen wurde unter gruppendynamischer Perspektive seitens der Teams nicht Rechnung getragen.
Der 'Gruppen-Streß' war ein wesentliches Element, um an wichtige persönliche Anteile näher heranzukommen und diese thematisieren zu können. Das Thema der *'Abweichungen'* von vorgegebenen Strukturen hatte in den unterschiedlichen Teams unterschiedlich große Bedeutung und war sowohl von der vereinbarten Team-Methode als auch von den Gruppenstrukturen abhängig, die miteinander in einer komplexen Wechselbeziehung standen und deren Auswirkungen für den Beobachter spannend waren.
In einer Gruppe wurde *teilweise über die Ernährung der Widerstand umgangen.* In Begriffen der Bioenergetik hat es sich um eine strukturell massiv orale Gruppe gehandelt. Das heißt, im übertragenen Sinne haben sich die Teilnehmer einen Teil des (frühkindlichen) Liebesentzugs und der Ungestilltheit über Ernährung wieder geholt. Insbesondere wurde unverhältnismäßig viel Almmilch getrunken. Sieht man dies in Zusmmenhang mit der besonders starken Beanspruchung bei den Outdoor-Aktivitäten aufgrund der extrem schlechten Witterung, so ist die 'Unersättlichkeit' auch für die Situation im 'Hier und Jetzt' eine Kompensation/Unterstützung.

Gefühlsnormen:
Die steigende Vertrautheit führte zu vermehrter direkter Äußerung von Gefühlen wie Lebensfreude, Aggression, Trauer, Zuneigung, etc. Beispielsweise wurden die studentischen Teilnehmerinnen mit den ihnen seitens einiger Probanden entgegengebrachten Gefühlen überfordert. Die von ihnen als Hilfe 'angebotene' Zuneigung führte bei Probanden teilweise zu intensiven Liebesgefühlen. Die Studentinnen wollten nicht abweisend sein, mußten sich aber dennoch 'auf Distanz' halten. In dieser Situation fanden sie im ersten Durchführungsabschnitt eher zu wenig Unterstützung durch das Team, das sie in ihrer Problembewältigungsfähigkeit teilweise überschätzte. Es war zu wenig klar, daß die Betreuer *auch* für die Studenten da waren. In der anschließenden Studentensupervision, an der neben den Studenten auch (zumindest teilweise) die Betreuer teilnahmen, konnten diese Punkte geklärt werden. Die Teilnehmerinnen an der Supervision erkannten wesentliche Lebensstrategien und konnten diese teilweise

so revidieren, daß ihnen klarere Abgrenzung im Umgang mit anderen möglich wurde. Im zweiten Durchführungsabschnitt konnten sich die Teams aufgrund dieser Erfahrungen gut auf die Studentenbetreuung einstellen. Ein wesentlicher Lernbereich lag auch darin, von der *Hilfefunktion* auf eine stützende zu wechseln und - wo nötig - *klar und direkt konfrontativ zu sein, um die gegenüberstehende Person (den Probanden) nicht zu schützen - und dadurch eigentlich abzuwerten -, sondern herauszufordern.*

Konflikte:
Bei *'festgefahrenen Problemen'* wurde von der Gruppenarbeit auf *Einzelfallbetreuung* umgestellt: Zum Beispiel war das Team nicht bereit, Alkohol und Haschisch zu akzeptieren, wogegen einige Teilnehmer mit völligem Protest wegen eingeschränkter Entscheidungsfreiheit reagierten. Für das Team war die Regel klar und unumstößlich, daher konnte man sich eine weitere Diskussion in der Gruppe ersparen. Einerseits wurden durch diese die Gruppenmitglieder, die sich mit den Regeln einverstanden erklärt haben, sehr belastet oder in Gefahr bezüglich einer Koalition mit dem Team und Abspaltung vom anderen Teil der Gruppe gebracht, andererseits konnten die 'Opponisten' durch ein öffentliches Nachgeben ihr 'Gesicht' verlieren.

Allgemein ist dazu anzumerken, daß man zwar zunächst versuchte, alle Konflikte innerhalb der Gruppe auszutragen, um so 'heimliche Bereiche', die bei den anderen Gruppenmitgliedern die verschiedensten Phantasien auslösen können, zu vermeiden.

Durch die strukturelle Besonderheit dieser Gruppen erwies es sich aber durchaus als zweckmäßig, in begründeten Fällen (wie oben) in Einzelbetreuung überzugehen.

Sanktionsnormen:
In manchen Gruppen wurden von einzelnen Teilnehmern 'heimliche' Leistungsnormen eingeführt, bei deren Nicht-Erreichung mit persönlicher Abwertung reagiert wurde.

Abweichungen von Vereinbarungen führten zu Gruppengesprächen, in denen von Teilnehmern abweichendes Verhalten als gegen den Gemeinschaftsgeist ausgelegt wurde, die 'Beschuldigten' verteidigten sich primär mit dem Argument der Selbstverantwortung. In diesem Zusammenhang wurde *die Abbildung der gesellschaftlichen Grundproblematik (individuelle Freiheit und ̌Solidarität) auf engem Raum verdichtet deutlich und vor allem unausweichlich.* Dies machte wesentliche Fortschritte im Umgang mit dieser Problematik möglich und erhöhte damit die Konfliktfähigkeit der Gruppe.

Auch wurden damit notwendige und überflüssige Strukturen und Regeln innerhalb einer Gruppe auf einen 'intensiven Prüfstand' gestellt.

Bedeutsame Ereignisse:

Spiel und Ernst:
Bezüglich der Entwicklung der Handlungs- und Entscheidungsfähigkeit der Gruppen war generell ein interessantes Wechselspiel zwischen 'Spiel-' und 'Ernstsituationen'zu beobachten.
Die Ropes Course Aktivitäten waren stets als Metapher für bestimmte Gruppensituationen aufgebaut. Ihr 'Ernstcharakter' hing letzlich von der Präsentation der Metapher und von der Gruppe ab. Gelang eine Aktion nicht, konnte die Gruppe - auch im Sinne eines Reframings - die Aktivität als Spiel interpretieren, wo man in einer 'wirklichen Ernstsituation ja noch ganz anders agieren hätte können'.
Auf diese Ausweichmöglichkeit zu verzichten, ist ein Kriterium guter Handlungsfähigkeit und direkter Kommunikation in der Gruppe. Bei Rückschlägen kam es vor, daß auch dieses Vertrauen in die Handlungsfähigkeit sank und grundsätzlich nur noch der Spielcharakter der Aktivität blieb, worauf ein Team unbedingt reagieren muß, da es ansonsten von der Gruppe 'ausgetrickst' wird. Aktivitäten wie die Expedition hatten einen viel weniger 'uminterpretierbaren' Charakter. Falsche Routenwahl, zu wenig oder zu viel Proviant und/oder Gepäck führten zu 'ernsten', das heißt mit klaren Handlungskonsequenzen verbundenen Folgen. Den Gruppenmitgliedern ging damit ein 'Schleichpfad' verloren und die Gruppenstruktur wurde nach funktionaleren Kriterien verändert.

Umgang mit Widerstand:
Neben den bisher bereits besprochenen Widerstandthemen, die auch an verschiedenste Übertragungsmuster (vgl. Kap. 2.4.1) gebunden sind, sollen an dieser Stelle einige weitere Perspektiven angeführt werden. Zum Beispiel macht sich die Qualität der Arbeit am Widerstand (auch) an der Langfristigkeit der Wirkung der Intervention deutlich: Gelingt es zum Beispiel, durch die persönliche Wirkung von Teammitgliedern das Alkoholverbot durchzusetzen, ist mit dem Verlust dieser Bindung ein Rückfall sehr wahrscheinlich. Die Alkoholabstinenz von dieser Bindung zu entkoppeln, ist dann schwierig und zumeist nur über Kooperation mit der Nachbetreuung (persönlicher Bewährunghelfer des Probanden) möglich.
In der letzten Phase der Aktivitäten wandelte sich in den Gruppen der Widerstand zu einer positiven Kraft, die die eigenverantwortliche Gestaltung der Aktivitäten unterstützte, die es auch ermöglichte, besser *zu erkennen, was man '(nicht) will' und 'was man (nicht) kann'*. Gelang es, die Dynamik in der Gruppe auf diesen Punkt zu bringen, dann entsprach das abschließende Finale weitgehend den Bedürfnissen der Gruppe, gelang dies nicht, so übernahmen einzelne die Führungsrolle und setzten so primär ihre Bedürfnisse durch. Sie können sich bewähren, indem sie als 'gute Führer' die Gruppe durch das Finale leiteten. Jedoch hatte damit lediglich ein Leitungswechsel stattgefunden. Die

Gruppe hat in diesem Fall nicht gelernt, als Ganzes Verantwortung zu übernehmen.

Unterschiedliche Wirkung der Aktivitäten:
Die verwendeten Methoden zeigten bei Probanden und Studenten unterschiedliche Wirkungen. Während die Studenten die Erfahrung der 'Zielsatzarbeit' und des 'Solos' als sehr beeindruckend erlebten, waren die Probanden eher vom Ropes Course und der 'Expedition' beeindruckt.
Ein Höhepunkt für fast alle Teilnehmer war der 'Pampers Pole', wo mit hoher Anteilnahme die Handlungsfähigkeit jedes Teilnehmers trotz Furcht und Angst (Angst-Lust) miterlebt und unterstützt wurde.
Eine ähnlich euphorische Stimmung in den Gruppen war auch nach der 'Final Expedition' zu beobachten. (Zur genaueren Besprechung der Methoden siehe Programmanalyse Kap. 3)

Ausschluß eines Teilnehmers:
Einer der in den darauffolgenden Supervisionen und Konzeptdiskussionen meistdiskutierten Vorfälle war der Ausschluß eines Probanden im ersten Durchführungsabschnitt:
Der Konflikt begann bereits in der ersten Nacht, als 21p[1] die Gruppe der noch Wachgebliebenen zum "Haschischrauchen" einlud. Ein Student war damit nicht einverstanden. Es kam zwischen den beiden beinahe zu Handgreiflichkeiten. Das Team konnte am nächsten Tag keine einvernehmliche Lösung über das "Rauchverbot" mit 21p erzielen. Die Spannung entlud sich in einem Streit zwischen einem Teammitglied und 21p am dritten Morgen. Noch am selben Tag kam es bei der Arbeit am Zielbalken zur 'Versöhnung' zwischen 21p, 10s und 5wt.
Während der Expedition (am Vorabend des 4. Tages) bot 21p der Gruppe an, für sie zu kochen. Dabei trug er der Gruppe auf, ihm Holz zu holen. Auf den "herrischen" Befehlston reagierte die Gruppe provokativ mit einem Konkurrenzessen. Das Team und 4s versuchten die Eskalation zu dämpfen und sammelten das gewünschte Holz. Als 21p der Gruppe die Suppe brachte, 15p den Geschmack der Suppe kritisierte und 10s ihn mit dem Spiel auf der Mundharmonika provozierte, schlug 21p 10s die Mundharmonika aus dem Mund. Es kam beinahe zu einer Rauferei zwischen 15p und 21p. Nach einem Streitgespräch mit 3t wurde 21p von 3t zum Verlassen der Gruppe aufgefordert. Dieser kehrte (aber) auf die Gschwendtalm ('Basislager') zurück. Dort entschloß er sich, doch noch zu bleiben.
Nach der Rückkehr der Gruppe leiteten und führten die Probanden eine Diskussion über den Verbleib von 21p in der Gruppe; die meisten machten ihre

---

[1] Bei den folgenden Ausführungen steht p für Proband, s für Student, t für Teammitglied und w für den Fall, daß die Person weiblich ist: wt z.B. für weibliches Teammitglied. Die Nummer dient zur internen Identifikation der Person. Wir haben hier **bewußt keine Namen, auch nicht fiktive, eingesetzt,** um jede Art von Assoziationen zu Realpersonen zu vermeiden.

Entscheidung von seiner Stellungnahme abhängig. Dieser jedoch meinte, daß "Knechte" nicht über ihren "Herrn" entscheiden können und verließ zornig schimpfend die Gruppe. Auffallend war das hohe, einfühlsame Niveau der Diskussion, d.h. die Art und Weise, wie die Probanden mit dem Konflikt dieser Größenordnung umgingen. Diese eher unerwartete Kompetenz der Konfliktverarbeitung zeugte von hohem Grad an Empathie innerhalb der Gruppe zum Thema "ausschließen".

Die Gruppe stand hier im Sinne Kutters (1970) als "soziales Feld für Wachstum und Krisen der Persönlichkeit".

Ob und in welchem Ausmaß die Versuche, "Krisen" zu überwinden, auch auf den Alltag transferiert werden können, soll anhand der Analyse des Abschluß-interviews (vgl. Kap. 6.) diskutiert werden.

Der konstruktiven Vorgangsweise der Gruppe stand das 'negative Resultat', daß ein Proband sich selbst ausschloß, gegenüber.

Faßt man die Ergebnisse der Diskussion dieses Vorfalls zusammen, so sind zwei wesentliche Aspekte hervorzuheben:

a) 21p war erst mit Beginn des langen Blocks zur Gruppe gestoßen. Es zeigt sich, wie wichtig es ist, bereits in kleineren Aktivitäten Erfahrungen miteinander zu sammeln, um zu sehen, ob man 'miteinander kann'.

b) Es ist nicht jede Person in einer Gruppe haltbar. Wenn eine Einzelperson die Entwicklung einer gesamten Gruppe existentiell gefährdet, müssen alle gemeinsam entscheiden, was für sie 'noch tragbar' ist. Letztlich kann sich das Team nur an der erlebten Kompetenz, mit dieser Situation fertig zu werden, orientieren.

Koalitionen:

Aufgrund der Dichte, verschiedener Konfliktsituationen und der manchmal überfordernden 'Rollenvielfalt' können problematische Koalitionen zustandekommen.

Während man dies zwischen Probanden und Studenten oder zwischen den Geschlechtern als gruppendynamische Vorgänge zu sehen und zu steuern hatte, war bei den versuchten Koalitionen der Teilnehmer mit Teilen des Teams die Kompetenz der Teammitglieder auf das Höchste gefordert.

Es zeigten sich im ersten Durchgang auch deutliche Überforderungen in dieser Hinsicht.

Dabei haben sich drei wesentliche Möglichkeiten gezeigt, Teammitglieder in 'Koalitionen' zu (ver)führen:

a) Studenten verbündeten sich mit Bergführern: 'Wir sind doch im Grunde vom gleichen Fach', 'gehört das wirklich so, wie die Sozialarbeiter das machen?'. Waren die Bergführer hier nicht fest im Team verankert und gab es innerhalb des Teams Konflikte, war die Gefahr des 'Überlaufens' zu den Studenten nicht zu unterschätzen und dazu genügten ganz kleine Bemerkungen wie 'na da sind wir uns gar nicht einig' und ähnliches. Hielten sie Aussagen zurück, erhöhten sie dadurch die Spannung ebenfalls. Auch ist die 'Kumpanei' auf Berg- und Skikursen eine ganz andere als in einem nahezu therapeutischen Kontext.

Obwohl alle Bergführer Erfahrung in therapeutischen Gruppen hatten, war für sie die Rollenumstellung nicht einfach. Auf einem Bergkurs redet man am Abend mit den Teilnehmern über alles mögliche, Kurskritik, auch Kritik an anderen Bergführern oder dem Kursleiter wird relativ offen geäußert. Diese kann zwar das Kursklima beeinträchtigen, ist aber nicht wie hier von existentieller Bedeutung für das Scheitern oder Gelingen sozialtherapeutischer Maßnahmen.

b) Probanden konnten die Bewährungshelfer weitgehend an sich binden und so deren Blick auf die Studenten im Gruppenprozeß verstellen.

c) Eine dritte wesentliche 'Verführungsmöglichkeit' bestand zwischen den Geschlechtern. Männliches Teammitglied, weibliche Teilnehmerin und umgekehrt. Hier bestand die Problematik vor allem in verdeckten Kommunikationsmustern unterschiedlicher Interpretation von Kontakt und Nähe sowie möglicher Idealisierung und den damit verbunden Übertragungsmustern durch den Teilnehmer. Besondere Sensibilisierung für entstehende Abhängigkeiten, erotische Spannungen sowie klarer und eindeutiger Umgang mit diesen Situationen seitens der Teammitglieder ist Voraussetzung, Gefühls- und Beziehungsverwirrungen zu vermeiden.

Für den zweiten Durchführungsabschnitt konnten diese Probleme sowohl durch eine andere Teamzusammensetzung als auch durch verstärkte Supervision sowie die regelmäßigen Teamsitzungen während des Blocks weitestgehend ausgeschaltet beziehungsweise gut kontrolliert werden.

Abschließen:
Die strukturellen und gruppendynamischen Probleme im ersten Durchführungsabschnitt führten dazu, daß es am Ende des Blocks zu keinem wirklichen Gruppenabschluß kam und die Teilnehmer mit offenen Problemen aus der Gruppe hinauskamen. Dies machte eine lange, wenn auch recht produktive Nachbereitung und Supervision der Studenten erforderlich. Bei den Probanden wurde dies teilweise durch die am Projekt mitarbeitenden Bewährungshelfer übernommen.
Im Rahmen des zweiten Durchführungsabschnittes gelang es offensichtlich wesentlich besser, die Blocks in sich abzuschließen. Außerdem wurde ein zusätzlicher Reflexionstag in der 'back home situation' durchgeführt, was sich bewährte. Damit wurde ein fließender Übergang zur Transferphase geschaffen. Das bessere Abschließen des Blocks führte zu deutlichen Unterschieden in der Transferphase: Während sich im ersten Durchführungsabschnitt die Probleme der Gruppe auf dem Block im wesentlichen in der Transferphase fortsetzten, stand im zweiten Durchführungsabschnitt die jetzige Lebenssituation im Vordergrund.

167

5.4 Transfer-Phase (tc-Phase)

Die Transferphase wurde im ersten und zweiten Durchführungsabschnitt unterschiedlich gestaltet. Dies wirkte sich auch im Gruppenprozeß entsprechend aus, wobei es aber keiner Gruppe gelang, eine kontinuierliche Teilnahme aller Mitglieder aufrechtzuerhalten und damit in allen Gruppen Enttäuschung über diese Phase entstand. (Zu den Konsequenzen vgl. auch Kap. 8.2.)

Im *ersten Durchführungsabschnitt* lösten sich die beiden Gruppen in der Nachbereitungsphase weitgehend auf. Auch standen Konflikte und Konfliktbewältigung zwischen den Teilnehmern im Vordergrund. Teilweise zu intellektuelle Aufarbeitungsversuche seitens des Teams schienen die Probanden noch mehr abzuhalten, für die die Aktivitäten mehr im Mittelpunkt standen (vgl. 2. Hauptphase). Allerdings gelang *eine gemeinsame öffentliche Präsentation der Projektaktivitäten durch beide Gruppen*, die aber organisatorisch und inhaltlich von wenigen Teilnehmern getragen wurde, die sich extrem engagierten und von der mangelnden Mitarbeit der anderen enttäuscht waren. Ansonsten erlebten viele Teilnehmer die Nachbereitung als nicht verbindlich. Die Teilnehmer, die aktiv für eine weitere Entwicklung der Gruppe eintraten, wurden letztlich enttäuscht. Für andere war einfach die realistische Sicht ('Nun ist diese Aktivität zu Ende') im Vordergrund.

Wie bereits oben an mehreren Stellen anklang, wurde für die Studierenden noch eine recht lange Nachsupervision (bis Mai 1990) durchgeführt. Diese war auch für die Teammitglieder informativ und half den Teilnehmern, wichtige Themen zu klären.

Wichtigste Erfahrung: Auch bei den Nachtreffen der Gruppen war Fluktuation ein Hauptproblem.

Für den *zweiten Durchführungsabschnitt* lief die Nachbetreuung in den beiden Teams unterschiedlich.

Bei einem Team umfaßte die Nachbereitungsphase tc drei Outdoor-Aktivitäten und 4 Bereitungsabende im Abstand von 14 Tagen, und erstreckte sich von Mitte Juli bis Ende Oktober 1990. Wenn auch diese Gruppe von der Fluktuation ähnlich betroffen war wie die bisherigen, so war doch das Klima bei den Treffen offensichtlich entspannter und freudvoller und es konnten auch konkrete Lebensprobleme im Alltag angesprochen werden.

Die Treffen fanden immer Montag nachmittags oder abends statt, um immer neue Terminvereinbarungen zu vermeiden und die Kontinuität der Nachbereitung von vornherein zu fixieren. Planung, Vorbereitung und Durchführung wurden (wieder) vom Team übernommen, die Einladungen zu den einzelnen Aktivitäten erfolgten schriftlich durch ein Gruppenmitglied. Das abwechslungsreiche Angebot (es reichte von Outdoor-Aktivitäten wie Radfahren auf der Donauinsel, oder Klettern auf der Mizzi-Langer-Wand bis zur Abendgestaltung mit Kinobesuch, Billardspiel und Bad) wurde von der Gruppe im Laufe der Zeit immer weniger genützt (die Teilnahme reichte von 8 - 1 Teilnehmer), sodaß die Gestaltung dieser Phase des Projektes viele Fragen und Unsicherheiten im Team aufwarf (siehe Konsequenzen).

Gruppenorientierte Ziele:
Die Nachbereitungsphase sollte der Gruppe folgendes bieten:
* Die Möglichkeit zur Weiterführung der Gruppenbeziehungen.
* Die Verringerung des Realitätsschocks nach Ende des Blocks durch weitere Treffen mit der Gruppe und dem Team.
* Den Austausch über Transfer der Outdoor-Erfahrungen in das Alltagsgeschehen.
* Freizeitgestaltungsmöglichkeiten im Stadtalltag.
* Erinnerungen über gemeinsame Erlebnisse austauschen können.
* Auffrischen der Klettererfahrungen vom Block.
* Die Übergabe der Initiativen zur Gestaltung der weiteren Gruppenaktivitäten an die Teilnehmer.

Beziehungsnormen:
Die *Führung* der einzelnen Aktivitäten dieser Phase wurde immer vom Team übernommen, das auch für Planung und Vorbereitung verantwortlich war. Auch die Inhalte kamen mit einer Ausnahme vom Team.
Außenseiter gab es bei den Treffen keine, da einerseits nur jene teilnahmen, die Interesse daran hatten, sich mit den anderen zu treffen und andererseits die Wiedersehensfreude und die gegenseitige Anteilnahme an der jeweiligen momentanen Lebenssituation bei fast allen überwog.

Kommunikationsnormen:
Die Gespräche verliefen nach den ersten Minuten vorsichtigen gegenseitigen Abtastens sehr gelöst und spannungsfrei. Die Gruppe schien sehr interessiert an der gegenwärtigen Befindlichkeit der einzelnen und auch des Teams, sodaß personenbezogene Themen im Vordergrund standen. Meist plauderte fast jeder mit jedem und die am Block entstandenen Paarbildungen waren nicht zu erkennen. Damit wird die Bedeutung der Fortführung der Kontakte deutlich.

Bedürfnisnormen:
Wenn *Wünsche* geäußert wurden, bemühte sich das Team, ihnen nachzukommen, der Wunsch nach der Weiterführung des Projektes tauchte bei fast jedem Treffen und besonders am Abschlußabend auf; hier konnte aber das Team keine Hoffnungen machen und versuchte, die Teilnehmer zu ermuntern, doch selbst entsprechende Aktivitäten zu organisieren. Es blieb bei den Wünschen. Daran wird die Bedürftigkeit der Gruppe (B 1990) neuerlich deutlich.

Gefühlsnormen:
Bei fast jedem Treffen stand die *Freude* über ein Wiedersehen mit alten Bekannten im Mittelpunkt - da die Teilnehmerzahl gering war und stark fluktuierte,

ergab es sich kaum, daß die Abstände für die Teilnehmer nur 14 Tage, sondern oft 1-2 Monate. Auch das Kramen in gemeinsamen Erinnerungen machte viel Spaß. Besonders lustig ging es bei der Diaschau zu.

Frustration zeigte das Team, als sich immer deutlicher herausstellte, daß nur sehr wenige Teilnehmer das Angebot der Nachbereitung wahrnahmen und auch 4p, der sich mit seinen Einladungen bemühte, möglichst viele zum Kommen zu bewegen, war enttäuscht über die geringe Teilnahme.

Gruppenbildung:
Die Teilnahme an den Nachbereitungsaktivitäten sank von Anfangs 5, 7 und 8 Teilnehmern (Donauinsel, Kino, Billard) auf 1, 3 und 3 (zweimal Klettern, Batz[1]) und stieg beim Abschlußabend wieder auf 8 Teilnehmer an.

"Ruhender Pol" in dieser starken Schwankung war 4p, der jedes Treffen mitvorbereitete, indem er die Teilnehmer schriftlich einlud, und sich auch sehr enttäuscht über die geringe Frequenz zeigte. Auch 1s und 6p versuchten, so oft es ihnen möglich war, zu kommen (fünf bis sechs mal). Sonst wies die Teilnahme starke Fluktuation auf, die aber durchaus differenzierte Gründe hatte: 10p hatte leider immer Nachtdienst und war daher verhindert, im Interview versicherte er, er wäre gerne gekommen.

11p war nur einmal dabei, weil er dann in Salzburg Arbeit fand, und 2s schaffte es zweimal, da sie dazwischen Urlaub machte.

Es entstanden in der tc-Phase einige neue Paar- oder Kleingruppenkonstellationen, wie z.B.: die Annäherung von 6p und 5p an 9s und 1s, die sich schon in den letzten Tagen des Blocks angekündigt hat, und die Beziehung 13p und 4p, die am Block noch nicht so deutlich zu erkennen war.

Während die ersten sich nur bei den Treffen wiedersahen, unternahmen 13p und 4p auch dazwischen gemeinsame Ausflüge.

Die Beziehung zwischen 13p und 14p wurde intensiver und klarer, das Abhängigkeitsverhältnis von 14p zu 13p schien sich aber in der städtischen Umgebung etwas verringert zu haben.

Bedeutende Ereignisse:
Die Gespräche handelten meist von Wohnungsnot, Job oder Beziehungsproblemen der Gruppenmitglieder und waren gegenüber dem Team sehr offen, so daß man davon ausgehen kann, daß die am Block entstandene Vertrautheit auch durch die Zwischenzeiten kaum verändert worden war.

Während das Team von Anfang an sehr stark daran interessiert war, wo denn die fehlenden Teilnehmer blieben, schien dies sonst kaum jemanden außer 4p zu kümmern. Ein Gefühl, das sich auch im Laufe der Nachbereitungsphase nur dahingehend änderte, daß die Organisatoren der Treffen mit der geringen Teilnehmerzahl zu rechnen begannen und sie nicht mehr so enttäuscht wurden.

---

[1] Das ist ein Kartenspiel, das von einem Teilnehmer vorgeschlagen wurde.

Im letzten Treffen bemühte sich 1t sehr stark, die Initiative der Aktivitäten an die Teilnehmer zu übertragen, es meldeten sich auch 4p, 1s, 9s und 6p an, "etwas" zu organisieren, diese Idee wurde allerdings nicht verwirklicht.

In der *anderen Gruppe* begann die Transferphase ebenfalls mit einem Reflexionstag auf der Donauinsel.

Der Reflexionstag:
Unmittelbar nach der Heimkehr traf sich die Gruppe auf der Donauinsel wieder. Neben freier Kommunikation und Freizeitaktivitäten (Radfahren, Baden, Grillen,...) bot sich die Möglichkeit, offene Emotionen der Blockaktivität (tb2) abzuschließen.
Beim "Wetterbericht" kam es zur Explosion des oben erwähnten Konflikts. 11p griff im Namen der Probanden 2s an und sprach aus, was seinen Ärger auslöste: Er erlebte den Studenten überheblich. Mit Unterstützung von 2t konnte der Konflik geklärt werden.
Der Reflexionstag verhinderte oder linderte jedenfalls den im 1. Durchführungsabschnitt aufgetretenen "Trennungsschock".

Beziehungsnormen:
Die Probanden gruppierten sich wieder eher untereinander. Die Initative ging wieder vermehrt vom Team aus.

Kommunikationsnormen:
Ein noch offener Konflikt zwischen einem Probanden und einem Studenten wurde ausgetragen. Das Thema "Transfer" kam zu kurz.

Bedürfnisnormen:
Teilweise wünschten sich die Teilnehmer das in den Bergen vorherrschende Gruppengefühl (wieder) herbei.

Gefühlsnormen:
Beim Wiedersehen (smal talk) wurde viel Freude angesprochen und ausgedrückt. Geringes Interesse an der Transferarbeit wurde deutlich: Zwei Teilnehmer fuhren mit Rädern weg und kamen verspätet zum "Wetterbericht". Zu- und Abneigung wurde vor allem im Konflikt zwischen 11p und 2s angesprochen.

Konflikte:
In Konflikten wurden Argumente mit großer Heftigkeit vorgetragen. Nach dem Streitgespräch der Beteiligten kam es zur Entspannung und Beilegung des Konflikts.

Bedeutsame Ereignisse:

Es wurden noch gemeinsame Aktivitäten diskutiert, leider blieb es nur bei der Diskussion. Die Teilnehmer übernahmen keine Initiative, wenn es darum ging, etwas gemeinsam zu organisieren.
Mit einem festgelegten Phototreffen und anschließenden Grillen klang der Abend aus.
Das Team nahm noch an demselben Abend an einer abschließenden Supervision teil und erörtete persönliche und inhaltliche Zusammenhänge der Blockaktivität.

Aktivitäten in der Nachbetreuungsphase:

Das Team organisierte noch drei Treffen:
1. Photo- und Diaabend
2. Aktion Klettern Wien Umgebung
3. Filmabend

Die Nachbereitungsaktionen litten unter geringer Beteiligung der Teilnehmer. Obwohl einige äußere Gründe (Adressenänderung, Schlechtwetter bei der Outdoor Aktion und ungünstig gewählter Termin) für die geringe Beteiligung verantwortlich waren, machte spätestens der Filmtreff (April 1991) deutlich, daß die Probanden kein Interesse am Fortbestehen der Gruppe haben. Die Alltagsproblematik gewann wieder an Priorität.

6. Einzelfallanalysen: Wie sich Teilnehmer in und nach Outdoor-Aktivitäten entwickeln

In diesem Kapitel werden, abgesehen von exemplarischen Beispielen, nur generalisierte Ergebnisse diskutiert.

Die ausführliche Beschreibung der Einzelfälle wird nicht abgedruckt, da dies die den Teilnehmern zugesicherte Anonymität gefährden würde. Eine Entfremdung in der Form, daß die Personen nicht mehr zuordenbar sind, schien uns zu unexakt und nicht zuletzt zu aufwendig. Auch ist dem Leser die Lektüre von 50 Einzelfällen kaum zuzumuten. Zur Methodologie der Einzelfallanalysen vgl. Kap. 7.

Die nachfolgende Diskussion der Ergebnisse erfolgt in mehreren Dimensionen/ Bereichen. Diese dienen der Übersichtlichkeit und stellen keine streng voneinander zu trennende Bereiche dar.

6.1 Biographien der Teilnehmer

Die Analyse der Lebensgeschichte kann als eine Art Anamnese verstanden werden. Das Ziel ist eine erste Annäherung an die Frage, mit welchen Personen mit welchem entwicklungsgeschichtlichen Hintergrund man es zu tun hat. Grundlage für die Biographie und Lebensgeschichte des Teilnehmers sind die Leitfrage 6 des ersten Interviews (vgl. Anhang, Kap. 9.2.1), die Daten des Aktes des Probanden, die von der Bewährungshilfe angelegt wurden und aufgrund eines Genehmigungsverfahrens eingesehen werden durften sowie die systematischen Beobachtungsdaten.

Die subjektiven Interviewdaten geben bereits eine interpretierte, 'öffentliche Darstellung' der Lebensgeschichte durch den Teilnehmer wieder. Natürlich kann auch bei den Akten nicht im strengen Sinn von 'objektiven Daten' gesprochen werden, es werden aber Angaben zur Art des Deliktes und sonstige lebensbiographische Eckdaten als 'objective life-record data' interpretiert.

Aus der persönlichen Betroffenheit darüber, wie massiv die sozialen Bedingungen den Lebensweg einer Person bestimmen, sei folgendes gleich vorweggenommen: Daß positive Sozialisationsbedingungen eine Voraussetzung einer positiven Persönlichkeitsentwicklung sind, bestreitet wohl niemand. Die Förderung des Kindes von der Mutterliebe bis zum optimalen Umweltarrangement (emotionale, intellektuelle und kulturelle Anreize verschiedenster Art, Sportverein, Musikschule, ...) gelten als zentrales Element für die 'Sicherung einer positiven Zukunft'.

Wie sieht das nun für unsere Klientel, Probanden der Bewährungshilfe und Studenten des Instituts für Sportwissenschaften, aus?

Dazu sei noch eine Vorbemerkung erlaubt: Ursprünglich waren wir sehr unsicher, ob die Kombination zweier Gruppen im Rahmen dieses Projekts sinnvoll ist. Im Sinne der Evaluation muß man sagen, daß uns diese Kombination eine Reihe zusätzlicher Fakten und Informationen 'beschert', auch wenn wir in diesem Zusammenhang die Bezeichnung von Versuchsgruppe (1,2) oder gar Kontrollgruppe ablehnen.

Analysiert man nun die Lebensgeschichten von Probanden und Studenten, so könnte der Unterschied größer nicht sein: Was auf der einen Seite beinahe gesetzmäßig vorkommt, ist auf der anderen ausgeschlossen und umgekehrt:

> Die familiäre Situation von Probanden ist stets desolat, häufig sind keine oder ständig wechselnde Bezugspersonen da, Gewalt und Alkohol spielen bereits in der Erziehung eine entscheidende Rolle. Das Thema 'Förderung' kommt nicht vor.
>
> Die Studenten sind hingegen in weitgehend ´geordneten´ Familienverhältnissen aufgewachsen und wurden in ihrer Entwicklung gefördert.

Bei diesen Unterschieden von Chancengleichheit zu sprechen, ist einigermaßen vermessen.

Dies ist zwar für jeden in diesem Milieu Tätigen selbstverständlich, nicht aber beispielsweise für die Sportwissenschaften und die Sportförderung.

Ausgehend von den multifaktoriellen Erklärungsversuchen einer delinquenten bzw. kriminellen Karriere und den individuell unterschiedlichen Lebensverläufen bietet der Vergleich der Dimensionen aufschlußreiche Ergebnisse.

Sieht man sich die Ergebnisse etwas genauer an, so zeichnet sich folgendes Bild ab:

6.1.1 Die primäre Individuation/Sozialisation oder der familiäre Kontext

Die familiäre Situation der Probanden ist durch das Fehlen des *Kindesvaters* (leiblichen Vaters) gekennzeichnet.

In den wenigen Fällen, wo der Kindesvater vorhanden war, spielten Gewalt gegenüber der Mutter und den Kindern sowie Alkohol eine wesentliche Rolle (vgl. 11p.A89/B90, 12p.A90, 13p.A90). Hierzu ein konkretes Beispiel aus der Lebensgeschichte von 5p.A90:

"Seinen leiblichen Vater hatte er nie kennengelernt. Der Stiefvater war nicht nur grob zu den Kindern, sondern wurde auch oft gegenüber der Mutter gewalttätig. Als 5p etwa 9 Jahre alt war, stellte er sich vor die Mutter, um die Schläge, die für diese bestimmt waren, abzufangen." (Aus der Einzelfallanalyse von 5p.A90, S.1)

Lediglich in zwei Fällen wurde ein positives Vaterbild erwähnt, was primär aus einer Art Mystifizierung, bedingt durch die Abwesenheit des noch lebenden Vaters (er befand sich im Ausland), erklärbar ist (vgl. 9p.A89, 11p.A90). Für diese Aussage spricht das einseitige Interesse der Söhne: Während der Vater von 9p seinen Sohn nie besuchte, fand der Vater von 11p es einmal der Mühe wert, sein Kind zu sehen.

Auch der in manchen Fällen existente Stiefvater zeichnete sich durch grobe und ungerechte Erziehungsmaßnahmen aus und stand oft als der stärkere Konkurrent zwischen Mutter und Kind (vgl. 5p.A89, 5p.A90, 6p.A90)

Entsprechend kam der *Kindesmutter* die zentrale Bedeutung in der Erziehung zu. Von ihrem (Ehe)Mann in der Regel getrennt, war sie oft aus finanziellen Gründen und wegen Schwierigkeiten in den neuen Beziehungen überfordert. Sie konnte ihren Kindern daher zumeist nicht hinreichend Wärme und Zuwendung geben und auch nicht für eine einigermaßen systematische Erziehung sorgen. Weil sich die Mutter in der Regel als 'schwächerer Teil' in der Partnerschaftsbeziehung erlebte, konnte sie ihre Konflikte nicht dort austragen. Häufig wurden dann diese Aggressionen auf das Kind abgeladen.

Dies ist *nicht* als Schuldzuweisung zu verstehen! Es kann aber auf das psychosoziale Elend dieser Mütter hier nicht genauer eingegangen werden (1p.A89, 3p.A89, 9p.A89, 15p.A89, 19p.A89, 9p.A90). Wie das durch die Probanden erlebt wird, macht folgende Aussage deutlich:

"für mi gibts ka mutter,... i hob nie kennt a mutterliebe" (19p.A89:I/3,117)

"i hab auf meine ötern an haß g'habt, den hab i heite no immer. I versteh bis heite net, warum i einekumman (ins Gefängnis) bin." (15p.A89: I/1,50ff)

An dieser Aussage wird durch die assoziative Nähe von 'Haß auf die Eltern' und 'nicht wissen, wie er ins Gefängnis gekommen ist', (vermutlich) eine unbewußte Schuldzuschreibung an die Eltern deutlich.[1]

Ab und zu versucht die Kindesmutter das Versäumte nachzuholen, doch erleben dies die Probanden als zu spät:

"die (die Mutter) wollte mich mit dem geld kaufen ... irgendwie meine liebe kaufen und ... ich hab' dann ... dinge gemacht" (3p.A89: I/1,49 ff)

In den Fällen, in denen eine Mutter-Kind-Bindung besteht, handelt es sich häufig um eine ambivalente Bindung, die zwischen Symbiose und Ablehnung wechselt und so narzisstische (vgl. Geißler, 1990) und psychotische Verhaltensauffälligkeiten grundlegt.

---

[1]Für die Intervention bedeutet dies, daß an der (erlebten) Selbstwirksamkeit des Probanden zu arbeiten ist.

Oft wird die Kindesmutter von den Probanden geschützt (vgl. 5p.A90, 12p.A90, 11p.A89/B90).

> "Jegliche Schuld für den Verlust der Wohnung und damit der Mutter sucht 12p bei sich und seinen Geschwistern und berichtet erst nach hartnäckigen Fragen des Interviewers, daß die Mutter eine Säuferin gewesen ist." (Aus der Einzelfallanalyse von 12p.A90, S.1)

oder:

> "Obwohl 5p weiß, daß er genauso wie einige Geschwister aus Seitensprüngen der Mutter entstammt, schreibt er alles Negative dem Stiefvater zu; an bestimmte kritische Lebensereignisse, die mit ihr zu tun haben, will er sich nicht erinnern." (Aus der Einzelfallanalyse von 5p.A90, S.1)

Mit diesen Daten und Fakten wird das, was aus der allgemeinen Sozialisationsforschung hinlänglich bekannt ist, an Einzelschicksalen neuerlich belegt (vgl. Specht, 1967; Wenzel, 1971; Seifert, 1981;).
Auch der Vergleich mit den am Projekt teilnehmenden Studenten ist hilfreich und öffnet die Augen für das Ausmaß und die Folgen sozialer Unterschiede.

> Beinahe alle Studenten sind in intakten Familienverhältnissen aufgewachsen.

Selbst dort, wo Problem entstanden (z. B. durch Scheidung), haben diese eine andere ´Qualität´ und stellen daher kein vergleichbares Maß an psycho-sozialer Beanspruchung dar: So erlebte ein Student die Scheidung der Eltern im 11. Lebensjahr und reagierte darauf zunächst mit destruktivem, dann aber mit zunehmend konstruktivem Protest: Leistungsverweigerung, lange Haare, Zivildienst, freiwilliger Bewährungshelfer,...
Ein anderer wuchs bei den Großeltern auf, da seine Eltern berufstätig waren; später lebte er im Internat eines Konvikts: Die emotionalen Auswirkungen sind noch heute deutlich. Dies äußert sich durch Angst vor Nähe und vor der eigenen Emotionalität, in Introvertiertheit und Einzelgängertum (vgl. Einzelfallanalyse 8s.A89,S.1ff).

> "i tua ma sicher schwa, was so gruppenerlebnisse betrifft." (8s.A89: I/1,28ff)

Auch die von den Studenten vorwiegend als *positiv* bewertete Eltern-Kind-Bindungen sind naturgemäß nicht ohne persönlich-spezifische Problematik: Die Skala der Schilderungen reicht von der (nur) sportlichen Förderung und der Leistung als einzige Möglichkeit Zuwendung und Anerkennung der Eltern zu erhalten (vgl. 2sw.B90), über Formen streng konservativ, dominant katholischer

Erziehung (1sw.A90, 3s.A90) bis zu liebevollem, wenig lenkendem Erziehungsstil der Eltern:

"in meiner familie ist mir super gangen, also da ...falln mir nur schöne dinge ein" (4sw.A89: I/2,71ff)

10sw.A89 spricht aus heutiger Perspektive von einer "wunderschönen Kindheit" (I/2,95ff).

6.1.2 Die sekundäre Sozialisation/Individuation oder die Heimkarriere

> Beinahe alle Probanden verbrachten ihre Kindheit/Jugend mehr oder weniger in Heimen.

Die größtenteils sehr restriktiven Erziehungspraktiken der Heime (z.B.: physische Züchtigung, Strenge, Versetzung, ... bei 1p.A89,9p.A90,11p,A90, u.a.) wurden von den Probanden weitgehend akzeptiert. Aber dieser Prozeß der Internalisierung von Behandlungs- und Strafmethoden ist ja bis zur ´Akzeptanz´ von Mißbrauch durch das Opfer bekannt. Manchmal wurde auch die sportliche Sozialisation im Heim als positiv bewertet (vgl. 1p.A89,S.1; 9p.A90,S.1).
Daß auch Heimen gegenüber eine entsprechende durchaus intensive emotionale Beziehung aufgebaut wurde, wird daran deutlich, daß insbesondere oftmalige Heimwechsel belastend erlebt wurden (9p.A90, 13p.A90). Dies trifft auch für die ambulant betreuten Wohngemeinschaften zu (9p.A89, 15p.A89, 5p.A90).
Es ist daher anzunehmen, daß das Herausnehmen des Probanden aus der Bezugsgruppe des Heimes/der Wohngemeinschaft die Fortsetzung der Verletzung/Kränkung darstellt, die durch die Trennung von den Eltern während der primären Sozialisation verursacht wurde.
Interpretiert man Wohnortswechsel im Sinne von Fischer & Fischer (1990) als kritisches Lebensereignis, so gehen von diesem bereits unter relativ 'normalen' Bedingungen massive psycho-soziale Belastungsfaktoren aus, wie Verlust der Ortsidentität, deutlich depressive Äußerungen, ... (vgl. auch Müller-Fahlbush & Ihda, 1967).
Zum ständigen Wechsel des Wohnortes wurden folgende Interview-Aussagen gemacht: Bei 9p.A89 kam es nach Schließung der BwH-WG (Bewährungshilfe-Wohngemeinschaft), nachdem er sich dort gut eingelebt hatte und "eine positive soziale Entwicklung einsetzte", zur Krise, die "in Folge einer langen Obdachlosigkeit zur Verwahrlosung des Probanden" führte (aus der Einzelfallanalyse von 9p.A89, S.1).
13p mußte mit 1o Jahren das Heim verlassen; "mit dieser Zeit verbindet er eine angenehme Erinnerung, sodaß ihm 'der Abschied verdammt schwer' (13p.A89: I/2,59) fiel." (aus der Einzelfallanalyse von 13p.A89,S.1). Da bei unseren Pro-

banden diese Ereignisse mit anderen sozialen Belastungen zusammenfielen, überrascht auch nicht die Nähe zu den weiteren von Fischer & Fischer (1990, S.150f) zusammengetragenen Ergebnissen: Alkoholismus, Kriminalität, Selbstmord(gedanken), Ungenauigkeiten in der Personenwahrnehmung, Angst und Dogmatismus. Auf die vielfältigen, relevanten Theorien zu den angesprochenen kognitiv-emotionalen Prozessen soll hier nur hingewiesen werden: Theorie der sozialen Vergleichsprozesse von Festinger 1954; Kumulation von Merkmalen sozialer Benachteiligung von Friedrichs 1977; Stigmatisierung von unter räumlich schlechten Bedingungen lebenden oder obdachlosen Personen führt nach empirischen Untersuchungen von Vascovics 1976 zu Veränderung der Selbstwahrnehmung, Rückzugverhalten, Aggressivität und Delinquenz.

"Ein Wohnortwechsel besteht nicht einfach nur im Verlassen der bisherigen und im Umzug in eine neue Wohnung, er schließt meist die Veränderung einer Vielzahl kognitiver, emotionaler und behavioraler Umweltbeziehungen ein. Indem die Ablösung vom alten Wohnstandort und die Anpassung an eine neue Wohnumgebung durch komplexe, intrapsychische Prozesse gesteuert wird, die sich wechselseitig beeinflussen und über längere Zeiträume hinweg erstrecken, bieten sie störenden Einwirkungen eine weite Angriffsfläche." (Fischer & Fischer, 1990, S.140f)

An dieser Stelle ist eine Präzisierung des Begriffs 'kritisches Lebensereignis' nachzuholen:

"... kritische Lebensereignisse (sind) als Eingriff in das zu einem gegebenen Zeitpunkt aufgebaute Passungsgefüge zwischen Person und Umwelt (zu) konzipieren - wobei bereits an dieser Stelle ergänzt werden muß, daß solche Ereignisse "emotionale Nicht-Gleichgültigkeit" für die Person besitzen.... " (Filipp, 1990, S.9).

Kennzeichen kritischer Lebensereignisse (vgl. Filipp, 1990):

(1) Sie stellen die raum-zeitliche, punktuelle Verdichtung eines Geschehensablaufes innerhalb und außerhalb der Person dar und sind somit im Strom der Erfahrung einer Person raum-zeitlich zu lokalisieren. Typische Beispiele sind der häufige Wechsel sozialer Bezugspunkte der Probanden. Zum Beispiel Scheidung der Eltern, Wechsel von einem Elternteil zum anderen, von einem Heim ins andere usw.

(2) Kritische Lebensereignisse stellen Stadien des relativen Ungleichgewichts in dem bis dato aufgebauten Passungsgefüge zwischen Person und Umwelt dar.

Bezogen auf unsere Interviewdaten ist damit zu rekonstruieren, ob es ein elementares kritisches Lebensereignis gegeben hat, das zum Beispiel für die Person klarlegt, daß Beziehungen kurzfristig sind oder abgebrochen werden können, bzw. in welcher Art und Weise durch neuerliche Trennung Instabilität eintritt.

(3) Schließlich geht in die Konzeptualisierung von kritischen Lebensereignissen die Annahme ein, daß das Ungleichgewicht in der Person Umwelt - Beziehung für Personen unmittelbar erlebbar und dieses Erleben von affektiven Reaktionen begleitet ist.

Aus dieser Sicht sind Interviews daraufhin zu "durchforsten", welche Emotionen die Interviewten im Zusammenhang mit diesen Lebensereignissen mitteilen und welcher Bezug zu nahestehenden Personen besteht. Daraus sind Ableitungen bezüglich sozialer Beeinträchtigung (z.B. Delinquenz) möglich. Im Hinblick auf soziale Randgruppen ist natürlich auch zu bedenken, ob nicht vielmehr dem alltäglichen Strom von negativen Stressoren und Belastungen im sozialen Beziehungsgefüge die entscheidende Bedeutung zukommt. Dies ist am Verlauf der Interviews genau zu prüfen. Kriterien hierfür sind: Veränderte Emotionalität nach der Schilderung bestimmter (kritischer) Ereignisse. Eventuelle Wiederholung bestimmter Ereignisse in der Schilderung. Dauer der Schilderung bestimmter Ereignisse und Auslassungen in der Schilderung bestimmter Ereignisse.

> "Nach dem Heimaustritt lebte 13p.A89 bis zu seinen 16. Lebensjahr bei seinen Pflegeeltern. Wegen "exzessiven Alkoholkonsums" kam er wieder in ein Heim. Einer der zentralen negativen Glaubenssätze von ihm lautet: "ich habe angst vor dem leben nach dem heim!" (5a,3ff, vgl. auch 13p.A90,S.1 u.v.a....)

Bei unseren Probanden traten kritische Ereignisse derart massiert auf, daß eine neuerliche Stabilisierung überaus schwierig wurde: Aufgrund der oben angesprochenen transaktionalen Sichtweise (vgl. Kap. 2.8.3), ist auch in der Entwicklung der Person nicht mit einer einseitigen Verhaltensanpassung zu rechnen, sondern

> "... vielmehr mag der "Effekt" kritischer Lebensereignisse auch darin liegen, daß die Person selbst ihre (soziale) Umwelt neu arrangiert und somit ein neues Gleichgewicht herstellt, ohne daß sie zu einer Reorganisation ihres Verhaltenssystems gezwungen sein mag.
>
> ... In dem Prozeß der Auseinandersetzung mit und Bewältigung von kritischen Lebensereignissen werden sowohl "Lebensereignisse" als auch "Personen" als aktive Kräfte in diesem Austausch- und Passungsgefüge betrachtet." (Filipp, 1990, S.9)

Die Überforderung der Probanden führt zumeist zu einer 'Fixierung' ihres Verhaltens.

Die Art und Weise ihrer subjektiven Wahrnehmung der Ereignisse bestimmt die Qualität und den Wirkungsgrad für nachfolgende Veränderungen. Der erlebte Kontrollverlust (vgl. weiter unten) macht eine positive Nutzung negativer kritischer Lebensereignisse beinahe unmöglich. In diesem Zusammenhang fehlen uns aber Vergleichsdaten von Personen unter ähnlich schlechten sozialen Bedingungen, die den 'Weg aus diesem Milieu' schaffen.
Unser Datenmaterial belegt folgenden (hypothetischen) Zusammenhang:

> Kritische Lebensereignisse sind für Probanden Interpunktionen in einem Strom negativer Sozialisationsbedingungen, die ihre soziale Lage 'auf den Punkt' bringen.

Daher führen diese Lebensereignisse nicht - wie sonst häufig - zu Neuorientierungen, sondern Vertiefen die als ausweglos erlebte soziale Lage.

Aus der Sicht der psychologischen Streßforschung erfolgt die Auseinandersetzung mit kritischen Lebensereignissen in drei Schritten:

(1) Einschätzung des Grades der Bedrohung
(2) Einschätzung der eigenen problembezogenen Handlungsmöglichkeiten
(3) Evaluative Einschätzung des Erfolges eigenen Handelns.

Bezüglich der Bewältigung kritischer Ereignisse ist auf folgende Kriterien besonders zu achten:
Ist die Fokussierung nach außen gerichtet, also ereigniszentriert, oder auf die eigene Person gerichtet und entsprechend selbstzentriert?

> Es zeigt sich bei den Probanden eine häufige Schuldverlagerung nach 'außen', dennoch/selbstverständlich (!!) aber leidet das Selbstwertgefühl massiv unter der sozialen Problematik.

Weiters ist zu berücksichtigen, auf welcher Ebene die Auseinandersetzung stattfindet (kognitive Aktivitäten, instrumentell- zielgerichtete Aktivitäten; vgl. Filipp, 1990, S.39). Im Hinblick auf die Verlaufsstudie ist daher auch zu überprüfen, ob sich die Ebenen und die Art und Weise der Auseinandersetzung mit kritischen Lebensereignissen verändert haben. In diesem Zusammenhang ist weiter unten darauf einzugehen, welche Bedeutung der Zielsatz-Arbeit aus dem Konzept NLP zukommt (vgl. Kap.3.2.5).

Mit Lazarus (1990) können zwei Aufgaben der Bewältigung von kritischen Lebensereignissen festgehalten werden:

(1) Die Verbesserung einer Situation, indem man seine eigenen Aktionen darauf einstellt oder die bedrohliche Situation selbst verändert.

(2) Die Veränderung der physischen und erlebnismäßigen Komponenten der durch den Streß erzeugten Emotionen selbst, sodaß sie unter Kontrolle bleiben und nicht das Wohlbefinden und soziale Funktionieren beeinträchtigen.

Wie die Ausführungen zeigen, ist dies den Probanden vorerst nicht gelungen. In diesem Sinne soll das Projekt auch eine Möglichkeit bieten, diese Defizite aufzuarbeiten.

Bei beiden Untergruppen erfolgte die Veränderung meist auf der Ebene der Einstellungen oder Wahrnehmungsleistung:

2s stellte nach dem Projekt an sich fest,

> "daß i viel offener bin. Auch die leut z.B. in der wg habn mir g'sagt, daß i jetzt mehr auf sie zugehn kann als früher .. also net die umstände, in denen i leb san anders gewordn, sondern daß i anders/besser damit umgehen kann. i was aba net, ob das a nachwirkung vom projekt is." (2s.A89:II/2,63ff)

Nach dem anfänglichen Widerstand änderte 3p seine Haltung; bereits in der tb2-Phase wirkte er offen, zugänglich und veränderungswillig. Auch seine fatalistische, machtlose Einstellung (negativ erlebte Selbstwirksamkeit) hatte sich verändert:

> "naja * daß ma gemeinsam mehr machen kann... allanig kummt ma net so weit ... zu zweit oder zu dritt gehts fü besser" (3p.A89: II/3,147ff)

Die direkte Änderung des situativen Kontextes (neue Wohnung, Beziehungswechsel,...) war eher selten, kam aber vor. Dies entsprach auch nicht der Zielsetzung des Programms, zumal der Einstellungsänderung oft die situative folgt.

Zusammenfassend läßt sich also feststellen, daß wir es hier mit 'ganz gesetzmäßigen' Befunden zu tun haben, die den Stand der Forschung weitestgehend bestätigen.

6.1.3 Der situative Kontext oder die delinquente/kriminelle Laufbahn

Die erste straffällige Handlung - wenn wir von Kinderkriminalität (z.B. geringfügiger Ladendiebstahl) absehen - erfolgt nach dem Heimaustritt.

> Der Schritt aus der kontrollierten, meist fremdbestimmten Heimatmosphäre in das selbstverantwortliche und einsame Erwachsenenleben stellt für die Probanden ein weiteres überforderndes Lebensereignis dar.

Der oft damit verbundene Ortswechsel führt häufig zu einem instabilen Lebensstil: oftmaliger Wohnplatzwechsel, Obdachlosigkeit, Arbeitslosigkeit oder Unzufriedenheit mit der persönlichen Lebenssituation allgemein stellen die weiteren Streßbelastungen dar (vgl. oben).
Während in der Kindheit-/Jugendphase durch institutionelle Zwänge (Familie, Heim, oder Pflegeeltern) die normativ abweichenden Handlungen des Probanden durch Sanktionen kontrolliert werden, sind diese nach dem Heimaustritt allein durch die individuelle Gewissensinstanz zu verantworten und obliegen höchstens der Rechenschaft in der Jugendgruppe/Bande (peer group).

"Nach dem Heim versuchte 1p bei seiner Mutter zu leben, was jedoch aufgrund von Meinungsverschiedenheiten gescheitert ist. Mit sechzehn begann er eine Lehre als Maler und Anstreicher. Hier begann auch für ihn die schwerste Zeit, wo er sich in der Großstadt orientieren mußte, wo er sich einsam fühlte und für sich und sein Leben verantwortlich war. Mehr aus Gruppendruck als Berechnung beging er die erste Straftat." (aus der Einzelfallanalyse von 1p.A89,S.1)

Schulbildung und Berufschancen:
Mit Ausnahme eines Probanden, der die Unterstufe eines Gymnasiums absolviert hatte, waren die Probanden Abgänger von Haupt- und Sonderschulen. Oft rückten sie in die Nähe des Analphabetentums (vgl. 3p.A89, 5p.a89, 9p.A89,...). Entsprechend eingeschränkt sind ihre Berufschancen, die durch den festgeschriebenen, niedrigen sozialen Status noch weiter abgewertet werden. Die schlechten Arbeitsbedingungen führten zu Frustration und häufigen Arbeitswechseln bzw. Arbeitslosigkeit. Die Unzufriedenheit über den für sie 'vernagelten' Arbeitsmarkt äußerte sich dann in Stellungnahmen wie,

"des leben is eh beschissen. ..so wenn i in aner firma arbeit, so irgendwo beim Mc Donald als Verkäufer, die san dort alle ferngesteuert..". (3p.A89,S.1)

Die Situation der Studenten war deutlich anders: Die bessere Schulbildung erhöht ihre Berufschancen wesentlich. Dennoch sind die Studienrichtungen "Sportwissenschaften" und "Leibesübungen" keine Garantie für eine Arbeitsstelle. Nach der gegenwärtigen Situation des Arbeitsmarktes ist auch hier eine hohe Arbeitslosenquote wahrscheinlich, wenn auch aus anderen Gründen und unter - zumindest vorerst - völlig anderen sozialen Bedingungen. Auf die erschreckende Zunahme der Obdachlosigkeit auch von Personen gehobener Bildung in westlichen Industrieländern soll an dieser Stelle nicht eingegangen werden, da dies im Rahmen des Projekts keine soziale Realität darstellte.

Vergleich der Lebensgeschichten beider Untergruppen:
Während die Studenten beide Elternteile in der Kindheit erlebten (der Kindesvater spielte in der Erziehung der Kinder traditionsgemäß die Nebenrolle des Broterwerbers), war die Kindesmutter eines Probanden (wenn überhaupt existent)

Alleinerzieherin und Angehörige der unteren sozialen Schicht. Die Probanden wuchsen oft in einer dysfunktionalen Alkoholikerfamilie auf. Neben der unterschiedlichen Stabilität der Familie wurden die Studenten auch kognitiv und physisch gefördert. In den Interviews der Probanden kommt das Wort "Förderung" oder Ähnliches nicht einmal vor.

Familiärer Kontext und Suchtverhalten:
Da die meisten Probanden Kinder von Alkoholikern waren, soll hier noch der familiäre Kontext in Bezug auf Suchtverhalten dargestellt werden.
Die vor allem aus den USA stammenden Untersuchungen zu diesem Thema scheinen durchaus auf europäische Verhältnisse übertragbar zu sein und besagen, daß Kinder aus einer dysfunktionalen Alkoholikerfamilie viermal wahrscheinlicher selbst Alkoholiker werden, als Kinder aus funktionalen Familien. Ryerson (1985) beschreibt einfühlsam das Leben im "double bind", in dem diese Kinder leben: Es ist

"eine Umgebung, in der die Dinge, die du am meisten brauchst - Liebe, Unterstützung, Stabilität - größtenteils verschwunden sind...du fühlst dich vernachlässigt...wütend wegen der gebrochenen Versprechen und Lügen...du hast Angst, Besuch zu bekommen...du glaubst, daß niemand dich verstehen wird, wie es schmerzt, wenn ein Elternteil - die wichtigste Quelle der Kraft und Orientierung - unzuverlässig, unverantwortlich, unberechenbar, nachlässig und manchmal böse und mißbrauchend wird". (Ryerson, 1985)

Zuletzt soll noch auf den Zusammenhang zwischen auffälligem Verhalten und dem Faktum der *unerwünschten Kinder* hingewiesen werden. Während bei den Studenten die "ideale Mutter" (bewußte und unbewußte Akzeptanz der Schwangerschaft) überwiegt, ist die Mutter der Probanden "ambivalent" (bewußte Annahme und unbewußte Ablehnung) oder "katastrophal" (bewußte und unbewußte Ablehnung des Kindes). Die Diktion stammt aus der Untersuchung von Rottmann (1974). Diese Daten sind schwer erfaßbar und nicht bei allen Teilnehmern zugänglich; dennoch ist die Generalisierung anhand der vorhandenen Biographien ziemlich zutreffend. Dazu ein Beispiel:

"11p war ein 'unerwünschter Nachzögling' (laut der Aussage der Kindesmutter) in der Familie. Die Ambivalenz in der von 11p noch nicht überwundenen Mutterbindung impliziert einerseits die Unerwünschtheit in der Familie (Vater war ein Alkoholiker; Mutter Gelegenheitstrinkerin), anderseits die Schuldgefühle der Mutter, die aus dem tiefen Konflikt der ablehnenden und annehmenden Impulse resultieren." (11p.A89/B90,S.1)

Suchtverhalten bei den Aktivitäten:
Während die Studenten zum großen Teil Nichtraucher und Nichtalkoholiker waren, bestand die Probandengruppe ausschließlich aus Rauchern und hatte auch großteils mit massivem Alkoholkonsum Probleme.

Dieses Suchtverhalten (Nikotin, Alkohol) machte letztere bei Entzugssituationen psychisch und physisch labil.
Rauschgift spielte eine untergeordnete Rolle und wurde nur einmal (Haschisch) in einer Gruppe zum Problem (siehe Gruppenprozeß Kap. 5).

Bereitschaft zur Selbstreflexion:
Während des Solos hatten die Teilnehmer die Aufgabe, einen Brief an sich selbst zu verfassen. Von wenigen Ausnahmen abgesehen hatten die Probanden diese Gelegenheit der Selbstreflexion, nämlich sich einen Brief zu schicken, nicht genützt. Sie brachen auch das Solo im Unterschied zu den Studenten früher ab und hatten Angst vor dem Alleinesein (15P,17P.A89, 9P.B90, 5P.A90).
Die Studenten neigten eher zu Überreflexion: Die Handlungen wurden fast immer hinterfragt, es fehlte ihnen an Spontanität; sie nahmen sich im Gruppengeschehen oft zurück. So wirkten die Probanden bei Spielen oft spontaner und lebendiger als die Studenten, für die die Selbstkontrolle ein ganz wesentlicher Faktor war (8S.A89, 4S.A89, 2S.A89, 1S.A90, 3S.A89).

6.2 Selbstkonzept

Als wesentlicher Ansatz jüngerer Forschung zum Selbstkonzept ist jener des Selbstschemas zu sehen.

"Solche Selbstschemata sind generalisierte Niederschläge der Erfahrungen mit sich selbst und sollen selbstbezogene Informationen des jeweiligen Inhaltsbereiches organisieren und leiten" (Heckhausen, 1989, 492).

Schon aufgrund der Vorbemerkung wird deutlich, daß diese Konzepte aus der Lebensgeschichte resultieren (vgl. auch Mummendey, 1990). Entsprechend sind die nachfolgenden Darstellungen eine logische Weiterführung der bisherigen Ergebnisse.
Neben den vielen differierenden Auffassungen zum Selbstkonzept besteht weitgehende Einigkeit über dessen aktive, handlungsleitende Funktion. Wir gehen also davon aus, daß sich das Selbstkonzept zum einen in der Selbstdarstellung im Rahmen der Interviews widerspiegelt, zum anderen in den konkreten Aktivitäten deutlich wird. Zum ersteren ist noch anzumerken, daß die Selbstdarstellung ('impression managment', vgl. Mummendey, 1990) sich auch noch in anderen Aspekten niederschlägt.[1] So ist z.B. bei Interviews, die Frauen mit Probanden führen, oft ein deutliches Konzept der versuchten Annäherung an die Inter-

---

[1] Die für eine Vor-Nachuntersuchung vorliegenden Fragebögen zur Überprüfung der Änderung des Selbstkonzepts anhand des Gießen-Tests und einiger anderer Skalen (vgl. Kap. 7.2.3) brachten keine signifikanten Ergebnisse. Die bereits diskutierten methodischen Probleme (vgl. Kap. 1.7) machen eine Interpretation dieses Sachverhalts allerdings unmöglich.

viewerin zu erkennen, in dem es den Probanden teilweise gelingt die Interviewerinnen durch ihre Selbstdarstellung etwas zu blenden und so 'heiklen' Fragen zu entgehen. Als ein Beispiel sei die Selbstdarstellung als am eigenen Schicksal unschuldiger und jetzt einsamer Mensch angeführt.

Häufig wird der Begriff des Selbstkonzepts auch mit dem der Selbsttheorie (subjektiven Theorie von sich selbst) im Selbstsystem gleichgesetzt:

> "Die Theorie eines Individuums von der Wirklichkeit umfaßt Subtheorien über die eigene Person (eine Selbsttheorie), über die Außenwelt (eine Umwelttheorie) und über die Wechselwirkung beider Subtheorien. Wie das Individuum sich selbst sieht, ist ... abhängig von der Wahrnehmung seiner Umwelt. Wie es seine Umwelt konzeptualisiert, ist in hohem Maß eine Reflexion seiner Selbstkognitionen und umgekehrt." (Filipp, 1979, S.16)

Selbsttheorien können als Erkenntnisgegenstände verstanden werden, indem sie Wissen um die eigene Person enthalten. Andererseits sind sie erkennende Subjekte, indem sie Prozesse der Wahrnehmung, der Erkenntnisgewinnung steuern (Epstein in Filipp, 1979, S.31). Wichtig ist auch zu betonen, daß diese Form des Selbst nicht rein kognitiv, sondern wesentlich emotional unterlegt ist. Aus der Selbstkonzeptforschung ist bekannt, daß sich Selbstkonzepte über das ganze Leben hin entwickeln und differenzieren (Filipp, 1979; Heckhausen, 1989; Flammer, 1990; ...). Bezüglich der Veränderbarkeit und Variabilität von Selbstkonzepten ist zunächst einmal auf die Variabilität und Veränderbarkeit der Person einzugehen: Aus vielen psychotherapeutischen Sichtweisen (Phasenmodelle der Psychoanalyse, Charakterstrukturmodell der Bioenergetik, Skriptsätze der Transaktionsanalyse, ...) werden in der Kindheit wesentliche Strukturmerkmale der Person grundgelegt, diese sind zwar vielfältig beeinflußbar, aber im Sinne von "Kern-Konzepten" (vgl. Gergen in Filipp, 1979, S.76) festgelegt. Natürlich kann kein bestimmter Zeitpunkt genannt werden,

> "...zu dem Selbstkonzepte endgültige, unveränderliche Formen angenommen hätten. Vielmehr hören Menschen auch als Erwachsene nicht auf, sich selbst in einem sozialen Spiegel wahrzunehmen, um ihr Bild von sich entsprechend zu modifizieren." (Filipp, 1979, S.79)

Schließlich kann man es als Kriterium der psycho-sozialen Gesundheit sehen, ob das Selbstkonzept noch in Entwicklung ist.
Bei den Probanden sind zunächst sehr starre Selbsttheorien zu erkennen: So lautet beispielsweise der zentrale Skriptsatz von 19p "Ich kann und will mich nicht ändern."(19p.A89). 11p war der Überzeugung, daß sein Charakter vorbestimmt sei (16,2; siehe auch 11p.A89/B90,S.1).

Für die weitere Auswertung ist wiederum von Bedeutung:
(1) Wie stark erscheint das Selbstkonzept der Person?

(2) Welche Veränderungen lassen sich im Selbstbewertungs- und Selbstbeschreibungsmuster finden?

Als Kriterien für die Bewertung von Selbsttheorien werden häufig Analogien zur Bewertung wissenschaftlicher Theorien herangezogen. So zum Beispiel die empirische Validität und Überprüfbarkeit. In dieser Hinsicht ist im wesentlichen von den von Flammer (1990) ausführlich zusammengestellten Ergebnissen zur Kontrollüberzeugung auszugehen.

6.2.1 Selbstwert

Die Bedeutung einer Verletzung des Grundwertes ("Ich bin; und daß ich bin, ist an sich gut", Längle, 1987, S.52; 'Ich bin o.k.', Harris, 1978) in der frühen Kindheit zeigen die vorliegenden Ergebnisse auf.

> *Das Selbstwertgefühl der Probanden* war vorwiegend negativ besetzt: Der Kontext zum gestörten Grundwert ist offensichtlich.

Aus den Interviews lassen sich zusammenfassend folgende Skriptsätze herausarbeiten:

"'Ich bin es nicht wert, geliebt zu werden; Ich traue mir im Leben nichts mehr zu und kann mich nicht mehr ändern; ich erlebe mich unattraktiv und bin der Meinung, daß man von mir nichts lernen kann." (vgl. 19P.A89, 19P.B90, 1P.A89, ...)

Die häufigste Manifestation dieser Störung basiert auf Verlassensangst oder Angst vor Liebesentzug und führt zu Problemen bei Scheitern einer Beziehung: Nachdem seine Freundin 1P verlassen hatte, schilderte er seine Betroffenheit wie folgt:

"das hat mi wieder gekränkt, da war i ...zerstört, weil da hab i nämlich mei lebn normalisiert g'habt, da hab i alles schön g'richt g'habt, brav arbeiten gangen ... jetzt häng i natürlich überall ..., wo man nur hängen kann (gezwungenes Lachen)". (1p.A89)

Im schlimmsten Fall führte dies zu völliger Kontaktarmut, gestörtem Sexualleben, Bettnässen und Angst vor Nähe (vgl. 19p.A89, 5p.A90, 10p.B90).

Das Selbstwertgefühl der Studenten war durchschnittlich gering negativ (Interviewdaten); zieht man zusätzlich die Beobachtungsdaten heran, ergibt sich ein eher positives Selbstwert-Konzept. Im Kontext zur Lebensgeschichte zeigten sich folgende, negative Einflüsse auf das Selbstwertgefühl der Studenten:

* Mangel an Zuwendung und Förderung (2s.A89, 2sw.B90).
* Dominanter, katholisch-konservativer Erziehungsstil (1sw.A90, 3s.A).
* Die Rolle der Frau (4sw.A89, 1sw.A90, 3sw.B90).

Zu der allgemein leider noch immer üblichen Entwertung des weiblichen Geschlechts in unsere Gesellschaft (Wirtschaft, Politik, Sexualität,...) waren die wenig wertschätzenden Skriptsätze und Erwartungen der Eltern, wenn sie von den Mädchen übernommen wurden, verantwortlich:

> 2sw.B90 hatte nach einen Jahr ihr Traumstudium "Architektur" abgebrochen. Die Gründe für den Abbruch sieht sie einerseits in sich selbst, der Unsicherheit und Erschlagenheit, die der Studienanfänger angesichts der zu bewältigenden Menge an Arbeit vor sich sieht, andererseits in der entmutigenden Haltung des Vaters, der sie nicht für fähig hält, ihr Ziel zu erreichen (2sw.B90, S.1).

Zusammenfassender Vergleich des Selbstwertes beider Untergruppen:
Die Probanden haben eine der Wirklichkeit nähere Einschätzung von sich selbst als die Studenten. Während die Studenten aufgrund ihrer Neigung zur Überreflexion und Selbstzweifel ihren Selbstwert stark herabsetzen, obwohl es nicht mit den realen Handlungsabläufen übereinstimmt, verweigern die Probanden oft die Ausführung einer Handlung a priori und sind daher durch die Orientierung am Mißerfolg in ihrer Handlungsfähigkeit sehr gehemmt. Hierfür sind primär die negativen Skriptsätze zu folgenden drei Bereichen verantwortlich:
1. Emotionale Labilität.
2. Mangelnde Realisierung langfristiger Ziele.
3. Umgang mit Aggression und Frustration.

Veränderungen des Selbstwertes:
Bei beiden Untergruppen war nach dem Projekt eine Zunahme des Selbstwertes feststellbar und wurde auch im Abschlußinterview oft artikuliert. Aufgrund der niedrigeren Ausgangswerte der Probandengruppe war hier die Änderung deutlicher erfaßbar als bei den Studenten.

> "i hab eigentlich vü * annehmen können... i hab ... jetzt vü selbstvertrauen bekommen, des was ziemlich geschwächt war." (13p.A90:II/1,17ff)

> "ich fühl mich stärker, kräftiger, einflußreicher * als vorher * und vielleicht auch ein bißchen entschiedener." (3s.A90:II/3,146)

Die Ausnahme stellten Teilnehmer dar, die sich a priori auf die Selbsterfahrung nicht einlassen wollten.
Während bei den Studenten die abgehobene, unbeteiligte, rational geleitete Distanziertheit den Transfer behinderte, waren es v.a. die älteren Probanden (über 30), die an ihren fixierten Skriptsätzen festhielten:

Mit dem Zurückziehen in die Küche, seinem vertrauten Bereich, verschloß sich 19p gegenüber der Aktivität und konnte nicht mehr motiviert werden. 6sw.A89,8s.A89 und 9s.B90 hatten sich auf den Prozeß wenig eingelassen und konnten dadurch auch keinen Selbstwertgewinn erreichen. Sieht man als Ursache für ihr Verhalten, daß sie ihren Selbstwert bedroht sehen, so wird daran deutlich, daß Selbstschutz die Persönlichkeit 'panzert', aber Entwicklung verhindert.

6.2.2 Selbstwirksamkeit

Die "Selbstwirksamkeit" (self-efficacy) ist die Zuversicht einer Person, die Anforderungen, die das Leben an sie stellt, aus eigener Kraft zu bewältigen. Bereits in früheren Arbeiten zur Wirkung von Outdoor-Aktivitäten (vgl. Kapitel 2) wurde diesem Konzept besondere Aufmerksamkeit beigemessen (Bandura 1979; Flammer 1990). Die Basis für die persönlich zufriedenstellend empfundene Leistungsfähigkeit bilden die spezifisch entwickelten Fähigkeiten: "Expectations alone will not produce desired performance if component capabilities are lacking." (Bandura, 1977, S.194)

Die "kognitiven Ereignisse" ('efficacy' und 'outcome') lassen "sich am raschesten durch die Erfolgserlebnisse induzieren und verändern, die sich aus der gelungenen Ausführung ergeben." (Bandura, 1979, S.85)
Dabei geht Bandura davon aus, daß die entwickelten Erwartungen über die eigene Wirksamkeit auf neue Lernsituationen übertragen werden können. In diesem Sinne wäre auch im Rahmen des Projekts zunächst mit den entsprechenden Lernübertragungen zu rechnen. Zentrale Ansätze zu einer Veränderung liegen darin, daß die Teilnehmer unerwartete Handlungswirksamkeit erreichen. Dennoch ist auch an dieser Stelle vor einem allzu trivialen Transferwirkungsdenken zu warnen.
Bei der Auswertung der Interviews ist daher besonderes Augenmerk auf diesbezügliche Äußerungen zu legen. Damit eine Person Wirksamkeit erleben kann, muß sie die Fähigkeit/Möglichkeit zur Kontrolle ihrer Lebensumstände haben. Unter dem Begriff der Kontrolle

"...ist eine Handlung oder eine Prozedur (zu verstehen). Kontrolliert werden Zustände und Vorgänge. Die Kontrolle besteht darin, geeignete Prozeduren bereit zu halten und im Bedarfsfall einzusetzen, damit ein Zustand sich in einen angestrebten anderen Zustand verändert oder daß Veränderungen an einem Zustand kompensiert werden, wenn Nicht-Veränderung angestrebt wird. Dazu äquivalent ist die Kontrolle darüber, daß eine Veränderung in eine angestrebte Veränderungsform umgeleitet wird oder daß eine bestimmte Veränderung gegen Störungen konstant gehalten wird. ... Kontrolle ist immer zielbezogen, das heißt bezogen auf angestrebte Zustände oder Veränderungsformen." (Flammer, 1990, S.20)

Man kann davon ausgehen, daß das Indviduum sowohl aktiv kontrollieren können muß, als auch wissen muß (Perspektive Zielerreichung), daß man über bestimmte Zielbereiche Kontrolle haben kann (Perspektive Selbstwertgefühl). Eine wesentliche Unterscheidung ist zwischen primärer und sekundärer Kontrolle zu treffen: Kann die persönliche Umwelt nicht nach eigenen Wünschen verändert werden (primäre Kontrolle), so sucht das Individuum nach einer Möglichkeit, sich selbst oder seine Ansprüche so zu verändern, daß das Verhältnis Person - Umwelt befriedigend ist oder wird (sekundäre Kontrolle). Für die Analyse der Personen und ihrer Kontrollkonzepte ist es nun entscheidend, die Struktur dieser Kontrolle zu prüfen. Es konnte in vielen Untersuchungen belegt werden, daß leichte Überschätzung der eigenen Kontrolle günstig ist, hingegen deutliche Überschätzung zu Fehlanpassung führt, Unterschätzung bewirkt Depression.

Als Gegenkonzept zur Kontrolle kann die sogenannte gelernte Hilflosigkeit (Seligman, 1975) gesehen werden. Grundsätzlich gibt es auf Kontrollverlust zwei Reaktionsweisen, wovon die eine als gelernte Hilflosigkeit, die andere als Reaktanzreaktion bezeichnet wird. Neuere Untersuchungen belegen, daß das Erleben von Kontrollverlust zu einer gesetzmäßigen Reihenfolge führt: Zunächst tritt bei erlebter Unkontrollierbarkeit - bei gleichzeitig existentem Kontrollmotiv - Reaktanz, also Aktivität auf und erst nach längerer Zeit Hilflosigkeit, Passivität mit den jeweiligen emotionalen Unterlegungen, Aggression auf der einen Seite und Depression auf der anderen (vgl. Wortmann & Prem 1975). Für unseren Zusammenhang ist auch die Unterscheidung zwischen persönlicher und universaler Hilflosigkeit von Bedeutung:

"Persönliche Hilflosigkeit liegt dann vor, wenn das Individuum glaubt, daß Handlungsresultate und Umweltbedingungen von ihm nicht, von anderen Personen aber wohl kontrolliert werden können. Bedingungen hierfür sind internale Ursachenzuschreibungen. Besonderes Merkmal persönlicher Hilflosigkeit gegenüber universaler Hilflosigkeit ist ein deutlich vermindertes Selbstwertgefühl. Universale Hilflosigkeit ist durch die Überzeugung gekennzeichnet, daß bestimmte Umweltereignisse generell nicht kontrolliert werden können. Eine solche Überzeugung setzt externale Ursachenzuschreibungen voraus." (Sommer, 1989, S.39)

Es ist jedoch zu beachten, daß der zeitliche Zusammenhang, ob Kontrollverlust Hilflosigkeit bewirkt oder Hilflosigkeit zu Kontrollverlust führt, nicht eindeutig geklärt ist (vgl. Sommer, 1989, S.41). In einer Untersuchung an 82 straffälligen Jugendlichen, die in Erziehungs- bzw Therapieheimen eingewiesen waren, und einer Kontrollgruppe von nicht straffälligen Jugendlichen stellten Grob, Flammer, Kaiser & Lythi (1989) fest, daß es bei den Straffälligen zwar niedrigere Wohlbefindenswerte, nicht aber niedrigere Kontrollwerte gab. Dabei lagen die Korrelationen zwischen Wohlbefinden und Kontrolle bei den Straffälligen höher als bei den Nicht-Straffälligen. Flammer zieht den Schluß, daß einerseits für das subjektive Wohlbefinden ein Mindestmaß an Kontrolle nötig ist, andererseits sich

"der Kontrollspielraum der gerichtlich eingewiesenen Jugendlichen ... vermutlich trotz ihrer eigenen subjektiven Angaben in einem Bereich bewegte, in dem 'mehr'(an Kontrolle; Am. d. Verf.) spürbar 'mehr' und deshalb wohlbefindensrelevanter ist." (Grob, Flammer, Kaiser & Lythi, 1989, S.104)

Damit ist also angesprochen, daß in einem Bereich geringer Kontrolle auch geringe Verbesserungen sensibel wahrgenommen werden.

6.2.3 Befindlichkeit

Als Oberbegriff im ganzheitlichen Sinne ist hier der Grad der Gesundheit gemeint (Fromm, 1979; Maslow, 1954; Teegen, 1983).
Nach Hambrecht (1983, S.70) wird die Gesundheit durch "eine geglückte Balance zwischen den eigenen Bedürfnissen und den Erfordernissen und Grenzen der Umwelt" bestimmt. Die "Balance" umfaßt alle Dimensionen des menschlichen Daseins:
* psychische
* soziale
* körperliche
* spirituelle Dimension
(vgl. auch Riedle, Schmidt & Schmidt 1985, S.28)
Das Programmkonzept von Outdoor-Aktivitäten bietet Raum für den sogenannten "Eustreß", der von Edwards & Cooper (1988, S.1447 ff)) als die "positive Abweichung zwischen einem wahrgenommenen und einem gewünschten Lebensumstand" bezeichnet wird. Konkret geht es um die alltägliche Freude: Humor, Erfolgserlebnisse, Nähe, Wärme; mit anderen Worten: Um alles, was der Mensch zum Wohlbefinden braucht. Hierher gehört auch die intrinsische (Selbst)Belohnung des "flow-Erlebnisses":

"In der Schwebe zwischen Langeweile und Angst ist das autotelische Erleben eines völligen Aufgehens des Handelnden in seiner Aktivität." (Csikszentmihalyi, 1985, S.58)

Aktuelle Befindlichkeit:
Unter dem Konzept der Befindlichkeit wird der momentane Zustand eines Individuums verstanden (Abele & Brehm, 1986). Die Befindlichkeit grenzt sich damit von Emotion durch die Betonung der Ungerichtetheit ab. Von Persönlichkeitseigenschaften läßt sich das Konzept durch seine wesentlich geringere zeitliche Stabilität und stärkere Beeinflußbarkeit durch äußere und innere Faktoren abgrenzen. Dimensionen der Befindlichkeit liegen in unterschiedlichster Form vor und haben bisher zu keinem einheitlichen Konzept geführt. Für den vorlie-

genden Sachverhalt ist auch weniger das Konzept der Dimensionen von Bedeutung als vielmehr folgende Frage: Welche Art des Befindens wird durch welche Maßnahme wie beeinflußt? Das bedeutet, daß Befinden durch die sprachliche Äußerung des Interviewten und das beobachtete Verhalten 'operationalisiert' wird. Veränderungsmöglichkeiten beziehen sich damit primär auf das Ausmaß der Schwankung des Befindens und die Wirkung auf das konkrete Verhalten. Als Beispiel sei hier angeführt, daß sich die Befindlichkeit stark verändert, wenn eine Person im Rahmen einer Gruppendiskussion Ärger empfindet, dem Ärger aber nicht Ausdruck verleiht. Befindlichkeitsregulation ist damit von der Person noch nicht leistbar. Gelingt es ihr, im Rahmen des Projekts diesbezüglich auf sich aufmerksam zu machen und diesem Ärger in adäquater Form Ausdruck zu verleihen, so wäre dies eine positive Veränderung der Befindlichkeitsregulation.

> Die Probanden verfügten über eine eher negative Grundstimmung und stark labile Befindlichkeit.

Oft wendeten sie ihre Aggression gegen sich selbst, was zu Selbstverletzungen führte oder Flucht in die Krankheit bewirkte (6p.B90, 7p.B90, 3p.A89, 17p.A89, 13p.A90). Positiv gesehen erreichten sie dadurch die Aufmerksamkeit und Zuwendung der Betreuer.

Die Studenten-Gruppe neigte zu relativ positiver Grundstimmung bei gering labiler Befindlichkeit.

Die bedrückte, traurige Stimmung einiger Studenten während der 2. Hauptphase (langer Block) ging oft auf Trauerarbeit zurück, die im Rahmen der Selbsterfahrung geleistet wurde (2s.A89, 2sw.A90, 3s.A90, 1s.B90).

Ein Beispiel soll dies verdeutlichen: In der Blockphase wirkte 2s sehr verschlossen und niedergeschlagen. Erst zu Ende der tb2-Phase begann er sich wohlzufühlen, was auch an seiner Vitalität deutlich wurde: 2s stand am letzten Tag früh auf und motivierte uns zu einem freiwilligen "Run and Dip" (16,14). Er selbst bewertete die Krise im Wohlbefinden nicht als negativ, vielmehr konnte er diese als Chance für positive Veränderung nutzen.

Schmidbauer beschreibt den Unterschied zwischen Trauer und Depression wie folgt:

> "Die Depression hängt mit einem Verlust des inneren Objekts zusammen, die Trauer mit dem Schmerz über äußere Verluste. Während die Depression keine neue Wirklichkeit schaffen kann, ebenso wenig wie Angst oder Wut (die sie häufig begleiten), stellt die Trauer diese neue Wirklichkeit schrittweise her." (Schmidbauer, 1985, S.112)

Veränderungen im Befinden:
Bei den meisten Teilnehmern war eine übereinstimmende Tendenz in Richtung Wohlbefinden und stabile Grundstimmung festellbar. Oft ging die positive Entwicklung der Befindlichkeit mit Steigerung der Konfliktfähigkeit und spezifisch bei Probanden mit Reduktion des Alkoholkonsums einher:
"i hab die ruhe g'funden und die ruhe is ma blieben, i man, sicher bin i manchmal gereizt,...aber nimmer so oft aufbrausend wie früher" (11p.A90:II/3,124ff)
"Das exzessive Trinken "is vorbei, a, zwa bier trink i scho am tag" (ders.,-II/3,128)
"i glaub, daß i durch des nachdenken über mi selba in bestimmten situationen ruhiger geworden bin, z.b. die frage der aggression schau i ma selber an, und net sie auf andere abzureagiern..." (2s.A89: II/2,63ff)

Die *Befindlichkeitsänderung korrelierte mit der erlebten Selbstwirksamkeit:*

> Diejenigen Teilnehmer, die sich als besonders erfolgreich erlebt haben (sowohl in der Bewältigung der Problemlösungsaufgaben, als auch in der Beliebtheit als Interaktionspartner), fühlten sich besonders wohl.

Z.B.: 3p.A89, 11p.A89/B90, 9p.A90, 11p.A90, 13p.A90, 5p.B90, 1s.B90.
Auf der anderen Seite waren die Teilnehmer mit einer niedrigen Einlaßbereitschaft (siehe oben) mit sich selbst unzufrieden, was ihre Befindlichkeit in negativer Richtung beeinflußte:

"am block is mir irrsinnig schlecht gangen"...ich habs einfach nicht geschafft, weil ich eben nicht in der gruppe war und nicht, gar nicht anwesend war" (4sw.A89: II/2,56ff)

Nicht immer konnte das Wohlbefinden in den Alltag übertragen werden:
11p.A89/B90 hatte in Folge des Trennungsschocks nach der Heimkehr eine labile Stimmungslage und nahm 1990 noch einmal am Projekt teil.
3s.A90 erlitt trotz der Zunahme an Wohlbefinden eine nervliche Erkrankung, die seine Handlungsmöglichkeiten einschränkte. 15p.A89/B90 verlor durch seine Unbeherrschtheit Wohn- und Arbeitsmöglichkeit, sodaß diese Problematik das mitgebrachte Wohlbefinden überschattete; er wurde später rückfällig (vgl. ggw. Lebenssituation der Teilnehmer).

6.2.4 Zielorientiertheit

Zielorientiertheit ist eine der Bedingungen für Kontrolle und Selbstwirksamkeit. Für die Zielerreichung werden häufig folgende oder ähnliche Kriterien genannt:
a) das bestimmte Ziel zu kennen

b) dieses Ziel für sich als aktuelles Ziel zu akzeptieren (Motivationsperspektiven)
c) einen Weg zu kennen, über den das Ziel erreichbar ist (Perspektive des Problems)
d) diesen Weg selbst gehen zu können und es auch zu wissen (Perspektiven des Fähigkeitskonzepts und der Kontrollerwartung)
e) diesen Weg tatsächlich zu gehen (Handeln als empirisch-faktischen Beleg - Validität des Selbstkonzepts)
In all diesen Konzeptbereichen sind Probleme, insbesondere in sozialen Randgruppen, zu vermuten, die die Handlungseffizienz beeinträchtigen. Diese gilt es in den Interviews differenziert herauszuarbeiten und Aspekte der Veränderung im Rahmen des Projekts zu prüfen. Auf die differenzierten Zusammenhänge einzelner Theoriekonzepte in diesem Bereich soll und kann hier nicht näher eingegangen werden (vgl. hierzu die jüngsten Publikationen von Filipp 1989, Flammer 1990, Herkner 1985, ...)

"Der Begriff Kognition bezieht sich auf alle Prozesse, durch die Wahrnehmung transformiert, reduziert, verarbeitet, gespeichert, reaktiviert und verwendet werden." (Neisser, 1967, S.4)

A priori ist zu erwarten, daß die Probanden der Bewährungshilfe aufgrund ihrer teilweise 'getrübten' Realitätswahrnehmung gehäuft von negativen Kognitionen bestimmt sind und eher zu pessimistischer Selbsteinschätzung neigen, als z.B. nicht delinquente Probanden. Ob die negativen Kognitionen zugunsten der positiven verändert werden können, soll in der Folge diskutiert werden.
Auf der Programmebene geht es um die Fähigkeit, "die Dinge in eine günstigere Perspektive zu rücken" (Goldfried, 1977, S.118) und diese auch im Alltag anzuwenden.

Im sozialtherapeutischen Kontext wurde der Zielsatzarbeit (NLP) besondere Aufmerksamkeit geschenkt: Die Aufgabe der Teilnehmer bestand darin, sich im Rahmen von Aufgabestellungen aus dem Konzept des NLP realistische Ziele zu setzen und deren Verwirklichung anzustreben.

> Die Probanden setzten sich vor allem konkrete, realistische Ziele. Auf der anderen Seite artikulierten Studenten eher internale, abstrakte Ziele.

Die Ausnahme stellten ältere Probanden (über 30) dar, die zu einer resignativ-fatalen Lebensplanung neigen (4p.B90, 11p.A89, 19p.A89, 11p.A90).
Überraschend oft wurden bürgerlich konventionelle Ziele genannt: 1. Beruf, 2. Wohnung, 3. Familiengründung (1p.A89, 5p.A89, 15p.A89, 17p,A89, u.v.a.m.)

Einige Studenten neigten zur Überforderung, indem sie Ideale mit Zielen verwechselten (vgl.2s.A89,3s.A90):

"ich hab ... zielvorstellungen...und die scheinen aber sehr oft unerreichbar,...,des ärgert mi recht * und hindert mich auch gleichzeitig." ... "die folge davon ist, daß ich mir jetzt gemessen an diesen Sollwert * zu wenig gut bin." (3s.A90)

Die Ziele waren wesentlich offener angelegt und bezogen sich vor allem auf die Persönlichkeitsentwicklung:
* Durchsetzungsvermögen
* Ablegen von Vorteilsdenken
* Gesunder Umgang mit Aggression und Frustration ...
Häufig wurde diese intrapersonale Zielsetzung durch zur Selbstverwirklichung beitragende Aktivitäten begleitet: Bergsteigen, Skijak,... (10s.A89, 6s.A89, 8s.A89, 12s.B89, u.v.a.).
Manchmal nahm diese Aktivität einen extrem zentralen Stellenwert ein (4S.A89, 6S.A89, 8S.A89).
Das zentrale Thema der Lebensphase war die Selbständigkeit (Loslösung vom Elternhaus, finanzielle Unabhängigkeit, u.ä.).

Veränderung der Zielorientiertheit:
Die Akzeptanz und inhaltliche Orientierung wurde bereits oben abgehandelt. Hier wird nun eine Einschätzung der Zielumsetzung nach der Projektaktivität rekonstruiert. Die Untergruppen zeigen unterschiedliche Reaktionen auf die im Projekt intensive Zielsatzarbeit (siehe Kap. 2.8.6. NLP-Ansatz): Beinahe alle Studenten hatten von der Auseinandersetzung mit den persönlichen Zielen an Klarheit und Konkretheit profitiert: Sie haben die Notwendigkeit der bewußt-geplanten Zielsetzung erkannt und angenommen und sind auch mit der als verbal-intellektuell zu bezeichnenden Methode besser zurecht gekommen als die Probanden.
Diese Dimension ist vor allem von der Bereitschaft, sich auf das Programm einzulassen, abhängig (siehe oben). Besonders auffallend ist die Korrelation zwischen dem Alter der Probanden und dem Einlassen auf die Zielsatzarbeit: Am meisten hatte die Gruppe der 18 bis 24jährigen davon profitiert. Den Jüngeren fehlte die geistige Bereitschaft an bewußter Zukunftsplanung.
(9p.A90 stellte bei genauem Nachfragen fest, daß er noch nicht weiß, was er eigentlich will (II/4,204). Die älteren Probanden waren auf mehr oder weniger resignative Perspektive fixiert und neigten zu der Einstellung, daß ihr Leben und Charakter vorbestimmt seien (11pA89/B90:"..i hab ka bestimmtes zü (Ziel)...i leb von heut auf murgn und wart, daß si was ergibt." (I/5); dies trifft auch für 19p.A90,5p.A90,4p.A90,7p.B90 zu.)

6.2.5 Lebensstrategie

> Im allgemeinen überwog bei den Probanden eine defensive, resignative
> Strategie die zu Passivität führte.

Auf die selbstschädigende Tendenz wurde bereits oben hingewiesen. Ein typisches Handlungsmuster war Flucht- bzw. Ausweichverhalten, das meist mit Alkoholsucht in direktem Zusammenhang stand.
Zum Beispiel lief 11p.A90 bei Schwierigkeiten davon und flüchtete sich meist in exzessiven Alkoholkonsum. Dies traf auch für 1p.A89, 11p.A89/B90, 13p.A89, 10p.B90, 11p.B90, ... zu.
4p.B90 ging prinzipiell den Weg des geringsten Widerstands: Seine Strategie war das Sichzurückziehen, wenn es darum ging, gegen Schwierigkeiten oder Mißstände anzukämpfen;... er wählte deshalb gerne den einfacheren Weg ... mit der Begründung, es wäre ohnehin sinnlos gewesen (negativer Skriptsatz: Die Problemlösungen sind zu schwierig für mich.) (4p.B90,S.1)
Bei den Studenten war keine generelle Strategie festzustellen; vielmehr waren ihre Strategien über die gesamte Bandbreite verstreut: Von defensiv-passiv bis progressiv-aktiv.
Im Umgang mit Krisen neigten sie zu konstruktiven Lösungsversuchen (Krise als Chance) und verließen sich mehr auf die eigene Kraft.
Zu seiner Lebensstrategie meinte 8s:

"i nutz immer die zeit, die i hab, und drum bin i recht geizig mit der zeit."
(8s.A89:I/4,165ff)

Die Selbstverwirklichung Klettern hatte einen zentralen Stellenwert und stets Priorität. Lebenskrisen löste er meist intrapersonal durch aktiv herbeigeführte Einsamkeit.
2s zog sich nicht zurück, sondern suchte einen konstruktiven Dialog. Er zog ein gleichförmig zufriedenes Leben einem mit Höhen und Tiefen vor (aus der Einzelfallanalyse von 2s.A90, S.3).
6s tendierte zu offensiver Kritik, die sie nach eingehender Reflexion später relativierte (6sw.A89,S.2). Die relativ offene Zielorientierung, die sich aus dem Studentenstatus ergibt, war ihr auch wesentlich. Das Bergsteigen hatte in ihrem Leben einen zentralen Stellenwert (dies.,S.1).

Veränderungen der Lebensstrategien:

Probanden: *Ansätze zur Veränderung dieser Dimension waren bei einem Drittel der Teilnehmer nachweisbar.* 1p.A89 und 13p.A90 hatten zwar ihre Strategie der Resignation nicht aufgegeben, konnten jedoch die Krise schneller überwinden, indem sie die Angst vor dem Verlassenwerden reduzieren konnten und nun das Faktum früher akzeptierten, zumindest in dem Sinne, daß das Leben weiter geht. Bei 3p.A89 wechselte die Strategie von provokativ-destruktiv auf initiativkonstruktiv. 5p.A89 zeigte sich in seinen Problemlösungen selbstverantwortlicher; 5p.B90 verarbeitete seine Probleme, indem er viel zeichnete und anschließend ein Gespräch sucht (vgl. ggw. Lebenssituation der Teilnehmer). Die Veränderung fand v.a. bei Probanden nicht statt, die eine *zwanghaft* leistungsbetonte Lebenseinstellung bevorzugten (das Leben als Kampf): Sie dachten in "Alles oder Nichts"-Kategorien, wollten bei physischer Belastung immer zwanghaft durchhalten und waren stolz auf ihre Härte, v.a. zu sich selbst (6p.B90, 7p.B90, 10p.B90, 5p.A90, 11p.A89/B90). Studenten: *Bei den Studenten waren keine zentralen Änderungen der Strategien festzustellen.* Lediglich durch die Erfahrung des "Solos" waren sie nach dem Projekt bereit, mehr Zeit der persönlichen Entwicklung zu widmen (10sw.A89, 2s.A89,...).

6.3 Soziale Interaktion

Iben (1974) faßt für das soziale Lernen konkrete Inhalte zusammen:

"Entwicklung von Kommunikationsfähigkeit, der Verbalisierung von Gefühlen und Interessen, Erfahrungen und Beobachtungen, Förderung von Symbolverständnis gegenüber verbalen und nichtverbalen Signalsystemen, Einsicht in die realen Bedingungen von Kommunikationsformen (z.B. Arbeitsplatzsituation) und Fähigkeit zur Metakommunikation (Reflexion über Kommunikation), Steigerung der Interaktionsfähigkeit und Handlungskompetenz durch Entwicklung von Ich-Stärke, Frustrationstoleranz, Widerstandsfähigkeit, Kreativität und Neugier, Selbstreflexion und Reduzierung des Egozentrismus, Abbau von Vorurteilen und Förderung von Empathie (Einfühlungsvermögen). Rollenflexibilität, Fähigkeit zur Kooperation und Solidarität, zu Regelbewußtsein und rationaler Konfliktbewältigung, Erlernen von Interaktionsmustern und Handlungsstrategien." (Iben, 1974, S.539)

Dieser Inhaltskatalog bietet einen konkreten Überblick zu den ausgewählten Akzenten: Entsprechend der Quelle bezieht sich die Darstellung dieser Dimension auf die Zeitspanne der ersten und zweiten Hauptphase, mit anderen Worten auf die Outdoor-Aktivitäten.

6.3.1 Kommunikationsfähigkeit

> Bei den Probanden war keine typische, generalisierbare Kommunikationsform vorherrschend.

Die Skala streut von introvertierten, wortkargen bis zu ausdruckstarken und sich gut verbalisierenden Teilnehmern, wobei die erstere Struktur überwiegt (so bei 7p.B90, 5p.A90, 5p.A89, 17p,A89, 19p.A89). Während die einen durch Nicht-Förderung und mangelnde Schulbildung nicht gewohnt waren, ihre Gedanken zu verbalisieren (5p.A89,17p.A89,12p.A90), litten die anderen unter einem allgemeinen Mangel an intellektuellen Fähigkeiten und wurden in psychiatrischen Gutachten als leicht schwachsinnig diagnostiziert (5p.A90, 7p.B90, 10w.A90). Einige Probanden waren verbal sehr kompetent (11p.A89, 4p.B90, 11p.A90).

Die eher zurückhaltende Kommunikation der Studenten spiegelte zu einem Teil sicherlich die Rollen- und Funktionsunsicherheit der Studenten im Rahmen des Projekts wider (vgl. Kap. 5, Gruppenprozeß) und entsprach nicht ihrer üblichen Kommunikation. Die kommunikative Kompetenz lag naturgemäß höher als bei den Probanden.
Während der Projektaktivitäten konnte so mancher Teilnehmer die Scheu und Schüchternheit, im Plenum zu sprechen, abbauen. Nach anfänglichem Widerstand konnten auch Probanden ihre Gefühle besser mitteilen, wobei ihnen bewußt war, daß solche Gespräche nicht auf den Alltag in der Großstadt transferierbar sind, da sie in ihrem Milieu nicht auf den Schutz der Gruppe rechnen können. Am wenigsten profitiert hatten Probanden mit defizitären intellektuellen Fähigkeiten (siehe oben), da sie kaum in Diskussionen, Problemlösungsaufgaben und Gruppenentscheidungen eingriffen (eingreifen konnten).

6.3.2 Beziehungsfähigkeit

Unter Beziehungsfähigkeit verstehen wir, einerseits in Gruppen tragfähige Beziehungen einzugehen, andererseits auch die Fähigkeit, mit einem Partner des anderen Geschlechts eine befriedigende Beziehung aufzubauen. *Die oben angeführten Probanden mit niedriger Kommunikationskompetenz wiesen auch Störungen in der Beziehungsfähigkeit auf:* Sie waren einsam und kontaktscheu, hatten oft Probleme in heterosexuellen Beziehungen, wo sie zu symbiotischen Beziehungsstrukturen neigten. Potenzstörungen, 'übersteigerte' Eifersucht, Berührungsängste waren typische Erscheinungsformen.
Die Störungen in diesem Lebensbereich sind wohl in enger Verbindung mit der negativen Familiengeschichte und der oben beschriebenen schwierigen Mutterbeziehung zu sehen. Die unbewältigten und auf den Partner projizierten Verletzungen beeinflußten die gegenwärtigen Beziehungen negativ.

Die Beziehungen der Studenten untereinander waren meist durch eine distanzierte, rational-kontrollierte Tendenz charakterisiert. Die Kontakte erschöpften sich oft in rational geleiteten, einseitigen Dialogen, wobei die Studenten die Rolle eines interessierten Zuhörers für die Probanden einnahmen.

Veränderungen in der Beziehungsfähigkeit:
Die Erfahrung des Gruppenprozesses wirkte sich förderlich auf die Beziehungsfähigkeit der Teilnehmer aus: Konkret gesagt war es die Erfahrung, daß sie über einen längeren Zeitraum auf engem Raum (Selbstversorgerhütte) mit vielen Menschen auskommen können und, daß sie sich dabei wohlfühlen können. Dafür zeugen auch die längerfristigen Beziehungsversuche nach dem Projekt (vgl. 11p.A89/B90, 17p.A89, 11p.A90, 1p.A89,6p.B90).
Zwei Teilnehmer lösten ihre Beziehung nach dem Projekt auf (2sw.B90, 6p.A90).
Wie weit eine Verbesserung in heterosexueller Beziehungsfähigkeit eingetreten ist, läßt sich aus den Daten der Probanden nicht feststellen. Ein ansteigendes Interesse über Beziehungsstrukturen und -probleme zu reden, war in den Sprechstunden der Bewährungshilfe feststellbar. Die Vermutung liegt jedoch nahe, daß - in Folge der primären Schädigung in dieser Dimension - nur geringe, biophile Veränderungen durch solche oder ähnliche Kurzprogramme initiiert werden. Diese basierten vor allem auf der Steigerung der Konfliktfähigkeit (siehe unten).
Anders bei den Studenten: Vier Studenten gaben an, eine tiefe, sichere und glückliche Beziehung zu führen, anders als es vor dem Projekt der Fall war (2s.A90, 4sw.A89, 10sw.A89, 3s.A90).
Gerade unter der derzeitigen Situation einer ständig steigenden Beziehungsunfähigkeit ist dies ein wichtiges Resultat.
Die wesentlichen Erfahrungen wurden naturgemäß in der Gruppenstruktur gemacht und hatten - auf den Alltag in Wien transferiert - v.a. für die Studenten eine höhere Übertragungsmöglichkeit (diese sind im Studium und werden voraussichtlich auch im Berufsleben mit Gruppenarbeit konfrontiert).
Von einer Studentin wurde die distanzierte, kontrollierte Beziehungsstrategie zumindest für die Zukunft in Frage gestellt: "wenn ich das wieder machen sollt, dann soll ich nur mit"..."der absicht hingehen, die leut wirklich kennenzulernen, mit den man da zusammenkommt."(6sw.A89:II/4,187-194)

6.3.3 Rollenverhalten

In einer dysfunktionalen Familie (Alkoholikerfamilie, siehe auch oben: die Lebensgeschichte) entwickeln die Kinder Überlebensstrategien, die in ihrer Fixierung auch das Erwachsenenleben maßgeblich bestimmen können.
Die von Wegscheider (1981) identifizierten Rollen werden von Black (1982) und Winkelmann (1990) ergänzt und treten selbstverständlich auch in Mischformen auf:
1. Der Held
2. Der Sündenbock oder Rebell
3. Das verlorene Kind
4. Das Maskottchen oder der Clown
5. Der Friedenstifter
6. Der Übererwachsene

7. Der Distanzierte
8. Der Unverletzte

An der stereotypen sozialen Rolle wird anfangs festgehalten: Die Probanden spielten die "schlimmen", die Studenten die "braven Kinder". Erst nach der "Explosion" (z.B. Rauferei mit 5wt, Suchaktion auf der ersten Outdoor-Aktivität, nächtlicher Unfall) wurde diese Rolle aufgegeben: Aus dem unsicheren Abtasten entwickelte sich nach emotional stark bewegenden Ereignissen eine Vertrauensbasis und Zunahme der Gruppenkohäsion, bei der die aufgesetzten Masken der stereotypen Rollen aufgegeben wurden; dies traf für beide Untergruppen zu (vgl. auch Gruppenprozeß).

Probanden: *Die häufigste Rolle war die des verlorenen Kindes:* Diese Probanden fühlten sich zurückgewiesen und bedeutungslos und litten oft unter Einsamkeit. Sie waren schweigsam und unauffällig, hatten sexuelle Probleme und wurden zu Außenseitern (1P.A89, 5P.A90, 12P.A90, 5P.B90, 6P.B90, 10P.B90).
Die zweithäufigste Rolle war die des *Sündenbocks oder Rebellen:* Diese Probanden lenkten durch ihr destruktives, meist auch jähzorniges Verhalten die negative Aufmerksamkeit auf sich. Oft verwendeten sie diese Rolle als Maske, die sie in einer verständnisvollen und einfühlsamen Atmosphäre ablegten, bei feindselig-ablehnender Haltung wieder aufsetzten. Diese Rolle deckte sich mit dem stereotypen Probandenstatus:
3p fiel bereits vor der Pubertät durch Verweigerung (z.B. Schulschwänzen) auf und bevorzugte auch provokante Erscheinungsbilder (Übergewicht, ungepflegte Kleidung, Glatze, auffallendes Verhalten). Diese aufgesetzte Maske benutzte er als Selbstschutz und Bestätigung, indem er die Mitmenschen zu einer Entscheidung zwischen Ab- oder Zuneigung seiner Person gegenüber zwang. (Erst) gegen Ende der zweiten Hauptphase zeigte er das Gesicht eines warmherzigen, interessierten Menschen (3p.A89,S.2).
Während die Rolle des verlorenen Kindes kaum aufgegeben wurde, hatten fünf von sieben 'Rebellen' diese Rollen bereits am Block (zweite Hauptphase) ablegen können: 3p.A89, 9p.A89, 11p.A89/B90, 9p.A90, 13p.A90.

Studenten: Die typische Rolle wurde durch den Studentenstatus selbst bestimmt. Da sie meist noch an das Elternhaus gebunden waren, spielten sie die Rolle der mehr oder weniger pflichtbewußten Kinder. Allerdings war diese Rolle in einer Auflösungsphase; der Wunsch nach Autonomie nimmt gegen Ende des Studiums sukzessiv zu. Sie waren leistungsorientiert und hatten oft das Bedürfnis, anerkannt zu werden.
Da die Rolle durch die Determinanten Studium und Elternhaus definiert war, jedoch zum Zeitpunkt des Abschlußinterviews die Studien nicht abgeschlossen waren, ist es bei den Studenten zu keinem wesentlichen Rollenwechsel gekommen, jedoch haben sie diese bewußter wahrgenommen und problematisiert.

6.3.4 Konfliktfähigkeit

Probanden verfügten über niedrige Konfliktfähigkeit. Der Mangel an Selbstvertrauen hinderte sie daran, Konflikte auszutragen.

Während die einen den Konflikt als existentielle Bedrohung interpretierten und
mit physischer Gewalt antworteten, bevorzugten die anderen den Weg des geringsten Widerstandes, des Hinunterschluckens. Auf längere Zeit führte diese
defensive Strategie der Verdrängung zu psychosomatischen Symptomen, beeinflußt den Selbstwert in negativer Richtung und endete meist in Flucht in den
Alkoholkonsum.
Das Verhaltensmuster betraf sowohl egalitäre (peer groups, Partner) als auch
hierarchische Beziehungsstrukturen (Eltern, Vorgesetzte, Betreuer,...)
Die *Veränderungen* waren zwar nur bei wenigen Probanden festellbar, wenn aber
doch, waren sie mit einen positiven Transfer verbunden: 3p.A89 antwortete auf
die Frage nach seiner Veränderung:

"ja, daß i nimmer so aggressiv bin (lacht).. daß i irgendwie mei angst abbaut
hab ..."

Wie wirkt sich das konkret aus ?

" na, daß i mehr red und * daß i net glei drauf los geh"... i hab a bessere
selbstkontrolle kriagt." (II/1,55ff)

9p.A90:

"i bin jetzt vü netter wordn"..."früher hab i mit an jeden ang'fangen ... hab
immer angstenkert, des tu i da jetzt nimmer" (II/3,156ff)

11p.A90 ist ruhiger und "nimmer so aufbrausend wie früher" geworden
(II/3,124). Statt immer wegzulaufen und sich zu betrinken suchte er Ablenkung
(z.B. Fernsehen). Am Reflexionstag bewies er, daß er es auch versteht, Konflikte
in der Auseinandersetzung konstruktiv zu lösen (vgl.6,5).
Eine Steigerung der Konfliktfähigkeit war auch bei 11p.A89/B90, 5p.B90 und
6p.B90) zu bemerken.

*Bei den Studenten war kein einheitliches Muster zur Konfliktbewältigung festzu-
stellen, außer der Tatsache, daß verbale Konfliktlösungen überwogen.* Auch hier
war die Strategie persongebunden und beschränkte sich auf ein bis zwei Handlungsmuster. Die offensive Strategie inkludierte mehr oder weniger konstruktive
Kritik und wurde vor allem als Widerstand gegen die Autorität angewandt (vgl.
6sw.A89, 2s.A90). Oft wurde der eigene Anteil an der Problematik erst später
erkannt:

"also ich hab die betreuer bei den 10 tagen sehr negativ erlebt,..., aber ich kann irrsinnig schwer abgrenzen, ob das jetzt von mir ausgegangen ist, ob ich nicht bereit war, etwas aufzunehmen."(4sw.A89)

Auch die defensiv-passive Strategie war bei den Studenten anzutreffen, die sofort die Ursache des Konflikts bei sich suchten (2s.A89, 4sw.A89, 2sw.B90, 1sw.A90, 3s.A90). Freilich waren sie durch ihre sanft defensive Haltung selten in Konflikte mit der Gruppe involviert.
Bei Studenten mit defensiv-passiver Strategie waren *Veränderungen* in positiver Richtung festellbar, v.a. in Hinblick auf
a) die Klarheit über den eigenen Anteil an Konflikten,
b) zu sich selbst stehen zu können (vgl 2sw.B90, 2s.A89, 3s.A90).

6.4 Gegenwärtige Lebenssituation

Im Unterschied zur bisher generalisierten Darstellungsweise, werden in diesem Unterkapitel Einzelfälle beispielhaft abgehandelt.
Die deskriptive Interpretation umfaßt die *Transferphase (tc-Phase) und den Zeitraum bis zum Abschlußinterview* (etwa 6 Monate nach der Blockaktivität (tb2-Phase)).
Als Informationsquelle dient primär das Abschlußinterview. Die teilnehmende Beobachtung in der Transferphase hat ergänzende Funktion.
Die Darstellung kann alle oben angeführten Dimensionen umfassen. Der Schwerpunkt liegt jedoch auf handlungsorientierten Veränderungen der Lebensumstände:
* Arbeits- und
* Wohnsituation
* persönliche Beziehung
* Alltagsleben (z.B. Umgang mit Geld, Amtswege, etc...)
* Rückfälligkeit
Wesentlich sind die individuellen Bewältigungsstrategien, über die die Teilnehmer nach den Aktivitäten in (kritischen) Situationen verfügt.
Es geht um die Transferfrage, ob und inwiefern die Stärkung der *"inneren Vitalität"* gelungen ist, die die Teilnehmer befähigt, "Lebensumstände, die uns mißfallen oder niederdrücken" (Roberts, 1985, S.494), zu ändern.

Weiters wird versucht, in einer *Positionsperspektive* das zentrale Problemfeld zu beschreiben.

6.4.1 Gegenwärtige Lebenssituation von 11P.A89

(1) Transferphase
11p wurde am letzte Nachbereitungsabend gemieden, da er alkoholisiert war (19,5).
Seine psychische Labilität wurde durch zwei projektbetreffende Faktoren verstärkt: Einerseits durch den "Trennungsschock", andereseits durch die ungewollt lange Pause zwischen zweiter Hauptphase und Transferphase (siehe Programmanalyse).

In der selbstorganisierten Vorbereitung auf die Präsentation spielte 11p wieder eine führende Rolle. Zusätzlich zu einem kreativen Liederbeitrag moderierte er den Abend.
Die anfängliche Unzuverlässigkeit (Abwesenheit, Trunkenheit (vgl. 17,5; 19,5)) wurde durch engagierte Teilnahme abgelöst.
11p bemühte sich, daß die Gruppe auch noch nach der tc-Phase etwas Gemeinsames unternimmt. Er trat mit dieser Bitte an 10s.A89 heran, die brieflich eine Wanderung initiierte. Diese Aktivität ist jedoch wegen Schlechtwetter nicht durchgeführt worden.

(2) Konkrete Veränderungen in der derzeitigen Lebenssituation
Im Januar 1990 gab es für 11p keine nennenswerten Veränderungen:

"(lacht) es ist wieder das selbe jetzt ... in der theorie weiß ich, was alles zu verändern wäre... und hab viel dazugelernt, aber ich hab es bis jetzt nicht in die praxis umsetzen können, zum mindesten nicht,.. besonders stark."
(11p:II/7,350ff)
"... ja ich glaub, daß ich vorher vielleicht ein bißerl egoistischer war oder so, und daß ich gewisse durch das Projekt gewisse aggressivitäten abgebaut hab. durch das Projekt bin ich ein bißerl umweltbewußter geworden" (II/8,392ff)

(3) Positionsperspektive
Durch Anstieg an Wohlbefinden und emotionaler Stabilität (mit Ausnahme der Krise während der Transferphase) gewann 11p allmählich Kraft und Selbstvertrauen, um seinen als sinnlos und deprimierend beschriebenen Alltag zu bewältigen. Seine positive Tendenz hing von der Frage ab, wieweit 11p die unvermeidlichen Frustrationen des Alltags durch sinnvolle Freizeitgestaltung und befriedigende Beziehung (statt Alkohol) zu kanalisieren vermag.
11p nahm auf seinen ausdrücklichen Wunsch nocheinmal am Programm teil. Gegenwärtig wohnt er bei seiner neuen Freundin und wirkt aktiver und kreativer (z.B. verfaßt er Gedichte).
Bis zum Abschluß der BwH-Frist mit wurde keine Rückfälligkeit festgestellt.

6.4.2 Gegenwärtige Lebenssituation von 11P.A90

(1) Transferphase
11p war bei den ersten Phototreffen anwesend. Er machte einen ruhigen und zufriedenen Eindruck.

(2) Konkrete Veränderungen in der derzeitigen Lebenssituation
Im Selbstwertgefühl zeichnete sich eine Zunahme an internaler Attribuierung:
"mei eigenes leben bestimm scho i" (II/2,101)

In der Dimension Befindlichkeit wirkte er stabiler, was er der Teilnahme am Projekt zuschreibt:

"i hab die ruhe g'funden und die ruhe is ma blieben, i man, sicher bin i manchmal gereizt,...aber nimmer so oft aufbrausend wie früher" (II,3,124)

Das exzessive Trinken "is vorbei", "a, zwa bier trink i scho am tag" (II/3,128) Seine Wohnsituation beschreibt er gegenwärtig als "sehr gut": Da die Eltern ausgezogen sind, ist der Plan der Gemeindewohnung "hinfällig" (II/2,67ff). Wegen eines chronischen Wirbelsäuleschadens wird er voraussichtlich in Frühpension geschickt, was ihn jedoch nicht beunruhigt, da er gemeinsam mit 10pw gut finanziell auskommt.

Hinsichtlich der Konfliktfähigkeit zeichnete sich eine Änderung des stereotypen Handlungsmusters ab. Dazu zwei Beispiele:
Für den nächtlichen Unfall von 7pw im Rahmen des Projekts fühlte sich 11p verantwortlich und bot 7pw wegen der ausstehenden Zahnarztrechnung einen finanziellen Schadenersatz an. Er zeigte echte Betroffenheit und hielt sein Versprechen ein, am Block keinen Alkohol mehr zu trinken (vgl. 5b,4).
Am Reflexionstag auf der Donauinsel scheute er nicht eine offene Auseinandersetzung und trug auf seine Initiative hin zur Konfliktlösung bei (vgl. 6,5).

(3) Positionsperspektive
Die Stärkung durch seinen Bewährungshelfer in Richtung eines ruhigen, nicht überfordernden Lebensstils hatte sich als richtig erwiesen. Da die Frage nach seiner Arbeitsfähigkeit vom Chefarzt nicht geklärt ist, bleibt sie für ihn - nach außen - sekundär.
Nichtsdestoweniger liegt die Verantwortung über die Selbstkontrolle und Beschränkung der Alkoholsucht allein in seiner Macht; diese Entscheidung wird für seine persönliche Zukunft maßgeblich sein.

6.4.3 Gegenwärtige Lebenssituation von 13P.A90

(1) Transferphase
13p hatte an den Treffen dieser Phase nicht teilgenommen. Ausschlaggebend
dafür war die große Entfernung seines Wohnorts zu Wien.

(2) Konkrete Veränderungen in der derzeitigen Lebenssituation
An seiner Lebenssituation hat sich nichts geändert, außer daß die Gesellenprüfung immer näher rückt.
Zu seinem Selbstwertgefühl meint er im Abschlußinterview:
"i hab eigentlich vü * annehmen können... i hab ... jetzt vü mehr selbstvertrauen
bekommen, des was ziemlich geschwächt war." (II/1,17ff)

Die leichte Zunahme an (Selbst)vertrauen geht einerseits auf die empathische
Atmosphäre in der Gruppe zurück (er selbst erlebte sich als beliebt), andereseits
basiert sie auf der erfolgreich erlebten Selbstwirksamkeit (er machte bei allen
Aufgaben mit und bewältigte alle Herausforderungen mit Erfolg). Dies bewirkte
auch eine geringe Stärkung im konstruktiven Umgang mit Krisen: Wegen einer
wieder gescheiterten Beziehung begann er nach einem Jahr Abstinenz wieder
zu trinken. In seiner Stellungnahme ist auch Hoffnung statt Resignation nachvollziehbar.
Die Angst vor der Zukunft konnte 13p in der Zielsatzarbeit minimieren und sieht
seine brufliche Karriere zuversichtlich. 13p wird nicht als straffällig geführt.

(3) Positionsperspektive
Um den Übergang vom Heim in die selbständige Organisation des Lebens zu
bewältigen, braucht 13p die emotionale Unterstützung einer Bezugsperson oder
einer Bezugsgruppe.

6.4.4 Gegenwärtige Lebenssituation von 15p.A89

(1) Transferphase
In der tc-Phase organisierte 15p für die Gruppe ein Abendessen in seiner WG
(18,4). Danach verlor er allmählich das Interesse an der Gruppe (18,9).
(Die Interessenlosigkeit der Probanden war im Wissen um das Projektende begründet. Siehe Gruppenprozeß)

(2) Konkrete Veränderungen in der derzeitigen Lebenssituation
Nach einem Streit mit dem ihn betreuenden Sozialarbeiter, mußte 15p die
Wohn- und ARGE "JAN" verlassen (II/1,29ff).

Als positive Veränderungen führte er an:

"daß i nimma so rabiat bin, daß i nachher drüba redn kann" (II/1,45) "daß
i net imma davorenn, wenns streitereien gibt." (II/2,58)

Diese Stellungnahme stimmt nicht mit seinem Verhalten nach dem Projekt überein und zeigt, daß 15p zur Fehleinschätzung - die Konfliktfähigkeit betreffend -
neigt und zu sich selbst nicht ehrlich ist.
Bewährungsfrist:
Vor dem Projekt 1990 kam er regelmäßig zur Sprechstunde und hatte guten
Kontakt zu seinem BWH, während des Blocks bricht er aber seine Teilnahme
ab, weil seine Freundin vergewaltigt wurde und er sich Sorgen um sie machte.
Er kehrt nach Wien zurück und verübt einige Delikte am Schwedenplatz, unternimmt keinerlei ernsthafte Anstrengung, um zu arbeiten.

(3) Positionsperspektive
15p befand sich zum Zeitpunkt des Abschlußinterviews (1. Durchgang) in einer
sehr kritischen Lebenssituation: "zur zeit auf der straßn" (II/1,35). Momentan
war er auf Wohnungs- und Arbeitssuche. Von der Lösungsstrategie hatte er eine
klare Vorstellung: Er brauchte eine Übergangswohnung, um passende Arbeit
als Kellner zu finden.
Er muß arbeiten, auch wenn es ihn nicht freut, um sich später seine eigene
Wohnung leisten zu können (vgl.II/1,51ff).
Mit seiner niedrigen Frustrationstoleranz verbaute sich 15p immer wieder Möglichkeiten. Ob er die Krise als Chance nutzen kann, muß offen bleiben, zumal
ihn die Situation der Obdachlosigkeit schon einmal zur Rückfälligkeit bewegte.
Nach der Festnahme wegen Raubüberfalls 1991 erhält er eine 3jährige unbe-
dingte Haftstrafe, die er im Moment absitzt (Akteneinsicht).

6.4.5 Gegenwärtige Lebenssituation von 17p.A89

(1) Transferphase
In der tc-Phase zeigte er wenig Engagement (19,9). Die Alltagsproblematik (Woh-
nungssuche, Freundin,...) und das Wissen über das Ende des Projekts waren
bei 17p für sein geringes Interesse an der Gruppenaktivität ausschlaggebend.

(2) Konkrete Veränderungen in der derzeitigen Lebenssituation
Im Winter 1989 zog er mit seiner Freundin, die von ihm ein Kind erwartet, in
eine eigene Zweizimmerwohnung ein (II/2, 114).
Die gewünschte, jedoch neue Lebenssituation ist für das junge Paar eine schwe-
rige Herausforderung. 17p verdient zur Zeit S 8000.- monatlich (vgl.II/2,107).

(3) Positionsperspektive
Das Selbstwertgefühl von 17p ist auch nach dem Projekt niedrig. Die für seine
gegenwärtige Lebensituation nötige Stabilität kann er nur dann aufrechterhal-
ten, wenn er sich selbst annimmt (auch mit seinen Schattenseiten) und so die

Diskrepanz zwischen dem vorgegebenen "sozialen Ich" und seinem authentischen Wesen veringert. Da 17p leicht manipulierbar ist, benötigt er eine autoritäre, positive Beziehung, um sich seiner Wertschätzung sicher zu sein.

6.5 Quantitative Zusammenfassung der Einzelfallanalyse

Das Kap. 6 abschließend soll ein nummerischer Überblick über die Ergebnisse der Einzelfallanalysen gegeben werden. Dies soll vor allem einer besseren Übersicht über das komplexe Gesamtmaterial der Einzelfallanalysen dienen. Dazu wird *auf der Grundlage der Interviews und der Beobachtungen auf die Veränderungstendenzen* rückgeschlossen. In dieser groben Vereinfachung liegt natürlich das Risiko der Unexaktheit. Um dieses Risiko zumindest etwas zu reduzieren, haben wir diese Skalierung/Schätzung von zwei wissenschaftlichen Begleitern unabhängig durchführen lassen und die so erhaltenen Ergebnisse auf Gemeinsamkeit überprüft sowie bei unterschiedlichen Einschätzungen über eine Rater-Konferenz Konsens hergestellt.

Kriterien für die *Einschätzung der Veränderung* waren sowohl die Interviewdaten als auch das konkret zu beobachtende Verhalten.

Für eine positive Veränderungseinschätzung genügt es nicht, daß der Teilnehmer etwa im Nachinterview mitteilt, er könne jetzt Dinge, die ihn ärgern, besser ansprechen. Vielmehr muß diese Tendenz auch in der Transferphase beobachtbar sein oder vom weiterbetreuenden Bewährungshelfer entsprechend eingestuft werden.

Es braucht auch kaum betont werden, daß mit dieser Vorgangsweise qualitative Differenzierungen 'geglättet' werden und auf diese Weise lediglich grobe Trends und Tendenzen dargestellt werden können. Die Auswertung erfolgt aufgrund der gegebenen Datenqualität auf Rangskalenniveau.

Eine spezielle Situation ist noch anzusprechen: Zwei Probanden haben an beiden Durchführungsabschnitten teilgenommen: Sie wurden für jeden der beiden Abschnitte getrennt bewertet.

6.5.1 Stichprobe

Insgesamt haben genau 50 Personen an den Aktivitäten teilgenommen, die genauen Aufschlüsselungen nach Probanden/Studenten, Geschlecht, Teams und nach der Teilnahme an den unterschiedlichen Aktivitäten sind den folgenden Tabellen (6-1 bis 6-3) zu entnehmen:

| | Teilnehmer | | | |
| | Studenten | | Probanden | |
	Anzahl	Anzahl in Prozent	Anzahl	Anzahl in Prozent
männlich	7	14.0%	30	60.0%
weiblich	10	20.0%	3	6.0%
Gesamt	17	34.0%	33	66.0%

Tab. 6-1: Teilnehmerzahlen, gegliedert nach Gruppe (Studenten/Probanden) und Geschlecht.

| | TEAM | | | |
	A89	B89	A90	B90
Teilnehmer: Studenten	7	3	4	3
Probanden	7	9	7	10
Gesamt	14	12	11	13

Tab. 6-2: Anzahl der Teilnehmer je Team. Absolute Häufigkeiten.

	Vorbereitungsphase	1. Hauptphase	2. Hauptphase	Transferphase
nicht teilgenommen	15	15	6	18
teilweise teilgenommen	0	0	4	8
teilgenommen	35	35	40	24

Tab. 6-3: Teilnehmer in den einzelnen Phasen der Aktivitäten.

6.5.2 Quantifizierte Veränderungen bezüglich der Persönlichkeitsmerkmale

Im folgenden Abschnitt werden die quantifizierten Veränderungen zu den bereits ausführlich diskutierten Persönlichkeitsbereichen nummerisch dargestellt. Neben den oben bereits beschriebenen Kriterien kam folgende *Skalierung* zur Anwendung:

> Der Wert 0 bedeutet keine Aussage möglich
> der Wert 1 kennzeichnet eine sehr negative Veränderung,
> der Wert 2 kennzeichnet eine negative Veränderung,
> der Wert 3 bedeutet, daß keine Veränderung beobachtbar war,
> der Wert 4 bedeutet eine positive Veränderung,
> der Wert 5 bedeutet eine sehr positive Veränderung.

Mit dem *Wert 0* wurden all jene Teilnehmer belegt, bei denen aufgrund des vorhandenen Datenmaterials keine gesicherten Aussagen über Veränderungstendenzen bezüglich der entsprechenden Dimension möglich waren. Bei statistischen Vergleichen wurde dieser Wert als 'Missing Value' gehandhabt.

Bei Unterschieds- und Zusammenhangsberechnungen werden diese Werte auf dem Niveau der Rangskala interpretiert.

Im folgenden werden die Ergebnisse zu den einzelnen Skalen relativ kommentarlos dargestellt. Dies deshalb, weil die Daten anschaulich in den Abb. 6-1 bis 6-8 abgebildet sind und eine Interpretation leicht durch den Leser selbst erfolgen kann.

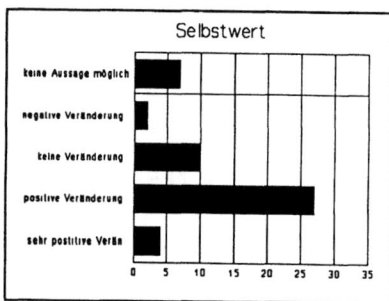

Abb. 6-1: Veränderung des Selbstwerts.

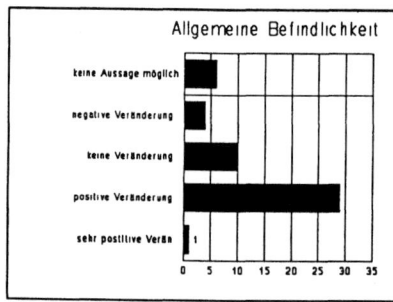

Abb. 6-2: Veränderung der allgemeinen Befindlichkeit.

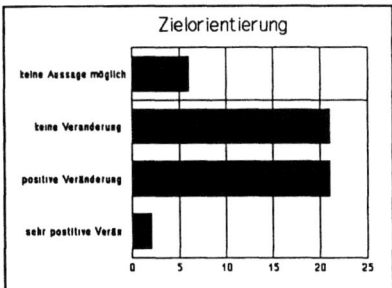

Abb. 6-3: Veränderung der Zielorientierung.

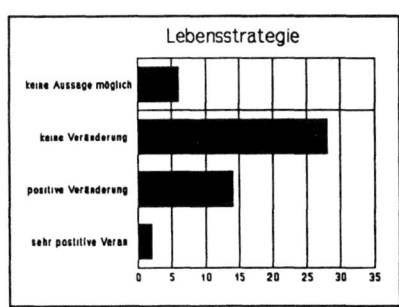

Abb. 6-4: Veränderung der Lebensstrategie.

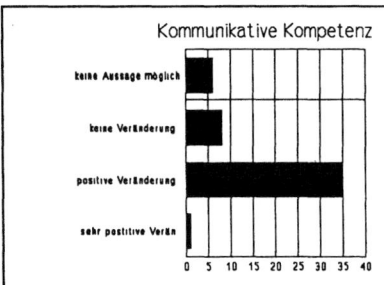

Abb. 6-5: Veränderung der kommunikativen Kompetenz.

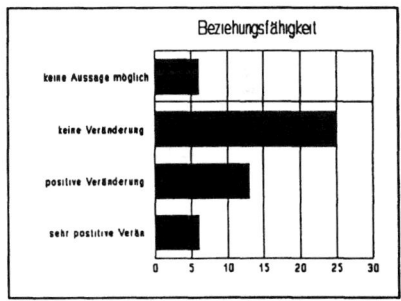

Abb. 6-6: Veränderung der Beziehungsfähig-keit.

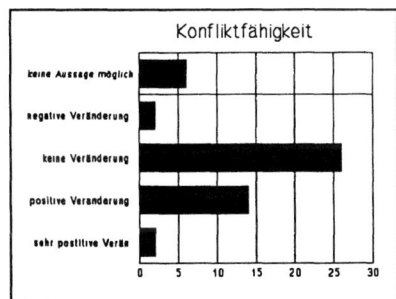

Abb. 6-7: Veränderung der Konfliktfähigkeit.

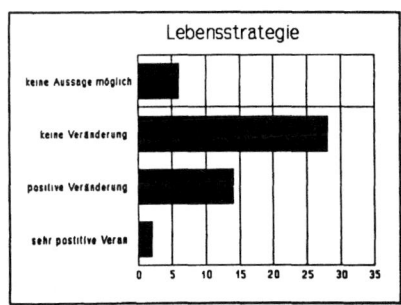

Abb. 6-8: Konkrete Veränderungen in der Lebenssituation und -strategie.

Grundsätzlich ist nur anzumerken, daß negative Veränderungen in einem sehr geringen Maß stattgefunden haben, und es überwiegen eher die leicht positiven Veränderungen.

Im anschließenden Unterkapitel wird dann ein statistischer Vergleich der Ergebnisse zwischen den Skalen vorgenommen werden und damit der Frage nachgegangen, ob Outdoor-Aktivitäten auf unterschiedliche Aspekte der Persönlichkeitsentwicklung unterschiedlichen Einfluß haben.

Rückfälligkeit:

Das *Ausmaß der Rückfälligkeit* (immerhin 4 Probanden) in einem Beobachtungszeitraum von mehr als einem Jahr für den zweiten und mehr als zwei Jahren für den ersten Durchführungsabschnitt mag zunächst doch eher erschrecken. Natürlich hat diese Zahl wenig Aussagekraft, da Vergleichswerte mehr als problematisch sind. Aber wir haben doch gemerkt, daß wir insgeheim

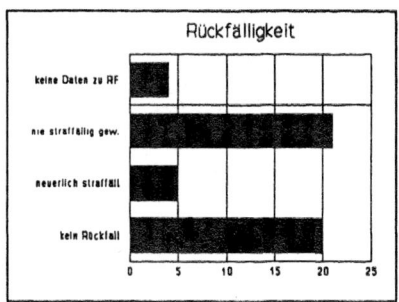

Abb. 6-9: Ausmaß der Rückfälligkeit.

- auch wider besseres theoretisches und praktisches Wissen - gehofft hatten, zu einer Null-Quote zu gelangen. Dies ist eine Hoffnung abseits der sozialen Realität.

Letztlich meinen wir aber, daß dieses Ergebnis auch unsere theoretischen Überlegungen bestätigt, daß ein derartiges Projekt zwar die Person unterstützen kann, es die sozialen Probleme in der Alltagswelt aber doch nur sehr begrenzt beeinflussen kann. (Zum Zusammenhang von Rückfälligkeit und Ausmaß der Teilnahme vgl. Tab. 6-5).

6.5.2.1 Zusammenfassende Betrachtung der Veränderungsmessungen

Insgesamt zeigen sich durch das Programm leicht positive Veränderungen: *die mittleren Veränderungswerte liegen zwischen 3,1 und 3,8.* (Der Wert ´3´ würde keine Veränderung, der Wert ´4´ eine positive Veränderung bedeuten, siehe oben Kap. 6.5.2). Betrachtet man aber die Ergebnisse zu den Skalen im Vergleich, so zeigt sich, daß das Programm unterschiedliche Bereiche unterschiedlich positiv

```
Mean Rank
      5.50    kommunikative Kompetenz
      5.17    Selbstwert
      4.83    allgemeine Befindlichkeit
      4.49    Zielorientierung
      4.38    Beziehungsfähigkeit
      4.02    konkrete Veränderungen
      3.90    Lebensstrategie
      3.71    Konfliktfähigkeit

Cases  Chi-Square    D.F.    Significance
  43     20.0136       7         .0055
```

Tab. 6-4: Rangvarianzanalyse der Skalen (Friedman Two-way ANOVA).

beeinflußt. Die statistische Prüfung auf Unterschied in der zentralen Tendenz der Skalen nach Friedman bringt ein hochsignifikantes Ergebnis. Wie aus der Tab. 6-4 ersichtlich ist, sind die größten positiven Veränderungen in der Kommunikation und im Bezug auf das Selbstwertgefühl aufgetreten. Die geringsten Veränderungen ergaben sich im Bereich der Konfliktfähigkeit und der Veränderung der konkreten Lebensverhältnisse.

6.5.3 Zusammenhang zwischen Ausmaß der Teilnahme und Veränderung

Mittels Rang-Korrelationskoeffizient kann überprüft werden, ob ein Zusammenhang zwischen dem Ausmaß der Teilnahme (Summenwert über alle Aktivitätsphasen) und der beobachteten Veränderung besteht.

Wie aus den Ergebnissen ersichtlich ist, zeigt sich *ein generell positiver Bezug zwischen Ausmaß der Veränderung und Länge der Teilnahme.*

Correlations:	Länge der Teilnahme
Selbstwert	.5637*
allgemeine Befindlichkeit	.3536
Zielorientierung	.5565*
Lebensstrategie	.4076
kommunikative Kompetenz	.2586
Beziehungsfähigkeit	.5579*
Konfliktfähigkeit	.5322*
konkrete Veränderungen in der Lebenssituation	.4468
Rückfälligkeit	-.3062
1-tailed Signif: * - .01 ** - .001	

Tab. 6-5: Zusammenhang zwischen der Veränderung einzelner Merkmale und der Länge der Teilnahme.

Die Rückfallquote steht in negativem Zusammenhang zur Länge der Teilnahme. Dies kann einerseits wieder bedeuten, daß Personen, die länger teilnehmen, weniger rückfällig werden. Andererseits kann man aber auch interpretieren, daß Personen, die sich verändern wollen, länger teilnehmen und - unabhängig von der Teilnahme - auch darauf achten, nicht mehr rückfällig zu werden. (Zur Einbettung dieses Ergebnisses in einen umfassenderen Zusammenhang vgl. Kap. 8.)

Personen, die motiviert an der Teilnahme sind, sind natürlich auch an ihrer eigenen Persönlichkeitsentwicklung sehr interessiert, bleiben durchgängig im Projekt und können die Angebote besser zu ihrer Persönlichkeitsentwicklung nutzen.

6.5.4 Unterschiede zwischen den Gruppen

Natürlich interessiert auch die Frage, ob bei Studenten und Probanden quantitative Unterschiede im Ausmaß der Veränderung durch die Teilnahme an den Outdoor-Aktivitäten auftreten. Dies ist bezüglich zweier Dimensionen der Fall. Die entsprechenden Mediane sind der Graphik in Abb. 6-10 zu entnehmen, die statistischen Daten der Tab. 6-6): *Studenten haben ihre Lebensstrategie und Konfliktfähigkeit häufiger effizient verändert* als Probanden. Dieses Ergebnis steht in Einklang mit der bereits oben diskutierten unterschiedlichen Resonanz der 'Zielsatzarbeit' bei Probanden und Studenten.

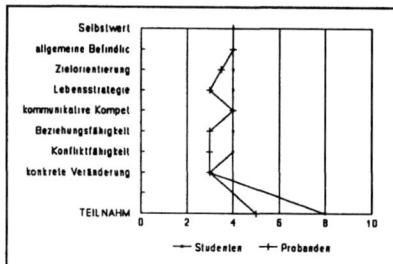

Abb. 6-10: Mediane der Veränderung beider Gruppen: Probanden und Studenten.

	Mean Rank	Cases	Gruppe	Corrected for Tie Z	2-tailed P
Selbstwert	20.50	14	Studenten	-.6330	.5267
	22.72	29	Probanden		
allgemeine Befindlichkeit	24.50	14	Studenten	-.8423	.3996
	21.57	30	Probanden		
Zielorientierung	23.82	14	Studenten	-.5268	.5983
	21.88	30	Probanden		
Lebensstrategie	31.57	14	Studenten	-3.7969	.0001
	18.27	30	Probanden		
kommunikative Kompetenz	22.93	14	Studenten	-.2158	.8292
	22.30	30	Probanden		
Beziehungs- fähigkeit	26.57	14	Studenten	-1.6173	.1058
	20.60	30	Probanden		
Konflikt- fähigkeit	28.07	14	Studenten	-2.2520	.0243
	19.90	30	Probanden		
konkrete Veränderungen	22.36	14	Studenten	-.0556	.9557
	22.57	30	Probanden		
Ausmaß der Teilnahme	34.68	17	Studenten	-3.3328	.0009
	20.77	33	Probanden		

Tab. 6-6: Unterschiede in der Veränderung zwischen den Gruppen (Studenten / Probanden), die signifikanten Werte in der rechten Spalte sind unterstrichen.

Auch bei Konfrontationen haben Studenten gelernt, sich diesen zu stellen. Probanden haben in ihrer Bewältigungsstrategie allerdings von einer eher körperlich-gewalttätigen zu einer kommunikativen gewechselt.

Ein dritter signifikanter Unterschied, der aber nicht Veränderung anspricht, besteht bezüglich der Teilnahme: Erwartungsgemäß nehmen Studenten wesentlich häufiger und regelmäßiger an den Aktivitäten teil. Damit beinhalten die obigen Ergebnisse natürlich auch einen gewissen Artefaktanteil, da die Teilnahme die Veränderung beeinflußt, ist die Veränderung nicht nur über die Gruppenzugehörigkeit sondern auch über die Teilnahme beeinflußt. Dieses 'Henne-Ei-Problem' ist nicht lösbar.

Die geringe Anzahl an signifikanten Unterschieden belegt, daß die wesentlichen Unterschiede in der Veränderung von Probanden und Studenten nur qualitativ zweckmäßig und sihngerecht beschreibbar sind.

6.5.5 Unterschiede zwischen Teilnehmern und Nicht-Teilnehmern an der 2. Hauptphase

Bereits im Kap. 6.5.3 wurde der Zusammenhang zwischen dem Ausmaß der Teilnahme und der Veränderung in einzelnen Persönlichkeitsbereichen belegt.

Daher ist es auch von besonderem Interesse zu untersuchen, welche Wirkung das 'Kernstück' der Outdoor-Aktivitäten, der fast zweiwöchige Block der Hauptphase 2, hat. Wie der Tab. 6-7 zu entnehmen ist, unterscheiden sich die Personen, die an dieser Phase durchgängig teilgenommen haben in drei Bereichen von den Nichtteilnehmern:

> Durch die Teilnahme an der Hauptphase 2 haben sich ihre allgemeine Befindlichkeit, die Zielorientierung sowie die Konfliktfähigkeit signifikant besser entwickelt als bei den Nichtteilnehmern.

Dennoch muß man mit der Interpretion der spezifischen Effizienz der 2. Hauptphase aus den bereits oben (Kap. 6.5.3) diskutierten Gründen vorsichtig sein. Dieses Ergebnis bestätigt aber auch die allgemeinen Beobachtungen der wissenschaftlichen Begleiter, daß sich durch das Erleben in der Gruppe und die Naturnähe die Befindlichkeit der Teilnehmer verbesserte und offenbar wirkt diese Verbesserung auch nach. Die Auseinandersetzung mit teilweise schwierigen Aufgaben und das Leben unter psychischem und physischem Streß auf recht engem Raum hat die Konfliktfähigkeit erhöht. Die intensive Arbeit an der Zielorientierung hat diese entsprechend verbessert.

	Mean Rank	Cases	Gruppe	Corrected for Tie Z	2-tailed P
Selbstwert	23.37 16.00	35 8	teilgen. n.teilgen.	-1.7422	.0815
allgemeine Befindlichkeit	24.57 14.44	35 9	teilgen. n.teilgen.	-2.5185	.0118
Zielorientierung	24.86 13.33	35 9	teilgen. n.teilgen.	-2.7129	.0067
Lebensstrategie	22.76 21.50	35 9	teilgen. n.teilgen.	-.3107	.7560
kommunikative Kompetenz	23.44 18.83	35 9	teilgen. n.teilgen.	-1.3704	.1706
Beziehungs- fähigkeit	23.31 19.33	35 9	teilgen. n.teilgen.	-.9338	.3504
Konflikt- fähigkeit	24.70 13.94	35 9	teilgen. n.teilgen.	-2.5671	.0103
Konkrete Veränderungen	22.59 22.17	35 9	teilgen. n.teilgen.	-.0962	.9233

teilgen. ..... Diese Gruppe hat an der gesamten tb2-Phase teilgenommen.
n.teilgen. ... Diese Gruppe hat an der tb2-Phase nicht oder nur teilweise
teilgenommen.

Die signifikanten Werte in der rechten Spalte sind unterstrichen.

Tab. 6-7: Unterschiede in der Veränderung zwischen den Teilnehmern und Nicht-Teilnehmern an der tb2-Phase.

Wir haben aber aufgrund unserer Ergebnisse den Eindruck gewonnen, daß es wichtig wäre, *Folgeprojekte* durchzuführen, die die Umsetzung dieser Ziele in der konkreten Alltagswelt unterstützt. Denn wie an den Daten deutlich wird, hat sich an der konkreten Lebenssituation wenig geändert und wir meinen auch, daß die Probanden nicht in der Lage sind, Strategien ohne weitere Unterstützung durchzuhalten.

7. Methodologie: Wie wir zu den Aussagen und Ergebnissen kamen.

Bereits im Kap. 1.7 wurde auf grundlegende Aspekte der Evaluation eingegangen. In diesem Kapitel soll nun eine differenzierte Diskussion der eingesetzten Erhebungs- und Auswerteverfahren zu den Kapiteln 3 bis 6 folgen. Dieses Kapitel wurde nachgestellt, weil der Leser - insbesondere bei einer praxisorientierten Fragestellung - zumeist an den Ergebnissen eher interessiert ist als an der zugrundeliegenden Methodologie. Das bedeutet jedoch keineswegs, daß wir diesem Bereich geringere Bedeutung beimessen.

7.1 Design der Evaluation

Für die Datengewinnung wurde auf unterschiedliche Forschungsmethoden zurückgegriffen, um durch Befragungs- (Q-), Beobachtungs- (O-) und Test-(T-) Daten Informationen zu erhalten. Für die Ergebnisdarstellungen liegt das Schwergewicht aber eindeutig bei den Frage- und Beobachtungsdaten. Die einzelnen Verfahren werden im Kap. 7.2 näher beschrieben und sind teilweise im Anhang abgedruckt.
Die Tabelle 7-1 gibt einen Überblick, wie zu den Erhebungszeitpunkten und -zeiträumen die jeweiligen Verfahren eingesetzt wurden. (Zu den Phasen der Durchführung vgl. Kap. 3.4).

	Vorbereitungs phase: (ta)	Hauptphase 1: (tb1)	Hauptphase 2: Block (tb2)	Transfer- Ende: phase: (tc)	follow up (td):
Interview : Proband/stud./ Bewährungsh.	2 –	(2) –	– –	– –	2 –	2 2
Fragebogen/ Tests	1	–	–	–	2	
Aktenainsicht bei d. Bewährh.	–	–	–	–	–	–
teilnehmende Beobachtung	2	2	2	2	–	–

– ... wurde in der entsprechenden Phase nicht appliziert.
1 ... Erhebung wurde nur im ersten Durchführungsabschnitt durchgeführt.
2 ... Erhebung wurde im ersten und zweiten Durchführungsabschnitt durchgeführt.

Tab. 7-1: Design der Evaluation.

7.2 Die verwendeten Erhebungsinstrumente

7.2.1 Die teilnehmende Beobachtung

Die teilnehmende Beobachtung kann als 'tragendes Element' der Evaluation gesehen werden. Erst auf der Grundlage von Vertrauen, das durch die Teilnahme des wissenschaftlichen Begleiters an den Aktivitäten entwickelt wurde, war die Durchführung von Interviews möglich. Wie heikel dieser Aspekt ist, zeigte sich - wie oben bereits dargestellt und diskutiert (vgl. Kap. 1.7) - an der geringen Akzeptanz des Fragebogens: Die Grenze des Vertrauens der Probanden war (schon) dort erreicht, wo der Fragebogen ganz offensichtlich wesentlich stärker mit einer mehr oder weniger anonymen Autorität (Projektleitung, Bundesministerien, ...) als mit den teilnehmenden wissenschaftlichen Begleitern assoziiert wurde.

Für die wissenschaftlichen Begleiter galten bezüglich der teilnehmenden Beobachtung folgende *Grundprinzipien und Verhaltensnormen* (schlagwortartig):

(1) Zugang zur Gruppe:
* Transparenz der Forschung: Die Teilnehmer wurden über die Evaluationsmaßnahmen und die damit verfolgten Ziele informiert. Ein Vorgang, der sich - wie zu erwarten war - als überaus heikel und sensibel herausstellte.
* Die wissenschaflichen Begleiter mußten Vertrauen gewinnen: z.B. Erzählungen aus dem Privatleben; so sein, wie man ist (Dimension Echtheit nach Tausch & Tausch, 1978).
* Zurechtfinden in der Gruppe: Die Struktur der Gruppe und ihre internen Gesetze kennenlernen.

(2) Akzeptanz in der Gruppe:
Der wissenschaftliche Begleiter hat die schwierige Aufgabe, sich einerseits möglichst in die Gruppe zu integrieren, andererseits muß er genügend 'Überblick' bewahren, um seine Beobachtungen hinreichend systematisch durchführen zu können. Dazu waren folgende Verhaltenskriterien notwendig:

* Sich auf Verhaltensmuster, Lebensstrategien und Perspektiven der Gruppe und ihrer Mitglieder einstellen.
* Vertrauen festigen: Beziehungen zulassen, dabei auf eine möglichst ´gleichwertige´ Einbeziehung aller Teilnehmer achten.
* Wissenschaftliche Rolle: dem Betreuungsteam zugehörig; Platz schaffen für unbeobachtete Interaktion der Teilnehmer.

Aufgrund der deklarierten Rolle des wissenschaftlichen Begleiters konnte Authentizität als die adäquate Voraussetzung angesehen werden, um in der Gruppe akzeptiert zu werden, um so den Gruppenprozeß möglichst wenig (negativ=hemmend) zu beeinflussen.

Dazu ist noch eine nähere Erläuterung notwendig, was wir unter 'negativ' bzw. 'hemmend' verstehen:

Will man Handeln erforschen, so beinflußt man dieses mehr oder weniger stark: *Prinzip der Interaktion/Transaktion.* Man kann methodologisch auf zwei grundlegend verschiedene Arten auf dieses Problem reagieren:

(a) Man versucht, den Einfluß zu minimieren und insbesondere auch zu standardisieren, wie dies beispielsweise im Laborexperiment zu erreichen versucht wird.

(b) Man kann aber auch im Wesen der Interaktion zwischen Forscher (Erkennendem) und zu Erforschendem (Handelndem) den Erkenntnisgegenstand sehen. Damit wird der Teilnehmer auch zum Forschenden und der wissenschaftliche Begleiter auch zum Teilnehmer/Handelnden. Um dies adäquat zu ermöglichen, bedarf es der oben angesprochenen Prinzipien. Entsprechend ist das auch die Wahl unserer Vorgangsweise. Als 'negativ' und 'hemmend' wären alle Aktivitäten seitens des wissenschaftlichen Begleiters zu bezeichnen, die das Verhalten der Gruppe und ihrer Mitglieder von ihrem 'üblichen', alltäglichen Verhaltensstil 'entfernt', indem sie sich beispielsweise ordentlicher oder zurückhaltender, ... verhalten. Aufgrund ihrer gruppenpsychologischen Kenntisse konnten die wissenschaftlichen Begleiter gut zwischen rollenhaftem und ´authentischem´ Verhalten der Teilnehmer differenzieren.

(3) Plausibilitätserklärungen:

Die Plausibilitätserklärungen des wissenschaftlichen Begleiters können teilweise in der Gruppe diskutiert oder einzelnen interessierten Teilnehmern vorgelegt werden.

Insgesamt hatten wir den Eindruck, daß diese Beobachtungsform sehr brauchbare (valide) und auch interindividuell vergleichbare (objektive) Ergebnisse lieferte. Das heißt, die Beobachtungs- und Interpretationsdaten wurden von den anderen Teammitgliedern weitgehend bestätigt.

(4) Rollen- und Funktionsklarheit:

Der wissenschftliche Begleiter muß für sich selbst und in der Gruppe Klarheit über das Verhältnis zwischen wissenschaftlicher Begleitung und den Teilnehmern sowie über seine Rolle innerhalb des Teams schaffen:

* Rollenkonflikt: Teilnehmer als Interaktionspartner - Teilnehmer als Informationsobjekt.
* Voraussetzung: Kluges, taktisches Vorgehen.
* Arbeitsbelastung: die Belastung des wissenschaftlichen Begleiters ist nicht zu unterschätzen (siehe Abb. 7-1, vgl. auch Kap. 7.2.4).

Zur Protokollführung:

Neben der Erstellung des strukturierten Protokolls (vgl. Anhang) soll die wissenschaftliche Begleitung persönliche Aufzeichnungen führen. In der Forschungssituation sollten sich die wissenschaftlichen Begleiter mit folgenden Fragen konfrontieren: "*Wie* handelt das Mitglied der zu beobachtenden Gruppe, aufgrund welchen *Alltagswissens* wird gehandelt, wie sehen die *Interaktionen* zwischen den Mitgliedern aus u.ä." (Girtler, 1988, S. 132) Bei den Protokollen wurde ein Rand für Bemerkungen, Interpretationen u. Theoriezusammenhänge freigelassen. Die Aufzeichnungen sollten möglichst rasch erfolgen, um den Informationsverlust durch Vergessen gering zu halten. Unter Zeitdruck sollten die Protokolle stichwortartig festgehalten werden (vgl. Girtler, 1988, S. 132f). Das so angelegte Material umfaßte mehrere Ordner.

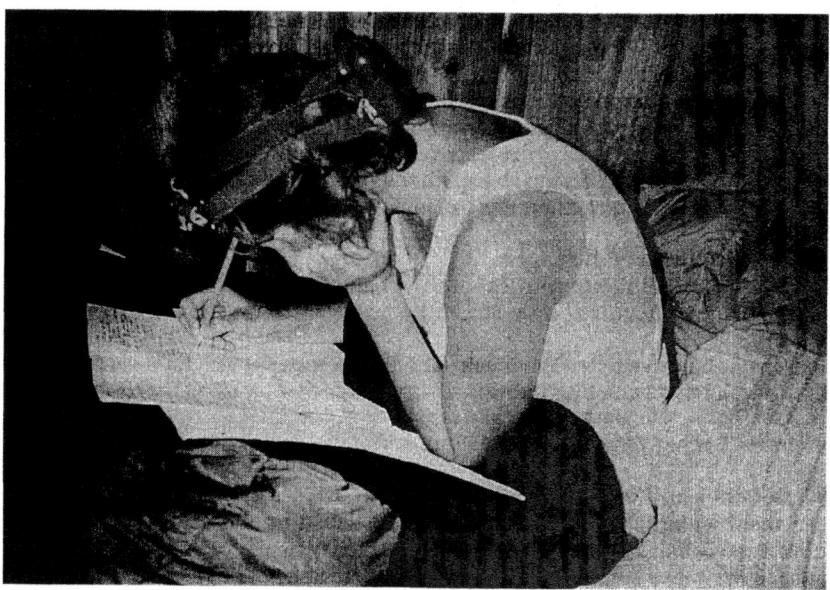

Abb. 7-1: Protokollführung: mit Stirnlampe, oft nachts nach allen Aktivitäten.

7.2.2 Durchführung der Interviews

Die Bewährungshilfe sowie das Institut für Sportwissenschaften stellten Räumlichkeiten für die Interviewdurchführung zur Verfügung.
Grundsätzlich sollten aber die Teilnehmer den Ort für die Interviewdurchführung frei wählen können. Es zeigte sich, daß dies in zweierlei Hinsicht problematisch war:

(1) Teilweise wählten Teilnehmer Orte, die zu starke Ablenkungen und Störungen verursachten.

(2) Die Qualität der Interviewaufnahmen litt häufig unter der Lärmbelastung verschiedener Örtlichkeiten, was die Transskriptionsarbeit massiv erschwerte.

Bei den ersten Treffen würden die Teilnehmer umfassend über das Interview und die damit verfolgten Absichten informiert.

Grundsätzlich waren die Interviews im Sinne 'Narrativer Interviews' aufgebaut (vgl. Huber & Mandel, 1982). Im folgenden soll der strukturelle Aufbau und die Durchführungsaspekte der Interviews dargestellt werden, die Leitfragen sind dem Anhang zu entnehmen:

Die "small talk" Phase:
Zunächst soll dem Interviewpartner (nochmals) die Anonymität zugesichert werden und erklärt werden, wie diese aufrecht erhalten wird: Es hat sich beispielsweise gezeigt, daß Probanden entsprechende vorhergehende Erläuterungen und Diskussionen (etwa im Rahmen der Bereitungsabende) nicht so präsent halten, daß sie diese dann auch auf die Interviewsituation beziehen.

Vertrauen herstellen: In dieser Phase wird meist von den Interviewten Interesse für die Arbeit gezeigt, dazu ist es wichtig, hinreichend Information über das eigene Vorgehen zu geben sowie die Grunddimensionen nach Rogers (1985) entsprechend zu berücksichtigen. Allerdings ist auch darauf zu achten, den Probanden nicht zu sehr auf sich selbst zurück zu werfen. In dieser Phase soll der Interviewer auch über sich berichten, sofern der Teilnehmer danach fragt: Beispielsweise muß der Interviewer in der Lage sein, auf die Frage 'Machst Du das gerne?' eine offene Antwort zu geben, wie es ihm mit der Interviewsituation im Moment geht.

Zu beachten ist allerdings, daß der Teilnehmer nicht die Rollen umdreht! Auch ist es wichtig, nicht in einer Art 'Kumpanei' von den eigentlichen Zielen des Interviews abzugehen: etwa dadurch, daß man Voraussetzungen schafft, die dann heiklere Nachfragen nicht oder nur schwer ermöglichen.

Eine Schwierigkeit besteht für den Interviewer auch darin, einerseits den Interviewten nicht unter Druck zu setzen, sich andererseits aber nicht auf ein 'oberflächliches Geplauder' einzulassen, um Informationen zu wesentlichen Aspekten der Person und ihrer Biographie zu erhalten. Dazu ist für den Interviewer das Einleben in die Kommunikationsformen der entsprechenden Personengruppe von entscheidender Bedeutung.

Die Haupterzählphase, Interviewfragen:
Diese Phase wird durch eine umfassende Erzählung generierende Frage eingeleitet. Aufgrund der Erfahrungen, daß Probanden sehr unterschiedlich lange Erzählphasen aufweisen (vgl. Riedle, Schmidt & Schmidt, 1985) und dem Tatbestand, daß wir Informationen zu differenzierten Bereichen benötigten, wurde auch ein Interviewleitfaden erstellt, um so die uns interessierenden Bereiche durch Nachfragen abzudecken.
Wenn der Interviewte konkreten Aussagen ausweicht, geht es um ein gut dosiertes Maß zwischen Konfrontation und 'erzählen lassen' (vgl. auch oben).

Phase des Nachfragens:
In dieser Phase ist es die schwierige Aufgabe des Interviewers, auf Unklarheiten, eventuell Ausgelassenes oder zweideutig Formuliertes einzugehen.

Folgeinterviews:
Den Einstieg ab dem 2. Interview bildet die qualitative Validierung des vorangegangenen Interviews auf der Grundlage einer ersten groben Auswertung. Die Leitfragen der weiteren Interviews wurden erst nach den Erfahrungen und der groben Auswertung der ersten Interviews festgelegt.

7.2.3 Standardisierte Erhebungen: Konzepte bedeutsamer und veränderbarer Dimensionen im eigenen Ansatz

Da der Auswertung der standardisierten Fragebögen nur ganz geringe Bedeutung zukommt (vgl. Kap. 1.7 und Kap. 6), sollen hier lediglich die verwendeten Verfahren und ihre Dimensionen benannt werden.
Der Gießen-Test (Beckmann & Richter, 1972) ist in der Literatur umfassend diskutiert, die anderen Skalen befinden sich in der Konstruktionsphase und werden noch laufend überarbeitet. Folgende Skalen wurden im Rahmen des Projekts mittels Fragebogen erfaßt:

Dimensionen des Gießen-Tests (Beckmann & Richter, 1972):
- Soziale Resonanz
- Dominanz
- Grundstimmung
- Durchlässigkeit
- Kontrolle
- Soziale Potenz

Silbereisen & Zank (1984) (vgl. auch Andorff, 1986):
- Selbstbewertung: Der Wert, der der eigenen Person beigemessen wird.
- Transgression: Beurteilung sozialer Normen und die Bereitschaft, diese einzuhalten.

- persönliche Zukunft: Erwartungen an die Zukunft.
- Selbstmanagement: Bezieht sich insbesondere auf den Umgang mit emotional belastenden Situationen.
- Leistung: Zuversicht in die eigene Leistung (Hoffnung auf Erfolg).

Handlungswirksamkeit (i. S. von Bandura, 1976 und 1982; vgl. auch Andorff, 1986);
Befindlichkeit in signifikanten Situationen.

7.2.4 Schulung und Supervision der wissenschaftlichen Begleiter

Die wissenschaftlichen Begleiter wurden intensiv in die Interview- und Beobachtungstechniken eingeführt und laufend supervidiert[1], um möglichst 'verzerrungsfreie Ergebnisse' zu erzielen. Durch die Methode des Rollenspiels wurden mögliche Fallen, Suggestivfragen, Körpersprache und Tonfall bei den Interviews erfaßt und wo nötig korrigiert (Videotraining). Es fanden laufend Sitzungen zur Koordination der wissenschaftlichen Begleiter zu Fragen der Protokollführung und Terminologie statt. Weiters war eine Einführung in die Analyse von Gruppenprozessen erforderlich. Alle wissenschaftlichen Begleiter verfügten über einschlägige Selbsterfahrung im Gruppenbereich. Auch waren immer wieder Einzelgespräche zur Abklärung von Rollenfragen und Verhaltensmustern der wissenschaftlichen Begleiter sowie bezüglich heikler Situationen erforderlich.
Die *Evaluationsteams* waren wie folgt zusammengestellt:

Erster Durchführungsabschnitt:
Team A: 1 Wissenschaftlicher Begleiter
Team B: 1 Wissenschaftliche Begleiterin
          2 beteiligte Bergführer (abwechselnd in der Funktion des wissenschaftlichen Begleiters)
1 Supervisor für die wissenschaftlichen Begleiter (Sachbearbeiter des Projekts) beider Teams

Zweiter Durchführungsabschnitt:
Team A: 1 Wissenschaftlicher Begleiter
Team B: 1 Wissenschaftliche Begleiterin
1 Supervisor für die wissenschaftlichen Begleiter beider Teams

---

[1]Die Funktion des wissenschaftlichen Supervisors ist von der Team-Supervision zu unterscheiden: Der wissenschaftliche Supervisor hat neben der Kommunikations- und Koordinationsfunktion auch Instruktions- und Entscheidungsfunktion, sodaß die Letztverantwortlichkeit bei dieser Person liegt. Die Funktion des wissenschaftlichen Supervisors ist eine der Aufgaben des Sachbearbeiters des Projekts.

Die Besetzung des Teams B 1989 erscheint zunächst - aufgrund der wechseln-
den Rollen in den Teamfunktionen - günstig für den Evaluationsprozeß. Diesem
Vorteil im Konsensbildungsprozeß steht die Identifikationsproblematik des wissenschaftlichen Begleiters mit dem Betreuer im hermeneutischen Feld I[1] gegenüber.
Die Aufteilung der wissenschaftlichen Begleitung im Team B 1989 hat sich als
insgesamt ungünstig erwiesen. Sie wurde ursprünglich vorgenommen, weil die
wissenschaftliche Begleiterin nicht bei allen Aktivitäten dabei sein konnte. Die
Probleme bestanden darin, daß sich (a) die 'Bergführer' in ihrer 'Doppelrolle'
nicht wohl fühlten und teilweise auch überlastet waren und (b) die Koordination
der Auswertung dadurch massiv erschwert war. Daher hatten wir für den zweiten Durchführungsabschnitt jeweils eine durchgängig anwesende wissenschaftliche Begleitperson eingesetzt.

7.3 Zur Auswertungsstrategie[2]

Im folgenden sollen die den Kapiteln 3 bis 6 zugrundeliegenden Auswertestrate-
gien näher diskutiert werden.
Um möglichst vorurteilsfrei zu forschen, werden zunächst nur Informationen
verwendet, die die Teilnehmer durch sprachliche Artikulation (v.a. im Interview)
und durch ihr Handeln (v.a. in der Aktion) geben.
Das bedeutet, daß in einer ersten Phase weder die Delikte der Probanden noch
Einschätzungen durch ihre Bewährungshelfer herangezogen wurden. Diese
Daten wurden erst im letzten Abschnitt des Projekts - nach Abschluß aller
Aktivitäten - systematisch erhoben.
Wenn mehr oder weniger zufällig Informationen über diese Sachverhalte vor-
lagen, so wurde diesen vorerst (nach Möglichkeit) keine Beachtung geschenkt.

Um das Aktivitätsgeschehen im sozialwissenschaftlichen Sinne umfassend (wir
meinen nicht erschöpfend) und kritisch darstellen und interpretieren zu können
(vgl. Heinze & Klusemann, 1980, S. 105), haben wir uns entschlossen, das
komplexe Geschehen in drei Felder zu gliedern (siehe Kap. 7.3.1 bis 7.3.3):
(1) Programmanalyse,
(2) Analyse des Gruppenprozesses und
(3) Einzelfallanalyse.

---

[1] Die "praktische" Teilhabe an und in sozialen Situationen wird als hermeneutisches Feld I bezeichnet
(vgl. Leithäuser & Volmberg, 1977).

[2] Wesentliche Beiträge zur Entwicklung der Auswertungsstrategien lieferten Radim Tobrman (im
Rahmen seines Forschungsstipendiums) sowie die beiden Diplomanden Markus Freiler und Maria
Reich. Wir trauern alle zu tiefst um Maria: Sie ist unmittelbar nach erfolgreichem Abschluß ihres
Studiums beim Klettern tödlich verunglückt.

Die spezifischen Bereiche verlangen naturgemäß zumindest teilweise unterschiedliche Datenquellen, was auch eine differenzierte Vorgangsweise bei der Auswertung zur Folge hat.

Auf der Auswertungsebene leistet das Evaluationsteam zunächst eine deskriptive Darstellung (vgl. Blumer, 1973, S.125), um auf dieser Grundlage schlußfolgernde Interpretationen oder Inferenzstatistiken anzuschließen (vgl. Kap.6.5). Da wir in der qualitativen Forschung mit offengelegten, subjektiven Perspektiven im Sinne des hermeneutischen Zirkels arbeiten, bedienen wir uns parallel zu den wissenschaftlichen Interpretationskriterien der Konsensanalyse, in der die Paradigmen (Erklärungsmuster) fundamental diskutiert werden.

Das Evaluationsteam relativiert im Diskussionsverfahren die unterschiedlichen subjektiven Perspektiven und faßt die Daten/Informationen nach deren Bedeutungsgehalt zusammen.

Atteslander betont in der Diskussion um die Zuverlässigkeit dieses Verfahrens die Wichtigkeit des dialogischen

"... Prinzips von Beispiel und Gegenbeispiel ... der Wechsel von der Suche nach Gegeninformationen zur paradigmengeleiteten Interpretation und Suche nach besserer Interpretation unter Einbeziehung der Perspektive der Feldpersonen" ...diese bieten (Einfügung des Verfassers) ... "die optimale Chance, sowohl zu theoretisch wie empirisch bedeutsamen, also hochvaliden Ergebnissen". (Atteslander, 1984, S.180)

Mit Hilfe eines Supervisors wird das so geordnete Material in einem Konsensbildungsprozeß verarbeitet.

In diesem 'hermeneutischen Feld II' wird den zwei noch ausständigen Kriterien entsprochen:

"Einigkeit über Sinn- und Bedeutungsstrukturen" und "Konsens über die Stimmigkeit der Interpretation" (Leithäuser & Volmberg, 1977).

Das Kriterium der Verwendbarkeit wird dem der Wahrheit vorgezogen:

"Man wird ein Paradigma nicht schon dann eliminieren, d.h. aus der weiteren Diskussion ausschließen, wenn es mit Mängeln behaftet ist, sondern erst dann, wenn ein anderes Paradigma existiert, das die Probleme besser löst." (Opp, 1977, S. 123)

Für die Erkenntnisgewinnung ist die Einschränkung auf "Teile" der Paradigmen zutreffend, d.h. "partielle Konfrontierung" (ebenda, S. 124).

Aufgrund der unterschiedlichen Zusammensetzung der Evaluationsteams (siehe oben) war die Arbeitsverteilung in und zwischen den Evaluationsteams etwas unterschiedlich. Freilich war die 'trichterförmig' verlaufende Vorgangsweise für beide Teams verbindlich; die Praxis zeigte, daß sich die Annahme von Heinze & Klusemann als folgerichtig erweist: Es

"... werden sich diejenigen Interpretationen behaupten können, die innerhalb einer potentiellen Gemeinschaft wissenschaftlicher Interpreten nicht widerlegt werden". (Heinze & Klusemann, 1980, S. 109)

Daraus ergibt sich:

"Diese Zirkelbewegung ('hermeneutischer Zirkel') ist grundsätzlich nie abgeschlossen, sie wird nur pragmatisch abgebrochen, ... ". (Bässler, 1987, S. 50)

Für die kommunikative Validierung sind die von Bortz (1984, S. 227ff) genannten 'Analyseschwerpunkte' von praktischer Relevanz. Ihre Auswahl soll dem Thema adäquat vom Evaluations-Team jedesmal neu entschieden werden.

a) Die Analyse natürlich variierender Begleitumstände: Möchte man die Ursachen eines Verhaltens/Handelns ergründen, ist es erforderlich festzustellen, unter welchen Umständen (in welchen Situationen) das Verhalten auftritt und wann es ausbleibt.

b) Die Analyse willkürlich manipulierter Begleitumstände: Durch systematische Variation der Perspektiven lassen sich Vermutungen über Einflußgrößen gelegentlich erhärten.

c) Die Analyse von Veränderungen aufgrund besonderer Ereignisse: Das plötzliche Eintreten besonderer Ereignisse kann für Verhaltensänderungen verantwortlich sein.

d) Die Analyse erfragter Ursachen: Dabei geht es um die Analyse der Erklärungen, die sich der Befragte selbst zurechtgelegt hat. Wichtig ist es herauszufinden, welche Bedeutung die befragte Person einzelnen Situationen beimißt.

e) Die Analyse von Auffälligkeiten in der Lebensgeschichte: Ursachen des zu erklärenden Verhaltens sind auch in der Lebensgeschichte des Betroffenen zu finden (vgl. Kap. 5.1).

f) Die Analyse besonderer Aktivitäten des Befragten (vgl. auch Bässler, 1987, S. 53ff.).

Das methodologische Muster der Vorgangsweise hat Modellcharakter und wurde im Laufe der Evalution laufend korrigiert und ergänzt (vgl. auch Freiler, 1991; Reich, 1991).
Im folgenden wird auf die drei Auswertungsbereiche Programm, Gruppe und Einzelfall näher eingegangen:

7.3.1 Zur Auswertungstechnik bei der Programmanalyse

Zu den Zielen der Programmanalyse siehe die Kap. 1.7 und 3.2.
Zunächst werden auf einem Auswertungsblatt die Informationen der jeweiligen Phasen von den Aktionsprotokollen übertragen.
Darin sollen folgende Rubriken enthalten sein, die der Seite 4 und 5 des jeweiligen Protokolls zu entnehmen sind:

(1) Angestrebte, geplante Aktivität
(2) Realisierte Aktivität
(3) Begründung von Abweichungen zwischen Planung und Realisierung
(4) Prozeßbegleitende Wahrnehmungsleistungen (realisierte Intervention)
(5) Neben den drei Spalten soll eine vierte die *chronologische Reihenfolge* festhalten.

Die Beschreibung und Interpretation der Programmaktivität erfolgt deutlich *getrennt für den deskriptiven und interpretativen Anteil* aus der Sicht des jeweiligen wissenschaftlichen Begleiters.
Die Aufmerksamkeit ist im Sinne des humanistischen Wissenschaftsverständnisses auf das empathische Verstehen der Leitungsaktivität gerichtet (vgl. Kempf, 1983), wobei die unmittelbare Wirkung auf den Teilnehmer bzw. die Gruppe im Vordergrund steht.
Im Gesamtkontext wird noch untersucht, welche Strukturähnlichkeit zwischen Forschungs- und Alltagssituation besteht (Leithäuser & Volmberg, 1977).
Darüber hinaus können Plausibilitätserklärungen eine Orientierung zu der Frage nach der Vorbereitung auf kritische Lebensereignisse bieten. Diese müssen allerdings in der Einzelfallanalyse überprüft werden.
Es werden die Informationen aus allen vier Gruppen zusammengefaßt und in chronologischer Abfolge diskutiert sowie Konsequenzen für die weitere Durchführung vergleichbarer Aktivitäten abgeleitet.

7.3.2 Zur Analyse des Gruppenprozesses

Für den Gruppenprozeß sind die Aktionsprotokolle (siehe Anhang) die vorrangige Datenquelle. Die Aussagen aus den Interviews werden in der Interpretationsphase hinzugezogen, da diese Informationen über den Transfer von Gruppenerfahrungen in den Alltag liefern.
Die Beschreibung des Gruppenprozesses basiert auf der gruppendynamischen Theorie nach Bion (1961) und ist durch das Phasenmodell nach Miles (1965) vorstrukturiert.

Auswertung der Aktionsprotokolle:
Auf einem nach dem Formblatt des Protokolls (siehe Anhang) vorstrukturierten Auswertungsblatt werden alle Beobachtungen in Kurzform übertragen und chronologisch nach den vier Zeitphasen (vgl. Kap. 3.5, insbesondere Tab. 3-2, S. 91) zusammengefaßt.

Die Daten mit den Informationen zur Gruppenbildung und zu den Entwicklungsphasen sind dem letzten Protokollblatt (siehe Anhang) entnommen. Die Protokollblätter für den jeweiligen Zeitabschnitt werden nebeneinander aufgelegt und auf das Auswertungsblatt chronologisch übertragen.
Für die Diktion sind vor allem die Seiten 6-8 des jeweiligen Protokolls die Quelle der Information. Es empfiehlt sich, die Zusammenfassung in 2 Etappen vorzunehmen:
(1) Charakterisierung des Gruppenprozesses
(2) Gruppenbildung/Entwicklungsphasen

Das so übersichtlich geordnete Material wird vom Evaluationsteam auf Bedeutsamkeit untersucht, indem jeder Interpret die wesentlichen Informationen mit Farbstift hervorhebt; d.h. hier wird bereits der erste Entscheidungsprozeß mittels Bedeutsamkeitsfilter vom Evaluations-Team initiiert. Diese und noch folgende Arbeitsschritte sollen in der Konfrontation mit Hilfe von Perspektivenübernahme und -wechsel vorgenommen werden, ohne jedoch den Gesamtkontext der Aussagen aus den Augen zu verlieren. Die Vorgangsweise dieses ersten Konsensbildungsprozesses wird nach dem bereits angesprochenen dialogischen Prinzip "von Beispiel und Gegenbeispiel" vorgenommen (vgl. oben sowie Atteslander, 1984, S.182).
Die schon während der Basisarbeit zur Selbstkontrolle angewandte "Anleitung zur Systematisierung" dient als konkretes Beispiel. Der Feldforscher soll sich mit folgenden Fragen konfrontieren, wobei sich diese Fragen auf den aktuellen Aufmerksamkeitsfilter, den Gruppenprozeß betreffend, beziehen:
(1) Welche Informationen haben wir?
(2) Welche Informationen haben wir nicht?
(3) Worauf stützen wir die Schwerpunktsetzung in der Auswahl der Informationen?
(4) Haben wir Informationen (gesucht), die gegen unsere Interpretation sprechen?
(5) Haben wir Informationen überprüft, die gegen unsere Interpretation sprechen?

Falls es in der Diskussion zu keiner Einigung kommt, werden beide Ansichten/Perspektiven berücksichtigt.

Interpretative Explikation
Das nun geordnete Datenmaterial wird durch einen schriftlichen Bericht in einen interpretativen Kontext gestellt.

Die interpretativen Elememte des Textes sind weiteren Konsensbildungsprozessen unterworfen.
Die Fragen, die zum zweiten Einigungsprozeß hinführen können, lauten:

(1) Wie lautet meine vorläufige Interpretation?
(2) Welcher allgemein theoretische Zusammenhang erlaubt mir diese Interpretation?
(3) Welche Indikatoren sprechen gegen die Interpretation?
(4) Welche Rolle spielte der wissenschaftliche Begleiter im konkreten Situationskontext?
(5) Wie lautet *unsere* neue Interpretation? (sprachlich angepaßt nach Atteslander, 1984, S. 183)

Die Diskussion wird aus der subjektiven Perspektive des Interpreten geführt; diese wird vom Evaluationsteam systematisch in Frage gestellt.

7.3.3 Zur Einzelfallanalyse

Das Interview stellt die vorrangige Datenquelle für die Einzelfallanalyse dar. Aus der teilnehmenden Beobachtung werden ergänzende Daten hinzugezogen. (Zur Durchführung der qualitativen Datenerfassung siehe Kap. 7.2).
Im Rahmen der Einzelfallanalysen mußten aus zeitlichen und ökonomischen Gründen Grenzen gesetzt werden.
Dazu sind wir wie folgt vorgegangen:
Es wurden wenige, ausgewählte Einzelfälle äußerst differenziert analysiert (vgl. Freiler, 1991). Dabei ergibt sich ein Umfang von knapp 100 Seiten pro Teilnehmer. Aufgrund dieser differenzierten Analyse versuchten wir, den Informationsverlust 'gröberer' Analysen abzuschätzen und haben die restlichen Fälle nach einem vom Arbeitsumfang her gerade noch vertretbar aufwendigen Verfahren analysiert.

(1) Transkription
Unter Transkription wird eine schriftliche, wortwörtliche Wiedergabe der Interviewaufzeichnungen (Tonband) verstanden, wobei die Niederschrift nach streng festgelegten Transkriptionsregeln erfolgt.
Die EDV-geschriebenen Transkriptionen werden mit Seiten- und Zeilenangaben codiert, sodaß Textstellen leicht auffindbar sind. (Dies gilt auch für die Aktionprotokolle, siehe Schreibweise S. 8.)

(2) Auswertung der Transkriptionen
Erster Schritt der Auswertung war die Erstellung eines Auswertungskonzepts mit Hilfe eines Flußdiagramms. Nach einem Studium der inhaltsanalytischen und qualitativ-interpretativen Methoden erweist sich ein Methodenmix aus die-

sen beiden als ein adäquater Ansatz für die Auswertung der vorliegenden Interviews.
Im folgenden wird von der Unterscheidung dreier Textebenen ausgegangen:

> "Kategorien der **Makroebene**: Analyse von Verbalisationen nach Gesprächsphasen: z.B. Gesprächseröffnung, Gesprächs-"Mitte", Gesprächsbeendigung etc..
> Kategorien der **Mesoebene**: Analyse von Gesprächen etwa auf der turn-Ebene wie z.B. bei der Untersuchung des Sprecherwechsels ... um Regeln der Gesprächsfolge herauszuarbeiten ...
> Kategorie der **Mikroebene**: ... syntaktische, lexikalische, phonologische und prosodische Struktur." (Henne & Rehbock, 1979, S. 20, zit. nach Brunner, 1982, S. 204f).

1. Durchlauf:
Das Auswertungsschema der qualitativen Interpretation beginnt mit der Erfassung der Makroebene des Textes. Bereits in dieser Phase wird "Offensichtliches" in bezug auf Interpretation des Interviews notiert. Danach werden die Gesprächsphasen, die Leitfragen und die Nachfragen des Interviews rekonstruiert und in Tabellenform dargestellt.

2. Durchlauf:
Der nächste Schritt ist die Analyse der Mesoebene des Interviews. Die in diesem Absatz geschilderten Schritte werden gemeinsam für jede Leitfrage tabellarisch dargestellt. Dazu werden die Items/ Indikatoren in Spalten der Tabelle ausgearbeitet und den Leitfragen zugeordnet. Pro Leitfrage werden die Items/Indikatoren laufend durchnummeriert. Jedes Item wird dann formalanalytisch entlang der Unterscheidung 'Beschreibung', 'Bewertung und Gefühl', 'Argumentation' und 'Interpretation' spaltenweise gegliedert. Aufgrund dieser Dimensionierung wird die Binnenstruktur des Textes leichter erfaßbar. Anschließend wird diese Analyse mit der Methode der zusammenfassenden Inhaltsanalyse kombiniert: Über die Stufe der Generalisierung/Abstraktion läßt sich die Reduktion der Items/Indikatoren erschließen. Auch diese Schritte werden in Spalten der Tabelle dargestellt.
In weiterer Folge können offene Fragen bezüglich des Interviews festgehalten werden, die zu einer explizierenden Inhaltsanalyse überleiten.

3. Durchlauf:
Bereits während der Reduktion der Themen werden Ideen für eine strukturelle Inhaltsanalyse (Mikroebene) gesammelt. Die Kategorien werden zielorientiert und theoriegeleitet erstellt. (Zu den konkreten Kategorien vgl. Kap. 6). Jede gefundene Struktur bekommt einen alphabetischen Großbuchstaben fortlaufend zugeordnet und wird in einer eigenen Tabelle dargestellt. Die Ausprägungsgrade

werden in der Tabelle verbal in einer Spalte beschrieben. Die Ankerbeispiele[1] werden in einer Spalte durch die Seiten- und Zeilennummern dargestellt. Weiters wird in den Tabellen die Häufigkeit der auftretenden Kategorien registriert. In der Transkription werden die entsprechenden Textstellen je nach Struktur mit Leuchtschrift markiert. Die entsprechenden Kategorien werden durch den Großbuchstaben der jeweiligen Struktur und durch ein Wortkürzel der Ausprägung am rechten Zeilenrand gekennzeichnet.

Während der verschiedenen Durchläufe werden die anfallenden Ideen für die Interpretation sofort notiert, um für die weitere Bearbeitung zur Verfügung zu stehen und die Arbeit konzentriert fortführen zu können.

4. Durchlauf:
Nach der Erstellung der strukturellen Inhaltsanalyse wird eine Inhaltsangabe des Interviews verfaßt.

Um die Inhaltsangabe möglichst übersichtlich zu gestalten, werden sämtliche Aussagen sowohl durch die Angabe der Fundstelle im Text (Seite/Zeile) als auch durch Hinweis auf die Tabelle (Items/Indikatoren) belegt.

5. Durchlauf:
Erst nachdem die Transkription alle diese Prozeduren durchlaufen hat, wird der eigentliche Interpretationstext formuliert.

Aus der Logik der Einzelinformationen ergibt sich die Charakterisierung des Gesamtgegenstandes. Gemäß dem hermeneutischen Zirkel wirkt diese wiederum auf die Einzelaussagen zurück. Dabei werden 'Offensichtliches' sowie auch festgefaßte Meinungen nochmals überprüft und gegebenenfalls geändert. Die Interpretation selbst wirkt schließlich auch auf die Generalisierungs-/ Abstraktions- und Reduktionskategorie der zusammenfassenden Inhaltsanalyse. Die Reduktionskategorien werden nun von den jeweiligen Leitfragen auf den ganzen Text erweitert, d.h. der Text wird nun in seiner Ganzheit reduziert.

Auswertung der Beobachtungsprotokolle
Für die Auswertung der Aktionsprotokolle im Rahmen der Einzelfallanalyse wird das Auswertungsschema nach Bässler (1987, S.49) angewendet und durch die vier chronologischen Phasen vertikal ergänzt (siehe Tab. 7-2).

Das so übersichtlich geordnete Material wird trichterförmig mit den Indikatoren des Interviews in einen Bedeutungszusammenhang gebracht. Danach werden unmittelbare Veränderungen auf den entsprechenden Persönlichkeitsebenen geprüft.

Nach dem Prozeß der kommunikativen Validierung (siehe Gruppenprozeß Kap. 5) erfolgt eine interpretative Falldarstellung.

---

[1]Ankerbeispiele sind für eine bestimmte Kategorie typische Textauszüge eines Interviews.

Auswertungsschema (Beobachtungsprotokolle)						
Teilnehmer:			Ausgewertet von:			
			Indikatoren			
Phase	P/S	Dimension	B	W	A	I
ta						
tb1						
tb2						
tc						

Legende:
P/S .... Protokollnummer/Seite
B .... Beschreibungen
W .... Bewertungen
A .... Argumentationen
I .... Interpretationen
ta, ... tc ..... siehe S.8

Tab. 7-2: Auswertungsformblatt.

Als Orientierung und theoretische Vorgaben gelten die Dimensionen des Fragebogens bezüglich Selbstkonzept, Selbstwirksamkeit etc. sowie die in Tab. 7-3 wiedergegebenen Dimensionen.

(3) Befragung der Bewährungshelfer
Eine nachträgliche Befragung der die teilnehmenden Probanden betreuenden Bewährungshelfer war auf die langfristige Wirkung der Outdoor-Aktivitäten gerichtet. Zusätzlich wurde die Frage des Zusammenwirkens der Aktivitäten mit der Betreuung durch den zugeteilten Bewährungshelfer thematisiert.

(4) Zusammenschau
Am Ende der Interpretation werden Handlungs- und Sinnstrukturmuster der Teilnehmer ausgearbeitet, vor allem unter dem Gesichtspunkt der theoretischen Dimensionen (siehe Tab. 7-3). Die Aussagen werden dann in die Theorien, Hypothesen und Modelle des Forschungsgegenstandes eingeordnet.
Wir versuchten aber im Rahmen unserer Interpretation auch folgendes methodische Prinzip zu berücksichtigen:

Interpretative Fallstudie
Teilnehmer:
Interpretiert von:

1. Biographie
1.1 primäre Individuation/Sozialisation
1.2 sekundäre Individuation/Sozialisation
1.3 delinquente Karriere

2. Selbstkonzept
2.1 Selbstwert
2.2 Selbstwirksamkeit
2.3 Befindlichkeit
2.4 Zielorientiertheit
2.5 Lebensstrategie

3. Soziale Interaktion
3.1 Kommunikationsfähigkeit
3.2 Beziehungsfähigkeit
3.3 Rollenverhalten
3.4 Konfliktfähigkeit

4. Gegenwärtige Situation

Tab. 7-3: Dimensionen der Einzelfallanalyse.

"Zu vermeiden ist ein Interpretationsverfahren, das einzelne Textstellen lediglich zur Illustration wissenschaftlicher Theorien herausgreift und mißbraucht." (Heinze, Horstkemper & Klusemann, 1977, S. 50)

Sämtliche Aussagen und Formulierungen der qualitativen Interpretation wurden unter dem Aspekt des Perspektivenwechsels - der Auswerter versetzt sich dazu vorstellungsmäßig in die Rolle des Teilnehmers - in einem *6. Durchlauf* der Transkription nochmals auf ihre Validität geprüft.

Auf der Grundlage der schriftlich zusammengestellten Einzelfallanalysen wurde die generalisierte Darstellung verfaßt, wie sie in Kap. 6 wiedergegeben wird: Besonderes Augenmerk wurde auf Gemeinsamkeiten und Unterschiede innerhalb und zwischen den Gruppen (Probanden/Studenten) bezüglich der Hauptkategorien sowie auf die Konfrontation der Ergebnisse mit den theoretischen Grundannahmen* des Gegenstandsbereichs gelegt.
Auf diese Weise können unseres Erachtens wesentliche Wirkungen des Konzepts Outdoor-Aktivitäten auf die Persönlichkeitsentwicklung geprüft werden.

8. Konsequenzen: Thesen, Chancen und Illusionen

Das Projekt hat eine Vielzahl an Informationen und Erfahrungen gebracht, aber auch Folgefragen aufgeworfen, sodaß es für uns nicht leicht ist, an einer bestimmten Stelle einen 'Schnitt' zu machen und das Projekt abzuschließen. So sind auch die nachfolgenden Punkte als Thesen zu herausgehobenen, uns besonders bedeutsam erscheinenden, Ergebnissen und Perspektiven des Projekts zu sehen.

8.1 Theorien und konzeptionelle Überlegungen zu Outdoor-Aktivitäten

These 1: Ein geschlossenes Theoriekonzept zu Outdoor-Aktivitäten ist derzeit nicht in Sicht, aber auch nicht von entscheidender praktischer Bedeutung. Vielmehr ist die Vielfalt theoretischer Zugänge eine Bereicherung für die Einsatzmöglichkeiten von Outdoor-Aktivitäten.

Zum derzeitigen Stand der Forschung lassen sich Zugänge über fast alle wesentlichen Strömungen der Human- und Sozialwissenschaften zum Tätigkeitsfeld Outdoor-Aktivitäten ausmachen, wobei natürlich Schwerpunkte existieren. Die Wurzeln des Konzepts liegen primär in der *Reformpädagogik*, von der ausgehend bis heute dem Ansatz 'learning by doing' von Dewey entscheidende Bedeutung zukommt. Wenig geklärt scheint das Spannungsverhältnis zwischen der Idee der pädagogischen Provinz als idealtypischen Gesellschaftsraum im platonischen Sinn und dem 'Challenge'- und Streß-Konzept von Outward Bound, in dem man davon ausgeht, daß durch physischen und psychischen Streß kaschiertes und maskenhaftes Verhalten 'abfällt'. Es treten dann die 'realen', sonst eher heimlich wirkenden sowie auch die archaischen Muster der Person deutlich hervor.

In einer zweiten Linie spielen *sozialisationstheoretische Ansätze* eine entscheidende Rolle. So geht Outward Bound Deutschland vom interaktionistischen Ansatz Hurrelmanns aus. Die Arbeitsgruppe um Becker (Verein zur Förderung bewegungs- und sportorientierter Jugendsozialarbeiter) orientiert sich an ökologischen Ansätzen (z.B. Baake) und an stärker körperorientierten Sozialisationstheorien, wie diese bei Bourdieu; Kamper & Rittner; Lippe; u.a. grundgelegt sind. Diese Zugangsrichtung liefert einen wesentlichen Beitrag zum Verständnis 'auffälligen Verhaltens' einerseits und zur realistischen Einschätzung der möglichen Wirkungen von Bewegungs- und Sportprogrammen andererseits: Bewegungs- und Sportprogramme für sozial Benachteiligte können Maßnahmen zur Verbesserung der gesellschaftspolitischen und sozialen Situation von Randgruppen nicht ersetzen und dürfen von entsprechenden Lobbies nicht für 'Herzeigezwecke' mißbraucht werden.

These 2: *Vor überzogenen, unrealistischen Erwartungen ist zu warnen: Auch Outdoor-Aktivitäten können grundlegende sozialpolitische Defizite nicht kompensieren.*

Diese Aussage kann auch dadurch unterstützt werden, daß andere Mitarbeit der Bewährungshilfe sich benachteiligt fühlten. Dies in dem Sinn, daß für den ´Luxus´ Outdoor-Aktivitäten Mittel zur Verfügung standen, die aus ihrer Sicht an anderer Stelle ´dringender´ gebraucht würden.
Eine dritte wesentliche theoretische Schiene - und damit beziehen wir uns nochmals auf These 1 - bilden die *psychologischen und psychotherapeutischen* Konzepte. Auch aus diesem Bereich ist eine Vielzahl von Ansätzen in die Konzepte eingearbeitet worden.
Überraschend ist das völlige Fehlen leib- und körperorientierter therapeutischer Ansätze in der Literatur. Wir haben erste Erfahrungen in der Verbindung derartiger Verfahren mit Outdoor-Aktivitäten und sind von der großen Bedeutung dieser Kombination überzeugt. In diesem Bereich gilt es, noch wesentliche Theoriedefizite aufzuarbeiten. Gleiches gilt für die Umsetzung der Literatur aus dem Bereich der sportwissenschaftlich orientierten Körpererfahrung.

These 3: *Theoretische Überlegungen zur Wirkung von Natur und naturnahen Situationen auf die Person und die Gruppe sind kaum entwickelt.*

Manche beziehen sich auf den Slogan 'Let the mountains speak by themselves', Bacon bezieht in dieser Hinsicht die archetypische Wirkung der Natur mit ein. Zumeist orientieren sich Reflexionen über die Wirkung der Natur am Alltagsverständnis (kritisch dazu vgl. Schörghuber, 1992).

8.2 Das Programm Outdoor-Aktivitäten und die Wirkung auf die Persönlichkeitsentwicklung

These 1: *Das Programm Outdoor-Aktivitäten hat für sozial benachteiligte Personengruppen primär stützende und 'sanierende' Funktion (Primär- und Sekundärprävention). Es hebt bei deprivierten Personen die biophilen Anteile: Allgemeine Befindlichkeit, Selbstwert, Selbstwirksamkeit, Zielorientiertheit sowie Konflikt- und Beziehungsfähigkeit.*

These 2: *Das Programm ersetzt keine alltagsorientierten Unterstützungs-konzepte wie (Um)Schulungsprojekte, Wohnprojekte u.ä.*

These 3: *Eine optimale Förderung ist nur durch eine Kombination mehrerer Programme möglich.*

Wir meinen, daß der Ansatz der Transferphase im eigenen Projekt gescheitert ist. Dennoch ist dieses Ergebnis von zentraler Bedeutung: Wir haben aufgrund unserer Ergebnisse den Eindruck gewonnen, daß es entscheidend ist, Folgeprojekte durchzuführen, die die Umsetzung der im Rahmen des Projekts geklärten Ziele in den konkreten Alltag unterstützt. Denn wie aus den Daten deutlich wird, hat sich an der konkreten Lebenssituation relativ wenig geändert. Wir meinen auch, daß die Probanden nicht in der Lage sind, neu erworbene Strategien ohne weitere Unterstützung durchzuhalten.

Man könnte nun argumentieren - und dieser Meinung waren wir ursprünglich auch -, daß dies ja gerade in der Transferphase geschehen sollte. Dazu die folgende These:

These 4: *Ein Folgeprojekt muß weitgehend vom Projekt Outdoor-Aktivitäten abgekoppelt werden.*

Die Erlebnisse im Rahmen der Outdoor-Aktivitäten haben eine eigene Qualität, die im Alltag nicht zu wiederholen ist. Setzt man bezüglich Gruppe und Leitung in diesem Setting fort, so ist die Erwartungshaltung immer an den Outdoor-Aktivitäten orientiert und hemmt vermutlich andere Möglichkeiten.

These 5: *Die Annahme eines 'naiven' Transfers ist abzulehnen. Unter naivem Transfer verstehen wir, daß erworbene Handlungskompetenzen etwa der Selbstwirksamkeit, der Kommunikationsfähigkeit, ..., mechanistisch auf Bereiche wie die Arbeitssituation, die Wohnsituation, ... übertragbar sind.*

Letztlich erhöhen derartige Lernprozesse ´nur´ die Chance, Alltagssituationen besser zu bewältigen und es kommen eine Reihe zusätzlicher Faktoren hinzu, die mitbeeinflussen, ob ein Transfer möglich wird oder nicht.

These 6: *Der exakten Konzeption und Beachtung der Situation der Teilnehmer vor und nach den Aktivitäten ist besondere Aufmerksamkeit zu schenken: Für die längerfristige Wirkung ist entscheiden, aus welchen Situationen die Personen kommen und in welche sie danach wieder hineingehen.*

These 7: *Outdoor-Aktivitäten sind ein 'Geschenk' für Menschen, die noch wenig geschenkt bekommen haben.*

Wir haben den tiefen Eindruck gewonnen, daß wesentliche Werte, die im Rahmen derartiger Aktivitäten transportiert werden, wenig oder nur schwer zu beschreiben sind. Wir meinen aber, uns in dieser Hinsicht auf die Erfahrungen des Lesers verlassen zu können: Wenn Sie sich an Situationen zurückerinnern, in denen Sie mit anderen Menschen in der Gruppe beglückende Erlebnisse hatten und wenn Sie sich an das Erleben elementarer Natursituationen erinnern, dann sind dies vergleichbare Erlebnisqualitäten, wie sie auch von den Teilnehmern am Projekt erfahren und reflektiert wurden.

Geht man davon aus, daß sozial benachteiligte Personen solche Erfahrungen in der Regel nicht machen können, dann ist darin ein zentraler Wert von Outdoor-Aktivitäten grundgelegt.

These 8: *Veränderungen der Teilnehmer in wesentlichen Persönlichkeitsmerkmalen durch Outdoor-Aktivitäten sind vom Alter, dem Ausmaß der Teilnahme und besonders von der Bereitschaft, sich auf Selbsterfahrung einzulassen, abhängig.*

These 9: *Das Programm der Outdoor-Aktivitäten bietet durch seine handlungsorientierte Grundstruktur unterschiedlichsten Teilnehmern die Möglichkeit, bedeutsame Erfahrungen zu sammeln.*

These 10: *Die Kombination zweier Gruppen (in diesem Fall Studenten und Probanden) ist grundsätzlich möglich und ergiebig. Es stellt aber an das Team erhöhte Anforderungen (systemische Komplexität).*

These 11: *Das Bewegen an den Grenzen körperlicher, emotionaler und kognitiver Belastungs- und Leistungsfähigkeit darf in keinen Überlebenskampf ausarten. Vielmehr kann durch richtig arrangierte Aufgabenstellungen das Überwinden eigener Grenzen mehr dem 'Aha-Erleben' entsprechen und 'Verblüffung' über die eigenen Fähigkeiten hervorrufen.*

These 12: *Die Aktivitäten haben hohen Erlebniswert und lösen massive Emotionen aus. Nur bei kompetentem Interventionsverhalten, Kenntnis der sozialen Gruppe und der eigenen Grenzen des Leiters kann eine konstruktive Umsetzung der Erlebnisse in Erfahrungen gewährleistet werden.*

8.3 Qualifikation und Ausbildung von Mitarbeitern

These 1: Die zentrale Voraussetzung eines verantwortungsvollen Instruktors ist die realistische Einschätzung seiner Fähigkeiten und Grenzen.

Die Auswahl des Übungs- und Aufgabenprogramms sowie der Interventions- und Reflexionsmethoden ist einerseits am Stand und der Dynamik der Gruppe zu orientieren, andererseits durch die Qualifikation(en) und Kompetenzen der Instruktoren bestimmt und begrenzt.

Hier sind die strengsten Kriterien anzulegen, die in der Kombination bergführerischer Verantwortlichkeit mit den ethisch-moralischen Verpflichtungen, die für Gruppenleiter im Bereich Selbsterfahrung und Therapie gelten, zu sehen sind.

These 2: Die Qualifikationen umfassen zwei Hauptbereiche: (a) den Bereich der alpinistischen Führungskompetenz einschließlich der Konstruktion von Ropes Courses und Instruktion von entsprechenden Aufgaben sowie (b) den Bereich der Reflexions- und Interventionsmethoden.

These 3: Für eine optimale Kooperation innerhalb eines Teams ist ein grundlegender Einblick und ein aktives Verständnis für den Tätigkeitsbereich des jeweils Anderen eine wesentliche Voraussetzung.

These 4: Der Zusammensetzung von Teams kommt eine entscheidende Bedeutung zu.

Stark konfliktbehaftete Teambeziehungen beeinträchtigen die Arbeitsqualität. Dies gilt für derartige Aktivitäten besonders, weil die Situation auch systemisch sehr komplex ist und in jedem Fall hohe physische sowie psychische Belastungen auf das Team zukommen.

These 5: Teams müssen unter regelmäßiger Supervision stehen. Diese umfaßt Team- und Fallsupervision.

Dieser sich bereits aus der oben angesprochenen Verantwortlichkeit ergebende Forderung ist aufgrund der vielfältigen Beanspruchungen, die nicht zuletzt auch dadurch entstehen, daß Personen aus zunächst völlig verschiedenen Arbeitsbereichen zusammenarbeiten, besondere Bedeutung beizumessen.

These 6: Mittelfristig sollte ein modulartiges Fortbildungskonzept für Instruktoren eingerichtet werden.

Wir meinen, daß eine verantwortungsvolle Arbeit in diesem Bereich Selbsterfahrung mit Outdoor-Aktivitäten, Mitarbeit mit erfahrenen Instruktoren sowie Auseinandersetzung mit der einschlägigen Literatur voraussetzt.
Der Einstieg in eine derartige Fortbildung hängt dann von den Voraussetzungen ab, die jemand mitbringt und von der Funktion, die er im Rahmen der Aktivitäten übernehmen will, daher ist eine modulartige Gestaltung erforderlich.

These 7: *Die Verbesserung der Arbeitsqualtät im Bereich von Outdoor-Aktivitäten kann nur durch eine weitere Kooperation von in Theorie und/oder Praxis tätigen Personen gewährleistet werden.*

Da sich das Institut für Sportwissenschaften der Universität Wien nun schon seit einigen Jahren intensiv mit diesem Themenbereich auseindersetzt, wurde im Fachbereich Sportpsychologie eine derartige Koordinations- und Fortbildungsstelle eingerichtet. Inzwischen wurde eine erste Tagung (Amesberger u.a., 1992) durchgeführt. In weiterer Folge ist an die Konzeption von Fortbildungsangeboten gedacht, für die aber die institutionellen Rahmenbedingungen erst zu klären sind.

These 8: *Outdoor-Aktivitäten sind ein für Absolventen des Studienzweiges Sportwissenschaften interessantes Tätigkeitsfeld. Jedoch fehlen ihnen dazu einige wesentliche Voraussetzungen, die in der geplanten Ausbildung zu Instruktoren nachzuholen sind.*

Als ein erster Schritt wird seit dem Wintersemester 1991/92 eine zweistündige Übung Outdoor-Aktivitäten angeboten. Neben Selbsterfahrung werden im Rahmen dieser Lehrveranstaltung auch theoretische Grundlagen vermittelt und Kriterien für die weitere Ausbildung erarbeitet.

8.4 Sicherheit

Da auf die Konsequenzen für die Sicherheitsmaßnahmen bereits in Kap. 4 ausführlich eingegangen wurde, sollen hier nur noch ganz knapp die wesentlichsten Aspekte angeführt werden:
Für eine verantwortungsvolle Durchführung gilt es, neben den bereits angeführten Faktoren folgende Bereiche konsequent zu beachten:

These 1: *Das Thema Sicherheit ist sowohl in den Bereich der Supervision als auch der Intervision aufzunehmen.*

These 2: *Für eine systematische Verbesserung der Sicherheitsmaßnahmen ist ein vorstrukturiertes Sicherheitsprotokoll zu verwenden und regelmäßig auszuwerten.*

237

These 3: *Sicherheit ist nur durch laufende Aus- und Weiterbildung in einem optimalen Maß zu gewährleisten. Das Sicherheitssystem ist laufend zu kontrollieren und zu verbessern, dabei darf es keine Tabus, gegenseitige Kritik betreffend, geben.*

Dies Forderung setzt ein hohes Kommunikationsniveau innerhalb des Teams voraus.

These 4: *Dogmatismus behindert die Weiterentwicklung effizienter Sicherheitsmaßnahmen. Dies sowohl auf persönlicher als auch auf sachlicher Ebene.*

8.5 Evaluation

These 1: *Die wissenschaftliche Begleituntersuchung kann aus der Sicht von Randgruppen leicht als aggressiver Akt einer nicht durchschaubaren Autorität ihnen gegenüber gesehen werden.*

Für soziale Randgruppen ist das Kriterium Überschaubarkeit und Durchschaubarkeit von besonderer Bedeutung. Sie fühlen sich bedroht, angegriffen oder auch verletzt, wenn sie mit für sie nicht konkretisierbaren Ereignissen konfrontiert werden. Aus dieser Perspektive ist es sehr heikel, etwa Probanden der Bewährungshilfe über ein an ihre Aktivitäten geknüpftes Forschungsprojekt zu informieren. Sie erleben letztlich Evaluation als Kontrolle ihrer Situation und damit als Verlängerung etwa gerichtlicher oder außergerichtlicher Autoritätsinstanzen.

These 2: *Der Ansatz der Handlungsforschung ist ein methodisch und forschungsethisch adäquater Zugang.*

Es zeigte sich, daß es den wissenschaftlichen Begleitern gut gelungen ist, in der Gruppe mitzuleben, dort ihre Aufzeichnungen zu führen und diese auch zu diskutieren. Das gehörte aus der Sicht der Probanden 'einfach zum Projekt' und wurde von den Teilnehmern akzeptiert. Hingegen war es bereits viel schwieriger, Nachinterviews einzuholen und nahezu unmöglich, Fragebögen einzusetzen.

These 3: *Auch aus der Sicht der Zusammenarbeit unterschiedlicher Institutionen, wovon eine evaluiert, sind Konflikte zu erwarten.*

Eine Institution wie die Bewährungshilfe kann sich bezüglich ihrer Leistungsfähigkeit 'unter die Lupe genommen' fühlen. Gleiches gilt für die mitarbeitenden Bewährungshelfer und Bergführer. Wie sich in vielen Situationen zeigte, entstehen auch Spannungen durch die doppelte Bindung der Sozialarbeiter an die Institution der Bewährungshilfe einerseits und an die Projektleitung andererseits. Daraus folgt auch die nächste These:

These 4: *Ein Projekt dieser Größenordnung, an dem so viele Subsysteme beteiligt sind, ist grundsätzlich konfliktträchtig.*

Dies beinhaltet Chancen, aber auch die Gefahr des Scheiterns und der Verhärtung von Positionen. Wer sich auf derartige Projekte einläßt, muß jedenfalls viel Energie und Einfühlungsvermögern einbringen.

These 5: *Ein Projekt, das Prozesse initiiert, ist kaum an üblichen empirischen Parametern zu evaluieren. Die Evaluierung muß primär über eine Prozeßbeschreibung erfolgen. Dies macht eine Bewertung der Maßnahme schwieriger, insbesondere auch komplexer.*

Damit ist angesprochen, daß beispielsweise Persönlichkeitsentwicklung insbesondere beim Vorliegen zentraler Defizite nicht kontinuierlich erfolgt und klassische Ergebnisdarstellungen, wie 'die Person verfügt jetzt über eine Wohnung, eine Arbeit, trinkt nicht mehr, ist nicht mehr drogenabhängig, ...' heikel, wenn nicht sogar gegenstandsinadäquat sind.

These 6: *Die Bewertung eines derartigen Projektes ist letzlich nur aus einer reflektierten Wertperspektive möglich.*

8.6 Institutionelle Bedingungen

These 1: *Outdoor-Aktivitäten sind nur dann ökonomisch durchzuführen, wenn sie institutionell verankert werden.*

Damit ist sowohl der Aufwand für Planung, Durchführung und Auswertung, als auch die Frage der Probanden- und Teamrekrutierung angesprochen. Maßnahmen zur Senkung der Fluktuation im Rahmen der Aktivitäten sind erforderlich:

These 2: *Probanden müssen aus der Teilnahme an den Aktivitäten einen faktischen Nutzen ziehen können (z.B. Reduktion der Bewährungszeit o. ä.)*

Auf der Grundlage eines derartigen 'Angebotes' müßte die Vertragsfähigkeit der Probanden erreicht werden.

These 3: *Auf der Basis eines realistischen Vertrages müßte die Möglichkeit verbessert werden, mit Probanden konfrontativ zu arbeiten.*

Mit Konfrontation ist hier angesprochen, daß es ohne die vertraglichen Rahmenbedingungen immer die Sorge - bis zur Blockade - der Teammitglieder ist, daß Probanden fernbleiben und nicht mehr teilnehmen, wenn es für sie 'nicht angenehm' ist, wenn sie mit bestimmten Themen konfrontiert werden. Für viele Entwicklungsprozesse sind aber auch gerade 'unangenehme' Phasen erforderlich - ohne Konflikte und Krise ist bedeutsame Veränderung kaum möglich.

9. Anhang

Um Platz zu sparen werden nur wichtige, beispielhafte Unterlagen zur Evaluation des Projekts komprimiert abgedruckt. Insbesondere wird auf die Darstellung der Fragebögen verzichtet, weil sie für die Evaluation kaum von Belang waren. Der gesamte Anhang ist dem Original Projekt-Endbericht (Sobotka/Amesberger 1991) zu entnehmen.

Das Handbuch und die anderen Erhebungsverfahren wurden vom ersten zum zweiten Durchführungsabschnitt nur unwesentlich geändert, weshalb hier nur die Endfassung abgedruckt wird. Um Platz zu sparen wird auch nicht das Originalformat übernommen.

9.1 Handbuch für den/die wissenschaftliche(n) Begleiter(in)

wissenschaftliche(r) Begleiter(in): ....

Allgemeine Vorbemerkungen:
* Team und Gruppe als Kurzbezeichnungen anführen.
* Für jede Person von Team und Gruppe ist ebenfalls eine Kennzeichnung (Nummer, Buchstabe, Pseudonym) anzugeben.
* In das Inhaltsverzeichnis sind alle Aktivitäten/Veranstaltungen des Teams mit der Gruppe sowie die Protokollblattnummern entsprechend der zeitlichen Reihenfolge einzutragen.

z.B.: **1. Aktivität** Pr.Nr. 1 Datum: 10.4.1989 0 Bereitungsabend 0 Outdoor-Aktivität

Protokoll-Nr.1

Team: _____
1.
2.
...

Gruppe: _____
Bitte nach dem Pseudonym "(p)" für Proband, "(s)" für Student anführen

1............................ 2............................
...

Inhaltsübersicht:
1. Aktivität Pr.Nr.:   Datum: 0 Bereitungsabend 0 Outdoor-Aktivität
2. Aktivität Pr.Nr.:   Datum: 0 Bereitungsabend 0 Outdoor-Aktivität ...

241

PROTOKOLLBLATT FÜR AKTIVITÄTEN   Pr.Nr.:   [1]

Allgemeines:
Art der Aktivität: 0 ..... Bereitungsabend 0 ..... Outdoor-Aktivitäten
Dauer der Aktivität: von __/__/__/___/ (St/T/M/J)
                     bis __/__/__/___/ (St/T/M/J)

Es waren dabei:
Vom Team: ....
Von den Probanden: ....
Von den Studenten: ....

Tonband:
Zu der Aktivität existiert ein Tonband mit der Bezeichnung:
_____/_____/_____/_____(Team/Bandnummer/Datum/Beginn
der Aufnahme: bei Bandanfang leer, sonst Zählwerknummer)
Kurzcharakteristik des Inhalts (z.B.: Gruppensitzung, Klettern, Circle, etc.)
Videoband:
Zu der Aktivität existiert ein Videoband mit der Bezeichnung
_____/_____/_____/_____(Team/Bandnummer/Datum/Beginnder
Aufnahme)

Kurzcharakteristik des Inhalts (z.B.: Gruppensitzung, Klettern, Circle, etc.)

angestrebt / geplant			
Zeitplan	Inhalte/ Aktivitäten	Ziele	Methoden/ Medien

Aus der Sicht des wissenschaftlichen Begleiters realisiert			
Zeitplan	Inhalte/ Aktivitäten	Ziele	Methoden/ Medien

Gründe (vermutete) für Abweichungen und Gelingen der Planung: ......

---

[1]Die folgenden Seiten waren für jede Aktivität auszufüllen.

CHARAKTERISIERUNG DES GRUPPENPROZESSES

HINWEIS: Die Aufzeichnungen sollen so geführt werden, daß einerseits die Gruppe nach den einzelnen Kriterien charakterisiert wird (aktuelle Gruppensituation), andererseits auf Veränderungen gegenüber vorangegangenen Sitzungen und Aktionen hingewiesen wird.

Was fällt spontan/zuerst auf ?

Beziehungsnormen:
Grundsätzlich können die Fragen personenspezifisch oder gruppenspezifisch (Probanden, Sportstudenten, Team) beantwortet werden. Dies hat der Beobachter aufgrund seiner Wahrnehmung des Interaktionsgeschehens zu entscheiden.

* Wer spricht mit wem ?
* Wer sitzt bei wem ?
* Wer wird um Rat gefragt ?
* Wer macht Vorschläge ?
* Wer gibt Anordnungen ?
* Wer wird übergangen ?
* Wer wird gemieden ?
* Wer wird geschützt ?
* Wer spricht am meisten ?
* Wer spricht am wenigsten ?

Kommunikationsnormen:
* Werden Aggressionen geäußert ?
* Welche Dinge werden übergangen ?
* Wie sach- bzw. personbezogen sind Gesprächsbeiträge ?

Bedürfnisnormen:
* Werden Wünsche offen geäußert ?
* Werden Bedürfnisse nach Einfluß/Macht ausgesprochen ?
* Werden Bedürfnisse nach Zuneigung ausgesprochen ?
* Werden Leistungsansprüche (Motive) geäußert ?
* Wird Angst vor Mißerfolgen angesprochen ? Wenn ja, geht es um soziale Ängste (Angst vor Blamage) oder mehr um Ängste, die "mangelnde eigene Fähigkeiten" betreffen.

Gefühlsnormen:
* Wird Freude angesprochen oder ausgedrückt ?
* Wird gelacht / geweint ?
* Wie zeigen sich Langeweile oder Frustration ?
* Wird Zuneigung / Abneigung angesprochen ?

Sanktionsformen:
* Wie werden Überschreitungen von Gruppennormen und -erwartungen sanktioniert ?

Konflikte (Antons: 1976, 218)
Sind folgende Symptome anzutreffen ?
* Mitglieder sind ungeduldig miteinander.
* Ideen werden angegriffen noch bevor sie ganz ausgesprochen wurden.
* Teilnehmer nehmen Partei und weigern sich, nachzugeben.
* Mitglieder können sich nicht über Pläne und Vorschläge einigen.
* Argumente werden mit großer Heftigkeit vorgetragen.
* Teilnehmer greifen sich gegenseitig auf subtile Weise an.
* Teilnehmer sprechen abfällig über die Gruppe und ihre Fähigkeiten.
* Teilnehmer klagen sich gegenseitig an.
* Teilnehmer verdrehen die Aussagen anderer.

ROLLENVERTEILUNG UND GRUPPENBILDUNG

Innerhalb der Untergruppen:

* **Probanden**
* **Sportstudenten**
* **Team**

Zwischen den Untergruppen:

* **Probanden - Sportstudenten**
* **Probanden - Team**
* **Team - Sportstudenten**

Welcher Teilnehmer hat bei welchen Aktionen nicht mitgemacht ? (vermutete und deklarierte Gründe anführen)

Soziogramm:

CHARAKTERISIERUNG DER ENTWICKLUNGSPHASEN

* Indikatoren für die Phase des Konventionellen:
* Indikatoren für die Phase des unsicheren Abtastens:
* Indikatoren für die Phase der depressiven Stagnation (Implosion):
* Indikatoren für die Phase der Euphorie (Explosion):
* Indikatoren für die Phase der Neustrukturierung:

9.2 Interviews

9.2.1 Interviewleitfaden für das Erstinterview 1990

Die "small talk" Phase
Anonymität zusichern und erklären wie das möglich ist. Vertrauen herstellen. In dieser Phase wird meist von den Interviewten Interesse für die Arbeit gezeigt, dazu ist es wichtig hinreichend Information über das eigene Vorgehen und Ziele der Untersuchung zu geben sowie die Grunddimensionen nach Rogers bzw. Tausch und Tausch entsprechend zu berücksichtigen. Allerdings ist weiters darauf zu achten den Probanden nicht zu sehr auf sich selbst zurück zu werfen. In dieser Phase soll der Interviewer auch über sich berichten, sofern der Proband darum fragt. Zu achten ist allerdings darauf, daß der Proband nicht die Rollen umdreht!

Die Haupterzählphase, Interviewfragen
Fragen siehe unten. Nicht unbedingt an die Reihenfolge der Fragen halten, sondern an den Kontext des Interviews.

Phase des Nachfragens
In dieser Phase wird nachgefragt bezüglich
- Unklarheiten
- vermuteten Auslassungen
ACHTUNG: Keine Begründungen verlangen und suggestive Formulierungen vermeiden.

1. Frage: Du hast Dich also entschlossen, bei diesem Programm mitzumachen. Mich interessiert, wie Du dazu gekommen bist bei dieser Sache mitzumachen."

2. Frage: "Was erwartest Du Dir von diesem Projekt?"

3. Frage: "Was erwartest Du Dir von diesem Programm?"

4. Frage: Was erwartest/wünscht Du Dir von den Betreuern?

5. Frage: Was erwartest Du von den anderen Teilnehmern-(Studenten/Probanden)?

6. Frage: Was erwartest Du von Dir?

7. Frage: Versuche Deine heutige Situation zu beschreiben?
Nachzufragen: familiäre Situation, Freundeskreis, finanzielle Lage, Lebensstrategie, wer/was bestimmt Dein Leben, (Ohn-) Macht, Aggression/Gewalt, was ist stärker: gut-böse, Liebe-Haß,...

8. Frage: Wenn Du nun Deine heutige Situation so charakterisiert hast, was sind Deiner Meinung nach die Punkte, mit denen Du am ehesten Schwierigkeiten hast. Was erlebst Du in Deinem Leben als schwierig, einschränkend?

9. Frage: "Wenn Du Dich jetzt zurückversetzt in Deine Kindheit hinein, was fällt Dir dazu ein. Versuch einfach das was so kommt zu erzählen und mach einfach dort weiter, wo Dir als nächstes etwas einfällt."
Nachzufragen: Eltern, Geschwister, Schule, erste Schwierigkeiten, heikle Kindheitssituationen, Auslassungen.

10. Frage: Kannst Du Dir vorstellen, daß das, was wir hier vorhaben - gemeinsam in die Berge zu gehen - etwas mit Deinem Leben zu tun hat; daß Du daraus etwas lernen kannst?

11. Frage: Wie geht es Dir mit der Vorstellung, daß wir noch weitere zwei oder drei Interviews im Verlauf des Projekts führen werden? eventuell: Hast Du Wünsche diesbezüglich?

9.2.2 Interviewleitfaden für das Nachinterview 1990

Einsteigen (small talk)

Die Fragen sind nach dem Erstinterview gegliedert. Dennoch soll nicht mit den Inhalten dieses Interviews begonnen werden. Die Inhalte des ersten Interviews sollen erst zum Nachfragen verwendet werden (um suggerierte Antworten zu verhindern).
z.B.: Student/Proband beantwortet eine Frage. Anschließend kommt von seiten des Interviewers: "Wenn ich Dich im ersten Interview richtig verstanden habe, war es Dir wichtig, daß ... . Stimmt das, und was hat das jetzt für eine Bedeutung?"

1. Frage: Du hast das Programm mitgemachen. Mich interessiert, wie es Dir dabei gegangen ist. Welche Erlebnisse fallen Dir spontan ein ? Was war für Dich die wesentliche Erfahrung ?

2. Frage: Wenn Du jetzt Deine Erwartungen mit dem vergleichst, was abgelaufen ist, wie sieht das für Dich aus?
EWas hältst Du von dem Programm?
Wenn wenig ´kommt´ nachfragen in folgende Richtungen: Was hältst Du von der Zielsatzarbeit? Wenn Du Dir etwas vornimmst, kannst Du es erreichen?

3. Frage: Wie hast Du die Betreuer erlebt ?
Wichtig, hier zu differenzierenden Aussagen zu kommen: Haben sie als Modell/- Vorbild gedient? Wie haben sie bei Konflikten reagiert? Waren sie autoritär und

wie wird das bewertet? Hatten sie Lebenserfahrungen, von denen man etwas
mitnehmen konnte? etc.

4. Frage: Wie hast Du Dich erlebt?
Orientierungspunkte für den Interviewer:
kognitiv: Worüber hast Du bezüglich des Projekts besonders nachgedacht?
emotional: Welche Stimmungen und Gefühle verbindest Du mit dem Projekt?
verhaltensbezogen: Welche Handlungen setzt du (für das/im Rahmen des Projekts)?

5. Frage: Wie hast Du die anderen Teilnehmer (Studenten/Probanden) erlebt?

6. Frage: Versuche nun, Deine heutige Situation zu beschreiben? Insbesondere im Hinblick auf Veränderungen seit dem ersten Interview. Wer
bestimmt über deine heutige Situation? (Ich, Gesellschaft, Institution,...)
Nachzufragen: Familiäre Situation, Freundeskreis, Arbeitssituation, Lebensstrategien, finanzielle Lage.

7. Frage: Was hast Du im Rahmen der gemeinsamen Aktivitäten über Dich
Neues erfahren und was hat das mit Deinem Leben zu tun?
Hast Du irgendetwas an Deiner Art zu Leben oder Deiner Einstellung dazu ver-
ändert oder möchtest Du etwas verändern? (Macht, Aggression, Schuld, Genuß,
Arbeit,...)

8. Frage: Wie sollte für Dich eine ideale Lebenssituation aussehen? Welchen
Beitrag kannst Du dazu leisten? Von wem hängt der Rest ab? Hast
Du Dir konkrete Ziele gesetzt? Wenn ja, wie konntest/willst Du sie
verwirklichen?

9. Frage: Wenn Du nun Deine heutige Situation so charakterisiert hast, was
sind Deiner Meinung nach die Punkte, mit denen Du am ehesten
Schwierigkeiten hast. Was erlebst Du in Deinem Leben als schwierig,
einschränkend? Wo sind Ansatzpunkte zu einer Veränderung?

10. Frage: Wir sind gemeinsam in die Berge gegangen. Hat das etwas mit Deinem Leben zu tun? Hast Du daraus etwas gelernt?

11. Frage: Wir werden nochmals so ein Projekt durchführen. *Was* hättest Du
gerne anders gehabt? Was sollte man Deiner Meinung nach bei einer
neuerlichen Durchführung beachten?

abschließen, verabschieden.

9.3 Formulare für Outdoor-Aktivitäten

9.3.1 Medizinischer Erhebungsbogen

1. Es bestehen keinerlei körperlich-sportliche Voraussetzungen. Sie selbst bestimmen die Intensität und das Ausmaß der körperlichen Betätigung.
2. Ein Teil des Programmes findet in freier Natur statt. Bitte sorgen Sie für ausreichendenWetterschutz.
3. Wir empfehlen eine ärztliche Untersuchung in Bezug auf HerzKreislauferkrankungen.

Ich bestätige, daß ich *vor* der ersten Outdoor-Aktivität mit den Instruktoren bei Vorliegen von folgenden Indikationen Kontakt aufnehmen werde:
(Bitte ankreuzen)

o Herz-Kreislauferkrankungen (Herzklappenfehler, Herzmuskelerkrankungen, Herzinfarkt: _____)
o Alte Verletzungen des Bewegungsapparates (Bänderrisse, Luxationen, Zerrungen, Muskelverletzungen) und des Stützapparates (Wirbelsäulenbeschwerden), auch, wenn sie bereits längere Zeit zurückliegen.

weiters:

o Asthma
o Epilepsie
o Zuckerkrankheit
o Allergien gegen Stoffe, die in freier Natur vorkommen (Bienenstich,...)
o Infektionskrankheiten
o Fieber innerhalb der letzten Woche vor der Aktion
o Ich trage Kontaktlinsen
o Ich habe folgende Diät: . . . .
o Ich bin schwanger

Name: . . . .

Datum:_____ Unterschrift: . . . .

9.3.2 Erhebungsbogen für Zwischenfälle, Beinaheunfälle und Unfälle[1]

Übung: .... Datum:_____

Name: ....

Anzahl der Teilnehmer:___   Anzahl der Instruktoren:___

Zeitpunkt:_____

Wetter (Niederschlag, Luftfeuchtigkeit, Wind,...): ....

....

Betroffene Person / Verunfallter:

Alter:_____ Geschlecht:_____

Involvierter Instruktor: ....

Kursleiter: ....

Wer hat die Übung moderiert? ....

Bitte Ankreuzen:

o Unfallgrad 3: Schwere Verletzung, Arzt, Spital, mögliche Arbeitsunfähigkeit.

o Unfallgrad 2: Verletzung, sodaß der Teilnehmer nicht an anderen Übungen unbeschränkt teilnehmen kann.

o Unfallgrad 1: kleinere Abschürfung usw., keine Probleme bei der weiteren Teilnahme.

o Zwischenfall: Ein Beinahe-Unfall, eine Verletzung von Sicherheitsregeln, oder eine Beobachtung, die einen Bezug zur Sicherheit hat.

Bei Unfall: Verletzung: ....

Bei Wiederverletzung: Was und wann war die alte Verletzung? ....

Bei Wiederverletzung: Bestanden irgendwelche Beschränkungen: ....

Möglichst genaue Beschreibung der Abfolge von Vorgängen, die zum Unfall, Beinaheunfall oder Zwischenfall führten: ....

Versuch einer Beschreibung der Begleitumstände, die zum Unfall oder Zwischenfall führten (Gruppe, Lebensumstände des Verunfallten, Führungsverhalten des Instruktors, Konflikte,...: ....

Hatte irgendjemand ein "schlechtes Gefühl" vor dem Geschehen? ....

Was kann man tun, um ähnliches zu vermeiden: ....

Berichterstatter: ....

Datum:_____   Unterschrift: ....

---

[1] orig.: "Accident/Incident Report", copyright Pecos River Learning Centers, Inc., wurde hier abgewandelt.

10. Literaturverzeichnis[1]

ADAM, K. (1981). Handlungsmotivationskonzepte eines Praktikers. In: LENK. H. (Hrsg.). Handlungstheorien interdisziplinär III. Verhaltenswissenschaftliche und psychologische Handlungstheorien. München.

ADAMEK, J. (1984). Segeltörn als Therapie. Alternative zur Verwahrspychiatrie. Segeln und Sozialpädagogik (Nr. 17). Lüneburg.

ADAMS, U., PURK, P. E. (1987). Verrigelte Türen öffnen. Nichtseßhafte finden ein Zuhause. Dortmunt.

ADLER, A. (1981). Wozu leben wir? Frankfurt.

ALBRECHT, H. (1984). Abenteuer Wildnis. Praktizierte Erlebnispädagogik im hohen Norden. Sozialpädagogik, 6, S. 266-275.

ALBRECHT, H. (1985). Projekt: Gartenteichbiotop. Ein Beitrag zur Erlebnispädagogik. Sozialpädagogik, 5, S. 241-245.

ALBRECHT, H. (1986). Erlebnispädagogik am Beispiel Gartenteichbiotop. Jahresbericht 1986 des Erziehungsvereins (S. 20-23). Neukirchen-Vluyn.

ALFERDING, M. (1986). Die Problematik der geschlossenen Unterbringung von verhaltensgestörten Kindern und Jugendlichen in Heimen der öffentlichen Erziehung. (Hrsg.). Katholische Fachhochschule NW. Dortmund.

ALLMER, H. (1983). Entwicklungspsychologische Grundlagen des Sports. Köln.

ALTENDORF, H. (1988). Berthold Otto - Ein Wegbereiter der modernen Erlebnispädagogik? (Reihe "Wegbereiter der modernen Erlebnispädagogik"). Lüneburg.

AMERICAN ALPINE CLUB. (1984). Accidents in North America 1985. New York.

AMESBERGER, G. (1991). Sicher unterwegs auf Schulskikursen. Broschüre der AUVA. Wien.

AMESBERGER, G., FASCHING, H., GRAF, W. & SIEBERT, W. (1986). Selbsterfahrung statt Fremdorientierung. Wien.

AMESBERGER, G., GRAF, W., RAPPERSBERGER, A., SCHÖRGHUBER, K., SIEBERT, W., SOBOTKA, R. (1988). Projektkonzept zum Universitätslehrgang: Resozialisierung von Klienten der Bewährungshilfe über Aktivitäten im alpinen Bereich. Unveröffentlichtes Manuskript. Wien.

AMESBERGER, G. u. a. (Hrsg.) (1992). Plattform Outdoor-Aktivitäten: Chancen und Perspektiven. Bericht zur Tagung vom 21.-22.3.1992. Wien.

ANDORFF, J. (1986). Evaluation eines Projekts zur Erziehung verhaltensauffällige Jugendlicher. Kiel (unveröffentlicht)

ANTONS, K. (1976). Praxis der Gruppendynamik. Göttingen, Toronto, Zürich.

APEL, H.G. (1974). Theorie der Schule in der modernen Industriegesellschaft. Düsseldorf.

ARKIN, W. & DOBROFSKY, L. R. (1978). Military Socialization and Masculinity. Journal of Social Issues, 34 (1).

ARNOLD, U. (1987). Emotionen und Kognitionen in der Erlebnispädagogik - Versuch einer psychologischen pädagogischen Analyse des Outward Bound-Konzepts. Wiss. Abschlußarbeit. Hamburg.

ASSOCIATION FOR EXPERIENTIAL EDUCATION. (1991). 1991/1992 Membership Directory and Handbook. University of Colorado, Bolder.

ATTESLÄNDER, P. (1984). Methoden der empirischen Sozialforschung. Berlin.

AUEL, F. (1984). Erfahrungsbericht "Die Schiffergilde". Segeln und Sozialpädagogik, 12, S. 21-32, Lüneburg.

BAAKE, D. (1979[1]) (1983[2]). Die 13-18jährigen. Eine Einführung in die Probleme des Jugendalters. Weinheim, Basel.

BACON, St. (1983). The Conscious Use of Metaphor in Outward Bound. Colorado, Outward Bound School, Denver.

BANDLER, R. & GRINDER, J. (1985). Reframing. Ein ökologischer Ansatz in der Psychotherapie. Paderborn.

BANDURA, A. (1969). Principles of behavior modification. New York.

---

[1] Aus Gründen der Übersichtlichkeit und Leserfreundlichkeit ist die im Text verwendete und die recherchierte Literatur in *ein gemeinsames Verzeichnis* zusammengefaßt.

BANDURA, A. (1977, a). Self-efficacy. In: Psychological Review, 84, S. 191-215.
BANDURA, A. (1977, b). Social learning theory. In: Psychological Review, Vol. 84, No.2, S. 191-215
BANDURA, A. (1979). Sozial-kognitive Lerntheorie. Stuttgart.
BANDURA, A., WALTERS, R.H. (1967). Social learning and personality development. New York.
BANDURA, A., JEFFERY, R.W., GOJADOS,E. (1975). Generalizing change through participan mode-
    ling with self directed mastery. In: Behaviour Research and Therapy, 13, S. 141-151.
BANK, J. (1985). Outdoor Development for Managers. Brookfield.
BASSIN, A., BRATTER, Th.E., RACHIN, R.L. (1976). The reality therapy reader. New York, Hages-
    town, San Franzisco, London.
BÄSSLER, R. (1987). Quantitative oder qualitative Sozialforschung in den Sportwissenschaften. Ein
    Beitrag zur Methodendiskussion. Wien.
BATESON, G. (1972). Steps to an Ecology of Mind. (dt. Ökologie des Geistes). New York.
BATESON, G. (1982). Geist und Natur. (orig) Mind and Nature. Frankfurt.
BAUER, H. G. (1985). Entwicklungslinien der Erlebnis-und Abenteuerpädagogik und Versuch einer
    Standortbestimmung. In: BAYERISCHES LANDESJUGENDAMT (Hrsg.). Erlebnispädagogik.
    München.
BAUER, H. G. (1987). Erlebnis- und Abenteuerpädagogik. Eine Literaturstudie. Münche.
BAUER, H. G., BRATER, M. & BÜCHELE, U. (1984). Erlebnispädagogik in der beruflichen Bildung.
    Erfahrungen aus dem Ford-Jugendförderungsprogramm. München.
BAUR, J. (1989). Körper- und Bewegungskarrieren. Dialektische Analysen zur Entwicklung von
    Körper und Bewegung im Kindes- und Jugendalter. Schorndorf.
BAYERISCHES LANDESJUGENDAMT MÜNCHEN (Hrsg.). (1985). Erlebnispädagogik. München.
BECK, R. (1976). Outward Bound. Was sind Kurzschulen? Der Ausbilder, 1, S. 7-11.
BECK, U. (1986). Risikogesellschaft. Auf dem Weg in eine andere Moderne. Frankfurt.
BECKER, H. (1967). Die Aufgaben der Kurzschulen in unserer Zeit. Deutsche Jugend, 1, S. 13-20.
BECKER, H. (1974). Zum Tode von Kurt Hahn - Ein einfallsreicher Praktiker der modernen Pädago-
    gik. Er wollte keine Elite. Sein Werk: eine internationale Schulrepublik. Die Zeit (Hamburg),
    20.12.
BECKER, H. (1975). Kurt Hahn, der Erzieher (Zwei Schüler über ihren Lehrer Kurt Hahn). Neue
    Sammlung, 3, S. 109-113.
BECKER, P. (Hrsg.). (1989). Sport und soziale Probleme. Reinbek bei Hamburg.
BECKER, H. & THER, O. (1971). Gustav Richter und die deutschen Kurzschulen. Deutsche Jugend,
    12, S. 552-554.
BECKER, H. & ZIMMER, J. (1982). Nach dem Lawinenunglück im Salzburger Land. Plädoyers für
    ein begrenztes Risiko. Die Zeit (Hamburg), Nr. 7, 12.2., S. 29.
BECKER, P. (1989). Jugendsozialarbeit und Sport. Zur Tauglichkeit des Sports als sozialpolitisches
    Entsorgungs- und Steuerungssystem. In. KLEIN, M. (Hrsg.). Sport und soziale Probleme. Rein-
    bek bei Hamburg.
BECKER, P. & SCHIRP, J. (1986[1]). Bewegungs- und sportorientierte Sozialarbeit mit Jugendlichen.
    Frankfurt.
BECKMANN, D. & RICHTER, H. E. (1972) Gießen-Test (GT). Bern.
BEER, B. (1953). Vor der Fahrt ins Leben. Kurzschulen für Jungen in England und Deutschland.
    Frankfurter Allgemeine Zeitung. Nr. 254, 31.10., S. 13.
BEER, B. (1975). Kurt Hahn zum Gedächtnis. Die Deutsche Schule, 2, S. 76-78.
BEINER, F. (1987). Janusz Korczak - Ein Wegbereiter der modernen Erlebnispädagogik? (Reihe
    "Wegbereiter der modernen Erlebnispädagogik"). Lüneburg.
BELANGER, R.P. & ANDERSON, R.L. (o.J.). A Guide for Visually Assessing Crown Densities of Lo-
    blolly and Shortleaf Pines. United States Dept. of Agriculture, o.O..
BERGER, U. & JENDL, H. (1988). Die vier Elemente der Erlebnispädagogik Kurt Hahns - Begrün-
    dung, Entwicklung, Praxis, Probleme. Hamburg.
BIENZEISLER, R. (1987). Leben - Erleben - Handeln - Das pädagogische Anliegen des Bremer Volk-
    schullehrers Fritz Gansberg (Reihe "Wegbereiter der modernen Erlebnispädagogik"). Lüneburg.
BIERMANN, J. (1973). Jugendarbeit an der Kurzschule Berchtesgaden. DEUTSCHE GESELLSCHAFT
    FÜR EUROPÄISCHE ERZIEHUNG e.V.: Jahresbericht . unveröffentlichtes Manuskript.

251

BION, W.R. (1974). Erfahrungen in Gruppen und andere Schriften. Stuttgart.

BIRKELBACH, E. (1982). Segeln an Schulen, Plädoyer zur Verbreitung des Segelns als Schulsport. Segeln und Sozialpädagogik, 5, S. 1-8.

BIRKELBACH, E. (1984). Wir lernen Segeln. Die theoretischen Grundlagen der Sportarten Segeln, Windsurfen und Segelfliegen. Eine Unterrichtseinheit, Schülerheft, Lehrerheft und Test. Lüneburg.

BIRKELBACH, E. (1986). Schule - Freizeit - Segeln. Persönlichkeitsbildung durch Verwirklichung von Freiheit (2 Bände). Lüneburg.

BLACK, C. (1982). Mir kann nichts passieren. Kinder von Alkoholikern als Kinder, Jugendliche, und Erwachsene. Wildberg

BLUMER, H. (1973). Der methodologische Standort des symbolischen Interaktionismus. In: ARBEITSGRUPPE BIELEFELDER SOZIOLOGEN (Red.), Alltagswissen, Interaktion und gesellschaftliche Wirklichkeit. Bd. 1. Hamburg.

BODE, Ch. (o.J.). Zu den pädagogischen Möglichkeiten des Segelns in der Jugendarbeit. Hausarbeit an der Fachhochschule Kiel. Kiel.

BOGENA, E. & DIETRICH, J. (1978). Öffentliche Ersatzerziehung auf dem Wasser. Schriftliche Hausarbeit im Fachbereich Sozialwesen der Fachhochschule Ostfriesland. Emden.

BOURDIEU, P. (1984). Die feinen Unterschiede. Frankfurt.

BOURDIEU, P. (1985). Historische und soziale Voraussetzungen modernen Sports. In: Merkur 39, S 575-590.

BORTZ, J. (1984). Lehrbuch der empirischen Forschung für Sozialwissenschaftler. Berlin.

BOSCOLO, L u.a. (1988). Familientherapie - Systemtherapie. Das Mailänder Modell. Dortmund.

BRANDLER, R. & GRINDER, J. (1984). Die Struktur der Magie I. The Structure of Magic I, Paderborn.

BRECHENSBAUER, M. (1973). Erlebniswert und spezifische Lernmöglichkeiten des Kletterns, alpinen Bergwanderns und Kajakfahrens an Hand der Kurzschule Berchtesgaden. Zulassungsarbeit im Fach Leibeserziehung der TU München. München.

BRENNER, G. (1985). Erlebnispädagogik - Ein Überblick. Deutsche Jugend, 5, S. 227-231.

BRENNER, H. (1985). Segelfreizeit im Mittelmeer. In: ARBEITSGEMEINSCHAFT FÜR ERZIEHUNGSHILFE. (Hrsg.). Praktische Fragen der Erziehungshilfe - Konzepte und Praxisberichte. Hannover, S. 116-125.

BRESS, H. (1985). Outward-Bound - Persönlichkeitsbildung durch Erlebnispädagogik. Deutsche Jugend, 5, S. 222-226.

BRESS, H. (1986). Angst und Widerstände überwinden. Erlebnispädagogik/ Geschichte, Konzept und Angebot der Outward-Bound-Schulen. Handelsblatt, Nr. 111, 13./14.06, S. 30.

BRESS, H. (1987). Outward Bound als erlebnis- und kurzzeitpädagogisches Programm - Ziele, Einordnung, Transferchancen. Hamburg . unveröffentlichtes Manuskript.

BRESS, H. (1988). Schlüsselqualifikationen durch Klettertouren und Schlauchbootfahrten. Positionen, 4, S. 26. (Dieser Artikel wurde irrtümlich unter dem Namen von Rainer GÜTTLER veröffentlicht).

BRESS, H. & HENSCHEL, H. (1989). Förderung von Schlüsselqualifikationen durch außergewöhnliche Erlebnisse. Personalführung, 4, S. 392-394.

BRUNER, J. (1960). The Process of Education. New York.

BRUNER, E. J. (1982). Interpretative Auswerung. In: HUBER, G.L. & MANDEL, H. (Hrsg). Verbale Daten. Weinheim. S. 197-219.

BÜHLER, J. (1986). Das Problem des Transfers - Kritisches zur erlebnisorientierten Kurzzeitpädagogik. Deutsche Jugend, 2, S. 71-76.

BURKHARDT, B. (1986). Erlebnispädagogik - Theoretische Grundlagen, praktische Ansätze und deren Bedeutung für die Schule. Ludwigsburg (PH).

CAMILLE, J. B. (o. J.). Physiological Implication for Outdoor Adventure Programs. Outdoor Education Institute: Texas.

CAPRA, F. (1984) Wendezeit. Bausteine für ein neues Weltbild. München.

CARTER, J. (1990). Safety Management Workshop. Pecos River Learning Center. Santa Fe, NM.

CHRISTIANSEN-WENIGER, F. (1952). Kurzschule Nehmten. Versuch einer Vorausbildung des nautischen Nachwuchses für unsere Handelsmarine. Die Sammlung, 7/8, S. 326-336.

CHRISTIANSEN-WENIGER, F. (1954). Dienst am Nächsten. Die Kurzschule Weißenhaus. Westermanns Monatshefte, 2, S. 64-66.

CLIFFORD, E. & CLIFFORD, M. (1967). Self-Concepts before and after Survival Training. British Journal of Social and Clinical Psychology, 6, S. 241-248.

COHEN, H.L. & FILIPCZAK, J. (1971). A new learning environment. San Francisko, Washington, London.

COHN, R. (1979). Themenzentrierte Interaktion. Ein Ansatz zum sich selbst und Gruppen leiten. Aus Psychologie des 20.Jh. Bd.8, S.873-883.

COHN, R. (1981[5]). Von der Psychoanalyse zur themenzentrierten Interaktion. Stuttgart.

CONRAD, T., KOCH, J. & SCHIRP, J. (1988). Die Fahrradwerkstatt im Waldtal: Erfahrungen bei der Anwendung des Konzeptes "Denken und machen" im sozialen Brennpunkt. Marburger Beiträge zur Sozialarbeit mit Sport und Bewegung (Bd. 2). Frankfurt am Main.

COUSINEAU, C. (1977). Adventure Education - An Overview (Paper presented at the University of Northern Colorado, Greeley, CO., Spring).

CSIKSZENTMIHALYI, M. (1985). Das Flow-Erlebnis. Jenseites von Angst und Langeweile. Stuttgart.

CUBE, F.v. & ALSHUTH, D. (1986). Fordern statt Verwöhnen - Die Erkenntnisse der Verhaltensbiologie in Erziehung und Führung. München.

CZECH, W. (1989). Erlebnispädagogik im Spiegel von Tagebüchern. Zur subjektiven Erfahrung von an Outward Bound Kursen beteiligten Jugendlichen. Wissenschaftliche Abschlußarbeit. Stuttgart.

DANISH, S. J. & D'AUGELLI, A. R. (1990). Kompetenzerhöhung als Ziel der Intervention in Entwicklungsverläufe über die Lebensspanne. In: FILIPP, S.H. (Hrsg). Kritische Lebensereignisse. München. S. 156-173.

DARNELL, D. K. (1983). "On Consequences, Learning, Survival and 'The Good Life'." Unveröffentlichtes Skriptum, Dept. of Communications, University of Colorado, Boulder.

DAVIS, R.W. (1972). The fear experience in rock climbing and its influence upon future selfactualization (Doctoral dissertation, University of Southern California). Dissertation Abstracts International, 32 (12), 6794-A.

DEGEN, S. (1988). Hermann Lietz - Ein Wegbereiter der modernen Erlebnispädagogik? (Reihe "Wegbereiter der modernen Erlebnispädagogik"). Lüneburg.

DEIBELE, R. (1982). Sozialpädagogisches Segeln als Alternative zur geschlossen Heimunterbringung. Fachhochschule Reutlingen. (unveröffentlicht).

DELL, P.F. (1986). Über Homöostase hinaus. Dortmund.

DEUTSCHER ALPENVEREIN (DAV), (1979). Alpine Methodik. Praxis und Referatesammlung. München.

DEWEY, J. (1937). Democracy and Education. New York.

DGEE (DEUTSCHE GESELLSCHAFT FÜR EUROPÄISCHE ERZIEHUNG e.V.) (Hrsg). (o.J.). Ausbildungsplan der Outward-Bound Kurzschule. Berchtesgaden.

DGEE (DEUTSCHE GESELLSCHAFT FÜR EUROPÄISCHE ERZIEHUNG e.V.). (1976). Die pädagogische Konzeption für die deutschen Kurzschulen. Berchtesgaden.

DGEE (DEUTSCHE GESELLSCHAFT FÜR EUROPÄISCHE ERZIEHUNG e.V.). (Hrsg). (1988). Outward Bound - Persönlichkeitsbildung durch Erlebnispädagogik. In: DGEE (Hrsg). Erlebnispädagogik - Berichte und Materialien (Nr. 5). München.

DICKOPP, K.H. (1983). Lehrbuch der systematischen Pädagogik. Düsseldorf.

DITTMER, H. (1983). Therapeutisches Segeln mit verschiedenen Behinderungsformen. Segeln und Sozialpädagogik, Lüneburg, 12, S. 1-13.

DÖNHOFF, M. (1956). Jugend will sich bewähren. Die Kurzschule Weißenhaus. Merian, 8, S. 58-64.

DORSCH, F. (1982). Psychologisches Wörterbuch. Bern Stuttgart Wien.

DUNCAN, C. P. (1958). Transfer after Training with Single versus Multiple Tasks. J. exp. Psychol., 55, S. 63ff.

DÜRR, H. P. & ZIMMERLI, W. Ch. (Hrsg). (1991). Geist und Natur. Über den Widerspruch zwischen naturwissenschaftlicher Erkenntnis und philosophischer Welterfahrung. Bern-München-Wien.

ECKARDT, S. (1984). Sport und Abenteuer als Erziehungsmittel in den deutschen Outward-Bound-Schulen. Kiel.

EDERT, E. (1952). Weißenhaus an der Hohwachter Bucht. Die erste Kurzschule Deutschlands. Schleswig-Holstein. Monatsheft für Heimat und Volkstum, Juli, S. 209-210.

EDWARDS, J., COOPER, C. L. (1988). The Impact of Positive Psychological States on Physical Health: A Review and a Theoretical Framework. In: Soc. Sic. Med., Vol.27, Nr. 27, Nr. 12, S. 1447-1459.

EHALT, C. H. (1990) "Wiener Vorlesungen": Natur-Disput: Braucht der Mensch Natur? In: FORUM 436-438 (1990), S.6-7.

EMERSON, L. & GOLINS, G. (1979). Workbook on Adventure Based Education. Denver.

ERISKSON, E.H. (1976). Kindheit und Gesellschaft. Stuttgart.

ESSER, W. (1986). Vom besseren Staat im schlechteren. Zeitschrift für Pädagogik, 6, S. 811-827.

EWERT, A. (1980). Adventure Education. A Treatise. o.O.

FALTERMAIER, M. (Hrsg.). (1983). Nachdenken über Jugendarbeit - Zwischen den 50er und den 80er Jahren. Eine kommentierte Dokumentation mit Beiträgen aus der Zeitschrift "Deutsche Jugend". München.

FILIPP, S. H. (1979). Selbstkonzept-Forschung. Stuttgart.

FILIPP, S. H. (Hrsg.). (1990). Kritische Lebensereignisse. München.

FISCHER, M. & FISCHER, U. (1990). Wohnortswechsel und Verlust der Ortsidentität als nicht-normative Lebenskrisen. In: FILIPP, S.H. (Hrsg) Kritische Lebensereignisse. München. S. 139-155.

FISCHER, D., KLAWE, W. & THIESEN, H.-J. (Hrsg.). (1985). (Er-)leben statt Reden. Erlebnispädagogik in der offenen Jugendarbeit. Weinheim, München.

FISCHESSER, M. (1990). Managing Ropes Course Systems. Manual used at the 1990 Ropes Course Symposium, Santa Fe.

FLAMMER, A. (1990). Erfahrung der eigenen Wirksamkeit. Einführung in die Psychologie der Kontrollmeinung. Bern Stuttgart Toronto.

FLETCHER, B. (1970). The Challenge of Outward Bound. Toronto.

FLETCHER, B. (1971). The Challenge of Outward Bound. London, Edinburgh 1971.

FLUEGELMAN, A. & TEMBECK, S. (1979). New Games. Die Neuen Spiele. o.O..

FENTON, N., REIMER, E. G., WILMER, H. A. (Hrsg.). (1967). The correctional community. Los Angeles.

FÖST, U. (1976). Besondere Möglichkeiten des sozialen Lernens an der Kurzschule Berchtesgaden. Jahresarbeit zur staatlichen Anerkennung als Sozialpädagoge an der ev. Fachhochschule Bochum. Berchtesgaden.

FRANKFURTER ARBEITSGRUPPE. (1982). Offener Sportunterricht. Reinbek bei Hamburg.

FRANKL, V.E. (1974). Psychotherapie und Sport. In: Österreichische Ärztezeitung. 29, (19), 1-5.

FRAZIER, T.L. (1972). Transactional analysis training and treatment school. In: Federal Probation. 9, 41-46.

FRAUENHEIM, D. (1984). Segeln im Mittelmeer als Therapie für milieugeschädigte Jugendliche. Segeln und Sozialpädagogik, Lüneburg, 17, S. 25.

FREILER, M. (1991). Einzelfallanalyse zum Projekt "Sport für soziale Randgruppen." Dipl.Arbeit. Wien.

FRICKE, K. (1988). Adolf Reichwein - Ein Wegbereiter der modernen Erlebnispädagogik? (Reihe "Wegbereiter der modernen Erlebnispädagogik"). Lüneburg.

FRIEDEL, T. (1988). Ausgewählte Probleme der Outward Bound-Kurse der DGEE in empirischer Sicht. Wiss. Abschlußarbeit. Hamburg.

FROMM, E. (1979). Zen-Budhismus und Psychoanalyse. Frankfurt.

FUNKE, J. (1986). Outward Bound - oder: Läßt sich erzieherisches Gedankengut als Wahrzeichen schützen? Sportpädagogik, 6, S. 6-8.

GABLER, H., NITSCH, J.R., SINGER, R. (1986). Einführung in die Sportpsychologie. Teil 1. Schorndorf.

GAGER, R. (1977). As a learning process .. it's more than just getting your hands dirty. Voyageur Reports, Associacion for Experiential Education, 1 (1).

GASS, M. A. (1985, a). Programming the Transfer of Learning in Adventure Education. The Journal of Experiential Education (Association for Experiential Education), Vol. 8, Nr. 3, Boulder, Co (1).

GASS, M. A. (1985, b). Strengthening Adventure Education by Increasing the Transfer of Learning. University of New Hampshire, Durham, New Hampshire (2).

GASS, M. A. (1990). The Longitudinal Effects of an Adventure Orientation Program, on the Retention of Students. Journal of College Student Development. 31.

GASS, M. A., McEE, P. J. (1990). Emerging for Recovery: A Descriptive Analysis of Adventure Therapy for Substance Abusers, The Journal of Experiental Education. 13, (2), S. 29-35.

GAST, T. (1986). Lernpsychologische Aspekte der Erlebnispädagogik. Hamburg.

GEHLEN, A. (1978). Der Mensch. Seine Natur und seine Stellung in der Welt. Wiesbaden.

GEISSLER, E. E. & WOLLERSHEIM, H.-W. (1986). Kurt Hahns Menschenbild: Kritik an seinen Kritikern. Pädagogische Rundschau, S. 267-284.

GEISSLER, P. (1991). Narzißmus und Bioenergetische Analyse. unveröffentl. Manuskript. Wien.

GIFFEL, H. (1987). Martin Luserke - Ein Wegbereiter der modernen Erlebnispädagogik? (Reihe "Wegbereiter der modernen Erlebnispädagogik"), Lüneburg.

GIRTLER, R. (1988). Methoden der qualitativen Sozialforschung. Anleitung zur Feldarbeit. Wien.

GLASSER, W. (1972). Realitätstherapie. Weinheim, Basel.

GLEISSNER, F. (1984). Segeln mit Körperbehinderten - Sinn oder Unsinn? Segeln und Sozialpädagogik. Lüneburg, 20, S. 19-22.

GLUMM, V. & HORNE, Th. (1986). Erlebnispädagogik - Ansatz - Modelle - Projekte. Hamburg.

GODFREY, R. (1974). A Review of Research and Evaluation Literature on Outward Bound and Related Educational Programs. Denver.

GODFREY, R. (1980, a). Outward Bound, Schools of the Possible. New York.

GOLDFRIED, M.R., GOLDFRIED, A.P. (1977). Kognitive Methoden der Verhaltensänderung. In: KANFER, F.H., GOLDSTEIN, A.P. (Hrsg.). Möglichkeiten der Verhaltensänderung. München.

GOLDT, D. (1983). Erfahrungsbericht Optimistensegeln in der Jugendarbeit. Segeln und Sozialpädagogik, Lüneburg, 3, S. 1-6.

GOLINS, G. & WALSH, V. (o.J.). The Exploration of the Outward Bound Process. o.O.

GÖLLER, K.-H. (1952). Die Kurzschulbewegung Outward Bound. Der Lehrerrundbrief, 10, S. 462-465.

GRÖSSING, S. (1988). Einführung in die Sportdidaktik. Lehren und Lernen im Sportunterricht. München.

GRABLER, F. J. (1981). Diskussionspapier - Sozialpädagogische Aspekte der Kurzschulen. Baad.

GRANITE PRESS. (1980). Climbing Accidents at Yosemite, Spring '80 Summary. San Jose CA.

GROB, A., FLAMMER, A., KAISER, F.G., LÜTHI, R. (1989) Wohlbefinden und Kontrolle bei jugendlichen Delinquenten und Nicht-Delinquenten. Schweizerische Zeitschrift für Psychologoe, 48, S. 75-85.

GROENEVELD, B. & GÖRITZ, P. (1985). Das Segelschiff als Vehikel der Erlebnispädagogik. Segeln mit Jugendlichen anstelle Erziehung unter Einschluß. Sozialpädagogik, 5, S. 198-216.

GUDE, J. (1985). Kritische Anmerkungen zum sozialpädagogischen Segeln. Segeln und Sozialpädagogik, Lüneburg, 14, S. 64-68.

GÜNDER, R. (1985). Hüttenpädagogik und therapeutisches Segeln. Alternative Konzepte für die Arbeit mit schwierigsten Kindern und Jugendlichen. Unsere Jugend, 8, S. 300-311.

GÜNDER, R. (1987). Sozialtherapeutische Segelfahrten und Jugendbehörden. Unsere Jugend, 11, S. 458-463.

GÜNTNER, H.-D. (1987). KORSIKA - oder "Wie man Pädagogik vermeidet" (Teil 1-3). Unsere Jugend, 8, S. 306-314, 394-407, 463-468.

GÜTTLER, R. & JAGENLAUF, M. (1988). Outward Bound - Persönlichkeitsbildung durch Erlebnispädagogik. Outward Bound. Erlebnispädagogik - Berichte und Materialien (Deutsche Gesellschaft für Europäische Erziehung), 5.

HAHN, B. (1966). Herkunft und Tradition der Familie Kurt Hahns. Pädagogische Rundschau, 6, S. 580-587.

HAHN, K. (o.J.). Erziehung und die Krise der Demokratie. Festvortrag anläßlich der Verleihung des Freiherr-vom-Stein Preises 1962 am 11. Juli 1962 in Hamburg. Salem. Stiftung F.V.S. zu Hamburg (Hrsg.). Hamburg, S. 19-44.

HAHN, K. (1958). Erziehung zur Verantwortung. Reden und Aufsätze, Stuttgart (= Aus den deutschen Landerziehungsheimen, H.2).

HAHN, K. (1960). Die Last des Gewissens. Erziehung und Politik - Minna SPECHT zu ihrem 80. Geburtstag. Frankfurt am Main.

HAHN, K. (1965). Outward Bound. Address by Kurt Hahn, C.B.E. at the Conference at Horrogat on 9th May, 1965. Issued by the Outward Bound Trust.

HALE, A. (1978). Directory - Programs in Outdoor Adventure Activities. Mankato.

HAMBRECHT, M. (1982). Die Teaching-and-Learning Community. Von der Psychotherapie zur Lebensschule. Diss. Hamburg.

HAMMERMAN, D. R. & WILLIAM M. (Eds.). (1968). Outdoor Education. Minneapolis.

HÄNDEL, U. (1966). Die Kurzschulen - ein außerschulisches Bildungsprogramm. In: RÖHRS, H. (Hrsg.). Bildung als Wagnis und Bewährung. Eine Darstellung des Lebenswerkes von Kurt Hahn. Heidelberg.

HÄNDEL, U. (1978). Bericht über meine Reise zu den fünf Kurzschulen Südostasiens (S. 11-30). In: DGEE (Hrsg.). Jahresbericht.

HÄNDEL, U. (1981). Mit dem eigenen Scheitern fertig werden. Outward Bound: Eine verwirklichte pädagogische Idee. Zum 25jährigen Bestehen der Kurzschule Baad. Süddeutsche Zeitung, 17./18.10.

HÄNDEL, U. (1984). Das pädagogische Konzept der Kurzschulen. Die höhere Schule, (Nr.5), 147 f.

HANE, W. (1987). Edward Josef Flanagan - Ein Wegbereiter der modernen Erlebnispädagogik? (Reihe "Wegbereiter der modernen Erlebnispädagogik"), Lüneburg.

HANHART, D. (1982, 1983). Ein Neuanfang auf hoher See. Neue Züricher Zeitung vom 18.11.1982 und Segeln und Sozialpädagogik, Lüneburg, 10,(1983) S. 6-7.

HANHART, D. & WYSSLING, H. (1983). Ein neuer Start für Jugendliche "El Pirata". ÖKO-Journal, Brunn-Adern, Schweiz, 2, S. 23-25.

HARMON, W. (1974). Pertinent and Impertinent Remarks about Normative Futures Research. A Stand of Research Institute Paper presented at the Conference on Research Needs in Futures Research. Stanford.

HARMON, P. & TEMPLIN, G. (o.J.). Conceptualizing Experiential Education. Colorado Outward Bound School, Denver.

HARRIS, Th. A: (1983). Ich bin o.k. Du bist o.K. Reinbek.

HECKHAUSEN H. (1989). Motivation und Handeln. Berlin

HECKMAIR, B. (1989). Outward Bound - Lernen durch Handeln. In: SANDMANN, J. (Hrsg.). Innovation in der Jugendarbeit (Reihe "Soziale Arbeit im Wandel" der Fachhochschule München. Fachbereich Sozialwesen). München.

HEIMLICH, H., SCHÜZHOLZ, K. (1980). Die Beraterpersönlichkeit in der Beratung von Angehörigen der sozialen Unterschicht bei psychosozialen Konflikten. (Hrsg.). Katholische Fachhochschule NW. Dortmund.

HEINIG, K. (1984). Clipper - Deutsches Jugendwerk zur See e.V.. Elf Jahre Erfahrungen - Aktivposten für die Jugendarbeit an Bord von großen Segelschiffen. Segeln und Sozialpädagogik, Lüneburg, 19, S. 1-21.

HEINZE, T. & KLUSEMANN, H.W. (1980). Versuch einer sozialwissenschaftlichen Paraphrasierung. In: HEINZE, T. & KLUSEMANN, H.W. (Hrsg.). Interpretationen einer Bildungsgeschichte. Überlegungen zur sozialwissenschaftlichen Hermeneutik. Bensheim.

HENNE, H. & REHBOCK, H. (1979). Einführung in die Gesprächsanalyse. Berlin.

HENNECKE, B. & FRITZEWSKI, Th. (1980). Outward Bound-Kurzschulen in Baad und Berchtesgaden (Erlebnisbericht). Werkzeitung für den Firmenverband Westermann, 6, S. 4.

HENSELMEYER, S. & SCHRÖDER, J. (1978). Therapeutische Kleinstgruppe für männliche Jugendliche: Leben auf einer Almhütte als Alternative für geschlossene Unterbringung. Sozialpädagogik, 4, S. 184-191.

HENTIG, H. v. (1966). Kurt Hahn und die Pädagogik. In: RÖHRS, H. (Hrsg.). Bildung als Wagnis und Bewährung. Eine Darstellung des Lebenswerkes von Kurt Hahn. Heidelberg, S. 41-82.

HERKERT, G. & NICKOLAI, W. (1978). Freiheit - eine Belastung? Therapeutische Reisen mit jugendlichen Delinquenten. Zeitschrift für Strafvollzug und Straffälligenhilfe, 2, S. 81-85.

HERKNER, (1985). Einführung in die Sozialpsychologie. Bern, Stuttgart, Wien.

HESCH, G. M. (1990). Physical Limitation Reference Guide. Pecos River Learning Center.

HESSE, H. (1975). Das Glasperlenspiel. Zürich.

HILLIG, G. (1987)., A.S. Makarenko - Ein Wegbereiter der modernen Erlebnispädagogik? (Reihe "Wegbereiter der modernen Erlebnispädagogik"), Lüneburg.

HINSCH, B. & WINTER, F. (1986). Ausgewählte Zielgruppen der deutschen Outward Bound-Schulen - Möglichkeiten und Grenzen. Hamburg.

HOGAN, J. M. (1966). Die Gründung der ersten Outward Bound-Schule in Aberdovey, Merionetshire. In: RÖHRS, H. (Hrsg.). Bildung als Wagnis und Bewährung. Eine Darstellung des Lebenswerkes von Kurt Hahn. Heidelberg, S. 270-276.

HOMFELDT, H.-G. & KÜHN, A. (1981). Klassenfahrt - Wege zu einer pädagogischen Schule. München.

HOMUTH, B. (1987). Erlebnispädagogische Aspekte des Tauchsports. Wiss. Abschlußarbeit. (Universität der Bundeswehr, Hamburg). Hamburg.

HUBER, G.L. & MANDEL, H. (Hrsg). (1982). Verbale Daten. Weinheim.

HUIE, J. C. (1982). A Semester Outward Bound Course: An Exploratory Study of Effects on Locus of Control, Values, and Life Meanings. Dissertation. Santa Barbara, Cal.

HUMMEL, M. (1984). Segeltörn erspart die geschlossene Anstalt. Segeln und Sozialpädagogik, Lüneburg, 17, S. 47-48.

HUNKELER, E. (1983). Abenteuerliche Gemeinschaftserlebnisse als Grundprinzip der (Heil-)Pädagogik für "schwererziehbare" Heimbuben. Diplomarbeit des Heilpädagogischen Fachkurses für Sonderklassen-, Sonderschullehrer des Erziehungsdepartements des Kantons Thurgau CH 8500 Frauenfeld.

HURRELMANN, K. (1983). Das Modell des produktiv realitätverarbeitenden Subjekts in der Sozialisationsforschung. Zeitschrift für Sozialisationsforschung und Erziehungssoziologie. 3, 291-310.

HURRELMANN, K., ROSEWITZ, B., WOLF, H.K. (1985). Lebensphase Jugend. Eine Einführung in die sozialwissenschaftliche Jugendforschung. München.

HUSSERL, H. (1962). Phänomenologische Psychologie. Gesammelte Werke Bd. 9. Den Haag.

IBEN, G. (1974). Sozialerziehung - soziales Lernen. In: WULF, C. (Hrsg.). Wörterbuch der Erziehung. München. S. 538-540.

IIDA, M. (1975). Research Camping and Environmental Education. Proceedings from the National Research Workshops held at Pennsylvania State University.

JACOBSEN, K. (1983). Wohin der Wind uns treibt - mit Problemjungen in Lappland. Bremen.

JACOBSEN, K. (1985). Lappland - eine erlebnispädagogische Hilfe. Vierteljahresschrift für Heilpädagogik und ihre Nachbargebiete, 2, S. 207-211.

JAGENLAUF, M. (1986, a). Wirkungen und Möglichkeiten der deutschen Kurzschulen - Thesen zu einer empirischen Untersuchung des Outward Bound-Konzepts. In: DGEE (Hrsg.). Bericht über die erste Europäische Outward Bound-Konferenz in Berchtesgaden vom 20.10.1985. Erlebnispädagogik - Berichte und Materialien (Nr. 1). München.

JAGENLAUF, M. (1986, b). Schlüsselqualifikation durch Outward Bound, unveröffentlichtes Vortragsmanuskript zum 100. Geburtstag von HAHN. o. O.

JAGENLAUF, M. (1986, c). Outward Bound - Persönlichkeitsbildung durch Erlebnispädagogik. In: DGEE (Hrsg.). Bericht über die erste Europäische Outward Bound-Konferenz in Berchtesgaden vom 20.10.1985. Erlebnispädagogik - Berichte und Materialien (Nr. 1). München.

JAGENLAUF, M. (1987). "Erlebnistage im Harz" - Ergebnisse einer empirischen Begleituntersuchung. unveröffentlichtes Manuskript. o. O.

JAGENLAUF, M. (1989). Outward Bound - zur "Modernität" der Erlebnispädagogik Kurt HAHNs. Bildung und Erziehung, 2.

JAGENLAUF, M. & BRESS, H. (1989, a). Wirkungsanalyse Outward Bound. In: DGEE (Hrsg.). Erlebnispädagogik - Berichte und Materialien. München.(Untersuchungsbericht in drei Bänden).

JAGENLAUF, M. & BRESS, H. (1989, b). Wirkungsanalyse Outward Bound. Outward Bound. Erlebnispädagogik - Berichte und Materialien (Deutsche Gesellschaft für Europäische Erziehung). 6.

JAGENLAUF, M. & BRESS, H. (1989, c). Erlebnispädagogik und Outward Bound. Bibliographie 1989. In: DGEE (Hrsg.). Outward Bound, 7.

JAGENLAUF, M. & BRESS, H. (1989, d). Wirkungsanalyse Outward Bound - Kurzbericht Teil I. In: DGEE (Hrsg.). Erlebnispädagogik - Berichte und Materialien (Nr. 7). München.

JAGENLAUF, M. & BRESS, W. (1990). Wirkungsanalyse Outward Bound - Kurzbericht 1990. In: DGEE (Hrsg.). Erlebnispädagogik - Berichte und Materialien (Nr.8). München.

JAGENLAUF, M. & GÜTTLER, R. (1987). Outward Bound - zur "Modernität" der Erlebnispädagogik Kurt HAHNs. unveröffentlichtes Manuskript. o. O.

JAMES, T. (1980). Can The Mountains Speak for Themselves? Colorado Outward Bound School. Denver.

JAMES, Th. (1980). Education at the Edge. The Colorado Outward-Bound School, Denver, Col.,

JANSEN, J. (1984). Segeln als alternative Lebens- und Sozialerfahrung. Perspektiven für soziale Arbeit. Schriftl. Arbeit an der Kath. Fachhochschule Nordrhein-Westfalen. Köln.

JASPER, S. (1990). Ropes Course Symposium Proceedings. Ethics and Facility-Based Adventure Education, Mankato State University. o. O.

JAUSS, G. (1985). Natürliche Grenzen in Erfahrung bringen: Gedanken anläßlich einer Schwarzwaldwanderung mit "auffälligen" Kindern. In: Arbeitsgemeinschaft für Erziehungshilfe. (Hrsg.). Praktische Fragen der Erziehungshilfe, Konzepte und Erfahrungsberichte, S. 51-57.

JOCHIMSEN, R. (1983). Segeltherapie. Was bringt's ? Segeln und Sozialpädagogik, Lüneburg, 13, S. 1-3.

JUNG, C.G. (1989[7]). Die Archetypen und das kollektive Unbewußte. Olten.

JÜTTEMANN, G. (Hrsg.) (1985). Qualitative Forschung in der Psychologie. Weinheim, Basel.

KAISER, J. (1980). Mehr Mut zum Leben durch alte Schiffe. Ein Jugendhilfeprojekt. Yacht, 1, S. 18-27.

KAISER, J. (1978). Ein Schoner segelt gegen die Zeit. Yacht 21, S. 34-37.

KALISCH, K. (1979). The Role of the Instructor in the Outward Bound Process. Three Lakes, Wisconsin.

KAMINSKI,G. (1983). Methodologische Probleme und Konsequenzen der Anwendung handlungspsychologischer Konzepte. In: JANSSEN,J.P & HAHN,E. (Hg.): Aktivierung, Motivation, Handlung und Coaching im Sport. Schorndorf S. 206-234.

KAMPER, D. & RITTNER, V. (Hrsg.) (1976). Zur Geschichte des Körpers. München.

KANFER, F.H., GOLDSTEIN, A.P. (Hrsg.). (1977). Möglichkeiten der Verhaltensänderung. München.

KEMPF, W. (1981). Korrelation, Argumentation und Reflexion - methodologische und sozialpsychologische Gedankensplitter zu drei Ebenen humanwissenschaftlicher Empirie. Zeitschrift für Sozialpsychologie und Gruppendynamik, 8 (Nr.1), S. 11-17.

KENDZIA, P. (1984, a). Natürlich sind Behinderte Partner! Sind Behinderte Partner? Zur Integration Behinderter mit Hilfe des Segelns. Projektplanung, Verlauf, Materialien. Schriftliche Arbeit an der Pädagogischen Hochschule Flensburg. Flensburg.

KENDZIA, P. (1984, b). Segeln mit Handicap. Bericht eines Betroffenen. Segeln und Sozialpädagogik, Lüneburg, 17, S. 65-71.

KENDZIA, P. (1984, c). Das schwimmende Heim - eine Alternative? Segeln und Sozialpädagogik, 17, S. 16-18.

KESSELHEIM, D. (1974). A Rationale for Outdoor Activity as Experiential Education: The Reason for Freezin'. Paper presented to the Conference on Outdoor Pursuits in Higher Education at Appalachian State University, Boone, North Carolina.

KETCHIN, A. (1976). Outward Bound Courses for adult women (women over thirty): a report of preliminary findings. Unpubl. report. Colorado Outward Bound School, Denver, Colorado.

KETTENBACH, G. (1983). Segelfreizeit als Therapie für Drogenabhängige. Evangelischer Kirchenbote, Speyer, 45, S. 694-695.

KETTENBACH, G. (1984). Das Segelschiff - Ursymbol der Kirche. Therapie und Persönlichkeitsbildung durch Segeln. Ein Beitrag aus theologischer Sicht. Lüneburg.

KIEHN, E. (1985). Aktuell: Jugendhilfe zur See - das Schiff als sozialer Lebensraum. Jugendwohl, 1, S. 21-26.

KING, D. & HARMON, P. (1979). Evaluation of the Outward Bound school's adventure home project in Boulder. Colorado. Final report submitted to Colorado Outward Bound School. Denver.

KIPPHOFF, P. (1962). Erziehung durch die See. Zum 10. Geburtstag eines Experiments, das schon lange ein Erfolg ist. Die Zeit, 23, S. 13.

KIRCHHOFS-LEUKER, M. & SCHLEEGER, B. (1985). Segeltörn auf der Brigantine "Falado von Rhodos" 1981. Konzeptionelle Überlegungen und Erfahrungen zu einer Verbindung von Erlebnischarakter und therapeutischem Vorgehen in der Arbeit mit Jugendlichen der öffentlichen Erziehung. In: AFET (Arbeitsgemeinschaft für Erziehungshilfe) (Hrsg.). Praktische Fragen der Erziehungshilfe - Konzepte und Praxisberichte. Hannover, S. 65-78.

KLAFKI, W. u.a. (1975). Erziehungswissenschaft 2. Frankfurt am Main.

KLARE, M. (1987). Erlebnispädagogik - ein Ansatz für die sozialpädagogische Freizeitarbeit in der stationären Jugendhilfe. Wiss. Abschlußarbeit Paderborn.

KLAWE, W. (1986). Arbeit mit Jugendlichen - Einführung in Bedingungen, Ziele, Methoden und Sozialformen der Jugendarbeit. Weinheim, München.

KLAWE, W., FISCHER, D. & THIESEN, H. J. (1985). Wieder mal was losmachen! Erlebnispädagogik in der offenen Jugendarbeit. Deutsche Jugend, 5, S. 212-216.

KLEIN, M. (1986). Zur qualitativen Forschung in der Angewandten Sportwissenschaft. In: DVS (Hrsg). Angewandte Sportwissenschaft. DVS-Protokolle. Nr.21. S. 59-73.

KLEINER, K., AMESBERGER, G., SOBOTKA, R. & SCHMIDT, M. (1990). Mehrdimensionale Analyse schwerer Unfälle im Unterricht Leibesübungen. In: Spectrum der Sportwissenschaften, Zeitschrift der ÖSG, Jahrg. 2, H.1, ÖBVC, Wien.

KLENK, J. (1987). Segeln und Heilpädagogik - oder: Wofür Max alles gut ist. Sozialpädagogik, 29 (2), S. S. 94-95.

KNIESEL, P. & PRIGGERS, G. (1983). Therapeutisches Segeln. Bericht aus dem Psychiatrischen Landeskrankenhaus Weißenau. Unsere Jugend, 11, S. 486-488.

KNOBLOCH, I. (1983). Lernfeld Segelschiff für Jugendliche in der Projekterziehung aus seemännischer Sicht. Schriftl. Arb. an der Hochschule für Nautik. Bremen.

KNOLL, M. (Hrsg.). (1986, a). Kurt Hahn. Erziehung und die Krise der Demokratie. Stuttgart.

KNOLL, M. (1986, b). "..das Ziel ist die politische Mündigkeit". Bildung und Erziehung, 2, S. 217-220.

KNOLL, M. (1986, c). Kurt Hahn - ein politischer Pädagoge. Erziehungswissenschaft - Erziehungspraxis, 1, S. 17-20.

KÖBKE, H. (1987). "Projektarbeit" und "Rettungsdienst" als Elemente des Outward Bound-Konzepts Kurt Hahns - Möglichkeiten und Grenzen. Wiss. Abschlußarbeit. Hamburg (Universität der Bundeswehr, Hamburg).

KOCH, J. (1989). Flüsse, Flöße, Floßgesellen. Marburger Beiträge zur Sozialarbeit mit Sport und Bewegung. Nr. 4. Frankfurt.

KOEPKE, S. (1973). The effects of Outward Bound participation upon anxiety and selfconcept. Maters's thesis. The Pennsylvania University.

KOHL, R. (1985). Floßfreizeit. In: AFET (Arbeitsgemeinschaft für Erziehungshilfe). (Hrsg.). Praktische Fragen der Erziehungshilfe -Konzepte und Praxisberichte. Hannover, S. 94-100.

KRAFT, R. & KIESELMEIER, J. (1986). Experiential Education and the Schools. Association for Experiential Education. Boulder.

KRAFT, R. & SAKOFS, M. (o. J.). The Theory of Experiential Education. Association for Experiential Education. Boulder.

KRUMHOLZ, M. (1980). Erlebnisorientierte Freizeitarbeit mit Jugendlichen. Zulassungsarbeit an der Fachhochschule für Sozialwesen. München.

KUPKO, S. (1980). Sozialtherapeutische Betreuung verhaltensauffälliger Jugendlicher auf See. Forum Jugendhilfe. 1, S. 42-53.

KUPKO, S. (1983, a). Zweimastsegelschoner "Outlaw". Aktive Pädagogik mit verhaltensauffälligen Jugendlichen. Eine Bilanz nach fünf Jahren. Deutsche Jugend, 2, S. 70-73.

KUPKO, S. (1983, b). Heimerziehung auf hoher See. Zum fünfjährigen Jubiläum der sozialtherapeutischen Segeltörns mit dem Jugendschoner "Outlaw". Soziale Arbeit, 2, S. 66-70.

KYLLOE, R. (1983). The Development and Evaluation of a Certification Program for Ropes Course Insructors. Doctorial Dissertation. Boston University.

KYLLOE, R. (o.J.). Counseling Parameters for Adventure Instructors. Purdue University. o. O.

LANDAU, G. (Hrsg.). (1985). Erlebnistage im Schulsport. Reinbek bei Hamburg: Rowohlt.

LANDHERR, H. (1981). Abenteuerübungen als pädagogische Maßnahmen - Ihr Einfluß auf Selbstkonzept, Anspruchsniveau und Einstellung zum Sport und dessen Aktivitäten. Wiss. Abschlußarbeit. Köln.

LÄNGLE, A. (1987). De-Pression oder Siebst-Pression? In: LÄNGLE, A. (Hrsg.). Mut und Schwermut. Tagungsbericht Nr.3 Der Gesellschaft für Logotherapie und Existenzanalyse. Wien.

LASSAHN, R. (1982). Einführung in die Pädagogik. Heidelberg.

LAZARUS, R. S. (1990). Streß und Streßbewältigung - Ein Paradigma. In: FILIPP, S.-H. (Hrsg). Kritische Lebensereignisse. München. S. 198-232.

LEADERSHIP CENTER (1988). Proceeding from the 1988 Ropes Course Symposium. O.o.

LEITHÄUSER, Th. & VOLMBERG, B. (1977). Die Entwicklung einer empirischen Forschungsperspektive aus der Theorie des Alltagsbewußtseins. In: LEITHÄUSER u.a. (Hrsg.). Entwurf zu einer Empirie des Alltagsbewußtseins. Frankfurt, S. 11-159.

LENTZ, B. (1976). Teaching Through Adventure. Hamilton.

LENZ, Ch. & FEURING, E. (1987). Erlebnispädagogik in Schule, Erwachsenenbildung und Freizeit - Angebote, Programme, Modelle". Wiss. Abschlußarbeit. Hamburg (Universität der Bundeswehr, Hamburg).

LENZ, K. (1989). Jugendliche heute. Lebenslagen, Lebensbewältigung und Lebenspläne. Soziale Perspektiven Bd. 5. Linz.

LIPPE, R. (1976). Anthropologie für wen? In: KAMPER, D. & RITTNER, V. (Hrsg.) (1976). Zur Geschichte des Körpers. München.

LISCH, R. (1976). Totale Institution Schiff. Soziologische Schriften (Bd. 20). Berlin.

LÖDING, W. (1953). Die Kurzschule Weißenhaus. Hamburger Lehrerzeitung, 5, S. 1-8.

LORENZ, K. (1963). Das sogenannte Böse. Zur Naturgeschichte der Aggression. Wien.

LORENZ, K. (1965). Über tierisches und menschliches Verhalten. Gesammelte ABhandlungen. 2 Bd. München.

LOSCHWE, P. (1951). Kutter, Knoten und Kadetten. Das Experiment von Nehmten. Ordnung ohne Drill und selbstverständliche Kameradschaft. Die Zeit, 49, S. 2.

LOVETT, R. A. (1971). Outward Bound: a means of implementing guidance objectives. Master's project. University of Toledo. Toledo.

LOWENSTEIN, D. (1985). Wilderness Adventure Programs: An Activity Profile. U.S.. Educational Resources Information Center, ERIC Document ED 127 102.

LUCHMANN, E. & HORN, I. (1983). Sozialarbeit und Segeln. Bericht einer Studentengruppe über praktische Erfahrungen bei einer Projektarbeit an der Fachhochschule für Sozialpädagogik Hannover. Segeln und Sozialpädagogik, Lüneburg 14, S. 1-25.

LUHMANN, N.(1987). Soziale Systeme. Grundriß einer Theorie. Frankfurt 1987.

MAITLAND, P. (1986). 'Oh God, It's Going to be Awful': Clients'and Officers'Perceptions of Adventure Activities. In: POINTING, J. (Ed.), Alternatives to Custody. Oxford, New York, S. 146ff.

MANTLER, R. (o.J.). Erlebnispädagogik - eine Konzeption für soziales Lernen. Beitrag der Kurzschule Berchtesgaden für die Jubiläumsschrift zum 20-jährigen Bestehen des AdB "Politische Bildung und Demokratie". Berchtesgarden.

MANTLER, R. (1976). Zusammenfassende Thesen: Chancen und Möglichkeiten der Kurzschularbeit. Baad.

MANTLER, R. (1979). Über die Notwendigkeit der Integration von Freizeit in Bildungsarbeit. Außerschulische Bildung, 4, S. 106-111.

MANTLER, R. & SCHNEIDER, A. (1978). Soziales Lernen und Aktion. Zur erlebnispädagogischen Konzeption außerschulischer Jugendbildung an der Kurzschule Berchtesgaden. Außerschulische Bildung, 3, S. 85-89.

MANTLER, R. & SCHNEIDER, A. (1979). Leitlinien und Arbeitsschwerpunkte der Kurzschulen. Berchtesgaden. (unveröffentlicht).

MARTIN, P. B. (1983). The Effect of an Outdoor Adventure Program on Group Cohesion and Change in Self-Concept. Dissertation. Boston.

MASLOW, A. H. (1954) (dt. 1975). Motivation and personality. New York . Motivation und Persönlichkeit. München.

MATTHEWS, B. (1979). Adventure Education and Self Concept - An Annoted Bibligraphy with Appendix. Cortland, Madison, Boces.

MEDRICK, F. (o.J.). Outward Bound and Higher Education. Denver.

MEIER, B. (1980). Abenteuerschule. Ohne Pauker und Zensuren. Plus (Handelsblatt. Die Welt. Die Weltwoche) Nr. 17, 23.4., S. 16 f.

MEIER, J. (1977). Risk Recreation: Explorations and Implications. U.S. Educational Resources Information Center, ERIC Document ED 152 686.

MEIER-BERGFELD, P. (1984). Zuversicht bei Windstärke 8. Erziehungshilfen durch das Christopherus-Jugenddorfwerk. Segeln und Sozialpädagogik, Lüneburg 16, S. 16-18.

MEINBERG, E. (1983). Sportpädagogik. Konzepte und Perspektiven. Stuttgart, Berlin, Köln, Mainz.

MERTENS, P. & JENSCH, D. (1986). Erlebnispädagogischer Schullandheimaufenthalt - Ansatz und wissenschaftliche Begleitung zweier Modelle. Wiss. Abschlußarbeit. Hamburg.

MEYER, A. (1986). Die Veränderung des Selbstkonzepts - Eine empirische Überprüfung des Kurzschulprogramms. Wiss. Abschlußarbeit. Bielefeld.

MEYER, D. (1979). The Management of Risk. Journal of Experiential Education, 2 (Nr.2), S. 9-16.

MEYERS, G. (1982). Yosemite Climbs. Chockstone Press, Denver Co.

MICHEEL, R. (1977). Die Kurzschulen - Ziele und Methoden. Am Beispiel der Kurzschule Berchtesgaden der Deutschen Gesellschaft für Europäische Erziehung unter besonderer Berücksichtigung des Sozialprogramms. Schriftliche Examenshausarbeit zur staatlichen Abschlußprüfung für Sozialpädagogen. Bochum.

MILES, J. C. (1978). The Value of High Adventure Activities. Journal of Physical Education and Recreation, 4, S. 27-28.

MILES, M. B. (1965). Learning to work in Groups. New York.

MINER, J. L. & BOULDT, J. (1981). Outward-Bound U.S.A. Learning through Experience in Adventure-Based Education. New York.

MÖHLMANN, C. (1955). Die Kurzschule Weißenhaus der Deutschen Gesellschaft für Europäische Erziehung e.V. Die Sammlung, 5, S. 271-280.

MORTLOCK, C. (1973). Adventure Education and Outdoor Education. London.

MORTLOCK, C. (1983). The Adventure Alternative. Milnthorpe.

MÜLLER, W. (1985). Kanu bauen - Kanu fahren. Bau von Fiberglaskajaks. - Bootfahren als außerunterrichtliche Aktivitäten mit Jungen unserer Heimschule. In: AFET (Arbeitsgemeinschaft für Erziehungshilfe). (Hrsg.). Praktische Fragen der Erziehungshilfe -Konzepte und Praxisbericht. Hannover, S. 100-109.

MÜLLER-KOHLENBERG, H., SAMBALE, H.-J. & SCHWARTZ, H. (1980). Was leistet kompensatorische Kurzzeitpädagogik in der außerschulischen Jugendbildung? - Versuch einer Wirkungsanalyse. Deutsche Jugend, 6, S. 262-270.

MÜLLER-SCHÖLL, A. (1983). Jugendhilfe zu Wasser. Erfahrungen mit dem Schweizer Jugendschiff "El Pirata". Sozialpädagogik, 2, S. 88-90.

MUMMENDEY, H.D. (1990). Selbstkonzeptänderung nach kritischen Lebensereignissen. In: FILIPP, S-H. (Hrsg.). Kritische Lebensereignisse. München. S. 252-271

MUMMENDEY, D., RIEMANN, E. & SCHIEBEL, B. (1983). Entwicklung eines mehrdimensionalen Verfahrens zur Selbsteinschätzung. In: Zeitschrift für personenzentrierte Psychologie und Psychotherapie, 2, 89-98.

MUNKLER, M. (1986). Kurt Hahn und seine deutschen Kurzschulen. Sportpädagogik 6, S. 5-6.

MUSALL, D. S. (1982). Kurzzeitpädagogik und Nacharbeit. In: PETER, H., SÜNKER, S. & WILLIGMANN, N. (Hrsg.). Politische Jugendbildungsarbeit. Eine Einführung in Probleme kurzzeitpädagogischer Arbeit. Frankfurt am Main, Berlin, München.

NATHUSIUS, I. (1985). Abenteuer auf dem Piratenschiff. Erziehung durch die See. betrifft: erziehung, 1, S. 73-77.

NATIONAL SAFETY NETWORK (o.J).: Most common Contributing Factors to Outdoor Accidents. Flugblatt, o.O..

NEISSER, U. (1967). Cognitive Psychology. New York.

NICHOLSON, R.C. (1975). A new method for helping offenders. In: E.E. Peoples, S. 286-305.

NICKOLAI, W. & HERKERT, G. (1980). Sportpädagogische Maßnahmen im Jugendstrafvollzug. Kajakwanderung mit Jugendlichen der Vollzugsanstalt Adelsheim. Adelsheim, Baden.

NICKOLAI, W., QUENSEL, S. & RIEDER, R. (1982, a). Sport in der sozialpädagogischen Arbeit mit Randgruppen. Lambertus.

NICKOLAI, W., QUENSEL, St. & RIEDER, H. (1982, b). Sport in der sozialpädagogischen Arbeit. Freiburg i.Br.

NICKOLAI, W. & SPERLE, F. (1980). Resozialisation durch Bergsteigen? Zeitschrift für Strafvollzug, 1, S. 216.

NICKOLAI, W. & SPERLE, F. (1982). Sportpädagogische Maßnahmen im Jugendstrafvollzug. Skikurs der Vollzugsanstalt Adelsheim 1980. In: NICKOLAI, W., QUENSEL, St. & RIEDER, H. (1982). Sport in der sozialpädagogischen Arbeit. Freiburg i.Br., S. 81-114.

NITSCH, J.R. (1986). Zur handlungstheoretischen Grundlegung der Sportsoziologie. In: GABLER, H. NITSCH, J.R., SINGER, R., Einführung in die Sportpsychologie. Teil 1. S. 188-270. Schorndorf.

NÖCKER, G. & KÖNIG, O. (o.J.). Suchtprävention durch Erlebnispädagogik. Praxisdokumentation des Sprungtuch e.V. Köln.

NOLD, J. J. (1980). Outward Bound in America. A Kurt Hahn Legacy. Based on the talk delivered to the Round Square Conference. Box Hill School. Dorking, Surrey. England on october, 9.

NYE, R.P. (1976). The influence of an Outward Bound program on the self-concept of the participants (Doctoral dissertation. Temple University. 1975). Dissertation Abstracts International 37 (1), 142-A.

OBERNEYER, M. (1987). Erlebnispädagogik in der offenen Jugendarbeit - Möglichkeiten und Grenzen - Beispiel OJR Mölln. Wiss. Abschlußarbeit. Hamburg (Universität der Bundeswehr, Hamburg).

OHL, R. (1982). Klassenfahrt auf einem Groß-Segler - sinnvoll oder Leichtsinn? Bericht über Planung und Durchführung der Klassenfahrt einer 10. Realschulklasse auf der SS "Seute Deern" des Vereins "Clipper - Deutsches Jugendwerk e.V.". Segeln und Sozialpädagogik, Lüneburg 4, S. 1-13.

OHMANN, M., STIG, H., ROPERS, F. & PASCHKE, M. (1985). Schlauchbootfahrten am Wochenende - Erlebnispädagogik als soziales Lernen. Deutsche Jugend, 5, S. 217-221.

OPP, K-D. (1981). Die verhaltenstheoretische Soziologie als sozialwissenschaftliches "Paradigma". In: LENK, H. (Hrsg.). Handlungstheorien interdisziplinär III. Verhaltenswissenschaftliche und psychologische Handlungtheorien. München.

ÖSTERREICHISCHES KURATORIUM FÜR ALPINE SICHERHEIT (Hg.) (1984). Sicherheit im Bergland. Jahrbuch 1984, Wien.

ÖSTERREICHISCHES KURATORIUM FÜR ALPINE SICHERHEIT (Hg.) (1986). Sicherheit im Bergland. Jahrbuch 1986, Wien.

PARKHURST, M. J. (1983). A Study of the Perceived Influence of a Minnesota Outward Bound Course on the Lives of Selected Women Graduates. Dissertation. Graduate School of the University of Oregon. Oregon.

PECOS RIVER LEARNING CENTER, (1990). Course Director's Notebook. o.O.

PECOS RIVER LEARNING CENTERS, INC. and ALPINE TOWERS, INC. (1990). Ropes Course Symposium Proceedings May 18-21, 1990. Santa Fe.

PESSEL, D. (1958). Die Kurzschule Baad, die Schule als Abenteuer. Die Sammlung, 5, S. 219-222.

PETERSEN, D. & HEITMANN, U. (1987). Erlebnistage im Harz - Ansatz und wissenschaftliche Begleitung eines erlebnispädagogischen Angebotes im Mittelgebirge. Wiss. Abschlußarbeit. Hamburg.

PETRING, U. (1989). Anspruch und Wirklichkeit der Erlebnispädagogik in deutschen Outward Bound-Schulen - unter besonderer Berücksichtigung der geschlechtsspezifischen Wirkungsweise. Wissenschaftliche Abschlußarbeit. Bielefeld.

PHARES, E.J. (1976). Locus of control in personality. Morristown.

PÖGGELER, F. (1987). Erziehen als Erleben - Die Pädagogik Giovanni Boscos. (Reihe "Wegbereiter der modernen Erlebnispädagogik"). Lüneburg.

POLLACK, T. (1976). Annotated Bibliography of Literature and Research on Outward Bound and Related Programs. U. S. Educational Resources Information Center, ERIC Document ED 171 476.

POPPER, K.R. (1974). Objektive Erkenntnis. Ein evolutionärer Entwurf. Hamburg.

PORSCHE, H. (1985). Praxisbericht: Eine Vogesenwanderung als therapeutische Maßnahme. Jugendwohl, 12, S. 470-474.

POWERS, K. R. (1983). The Effects on Physical Challenge Training on Self-Concept and Locus of Control in Women. Dissertation. University of Pittsburgh. Pittsburgh.

PROCHAZKA, L. (o.J.). Internalizing Learning: Beyond Experiential Education. In: KRAFT & SAKOFS: The Theory of Experiential Education. Association for Experiential Education, Boulder o.J.

PROJECT ADVENTURE, INC. (1990). Ropes Course Source Book. Everything for Adventure Programs, Hamilton.

PUSCHMANN, Th. (1987). Sportunterrichtliche und sportwissenschaftliche Aspekte der Outward Bound-Kurse in Deutschland. Wiss. Abschlußarbeit. Hamburg (Universität der Bundeswehr, Hamburg).

PUTNAM, R.C. (1986). Outward Bound - Ziele und Aufgaben. Outward Bound. Erlebnispädagogik - Berichte und Materialien DGEE (Hrsg.).

QUADE, J. (1985). Segelsport der Behinderten. Analyse - Ziele - Maßnahmen. Lüneburg.

QUENSEL, St. (1983). Eine alternative Pädagogik für sozial behinderte Jugendliche - Prinzipien und Hindernisse. Segeln und Sozialpädagogik, Lüneburg 12, S. 29-55.

RACHIN, R.L. (1975). Reality therapy: Helping people help themselves. In: E.E. Peoples, S. 347-357.

REICH, M. (1991). Wirkungsanalyse von Outdoor-Aktivitäten. Eine Qualitative Studie. Dipl.Arbeit. Wien.

REINBOLD, K. G. (Hrsg.). (1975). Therapeutische Reisen mit Alkohol- und Drogenabhängigen. Freiburg i.Br.

RETHORST, S., MEYER, A. & WILLIMCZIK, K. (1988). Zur Veränderung des Selbstkonzepts im Rahmen von Kurzschulprogrammen. In: SCHWENKMEZGER, P. (Hrsg.): Sportpsychologische Diagnostik. Intervention und Verantwortung. Köln, S. 266-273.

RICHTER, G. & MÜNCH, H. (1960). Kurzschule und Charakterbildung. Ein Bericht aus der Arbeit. München.

RIEDLE, M. (1984). Hintergründe der milieuspezifischen Jugendarbeit des Vereins "Jugend und Freizeit e.V." in Konstanz am Bodensee. Segeln und Sozialpädagogik, Lüneburg 20, S. 50-54.

RIEDLE, M., SCHMIDT, H., SCHMIDT, M. (1985). Evaluationsversuch der Sozialtherapeutischen Arbeit mit Jugendlichen in Form von Langzeittörns auf See. Konstanz.

RIEGEL, K.F. (1975). Adult life crisis: A dialectic interpretation of development. In: DATAN, N. & GINSBERG, L. H. (Hrsg.). Life-span development psychology. Normative crisis. New York. S. 99-128.

RIGGERS, J. (1986). Erlebnispädagogische Projekte.

RILEY, M. (1991). The AEE Horizon. CU Box, 249, Boulder, (Nr.4)

ROBERTS, J. (1985). Natur der persönlichen Realität. Genf

ROGER, C. P. (1986). Outward Bound - Ziele und Aufgaben. In: DGEE (Hrsg.). Erlebnispädagogik - Berichte und Materialien (Nr. 4). München.

ROGER, R. (1979). Leading to Share - Sharing to Lead. Council of Outdoor Educators of Ontario. Ontario.

ROGERS, C.R. (1985). Entwicklung der Persönlichkeit. Stuttgart.

ROHMANN, U.H., HARTMANN, H. (Hrsg.). (1988). Autoaggression. Grundlagen und Behandlungsmöglichkeiten. Dortmund.

RÖHRS, H. (1966, a). Die pädagogische Provinz im Geiste Kurt Hahns. In: RÖHRS, H. (Hrsg.). Bildung als Wagnis und Bewährung. Eine Darstellung des Lebenswerkes von Kurt Hahn. Heidelberg, S.83-97.

RÖHRS, H. (Hrsg.). (1966, b). Bildung als Wagnis und Bewährung. Eine Darstellung des Lebenswerkes von Kurt Hahn. Heidelberg.

RÖHRS, H. (Hrsg.). (1986). Die Schulen der Reformpädagogik heute. Düsseldorf.

RÖSSLER, J. (1983). Öffentliche Erziehung auf einem Segelschiff. Begründung und Vorhaben. Segeln und Sozialpädagogik, Lüneburg 6. S. 1-6.

RÖSSNER, U. (1984). Segeln mit Oldtimern. In: STUDIENKREIS FÜR TOURISMUS (Hrsg.). Jugendtourismus. Starnberg.

ROTTHAUS, W. (Hrsg.). (1989). Psychotisches Verhalten Jugendlicher. Dortmund.

ROTTMANN, G. (1974): Untersuchungen über Einstellungen zur Schwangerschaft und fötalen Entwicklung. In: GRABER, G.H. (Hrsg.) Pränatale Psychologie. München, S.68-87

ROUSSEAU, Jean-Jacques. (1972). Mit Selbstzeugnissen und Bilddokumenten dargestellt von Georg Holmsten. Reinbek (Rowohlts Monographien).

RÜDIGER, H. (1984). Freizeitpädagogische Aspekte des Segelns mit alten Schiffen. In: Studienkreis für Tourismus (Hrsg.). Jugendtourismus. Starnberg, S. 165-174.

RÜMMELE, E. (Hrsg.). (1990). Spectrum der BewegungsPsychoTherapie - ausgewählte Behandlungsbeispiele. Bd. 1. Frankfurt.

SALM, B. (1986). Möglichkeiten und Grenzen bei der Einschätzung des Lawinenrisikos. In: Österreichisches Kuratorium für alpine Sicherheit: Sicherheit im Bergland, Jahrbuch 1986, S. 161 ff., Wien.

SCARTON, F. & SCHULZ, Ch. (1987). Erlebnispädagogische Ansätze in der modernen Führungskräfteweiterbildung. Wiss. Abschlußarbeit. Hamburg.

SCHALL, I., HAUSS, G. & SPÄTH, K. (1983). Mit dem Fahrrad auf Tour. Ein Erlebnisbericht. Sozialpädagogik, 3, S. 126-133.

SCHMIDT, R. A. (1982). Motor Control an Learning. A Behavioral Emphasis. Champain, Illinois.

SCHARPEN, K. (1980). Praxisfelder der Sozialarbeiter/Sozialpädagogen. Rechtliche Grundlagen und Zielsetzungen. Dortmund.

SCHENK, K. (1984). Neue Wege in der Kinder- und Jugendpsychiatrie. Das sozialtherapeutische Segeln als Alternative zur geschlossenen Unterbringung. Segeln und Sozialpädagogik, Lüneburg 17, S. 1-20.

SCHIRP, J. & KOCH, J. (1988). Risikosportarten in der Sozialarbeit (I). Möglichkeiten und Grenzen ihrer Anwendung am Beispiel einer Kanufreizeit. (Bd.3 der Marburger Beiträge zur Sozialarbeit mit Sport und Bewegung). Frankfurt.

SCHLESKE, W. (1977). Abenteuer, Wagnis, Risiko im Sport. Schorndorf.

SCHMIDTBAUER, W. (1977). Die hilflosen Helfer. Über die seelische Problematik der helfenden Berufe. Reinbek bei Hamburg.

SCHMIDBAUER, W. (1985): Die Angst vor der Nähe. Reinbek bei Hamburg

SCHNEIDER, H.J. (1981). Behandlung des Rechtsbrechers in der Strafanstalt und in Freiheit. In: Schneider, H.J. (Hrsg.) (1981). Auswirkungen auf die Psychologie. Delinquenz und Gesellschaft. Die Psychologie des 20. Jahrhunderts. Zürich: Kindler. S. 899-936.

SCHOLZ,B; KOCH-SEIDLITZ,M.; SOMMER,G.: Soziale Kompetenz bei Schülern in unterschiedlichen Schulsystemen. In: KOMMER,D.; RÖHRLE,B. (Hg.): Gemeindepsychologische Perspektiven 3 - Ökologie und Lebenslagen. München: DGVT, GwG 1983, S.196-203

SCHÖNGEN, A. & HOPP, B. (1987). Aktualität und Modernität der Erlebnispädagogik Kurt Hahns. Wiss. Abschlußarbeit. Hamburg.

SCHÖRGHUBER, K. (1992). Natur - (K)Ein Thema für Outdoor-Aktivitäten? Ein Beitrag zur Suche nach dem verlorenen Glück! In: AMESBERGER, G. u. a. (Hrsg.) (1992). Plattform Outdoor-Aktivitäten: Chancen und Perspektiven. Bericht zur Tagung vom 21.-22.3.1992. Wien.

SCHORSCH, C.(1991). Versöhnung von Geist und Natur? Eine Kritik. In: DÜRR & ZIMMERLI (Hg.) 1991, S.342-354.

SCHREIBER, M. (1983). Konzeption einer "Outward Bound-Seeschule" für Jugendliche unter besonderer Berücksichtigung des erlebnispädagogischen Aspekts. Wiss. Abschlußarbeit. Lüneburg.

SCHRÖCKER, P. (1979). Hurra - wir leben noch (Erlebnispädagogische Woche in Berchtesgaden). Bundesforum. Zeitschrift der katholischen Landjugendbewegung Deutschlands (Bonn), 6, S. 8-9.

SCHRÖDER, E. (1977). Außerschulische Jugendbildung. München.

SCHRÖDER, J. & HENSELMEYER, S. (o.J). Heimerziehung heute! Heilpädagogisch-therapeutische Kurse auf der Almhütte der Latscher Alm. Therapeutisches Modell? Evangelische Jugendhilfe Schweicheln e.V., Homberghof, 4900 Herford-Falkendiek.

SCHUKYS, H. (1972). Die Kurzschulidee Kurt Hahns. Ein Impuls für den Erziehungsauftrag der Berufsschule. Die berufsbildende Schule, S. 110-115.

SCHULER, A. & HAUCK, M. (1984). Wanderlager - ein erlebnispädagogisches Angebot. Erfahrungsbericht über eine Fortbildungsveranstaltung mit Erziehern. Pädagogischer Rundbrief, 6, S. 1-16.

SCHULZ, A. (1987). Outward Bound-Kurse in Deutschland - Zum Verhältnis von Erwartungen und Wirkungen bei Teilnehmern und Entsendern. Wiss. Abschlußarbeit. Hamburg (Universität der Bundeswehr, Hamburg).

SCHULZE, H. (1964). Der progressiv domestizierte Mensch und seine Neurose. München.

SCHULZE, H. (1975). Das Prinzip Handeln in der Psychotherapie. Stuttgart.

SCHUNK, J. (1983). Voraussetzungen und Bedingungen von pädagogisch-therapeutischen Gruppenreisen auf einem Segelschiff. Lüneburg.

SCHÜRMANN, H. (1983). Welche Möglichkeiten der Übertragung bietet der erlebnispädagogische Ansatz für die KLJB? Erlebnispädagogische Woche in Berchtesgaden, Bundesforum. Zeitschrift der katholischen Landjugendbewegung Deutschlands, Bonn H. 6, S. 9.

SCHWARZ, G. (1977). Autorität in der Gruppe. In: HEINTEL, P., Das ist Gruppendynamik. München.

SCHWARZ, K. (1963, a). Kurzschulen - ein neuer Weg. Olympische Jugend, 10, S. 10-13.

SCHWARZ, K. (1963, b). Die Pädagogik Kurt Hahns und die Leibesübungen. Die Leibeserziehung, 9,(12) S. 291-297.

SCHWARZ, K. (1964). Leistung und Bewährung der Jugend in den Kurzschulen Kurt Hahns. Jugendrotkreuz und Erzieher (Karlsruhe), 1964, S. 81-88.

SCHWARZ, K. (1965, a). Die Ausbreitung des Kurzschulmodells von Kurt Hahn. Ein Beitrag zur Geschichte von Outward Bound. Pädagogische Rundschau, 2, S. 102-121.

SCHWARZ, K. (1965, b). Erziehung in den Kurzschulen Kurt Hahns. Das Studienseminar, 1, S. 59-73.

SCHWARZ, K. (1966, a). Die Vorgeschichte der Kurzschulbewegung. Neue Sammlung, 3, S. 266-274.

SCHWARZ, K. (1966, b). Expedition und Rettungsdienst als pädagogische Zentren in den deutschen Kurzschulen. In: RÖHRS, H. (Hrsg.). Bildung als Wagnis und Bewährung. Eine Darstellung des Lebenswerkes von Kurt Hahn. Heidelberg, S. 311-325.

SCHWARZ, K. (1966, c). Bibliographie zur Pädagogik Kurt Hahns. In: RÖHRS, H. (Hrsg.). Bildung als Wagnis und Bewährung. Eine Darstellung des Lebenswerkes von Kurt Hahn. Heidelberg, S. 326-338.

SCHWARZ, K. (1967). Die Kurzschulen Kurt Hahns. In: DIETRICH, Th. (Hrsg.). Die Landerziehungsheimbewegung, Bad Heilbronn/Obb., S. 154-160.

SCHWARZ, K. (1968). Die Kurzschulen Kurt Hahns. Ratingen.

SCHWARZ, K. (1969). Neue Tendenzen in der Kurzschulerziehung. Recht der Jugend und des Bildungswesens, S. 97-103.

SCHWARZ, R. (Hrsg.). (1990). Gesundheitspsychologie. Ein Lehrbuch. Göttingen.

SCHWEBSCH, M. (1963). Die Kurzschule als vorbildliches Beispiel einer neuzeitlichen Jugenderziehung. Die neue Berufsschule, S. 47-51.

SCHWEBSCH, M. (1961). Die Kurzschule. In: MESTER, L. (Hrsg.). Freizeitpädagogik. Schorndorf, S. 40-45.

SEEGERS, G. (1982). Zielperspektiven eines erlebnisorientierten Modells und deren sozialpädagogische Verwirklichung. Hausarbeit, Köln.

SEEL, J. (1984). Gemeinschaft auf See. Segeln auf Großseglern als Chance zum sozialen Lernen, Segeln und Sozialpädagogik, Lüneburg 19, S. 22-50.

SEIFERT, M. (1981). Einsatzmöglichkeiten des Sports bei Heimkindern im Schulalter. Katholische Fachhochschule NW. (Hrsg.). Dortmund.

SELIGMAN, M.E.P. (1975). Helplessness. San Francisco.

SELVINI-PALAZZOLI, M., BOSCOLO, L., CECCHIN, G & PRATA, G. (1981). Hypothetisieren - Zirkularität - Neutralität. Familiendynamik 6 (4), S. 123-139.

SEYFRIED, W. & SCHERPNER, M. (1977). Methodische Aspekte geplanter Freizeitgestaltung. Dargestellt am Beispiel der Behandlung aggressiver Kinder und Jugendlicher. Sozialpädagogik 6, S. 276-281.

SIEBERT, W. (1986). Die Bedeutung der Unfallanalyse für die alpine Gefahrenkunde. In: AMESBERGER, G. et al: Selbsterfahrung statt Fremdorientierung. Wien. S. 27 ff.

SIEBERT, W. (1990). Lebt der "Herr der Lage" sicher? Zur Problematik von Prüfungskursen. In: DSV (Hg.): DSV Ski Schule, Fachzeitschrift für Lehrwesen und Ausbildung, Heft 2/89, München, S. 37 ff.

SILBEREISEN, R.K. & ZANK, S. (1982). Entwicklung eines Fragebogens zur Verarbeitung selbstbezogener Informationen bei Jugendlichen. Bericht von TU drop Jugendforschung, 19. Berlin.

SILBEREISEN, R.K. & ZANK, S. (1984). Development of self-related cognitions in adulescents. Bericht von TU drop Jugendforschung, 32. Berlin.

SKINNER, B.F. (1938). The behavior of organismus. New York.

SLOTERDIJK, P. (1983). Kritik der zynischen Vernunft. Bd. 1-2. Frankfurt am Main.

SOBOTKA, R. & AMESBERGER, G. (1990). Untersuchung der Persönlichkeitsentwicklung und Realitätsbewältigung durch Outdoor-Aktivitäten. Zwischenbericht zum gleichnamigen Projekt. Wien.

SOBOTKA, R. & AMESBERGER, G. (1991). Untersuchung der Persönlichkeitsentwicklung und Realitätsbewältigung durch Outdoor-Aktivitäten. Endbericht zum gleichnamigen Projekt. Wien.

SOITZEK, D. (1988). Erlebnispädagogische Reisen an Bord der "Thor Heyerdahl". Ztschr. f. Erlebnispädagogik, 2, S. 45-59.

SOMMER, D. (1989). Erlernte Hilfslosigkeit - theoretische und empirische Aspekte unter besonderer Berücksichtigung des Sports. Köln.

SOMMER, H. (1979). Das Abenteuer als Erziehungsmittel - Möglichkeiten und Grenzen. Pädagogische Welt, 9, S. 556-562.

SPÄTH, K. (1986). Betrifft: Unterbringung Jugendlicher auf Segelschiffen - oder: Wie ein Landesjugendamt eine bewährte Alternative zur geschlossenen Unterbringung kaputt zu machen versucht. Sozialpädagogik, 5, S. 238-241.

SPECHT, F. (1967). Sozialpsychiatrische Gegenwartsproblem der Jugendverwahrlosung. Stuttgart.

SONNENSCHEN, I. (1987). Wahrnehmung und taktisches Handeln im Sport. Entwicklung von Konzepten zur Verbesserung der Wahrnehmungsfähigkeit. Köln.

STACHOWSKE, R. & ONAS, R. (1982). Segeltörn in Holland 1980. Erfahrungsbericht mit Jugendlichen ab 16 Jahren der Drogenberatungsstelle Lüneburg. Segeln und Sozialpädagogik, Lüneburg 4, S. 14-21.

STADTJUGENDAMT MÜNCHEN (Hrsg.). (1986). Erlebnispädagogik. Jugendhilfe im sozialen Brennpunkt, S. 66-83.

STAHL, (1985) ??

STEPHENSON, R. M. & SCARPITTI, F.R. (1974). Group interaction as therapy. The use of the small group in corrections. Westport/Conn., London: Greenwood Press.

STILLER, K. (1986, a). Mit Zuversicht auf "Zuversicht" zur See. Sozialpädagogik, 3, S. 148-151.

STILLER, K. (1986, b). Die pädagogische Arbeit auf dem Segelschoner "Zuversicht" als Ergänzung des Jugendhilfeangebotes des Christlichen Jugenddorfwerkes. In: Arbeitsgemeinschaft für Erziehungshilfe (Hrsg.). Tagungsbericht Erziehen unter besonderer Belastung. Hannover.

STREMBA, R.H. (1977). A study of the relationship between participation in an Outward Bound program and changes in self-esteem and locus of control (Doctoral dissertation, Indiana University). Dissertation Abstracts International 38 (6), 3300-A.

STROHMEIER, H. (1986). Erlebnispädagogik im Schullandheim - Ansätze und Modelle. Wiss. Abschlußarbeit, Hamburg (Universität der Bundeswehr, Hamburg).

STROTHMANN, A. (1984). Segeln in der Jugendhilfe. Bericht über ein Hochschulseminar. Segeln und Sozialpädagogik, Lüneburg 20, S. 28-37.

STRUBE, D. (1981). Segeln auch für Behinderte. Psycho - Psychiatrie und Psychologie für die Praxis (Erlangen), 12, S. 812.

STUMM, G., WIRTH, B. (1982). Tür zum Ich. (=Psychotherapie in Österreich, Bd. 1). Edition Österreichische Hochschülerschaft. Wien.

STÜRUP, G.K. (1968). Treating the "untreatable". Baltimore.

SUMMERS, S. G. (1966). Die Frühzeit (der Kurzschulen). In: RÖHRS, H. (Hrsg.). Bildung als Wagnis und Bewährung. Eine Darstellung des Lebenswerkes von Kurt Hahn (S. 259-269). Heidelberg.

SUTCLIFF, D. B. (1966). Ein Vergleich zwischen dem pädagogischen Ansatz in Salem und Gordonstoun. In: RÖHRS, H. (Hrsg.). Bildung als Wagnis und Bewährung. Eine Darstellung des Lebenswerkes von Kurt Hahn (S. 213-227). Heidelberg.

TAUCHERT, W. (1983). Im Dunkeln auf sicherem Kurs in der Ostsee. Bericht über Segeltörns mit blinden Jungen und Mädchen. Segeln und Sozialpädagogik, Lüneburg 14, S. 34.

TAUSCH, R. & TAUSCH, A. (1978). Erziehungspsychologie. Göttingen.

TAUSCH, R. (1991). Die Philosophie der Therapie. In: Psychologie Heute.

TEEGEN, F. (1983). Ganzheitliche Gesundheit. Reinbek.

THOMAS, St. E. (1986). Adventure Education: A Bibliography. Revised Edition. Institute on Classroom Management and School Discipline. Department of Learning and Instruction. Amherst, New York: State University of New York at Buffalo, 1986.

TICHY, B., TICHY, W., GROENEVELD, B. & GÖRITZ, P. (1983). Erfahrungen mit dem erlebnispädagogischen Konzept der Karawane. Korrespondenzblatt Evangelischer Schulen und Heime, 3/4, S. 90-105.

TOD, B (1990). Cable Stress on Ropes Course High Elements. Manual used at the 1990 Ropes Course Symposium, Santa Fe.

TRAPPE, M. (1971). Therapeutische Feriengemeinschaft. Praxis der Psychotherapie, Bd. XVI, 3.

TREK '85 Ein vielversprechendes sozialpädagogisches Pilot-Projekt für auffällige Jugendliche im Norden Kanadas. Vierteljahresschrift für Heilpädagogik und ihre Nachbargebiete, 1, S. 87-90.

VAN DER WILT, R.B. & KLOCKE, R.A. (1971). Self-actualization of females in an experimental orientation program. Journal of the National Association of Women Deans and Counselors, 34, S. 125-129.

VASCOVICS, L.A. (Hrsg.) (1982). Raumbezogenheit sozialer Probleme. Oplanden.

VARELA, F.J. (1991). Über die Natur und die Natur des Erkennens. In: DÜRR & ZIMMERLI (Hg.) 1991, S.90-109.

VODOPIVEC, E. (1974). Maladjusted youth. An experiment in Rehabilitation. Westmead, Farnborough, Lexington.

WADE, I., R. & FISCHESSER, M. (1988, b). A Safety Review Manual. A Guide to Conducting Safety Reviews for Assessing and Upgrading Safety in Outdoor Adventure Programs. Greenwich, CT.

WALSH, V. & GOLINS, G. (1976). The Exploration of the Outward Bound Process. Denver: Colorado Outward Bound.

WARNER, A. (1986). Using Initiatives to Assess Group Activities. In: ASSOCIATION FOR EXPERIENTIAL EDUCATION: Experiential Education and The Schools. Boulder, S. 281 ff.

WARNER, A. (1990). Educating for a Healty Planet. The Journal of Experiential Education, 13, (3). (Boulder)

WARNER, A. (1991). 1991 Journal Advisory Board. The Journal of Experiential Education, 14, (1), (Boulder)

WATZLAWICK, P. u.a. (1974). Lösungen. Bern, Stuttgart, Wien.

WEBER, H. & ZIEGENSPECK, J. (1983). Die Deutschen Kurzschulen. Historischer Rückblick - Gegenwärtige Situation - Perspektiven. Weinheim: Beltz Verlag

WEGSCHEIDER,Sh.(1981): Another Chance. Science & Behavior Books. Inc. Palo Alto

WEINBERG, P. (1988). Erlebnispädagogik auf der "Thor Heyerdahl". Ztschr. f. Erlebnispädagogik, 2, S. 3-11.

WENZEL, E. (1986). Die Ökologie des Körpers. Frankfurt.

WENZEL, H. (1971). Fürsorgeheime in pädagogischer Kritik. Stuttgart.

WERTHER, M. (1988). Der Outward Bound-Trust - Organisation, Struktur, Aufgaben, Wiss. Abschlußarbeit, Hamburg (Universität der Bundeswehr, Hamburg).

WESTENBERGER, R. (1979). Alternative zur Heimerziehung. Diskussion eines Versuchs. Dargestellt am Beispiel des Projektes "Jugendschiff Corsar". Technische Universität Berlin.

WETMORE, R. (1972). The Influence of Outward Bound School Experience on the Self-Concept of Adolescent Boys. Boston.

WILSON, R. (1981). Inside Outward-Bound. Vancouver.

WINKELMANN,A. (1990): Risikogruppe: Erwachsene Kinder von Alkoholikern. In: Psychologie heute. Oktober 90, 17.Jg/Heft 10

WINKIE, P. (1976). The effects of Outward Bound School experience on levels of moral judgment and self-concept (Doctoral dissertation, Rutgers University, The State University of New Jersey). Dissertation Abstracts International 37 (12), 7657-A.

WITTICH, K. & NIENABER, A. (1982). Segelfreizeit für Auszubildende mit körperlichen Einschränkungen. Auf Ostseetörn - Bericht über eine Reise. Segeln und Sozialpädagogik, Lüneburg 5, S. 4-8.

WITTIG, H. (1963). Die Kurzschulen Kurt Hahns. Westermanns Pädagogische Beiträge, 5, S. 200-206.

WITTIG, H. (1966). Freiheit als Problem und Aufgabe. Neue Sammlung, S. 348-362.

WITTIG, H. (1970). Zur Kritik H. v. Hentigs an Kurt Hahns Erziehung zur Verantwortung. Ein Versuch. Lörrach.

WOLGAST, Th. (1985). Reise in ein neues Leben? Umstrittene Fahrt Hamburger Heimzöglinge nach Marokko, Frankfurter Zeitung Nr. 100 vom 30.04., S. 10.

WORLDWIDE OUTFITTER & GUIDES ASSOCIATION, (o. J.). Risk Management and Outdoor Recreation. Salt Lake City.

WOTTAWA, H. & THIERAU, H. (1990). Evaluation. Lehrbuch. Bern.

WUCHER, A. (1956). Jugend will sich bewähren. Im kleinen Walsertal wurde die zweite deutsche Kurzschule eröffnet. Lebendige Erziehung, 10, S. 224-226.

ZANTOP, B. (1983). Das Projekt "Jonathan". Segeln unter verhaltenspädagogischen Zielsetzungen. Kiel.

ZIEGENSPECK, J. (1983, a). Sozialpädagogik vor dem Wind. In: betrifft: erziehung, 6, S. 69-73.

ZIEGENSPECK, J. (1983, b). Segeln auf der "Johannes Georgi". Erziehung durch die See. Sozialpädagogische Konzeption und erste Erfahrungen. Lüneburg.

ZIEGENSPECK, J. (1984, a). Pädagogik an Bord von Segelschiffen. Thesen zur Diskussion. Segeln und Sozialpädagogik, Lüneburg 16, S. 12-13.

ZIEGENSPECK, J. (1984, b). Erlebnispädagogik unter Segeln. Outward Bound in Norddeutschland. Sozialpädagogik, 4, S. 195-200.

ZIEGENSPECK, J. (1985). Outward Bound - Erlebnispädagogische Programme für Jugendliche. In: LANDAU, G. (Hrsg.). Erlebnistage im Schulsport (S. 40-53). Reinbek: Rowohlt.

ZIEGENSPECK, J. (1986, a). Outward Bound: Geschütztes Warenzeichen oder offener pädagogischer Begriff? Deutsche Jugend, 11, S. 472-476.

ZIEGENSPECK, J. (1986, b). Lernen für's Leben - Lernen mit Herz und Hand. Neue Sammlung 3, S. 423-435.

ZIEGENSPECK, J. (1986, c). Kurt Hahn und die internationale Kurzschulbewegung. Ein Beitrag zum 100. Geburtstag des Reformpädagogen. Zs. f. internationale erziehungs- und sozialwissenschaftliche Forschung, 1, S. 41-56.

ZIEGENSPECK, J. (1988, a). Segeln auf dem Dreimast-Toppsegel-Schoner "Thor Heyerdhal". Ztschr. f. Erlebnispädagogik, 2, S. 13-43.

ZIEGENSPECK, J. (1988, b). Mit dem Patentamt wider die unliebsame Konkurrenz. Ist Erlebnispädagogik ein geschütztes Warenzeichen? Frankfurter Rundschau, 216, S. 13.

ZIEGENSPECK, J. (Hrsg.). (1988, c). Wegbereiter der modernen Erlebnispädagogik. Lüneburg.

ZIMBARDO, P.G., ANGERMEIER, W.F., BRENGELMANN, J.C. (Hrsg.). (1983). Psychologie. Berlin.

ZIMMERMANN, M. (1983). Sozialtherapeutische Segelfahrten als mögliche Alternative zur geschlossenen Unterbringung (Heimerziehung). Das Beispiel "Outlaw". Segeln und Sozialpädagogik, Lüneburg, 2.

ZIMMERMANN, H.-P. (1988). Die internationale Verbreitung von Outward Bound - Vergleich ausgewählter Outward Bound-Schulen des Auslandes. Wiss. Abschlußarbeit, Hamburg (Universität der Bundeswehr, Hamburg).

ZIMMER, A. (1983). Stadien beim Erwerb komplexer Bewegungen. In: Sportwissenschaft, 13, 3, 287-299.

ZIMMERMANN, R. & BRENDLER, R. (1983). Segeln mit Behinderten. Segeln und Sozialpädagogik, Lüneburg 14, S. 36-37.

ZINNECKER,J. (1979). Straßensozialisation. In: Zeitschrift für Pädagogik 25, 727-747.

ZSIGMONDY, E. & PAULCKE, W. (1927). Die Gefahren der Alpen. München.